N
W
O
S
Kairo
Rotes Meer
Nil
Eritrea
Franz.-
Somaliland
Brit.-
Somali-
land
Addis
Abeba
ÄTHIOPIEN
(Abbessinien)
Italienisch-
Somaliland
Uganda
Kenia
(Brit.-
Ostafrika)
Victoria-
See
Nairobi
RUANDA-
URUNDI
Mombasa
Pemba
Sansibar
Deutsch-
Ostafrika
Nyassa-See
Nyassa-
land
Komoren
Indischer Ozean
Mosambik
(Port.-
Ostafrika)
Madagaskar
Swasiland
ZULU

AF523833

Arno Sonderegger

Afrika und die Welt

ARNO SONDEREGGER

AFRIKA UND DIE WELT

BETRACHTUNGEN ZUR GLOBALGESCHICHTE AFRIKAS IN DER NEUZEIT

S. Marix Verlag

INHALT

VORWORT

In seinem 1987 veröffentlichten Roman *Anthills of the Savannah* legte der große nigerianische Schriftsteller Chinua Achebe (1930–2013) einer seiner Figuren folgende Rede in den Mund: »Das Schlagen der Trommel, die zum Kampf ruft, ist wichtig; der mutige Einsatz im Kampf selbst ist wichtig, und das Erzählen der Geschichte des Kampfes danach – alles ist auf seine eigene Art wichtig. [...] Weshalb also sage ich, daß der Geschichte der erste Platz gebührt?« Seine Antwort ließ nicht lange auf sich warten, und auch nichts an Deutlichkeit zu wünschen:

> »Weil nur die Geschichte den Krieg und die Krieger überleben kann. Die Geschichte allein lebt länger als der Klang der Kriegstrommel und länger als die Heldentaten tapferer Krieger. Die Geschichte, nicht Kriegstrommel noch Kampf, bewahrt unsere Nachfahren davor, wie blinde Bettler in die Stacheln des Kaktuszaunes zu fallen. Die Geschichte ist unser Begleiter, ohne sie sind wir blind.«[1]

Ohne eine gewisse Vertrautheit mit Vergangenem, das ja unzweifelhaft in der Gegenwart fortwirkt und die Möglichkeiten für die Gestaltung von Zukunft birgt, und ohne Wissen um die Vergangenheit, so die These, kann es kein selbst*bewusstes* und kein selbst*bestimmtes* Leben geben. Fehlt es daran, fehlt es dem menschlichen Leben an elementarem Sinn. Geschichte und ihre Weitergabe, ihre Übermittlung von Generation zu Generation, von Mensch zu Mensch, durch die Zeiten hindurch, darüber war sich der Schriftsteller Achebe völlig im Klaren, haben immer den Charakter von Erzählungen. Geschichten, die erzählt werden, mündlich oder schriftlich, machen einen großen Teil der Ahnung aus, die wir davon haben können, was sich vor unserer Lebensspanne zugetragen hat. Dabei gibt es immer mehrere Versionen, von denen manche mehr, andere weniger weit entfernt sind von jener Vergangenheit, wie sie sich wirklich zugetragen haben mag – zumindest so viel lässt sich aus der geschichts*wissenschaftlichen* Praxis mit ziemlicher Sicherheit herleiten.

Beinahe drei Jahrzehnte früher als in Achebes spätem Roman hat der französische Historiker Fernand Braudel (1902–1985) in seinem Aufsatz *Histoire et sciences sociales. La longue durée* dasselbe Gespür für die Bedeutung und die Vielfältigkeit der Geschichte in Worte gefasst und, wie Achebe später, mit einer Mahnung verknüpft:

> »Für mich ist Geschichte die Summe aller möglichen Geschichten – eine Sammlung der Auffassungen und Gesichtspunkte von gestern, heute, morgen.
> Der einzige Fehler, den man begehen könnte, wäre meiner Ansicht nach, sich für eine Geschichte unter Ausschluß aller anderen zu entscheiden. […] In jeder ›Aktualität‹ laufen Bewegungen von unterschiedlichen Ursprüngen, unterschiedlichen Rhythmen zusammen: Das Heute reicht ins Gestern, Vorgestern, ins Ehedem zurück.«[2]

Braudels Hinweise und Texte waren an ein geschichts*wissenschaftlich* interessiertes Publikum gerichtet, Achebes Erzählungen hingegen zielten auf eine sehr viel breitere und vordergründig sozial und politisch tätige Leserschaft ab. Doch in der Ernsthaftigkeit, mit der sie Rolle und Funktion der Vergangenheit für gegenwärtiges Denken, Fühlen und Handeln von Menschen reflektierten, erweisen sie sich als Brüder im Geiste. Wie für die beiden scheint es auch mir von zentraler Bedeutung, welche Geschichte – aus der »Summe aller möglichen Geschichten« (Braudel) – man zum Gegenstand seiner Darstellung macht, und wie man darangeht, sie zu erzählen – mit welchem »Einsatz im Kampf« (Achebe).

In diesem Buch geht es mir darum, erste punktuelle Einblicke in die afrikanische Globalgeschichte der Neuzeit zu vermitteln. Im Verlauf der folgenden Abschnitte sollte immer deutlicher werden, wie eng verwoben und verflochten bestimmte historische Entwicklungen in Afrika mit jenen in anderen Teilen der Welt, insbesondere Europa und Amerika, tatsächlich waren und wie sehr dabei Vorstellungen von »Afrika« und von »der Welt« geformt wurden, die nach wie vor prägenden Einfluss auf heute virulente Weltauffassungen und Afrikavorstellungen haben.

Das einführende erste Kapitel bietet eine Überblicksskizze allgemeiner Entwicklungslinien dieser Verflechtungsgeschichte vom 15. Jahrhundert bis heute. Frei nach Braudel habe ich mir erlaubt, meine Darstellung unter die Überschrift einer *kurzen Geschichte der langen Dauer* zu stellen. Auf einige Probleme der Vergegenwärtigung Afrikas, die bereits hier angedeutet sind, kommt das abschließende siebte Kapitel in ausführlicherer Weise zurück und zu sprechen. Den Kern des Buches bilden fünf Texte, die jeweils ausgewählte Themen- und Problemstellungen behandeln. Sie sind zwei thematischen Abschnitten zugeordnet, deren Relevanz für die globalhistorische Annäherung an Afrikas neuere Geschichte evident ist. Im ersten der beiden, *Anti-/Sklaverei und Sklavenhandel*, widmen sich das zweite und dritte Kapitel dem transatlantischen Menschenhandel, dem Kampf für seine Abschaffung und gegen Sklaverei. Im zweiten Abschnitt, *Anti-/Koloniale Strukturen und Akteure*, behandeln das vierte und das sechste Kapitel ausführlich zwei afrikanische antikoloniale Akteure des 19. und 20. Jahrhunderts – Africanus Horton und George Padmore – in der Perspektive einer politischen Ideengeschichte, während das fünfte Kapitel einen stärker strukturgeschichtlich orientierten Überblick über die Geschichte panafrikanischer Ideenwelten vermittelt. Trotz der politischen Dekolonisierung und im Widerspruch zu Erkenntnissen der historischen Afrikaforschung, die sich mit antikolonialer Stoßrichtung ab Mitte des 20. Jahrhunderts im akademischen Feld etablieren konnte, haben koloniale Narrative und Klischees bekanntlich vielfach überdauert; auf sie gehe ich im siebten Kapitel nochmal dezidiert ein.

Koloniale Narrative leben auch in internationalen öffentlichen Diskursen fort und beeinflussen maßgeblich weltpolitische und -ökonomische Handlungsweisen bis in die Gegenwart. Da dem so ist, bietet das vorliegende Buch selbstverständlich keine Darstellung einer irgendwie »abgeschlossenen Geschichte«, ohnehin ein maßlos überzogener und uneinlösbarer Anspruch, sondern ist vielmehr als eine kritisch-aufklärerische Einschaltung in laufende Afrika-Diskurse zu verstehen – und als Aufforderung, sich mehr und intensiver mit afrikanischen Belangen und afrikanischen Perspektiven auseinanderzusetzen. Nicht zuletzt zu diesem Zweck und um interessierten Leserinnen und Lesern die Spurensuche zu erleichtern, habe ich mich bemüht, reichhaltige weiterführende Referenzen zu geben und in meinem Text afrikanische Autoren direkt zu Wort kommen zu lassen; dabei habe ich um des Leseflusses willen die fremdsprachigen Originale, soweit sie mir nicht in deutscher Übersetzung vorlagen, selbst ins Deutsche übersetzt. Anhand der Einträge im Literaturverzeichnis lässt sich dies bequem nachvollziehen, es ist nicht an jeder einzelnen Stelle ausgewiesen.

Das vierte und fünfte Kapitel sind bereits andernorts veröffentlicht worden und werden hier mit Dank und nur geringfügigen Änderungen wiederabgedruckt:

> »Revolutionäres 1868?« Africanus Horton, ein moderner afrikanischer Denker. In: *Stichproben, Wiener Zeitschrift für kritische Afrikastudien* 40, 2021: 15–41.
> Der Panafrikanismus im 20. Jahrhundert. In: Sonderegger, Arno / Grau, Ingeborg / Englert, Birgit (Hg.): *Afrika im 20. Jahrhundert: Geschichte und Gesellschaft.* Wien: Verein für Geschichte und Sozialkunde & Promedia, 2011: 98–116.

Carl-Philipp Bodenstein hat die Aufgabe der Kartengestaltung übernommen und sie rasch und zuverlässig angefertigt. Dafür bin ich ihm zu großem Dank verpflichtet. Ich hoffe, die von ihm gestalteten Karten erleichtern Leserinnen und Lesern, sich bei ihren Lektüren zurechtzufinden und die erzählten Geschichten räumlich einzuordnen, denn das ist wesentlich: Menschen leben in Zeit und Raum zugleich, an Orten, an denen sie miteinander interagieren – schließlich sind es »Menschen«, wie der große französische Historiker Marc Bloch (1886–1944) lehrte, die die Geschichtswissenschaft zu verstehen versucht.[3]

Verständnis und Verstehen zu entwickeln, setzt vieles voraus, aber Offenheit ist sicher eine der nötigen Voraussetzungen. Interkulturelle Offenheit, menschliche Offenheit – Begegnung und Dialog, Gedankenaustausch und Gespräch. Nicht immer ist das leicht zu haben, aber ohne jeden Zweifel ist es von Nutzen, sich darum zu bemühen, sich auf sachliche Auseinandersetzungen einzulassen. Kwame Anthony Appiah (* 1954), Philosoph mit ghanaischen Wurzeln, hat in diesem Sinn an einer Stelle seines schönen Buches *Cosmopolitanism. Ethics in a World of Strangers* im Jahr 2006 geschrieben: »Was wir brauchen ist Vernunft, […] und keine Explosion der Gefühle.«[4] Dazu ist es hilfreich, die eigene Partikularität und Begrenztheit nicht aus den Augen zu verlieren. Auch ein ernsthaftes Bemühen, die nur allzu verbreitete Neigung zu kontrollieren, vorschnelle Verallgemeinerungen zu treffen oder unbegründete bzw. schlecht begründete Urteile zu fällen, schadet nicht. Schließlich sollten wir uns erinnern, dass »unvollkommene Bilder die einzigen brauchbaren Werkzeuge sind, die wir haben, um die Welt zu verstehen«[5].

Die folgenden Zeilen, die der guineische Schriftsteller Laye Camara (1928–1980) im Jahr 1966, 40 Jahre vor Appiah, in seinem Roman *Dramouss / A Dream of Africa* zu Papier brachte, lesen sich fast wie eine Antwort auf Appiahs Philosophie des Weltbürgertums. Sie stecken jedenfalls ein Dialogfeld ab, das sich quer durch die Zeiten und über sie hinweg erstreckt:

> »... ich sehne mich danach, diese außergewöhnliche Kraft des Verstehens zu befreien, die tief in den Herzen von jedem von uns schlummert; ich sehne mich danach, dass wir lernen, unsere Leidenschaften so zu zügeln, dass dieses lebenswichtige Verständnis angeregt wird zu wachsen und in jedem von uns zu gedeihen [...].«[6]

Mit Laye Camara teile ich diese Sehnsucht, und wie für Appiah ist es auch »[...] mein Ziel, Gespräche in Gang zu bringen, und nicht sie zu beenden«[7]. Für Gespräche braucht es Stoff, für gute Gespräche Kenntnisse und eine gemeinsame Grundlage. Eine solche zu legen, wie punktuell und vorläufig auch immer, dazu dienen die selektiven Betrachtungen zur Globalgeschichte Afrikas in der Neuzeit, die in diesem Buch angestellt und vorgestellt werden.

1. AFRIKA VOM 15. INS 21. JAHRHUNDERT: EINE KURZE GESCHICHTE DER LANGEN DAUER

Die Position Afrikas in der Welt, wie sie sich gegenwärtig darstellt, geht aus einer langen Tradition der globalen Integration Afrikas hervor, die sich seit der frühneuzeitlichen Expansion europäischer Seeleute im 15. Jahrhundert auszuformen begonnen hat. Sie lässt sich darum nicht allein mit Blick auf das letzte halbe Jahrhundert unter den Blickwinkeln der Dekolonisierung und der Durchsetzung des Nationalstaatsprinzips verstehen, auch nicht aus der Systemlogik des Kalten Kriegs und der internationalen Weltordnung, wie sie im Zuge der hochimperialistischen Raubzüge des ausgehenden 19. Jahrhunderts und zweier Weltkriege in der ersten Hälfte des 20. Jahrhunderts in dauerhafter Form etabliert wurde. Die wuchtige Bedeutung dieser Faktoren ist evident genug, doch sie sind nur Teil einer längerfristigen Geschichte der euroafrikanischen Beziehungen sowie der Beziehungen Afrikas zum Rest der Welt insgesamt. Diese tieferreichenden Entwicklungen in einer Perspektive der *longue durée* zumindest zu skizzieren, ist Gegenstand dieses Kapitels. Dabei bemühe ich mich um die prägnante Herausarbeitung der großen Linien in gebotener Kürze; entsprechend ihres illustrativen Zweckes sind die Darstellungen besonderer Vorgänge an konkreten Orten Afrikas punktuell gewählt. Auf solcher Grundlage wird die Geschichte Afrikas in der neuzeitlichen Welt kurz umrissen, eine kurze Geschichte der langen Dauer.

Die längerfristige Perspektive erlaubt es, auf grundsätzliche Probleme unserer Vorstellungen von Afrika und afrikanischen Verhältnissen in Gegenwart und Vergangenheit aufmerksam zu machen. Die Gegenwartsfixierung, welche die vorherrschenden Diskurse über Afrika charakterisiert – in Politik und Wirtschaft, in den Medien und der interessierten Öffentlichkeit, ja auch in Teilen der Wissenschaft, in Afrika und weltweit –, verdunkelt den Blick. Oft sieht man vor lauter Bäumen den Wald nicht. Die Fixierung auf die Gegenwart, die oft mit ganz bestimmten Wunschvorstellungen davon, wie die Zukunft aussehen solle, verbunden auftritt, geht mit einer normativen Lösungsorientierung hinsichtlich gegenwärtiger Probleme einher. Die mittelalterlich-alchimistische Vorstellung der Rezeptur und Tinktur für alle Fälle sowie die aufklärerisch-mechanistische Idee, menschliche Gesellschaften entwickelten sich nach automatischen Gesetzmäßigkeiten, gedeihen und wuchern auch heutzutage, ungeachtet ihrer empirischen Hohlheit und ihrer radikalen Ahistorizität, prächtig: Sie geben Anlass für Allmachtsfantasien, für den irrigen Glauben an totale Kontrolle und Planbarkeit. Wenn der Sinn für Geschichte fehlt, kann sich die Gegenwartsfixierung nur in einem Denken mit begrenztem Horizont niederschlagen; ein »verarmtes Denken« sozusagen, eng und verkürzt in seinen Anschauungen, beengend und verkürzend in seinen Folgen. Kurzfristiges Denken führt zur Kurzsichtigkeit, und kurzsichtige »Lösungen« für falsch konzipierte »Probleme« können nur scheitern. Eine andere Darstellung Afrikas tut deswegen not: Eine, die nicht so sehr auf eine Zukunft – um die niemand mit Sicherheit weiß und wissen kann –, sondern auf eine Vergegenwärtigung Afrikas baut, die auf der Wiederaneignung und Vermittlung von Wissen über die afrikanische Vergangenheit basiert und sie als integralen Teil der Weltgeschichte vor Augen führt.[8] Um an diesen Punkt zu gelangen, müssen mittel- und langfristige historische Prozesse anschaulich gemacht und zur Kenntnis genommen werden. Dieses Buch versteht sich als ein Beitrag dazu, der interessierten Leserschaft die afrikanische Geschichte in ihren sich wandelnden Außenbezügen über die vergangenen Jahrhunderte vorzustellen – eine afrikanische Globalgeschichte der Neuzeit gewissermaßen. Gleichzeitig kommt diese »realgeschichtliche« Funktion nicht ohne eine diskurskritische Dimension aus, denn der historisch-historiografische Blick auf Afrika ist keineswegs »unschuldig«. Wie die Bemühungen anderer Wissenschaftsdisziplinen, die Zugriff auf afrikanische Wirklichkeiten zu bekommen, sie zu verstehen und zu erklären suchen, so stehen auch geschichtswissenschaftliche Herangehensweisen kulturspezifisch in einer europäisch-westlich geprägten Tradition, die nicht nur gültige und zutreffende Einsichten erschaffen, sondern auch eine ganze Reihe an Mythen und Irrtümern in die Welt gesetzt hat, von denen manche weiterhin wirken – und nicht zum Positiven.[9]

Zum Beispiel kann man, wie das nichtsdestotrotz in aller Regel getan wird, das gegenwärtige Verhältnis Afrikas zu den Ländern des Globalen Nordens nicht angemessen als eine Geschichte der Beziehungen zwischen gleichartig souverän agierenden Ländern deuten, wie es der nationalstaatliche Diskurs nahelegt, denn die Staaten der Welt sind nur auf dem Papier gleich und souverän, unterscheiden sich jedoch tatsächlich in extremer Weise in ihren realen Handlungs- und Bestimmungsmöglichkeiten. Sie sind ungleiche Größen, und auch ihre Beziehungen untereinander sind durch grundlegende Asymmetrien und Ungleichheit charakterisiert. Sie sind nicht nur ihrer Struktur nach asymmetrisch – d. h. in den Relationen, die verschiedene Institutionen und Akteure zueinander einnehmen –, sondern auch in asymmetrischer, ungleicher Weise entstanden. Zwischen Afrika und den Industriestaaten des Nordens herrscht nicht nur ein Entwicklungsgefälle, was materielle Lebensstandards angeht, sondern auch ein Machtgefälle, und beides wurzelt in einer historisch weit zurückreichenden Beziehungsgeschichte. Der Schatten des Kolonialismus hängt noch über unserer Gegenwart. Er zieht sich über die »nachkoloniale« Ära, die mit den afrikanischen Unabhängigkeiten ab den 1950er-Jahren begonnen hat, in die heutige Zeit hinein; ein kolonialer Schatten liegt aber auch auf den »vorkolonialen« Entwicklungen in den euroafrikanischen Beziehungen, wie sie sich ab dem 15. und 16. Jahrhundert abzuzeichnen begonnen haben.

Die Frühe Neuzeit (1450-1780) und die Dynamik des historischen Kapitalismus

Mit der europäischen Expansion in die Welt der atlantischen, indischen und pazifischen Meere wurde eine neuartige ideologische Formation virulent, die im Lauf der folgenden Jahrhunderte mehr und mehr Dimensionen des menschlichen Lebens eroberte: der Kapitalismus.[10] Ab Mitte des 15. Jahrhunderts erschlossen portugiesische Seefahrer und Händler die westafrikanischen Küsten, später kamen Abenteurer und Unternehmer aus anderen Regionen Europas hinzu. Die Erschließung der Seewege nach Indien und Fernost machte Europäer zu neuen Akteuren in der Welt des Indischen Ozeans, später auch in den pazifischen Räumen.[11] Seither wurden die Geschicke immer weiterer Teile Afrikas viel enger – und in den elementaren Bereichen der Wirtschaft, Politik, Gesellschaft und Kultur immer einseitiger – an Vorgänge außerhalb der Grenzen des Kontinents angebunden. Im langen 16. Jahrhundert öffnete sich das afrikanische »Tor« für Einflüsse, die afrikanische Akteure zunehmend mit fremdbestimmten Dynamiken konfrontierte. Der treibende Motor in dieser Verflechtungsgeschichte war, was Fernand Braudel »die Dynamik des Kapitalismus« nannte.[12] Die Interaktionen zwischen den »alten« afrikanischen Gesellschaften, die auf Kinship basierten oder tributären Produktions- und Ordnungsweisen folgten, und den übers Meer kommenden Trägern einer kapitalistischen Ökonomie verschärften bestehende soziale, wirtschaftliche und politische Ungleichheiten unter Afrikanern und Afrikanerinnen. Sie produzierten mit der Zeit zudem neue Ungleichheiten, denn manche afrikanischen Akteure eigneten sich die »neuen« kapitalistischen Modi an und verflochten sie mit überkommenen kulturellen Vorstellungen.[13] Der Handel war weit mehr als eine rein kommerzielle Tätigkeit, seine Folgen wirkten weit über die geschäftlichen Transaktionen hinaus; mancherorts, wie etwa in Senegambien, an der Goldküste, in Luanda und Benguela oder am Sambesi, entstanden kreolische Gemeinschaften.[14]

Die Erschließung der Amerikas und der Karibik ab dem 16. Jahrhundert eröffnete einen neuen globalen Horizont. Es bildete sich eine »Weltwirtschaft« heraus, ein besonderes historisches System, das um die Idee der Kapitalinvestition und seiner Selbstvermehrung kreist. Zu »Kapital« wurde, was man akkumulierte, nur um es dazu zu verwenden, noch mehr desselben zu produzieren. Im Lauf der Zeit wurden über »Warenketten« diverse Produktionsprozesse ineinandergefügt, und es entstanden vielfältige Sphären »intermediärer Märkte«, auf denen Produktions- und Distributionsleistungen auf ihrem langen Weg zu den Konsumenten zusammentrafen. Die Herausbildung einer kapitalistischen Weltwirtschaft ging einher mit vielfältigen Differenzierungsprozessen zwischen den Weltregionen. Manche nahmen zentrale Positionen in ihr ein, andere periphere. In manchen Regionen akkumulierten bestimmte Akteursgruppen erwirtschaftete Profite, konsumierten bzw. reinvestierten sie, während andere in den kolonialen Besitzungen der Neuen Welt diese erarbeiteten, ohne an den Gewinnen beteiligt zu sein (Sklavenarbeit) oder nur geringfügig entlohnt zu werden (Formen der Zwangs- und Kontraktarbeit).[15] Die Rolle Afrikas im weltwirtschaftlichen System war jene eines Lieferanten billiger Arbeitskraft. Obwohl der Kontinent damit eine Schlüsselfunktion erfüllte, lag er bis ins 19. Jahrhundert hinein am äußersten Rand dieses weltwirtschaftlichen Systems, das zugleich soziale und kulturelle Änderungen provozierte.

Es kam auch zur Differenzierung der Menschheit nach äußerlich sichtbaren körperlichen Merkmalen, zur Zuweisung bestimmter Rollen und Aufgaben sowie zur Zuschreibung unterschiedlicher Eigenschaften und Befähigungen an Menschen aus unterschiedlichen Weltteilen. Immer deutlicher geschah solch eine »Ethnisierung der weltweiten Arbeitskraft«[16] ab dem 18. Jahrhundert unter Rückgriff auf die neuzeitliche Kategorie »Rasse«. Der Rassenbegriff erwies sich als überaus zweckdienlich und propagierte eine Werthaltung, in der Menschen aufgrund ihrer äußeren Erscheinung in eine soziale Hierarchie eingeschrieben und auf unterschiedlichen Rängen fixiert werden konnten. Behauptet wurde, die herrschenden ungleichen Verhältnisse würden in der verschiedenen »Natur« der unterschiedlichen »Rassen« wurzeln und deswegen gerecht sein.[17] Die Rassentheorien, die ab der Mitte des 18. Jahrhunderts von europäischen Gelehrten entworfen (und im 19. Jahrhundert popularisiert) wurden, behaupteten kausale Beziehungen zwischen physisch-anatomischer Gestalt, geografischer Herkunft, sozialer Stellung und mentalen Fähigkeiten. Im Hautfarbenrassismus wurde dem beschworenen dunklen Typus die niederste Stufe zugewiesen, der »Neger« auf seine körperliche Robustheit und Arbeitskraft reduziert. Daraus ergab sich eine bequeme neue Legitimation für die ab dem 16. Jahrhundert in Lateinamerika und der Karibik, ab dem 17. Jahrhundert auch in Nordamerika praktizierte Sklaverei. Der neue Rassendiskurs überformte mehr und mehr die ältere religiöse Rechtfertigung für die Sklaverei, die auf die alttestamentarische Verfluchung der Nachkommen Kanaans, des Sohnes von Ham, durch dessen Großvater Noah Bezug nahm.[18] Im Rahmen des karibisch-amerikanischen Plantagenkomplexes, der von der Einfuhr afrikanischer Menschen lebte, die, ihrer Freiheit beraubt und in die Neue Welt verschifft wurden, um dort auf Zuckerrohr-, Tabak- und Baumwollplantagen zu schuften, nahm die Sklaverei ein »dunkles« Antlitz an. Dies fügte sich mit den gelehrten Vorstellungen von vermeintlich unterschiedlich befähigten und verschieden gefärbten »Rassen« augenfällig angenehm zusammen. Die Ungleichbehandlung und Ausbeutung, die faktisch praktiziert wurde, fand darin eine theoretische Rechtfertigung, die zudem den Anschein erweckte, säkular und universell zu sein. Zwischen 1530 und

1860 überquerten mehr als 12 Millionen Afrikaner und Afrikanerinnen erzwungenermaßen den Atlantischen Ozean.[19] Im Resultat führte die komplexe Dynamik des Kapitalismus zu einem ungleichen Beziehungsmuster, das im Lauf der Jahrhunderte ein immer dichteres Netz über Afrika warf und die Möglichkeiten afrikanischer Akteure, selbstbestimmt zu handeln, maßgeblich einschränkte. Die euroafrikanische Verflechtungs- und Begegnungsgeschichte ist darum auch eine Geschichte der Gewalt, der Ausbeutung und der Demütigung: eine Geschichte der Macht.

Die anbrechende Moderne: Grundlagen der *great divergence* und des kolonialen Denkens

Die Dynamik des Kapitalismus führte zu Ungleichentwicklungen der verschiedenen Weltregionen. Historiker sprechen in diesem Zusammenhang gerne etwas euphemistisch von der *great divergence*, dem »Auseinandergehen« der materiellen und machtpolitischen Schere zwischen »Europa« (und seinen weißen Siedlerkolonien) und »dem Rest der Welt«.[20] Datiert wird der Beginn dieses Prozesses rund um die Wende vom 18. zum 19. Jahrhundert. Was Christopher Bayly »die Geburt der modernen Welt« nennt, hat sich in weltweiter Verflechtung, unter Anteilnahme historischer Akteure aus aller Welt herausgebildet. Die verschiedenen Weltgegenden formten einander, aber nicht in symmetrischer Weise.[21] Als Grund dafür, dass europäische Händler mehr als chinesische, arabische und afrikanische Handelsleute profitierten, ist der Wettbewerbsvorteil im Welthandel zu nennen, den die Ausbeutung der Amerikas den Europäern an die Hand gab, aber auch die massive Ausdehnung der von Sklavenarbeit getragenen Produktionsweise – des »Plantagenkomplexes« – im atlantischen Raum ab den 1640er-Jahren.[22] Außerdem spielte wohl auch die frühneuzeitliche naturwissenschaftlich-säkulare Wende in der europäischen Gelehrtenwelt eine Rolle, die langsam, was zunächst bloße Informationen waren, »in Werkzeuge der Welterkundung und, später dann, der Welteroberung verwandelte«.[23] Schließlich stand damit in enger Verbindung die Fixierung auf technologischen Wandel, nicht zuletzt die Investition in militärtechnologische Neuerungen.[24]

Frederick Cooper erinnert an die zentrale Rolle, welche die imperiale Machtausübung im Prozess der *divergence* spielte, die alle Hände voll zu tun hatte, gegen alle Widerstände eine kapitalistische Arbeitsorganisation durchzusetzen: »Landenteignung führte nun nicht nur dazu, dass die Mehrheit das Einzige, das sie hatte – ihre Arbeitskraft – verkaufen musste, sondern sie ließ auch den Eigentümern an Land und Betrieben keine andere Wahl, als die Arbeitskraft zu kaufen. [...] Kapitalisten und Lohnarbeiter waren auf diese Weise *ungleich* auf dem Arbeitsmarkt aneinandergebunden. [...] Um Arbeitskräfte zu rekrutieren und dem Arbeitsprozess in Betrieben oder auf Feldern zuzuführen, war eine große Bandbreite an Zwangsmaßnahmen erforderlich«.[25] Die moderne kapitalistische Arbeitsorganisation setzte sich nicht automatisch durch, der Übergang zur Lohnarbeit ließ sich nicht ohne Zwang und Druckausübung verwirklichen. Dies gilt für die Industrialisierungsvorgänge in Europa ebenso wie für die Prozesse der Durchsetzung kapitalistischer Arbeitsorganisation anderswo.

Sidney Mintz demonstrierte, dass ohne den auf den Plantagen der Amerikas und der Karibikinseln produzierten Zucker weder die Kalorien noch die aufputschende Wirkung zur Verfügung gestanden hätten, um in England eine wachsende Industriearbeiterschaft bei der Stange zu halten, zumal jener viele Arbeitsstunden zu geringstem Lohn abverlangt wurden. Kolonialsklaverei und kapitalistisch-industrielle Entwicklung in England gingen Hand in Hand.[26] Dies gilt auch in anderer Hinsicht. So kann etwa argumentiert werden, dass »die Pionierarbeit für die organisatorischen Erneuerungen der kapitalistischen Produktion auf den karibischen Zuckeranwesen ebenso sehr geleistet wurde wie in englischen Betrieben: Arbeiter, die zusammengeballt in Gruppen unter Überwachung arbeiten; genau vorgegebene Zeitdisziplin bei landwirtschaftlichem Anbau und Produktverarbeitung; ganzjährige Aufgabenplanung; Kontrolle über den Wohnraum und über den Arbeitsbereich«.[27] Hier wurde das industrielle Fabrikregime gewissermaßen vorweggenommen. Nicht zufällig erfolgte die dritte atlantische Revolution – neben der Amerikanischen und der Französischen – in der Karibik: Im französisch beherrschten Saint-Domingue erkämpften Sklaven und Pflanzer ihre Unabhängigkeit und riefen 1804 die Republik Haiti ins Leben, den ersten von ehemaligen Sklaven gegründeten »schwarzen Staat« im atlantischen Raum.[28]

Dieser Kapitalismus moderner Prägung wurde von einem aufgeklärten Diskurs begleitet, in dem das Lohnarbeitsregime zunehmend als Motor einer Entwicklung zu größerer Freiheit imaginiert wurde. Dies band die sprichwörtlichen »drei Cs« der europäischen Expansionsgeschichte im 19. Jahrhundert vollends aneinander: *Commerce, Civilization, Christianity*, also Handel, Technologie und Fortschritt sowie »europäische«, »christliche«, »weiße« Wert- und Normhaltungen sollten weltweit verbreitet werden. Zunächst vor allem von der abolitionistischen Bewegung getragen, die im Prinzip Lohnarbeit das geeignete Mittel wähnte, Formen der Sklaverei weltweit beenden zu können, wurde dieser Nexus an Vorstellungen einer universellen Entwicklung im Lauf des 19. Jahrhunderts zunehmend zum Antrieb auch von imperialen Staaten. Dies ebnete den Weg zum »vierten C«, *Colonization*, die im Zeitalter des Hochimperialismus weltumspannende Resultate zeitigte.[29] Zunächst formierten sich Gegner und Gegnerinnen des transatlantischen Sklavenhandels und der Sklaverei zu organisierten Netzwerken, die seit den 1780er-Jahren die Abschaffung (Abolition) des Sklavenhandels forderten, und seit den 1820ern die Auflösung der Sklaverei in den europäischen Kolonien (Emanzipation). Seit den 1840er-Jahren traten der Kampf gegen den sogenannten orientalischen Sklavenhandel, der von muslimischen Händlern getragen wurde und europäischen Zeitgenossen dementsprechend Gelegenheit zu verzerrenden islamophoben Ansichten bot, sowie jener gegen die innerafrikanische Sklaverei immer mehr in den Mittelpunkt der Agenden der Abolitionsbewegung, die nunmehr weltweit zu agieren und zu intervenieren gedachte. Das stereotype Bild von der allgegenwärtig herrschenden Tyrannei in Afrika, das früher die prosklavischen Kreise in Europa gezeichnet hatten, wurde nun auch von den Antisklaverei-Aktivisten geteilt.[30]

Vor dem Hintergrund der einsetzenden Industrialisierung in England trat auch ein veränderter Arbeitsbegriff in Erscheinung. Lohnarbeit wurde zur neuen Norm.[31] Die neuen Wirtschaftstheorien propagierten unter anderem die höhere Profitabilität der sogenannten freien Lohnarbeit gegenüber der unfreien Sklavenarbeit. Neben das moralische Argument gegen Menschenhandel und Sklaverei trat nun ein genuin ökonomisches hinzu. Nach der erfolgreichen Abolition durch gesetzliche Erlässe, die Bürgern europäischer Nationen untersagten, am Sklavenhandel zu partizipieren – in England 1806/07 und den USA 1808, in anderen europäischen Staaten in den Jahren nach 1815, als Folge der Neuordnung durch den Wiener Kongress –, forderte man einen sogenannten »legitimen Handel« mit Naturalwaren *(cash crops)*, die für die europäischen Ökonomien und Industrien von immer größerem Wert wurden und zur Herstellung von Seifen, Brennstoffen und Schmiermittel gebraucht wurden. Tatsächlich nahm die innerafrikanische Sklaverei im 19. Jahrhundert als Reaktion auf die forcierte Nachfrage nach *cash crops* massiv zu, und es kam erstmals zur Plantagenproduktion in großem Stil im Rahmen afrikanischer Staatswesen (etwa in Dahomey und in Nigeria). Den Abolitionisten, die den legitimen Handel als Alternative zum Menschenhandel befürworteten und in ihm eine Möglichkeit zu produktiven euro-afrikanischen Beziehungen sahen, entging dieser Zusammenhang völlig. Sie bemerkten nicht, dass er ganz im Gegenteil zu einer Verschärfung und Ausweitung der Sklaverei in Afrika beitrug.[32] Aus dieser Verkennung der Ursachenlage – und der Realisierung, dass Sklaverei und Menschenhandel in Afrika nicht von alleine verschwinden – erwuchs die Forderung nach einer europäischen humanitären Intervention, wie sie seit Mitte des Jahrhunderts bereits gelegentlich geäußert wurde und gegen Ende hin einen allgemeinen Konsens innerhalb der Abolitionsbewegung und der breiten Öffentlichkeit ausdrückte.

Der Drang nach territorialer Gebietserweiterung machte auch vor Afrika nicht Halt, konnte dort aber nicht vor dem ausgehenden 19. Jahrhundert flächendeckend verwirklicht werden. Bis weit in das 19. Jahrhundert hinein beschränkte sich die europäische Präsenz in Afrika auf wenige Brückenköpfe, wobei es nur in Algerien, im Senegal und in Südafrika zu territorialen Gebietserweiterungen in größerem Maßstab gekommen war. Dennoch gab es seit 1800 allerorts radikale Umwälzungen. Die merkantilen Interessen Europas am sogenannten »legitimen Handel« mit landwirtschaftlichen Gütern *(cash crops)* und Mineralien stiegen ganz massiv, der abolitionistische Kampf gegen den Sklavenhandel nötigte afrikanische Handelspartner zu wirtschaftlichen Neuorientierungen. Die Erneuerung des christlichen Bekehrungswerks, die Gründung protestantischer Missionsgesellschaften, später auch katholischer Missionsorden, ging damit einher. Auch die organisierte wissenschaftliche Erforschung dieses Raumes setzte ein, die ihre Arbeit ganz offen auch als ein Mittel zur Erschließung des afrikanischen Handels und zur Zivilisierung Afrikas bewarb; und mit den Gründungen von Sierra Leone (1787) und Liberia (1820), wo ehemalige Sklaven angesiedelt wurden, etablierten sich neue Ausgangsbasen für imperialen Druck, für Kanonenbootpolitik und verwandte Formen von informellem Imperialismus.[33] Afrika im 19. Jahr-

Zur politischen Situation in Afrika um 1885: Ausgewählte afrikanische politische Ordnungen und europäische Territorialbesitzungen

Gestaltung: Carl-Philipp Bodenstein

hundert lag damit durchaus im Orbit eines »informellen Imperiums«, wobei die wirksamen Zwänge der Logik des weltwirtschaftlichen Systemwandels entsprangen, weniger den Absichten der politischen imperialen Akteure, die vielfach als Getriebene erscheinen. Frederick Lugard hielt in diesem Sinn 1922 nicht unzutreffend fest: »Britisch-Afrika wurde nicht durch eine Gruppe von Finanziers erworben, und auch nicht […] durch die Bemühungen seiner Staatsmänner, sondern trotz ihnen.«[34]

Die Einrichtung und Etablierung der europäischen Kolonialherrschaft in Afrika

Die genuin politischen Akteure des Imperialismus sprangen erst in der zweiten Hälfte des 19. Jahrhunderts bewusst auf den Zug auf: »In den 1870er Jahren deutete sich ein Wandel in der Vorgehensweise und in der Aggressionsbereitschaft der europäischen Großmächte an«, hält Jürgen Osterhammel in einer knappen Skizze des sogenannten Wettlaufs um Afrika fest. »Das Osmanische Reich und Ägypten, die sich bei westlichen Gläubigern hoch verschuldet hatten, gerieten unter finanziellen Druck, der von den Großmächten politisch ausgenutzt werden konnte. Zur gleichen Zeit rückte Afrika durch einige spektakuläre und weit publizierte Forschungsreisen in den Aufmerksamkeitshorizont der europäischen Öffentlichkeit. […] Zwischen 1881 und 1898 […] wurde ganz Afrika unter den Kolonialmächten […] aufgeteilt. In einer allerletzten Phase kamen Marokko (1912) unter französische und die […] libysche Wüste unter italienische Kontrolle (1911/12). Nur Äthiopien und […] Liberia blieben selbständig.«[35] Der ambitionierte belgische König Leopold II. (1835–1909) organisierte 1876 die große geografische Konferenz in Brüssel, im Zuge deren es zur Gründung einer »internationalen« Afrikavereinigung kam – der *Association Internationale Africaine* (A. I. A.) mitsamt mehrerer »nationaler« Sektionen. Gleichzeitig zog der Journalist Henry Morton Stanley (1841–1904) – zur Berühmtheit geworden, als er den verschollenen Missionar und Entdeckungsreisenden David Livingstone 1871 in Ujiji aufgespürt hatte – in den Jahren 1874 bis 1877 und 1879 bis 1884 im Auftrag von Leopold II. den Kongofluss entlang ins Landesinnere, um Verträge mit lokalen Autoritäten abzuschließen und »Stationen« anzulegen.[36] Nördlich des Stromes tat es ihm Pierre Savorgnan de Brazza (1852–1905) gleich, allerdings in französischem Interesse.[37] In der *Conférence géographique de Bruxelles* kann man darum den Startschuss für den sprichwörtlich gewordenen *Scramble for Africa* sehen, den »Wettlauf um Afrika«.

Auf drei Aspekte legten die auf ihr versammelten Akteure, die für eine Durchdringung Afrikas durch Europa votierten, besonderen Wert und erklärten sie für wesentlich. So heißt es in Emil Bannings zeitgenössischer Schrift über die Konferenz:

> »[Afrika] ist [1.] reich an Erzeugnissen aller Art und besitzt im Überfluss all die Ressourcen, welche die materielle Grundlage für die Zivilisation sind; […] Die afrikanischen Bevölkerungen sind [2.] nicht aller Kultur gegenüber untauglich oder feindlich gesinnt. Das Christentum, die Wissenschaft, der Warenhandel könnten ihren sozialen Zustand ändern. […] es ist eine gewisse Tatsache, dass diese Erziehung möglich ist; […] [3.] die Existenz des Sklavenhandels. D[ies]er Handel ist der Feind und die Klippe für jeden Fortschritt. […] Das erste und sofortige Ziel einer jeden Bestrebung, die Bevölkerungen Afrikas zu zivilisieren, muss die Ausrottung des Sklavenhandels sein – nicht nur in seinen direkten Manifestationen, sondern auch in dem Prinzip, das ihn nährt und das nichts anderes ist, als die Institution der Sklaverei, sowohl in den muslimischen Staaten des Orients als auch unter den Afrikanern selbst.«[38]

Der Menschenhandel und die Sklaverei waren in dem hier präsentierten Verständnis als rein orientalische und afrikanische Angelegenheiten markiert und der europäische Anteil an Sklaverei und Sklavenhandel dem Vergessen anheimgestellt. Die drei wirkmächtigen europäisch-westlichen Ideologien der Zeit (Christentum, Wissenschaft und Kapitalismus) wurden in der Idee der einen überlegenen »Zivilisation« gebündelt und mit einem Zivilisierungsauftrag ausgestattet, wobei sich die Grenze zwischen nachdrücklicher »Erziehung« und gewalttätiger »Ausrottung«, die bei Banning noch anklingt, schon sehr bald als fließend herausstellen sollte. Über die vor Ort angelegten bzw. anzulegenden »Stationen« hieß es:

> »Dienen sie zuerst den Reisenden als Forschungslager, als Ruhe- und Zufluchtsorte, so werden die Stationen zu Heimstätten der Aufklärung – zu Zentren, wo sich Teile der Bevölkerung, unter ihrem Schutz [gemeint sind die europäischen Reisenden, Missionare und Händler], stufenweise zu der gesellschaftlichen Lage einer überlegenen Ordnung [gemeint ist »die europäische Zivilisation«] erheben werden.«[39]

Keines der drei Elemente, die Jürgen Osterhammel als konstitutive Elemente des »kolonialistischen Denkens« skizziert hat, fehlt hier. An der (rassischen, völkischen) »Konstruktion inferiorer ›Andersartigkeit‹« wird ebenso gestrickt wie an der »Utopie der Nicht-Politik«; die Betonung der eigenen Überlegenheit (und der Inferiorität der kulturell anderen) geht damit einher, das eigene Tun und Lassen, die eigenen Vorstellungen außer Frage zu stellen, sie als universell gültig auszugeben, als nichts also, worüber (politisch) verhandelt werden dürfte, sondern als etwas, das, ein für alle Mal gesetzt, als überzeitliche und überräumliche Wahrheit hingenommen werden müsse. Dasselbe gilt dann auch für das dritte Element – die »Sendungsideologie und Vormundschaftspflicht«, die zu akzeptieren zum Inbegriff einer »verantwortlichen« Haltung gestempelt wird.[40] Das koloniale Denken war hier, von uneingestandenen rassistischen Vorurteilen durchzogen und nun evolutionär-fortschrittlich verbrämt, bereits in den 1870er-Jahren vollends ausgeprägt. Allerdings hatte es die höchsten politischen Kreise noch nicht fest im Griff; die Brüsseler Konferenz war ein Treffen von Wissenschaftlern und Afrika-Enthusiasten – Missionare, Handelsunternehmer, Journalisten –, keine Angelegenheit europäischer Staatenlenker.

Das änderte sich freilich rasch, als die *Association Internationale Africaine*, und da in erster Linie der belgische König Leopold II., ihre Aktivitäten in die Praxis umzusetzen begann. Das provozierte »nationale« Animositäten zwischen den verschiedenen europäischen Großmächten, von denen einige (Großbritannien, Frankreich, Portugal, Spanien) lokale Handelsstützpunktkolonien bzw. kleinere Siedlungskolonien unterhielten. Vor allem aber steigerten sich im Konzert der Großen die Gefühle mancher, zu kurz gekommen zu sein. Die Befürchtungen, auch künftig zu kurz zu kommen, waren vor allem im Deutschen Kaiserreich virulent, das erst 1871 entstanden war, aber auch im ebenfalls jungen Staat Italien, dessen Reichseinigung 1861 vollzogen wurde. Das Ergebnis der im Hintergrund schwelenden Animositäten und der machtpolitischen Rivalitäten war die Einladung des deutschen Reichskanzlers Bismarck an die Regierungsspitzen der europäischen Mächte zu einer Staatenkonferenz in der deutschen Hauptstadt, auf der Westafrika und insbesondere die Kongo-Frage behandelt werden sollten. Diese Berliner Konferenz tagte vom 15. November 1884 bis zum 26. Februar 1885. Einige der dort getroffenen Entscheidungen erwiesen sich als äußerst folgenreich. In den Gesprächen einigten sich die Vertreter der europäischen Großmächte (im Beisein auch der USA und des Osmanischen Reiches sowie der A. I. A., die durch Leopold II. vertreten wurde) nämlich auf die Parameter, nach denen der afrikanische Kontinent unter ihnen aufgeteilt werden sollte.

Das war zunächst einmal eine Aufteilung Afrikas »auf dem Papier«.[41] Zum einen steckten die europäischen Regierungsvertreter ihre jeweiligen Gebietsansprüche und Einflusszonen zunächst mit dem Lineal auf einer Afrikakarte ab. Zum zweiten einigten sie sich untereinander auf einen Modus, um über die »Rechtmäßigkeit der Ansprüche« zu entscheiden. Man kann diesen auf vier Übereinkünfte herunterbrechen: 1. Gebietsansprüche müssen anderen europäischen Mächten angezeigt werden; 2. Gültigkeit erlangen Gebietsansprüche erst mit glaubhaft demonstrierter Präsenz; 3. Verträge mit afrikanischen Herrschern werden als Legitimitätsgrundlage für Gebietsansprüche anerkannt; 4. Die Ausdehnung von bestehenden Küstenkolonien ins Landesinnere wird als legitim anerkannt. (Das betraf etwa Senegal, Gabun und die Elfenbeinküste im Fall Frankreichs; Gambia, Sierra Leone, die Goldküste, Lagos und die Oil Rivers, die Kapprovinz, Natal und Abschnitte an der ostafrikanischen Swahiliküste im Fall Großbritanniens; Angola und Mosambik im Fall Portugals.) Zugrunde lag diesem legalistischen Denken ein »Prinzip der Effektivität«, womit im Grunde der Nachweis effektiv durchgesetzter Kontrolle gemeint war.[42]

Der Vorlage von sogenannten »Schutzverträgen« mit afrikanischen Autoritäten, die darin nach Auffassung der Europäer ihre Souveränität abtraten, würden bilaterale Abkommen zwischen den europäischen (nunmehr) »Kolonialmächten« folgen, um die Grenzen diplomatisch auf friedlichem Weg abzustecken. Tatsächlich sind die kolonialen Grenzen dann auch in einer Vielzahl solcher bilateral geführten diplomatischen Verhandlungen ab 1890 gezogen worden, als die militärisch gedeckte

Unterwerfung afrikanischer Völker an Fahrt aufnahm, und sie führten bis zum Ersten Weltkrieg auch zu mancher Modifikation in den Grenzverläufen. Wo die europäischen Interessen dennoch vor Ort rivalisierend aufeinandertrafen – etwa anlässlich der französisch-britischen Faschoda-Krise (1898) oder der deutsch-französischen Marokko-Krisen (1904–06 und 1911) –, setzten sich die Mächtigen an den diplomatischen Tisch und handelten einen Ausgleich aus. Während es also darum ging, Krieg zwischen Europäern zu vermeiden, wurden Eroberungs- und Unterwerfungskriege gegen nicht-europäische Völker (»Barbaren«, »Wilde« und »Primitive«) – sogenannte »Kolonialkriege« – in den 1890er- und 1900er-Jahren gewissermaßen zu einer Alltäglichkeit in den außereuropäischen »kolonialen« Räumen; sie wurden nicht nur als ein zwecktaugliches Instrument der imperialen Machtausdehnung betrachtet, sondern sogar zum »humanitären Auftrag« einer »zivilisierten« internationalen Politik erklärt.[43]

Der militärtechnologischen Überlegenheit der europäischen Mächte hatte die afrikanische Gegenwehr auf längere Sicht nichts entgegenzusetzen. »Whatever happens, we have got / The Maxim Gun, and they have not«, reimte der frankoenglische Schriftsteller Hilaire Belloc 1898 in seinem satirischen Büchlein *The Modern Traveller*.[44] Dieses erste selbstladende Maschinengewehr, 1884/85 von dem amerikanischen Unternehmer Hiram Maxim in England entwickelt, wurde 1893 im Matabeleland erstmals eingesetzt und mähte in weiterer Folge all jene, die ihr Glück in der direkten Konfrontation suchten, unerbittlich aus großer Distanz nieder. Ob die Krieger zu Fuß mit Schild und Speer antraten, wie im südlichen Afrika üblich, oder als Lanzenreiter zu Pferd und Bogenschützen zu Fuß, wie in den westafrikanischen Savannengebieten, machte im Ergebnis keinen Unterschied. Wo sich afrikanische Widerständische der direkten Konfrontation entzogen und stattdessen zu flexiblen Taktiken des Guerillakampfes und der verbrannten Erde griffen, verhinderten sie die Durchsetzung der kolonialen Kontrolle hingegen meist über deutlich längere Zeit. So zog sich zum Beispiel der Kampf der Franzosen mit Dahomey von 1891 bis 1894 hin, das Reich des Samori Touré endete sogar erst im Jahr 1898 mit der Gefangennahme dieses hervorragenden Strategen, welcher der französischen Übermacht fast 20 Jahre lang Schnippchen geschlagen und manch bittere Niederlage beigebracht hatte. Auch die Unterwerfung der nordnigerianischen Emirate durch die Briten von 1900 bis 1904 erfolgte nicht über Nacht.[45]

Die koloniale Aufteilung Afrikas bis zum Ersten Weltkrieg

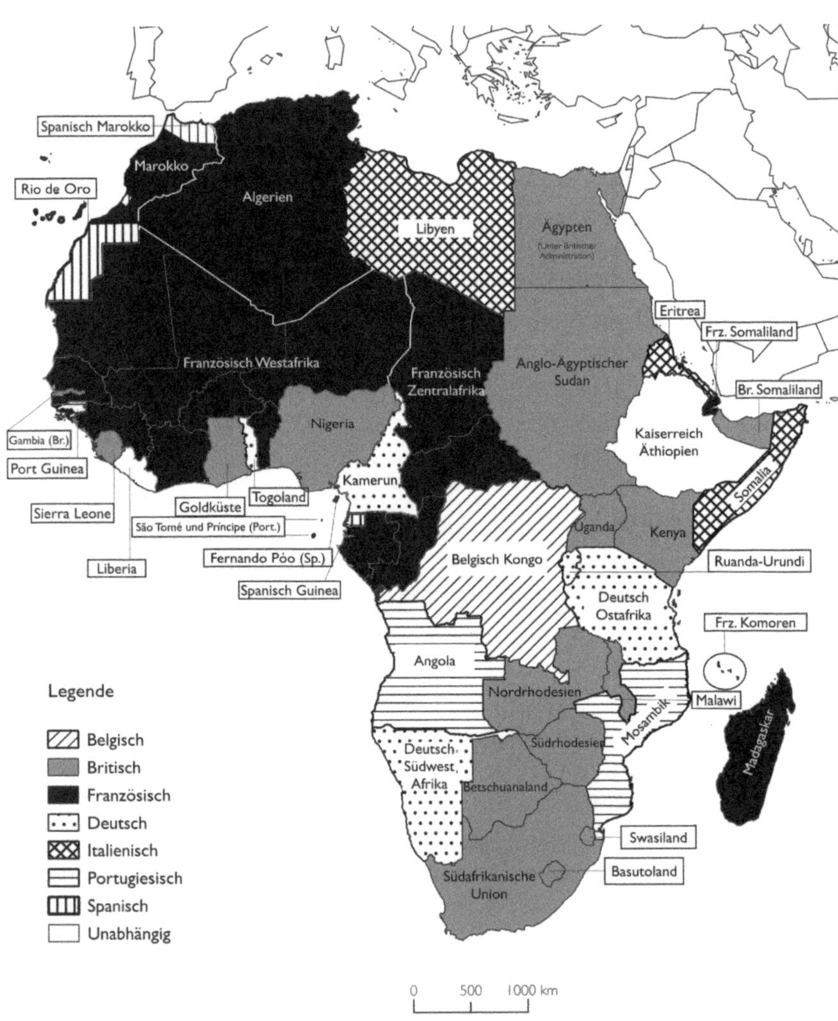

Gestaltung: Carl-Philipp Bodenstein

Die Hybris der kolonialen Eroberer, die ihr Tun vor sich und der Welt in hehren Worten rechtfertigten, in denen sie ihren rassischen und zivilisatorischen Vorrang beschworen, kommt gut in den folgenden Zeilen aus einem Klassiker der prokolonialen Literatur zum Ausdruck. In *The Dual Mandate in British Tropical Africa* schrieb Sir Frederick Lugard (1858–1945), Eroberer der Emirate des Sokoto Kalifats und erster Gouverneur des 1914 geeinten Nigeria:

> »Als Europa den Kontinent [...] betrat, war die Lage Afrikas bedauernswert. An der Ostküste engagierten sich Araber und Mischlinge in einem lukrativen Handel und exportierten Sklaven nach Arabien und in türkische Besitzungen. Im Westen entvölkerten mächtige Heere muslimischer Staaten ganze Bezirke auf ihren Sklavenfangraubzügen. Europa hatte nicht verstanden, dass durch ganz Afrika hindurch, der Länge und Breite nach, Kriege zwischen den Stämmen ein allgegenwärtiger Zustand des Eingeborenenlebens war und dass Vernichtung und Sklaverei von einem afrikanischen Stamm über den anderen praktiziert wurden.
> Es war die Aufgabe der Zivilisation, der Sklaverei ein Ende zu bereiten, Gerichtshöfe zu etablieren, in die Eingeborenen einen Sinn für individuelle Verantwortung, Freiheit und Gerechtigkeit einzuimpfen und ihre Herrscher die Anwendung dieser Prinzipien zu lehren. Vor allem ging es darum dafür zu sorgen, das Bildungssystem so einzurichten, dass es Freude und Fortschritt hervorbringt. Ich bin überzeugt, dass die Geschichte über die Bemühungen und Leistungen, mit denen Großbritannien diese großen Verantwortlichkeiten erledigt, höchstes Lob aussprechen wird. Meiner Überzeugung nach genießt der Afrikaner nämlich unter keiner anderen Herrschaft so einen Grad an Freiheit und unparteiischer Gerechtigkeit, und nirgends erfährt er eine mitfühlendere Behandlung – weder unter der Herrschaft seiner eigenen hemmungslosen Potentaten noch unter den ausländischen [anderen europäischen Kolonialherrschaften]. Aus diesem Grund hege ich einen profunden Glauben an das britische Empire und seine Mission in Afrika.«[46]

Von einer akkuraten Darstellung zeitgenössischer afrikanischer Verhältnisse ist dieses koloniale Glaubensbekenntnis fürwahr meilenweit entfernt, doch zeigt es plastisch die typische Gedankenwelt des »Kolonisators«, die obsessiv um Herrschaft und Überlegenheit kreist – und um die eigene Größe, um sich selbst.[47]

Der *Scramble for Africa* war allerdings nur ein Teil eines umfänglicheren Projekts, das sich in den Jahrzehnten vor dem Ersten Weltkrieg abspielte – der Aufteilung des Globus unter den europäischen Imperien (einschließlich Russlands) und den USA, ergänzt um das imperiale Japan, das sich als einziger nichtwestlicher Staat in diesem Rennen um die Ressourcen der Welt behaupten konnte. Kennzeichnend für das Zeitalter des Hochimperialismus war die »Aufteilung der Welt unter eine Handvoll Staaten [...], der spektakulärste Ausdruck [d]er zunehmenden Aufteilung des Erdballs in Starke und Schwache, ›Fortgeschrittene‹ und ›Rückständige‹.«[48] Um 1900 lag mehr als die Hälfte der globalen Landflächen innerhalb der Grenzen europäischer Kolonialreiche, und drei Viertel der Weltproduktion fanden anno 1913 in diesem Rahmen statt.[49] Immenser Wohlstand wurde erwirtschaftet, und soziale Ungleichheiten wurden verschärft. Dies führte zu fortgesetzten Spannungen und gesellschaftlichen Auseinandersetzungen, sowohl in den Metropolen als auch in den Kolonien. Die Annahme der politischen Entscheidungsträger in den europäischen Metropolen sowie der Intellektuellen in aller Herren Länder, die Situation unter Kontrolle zu haben und halten zu können, geriet mit dem Ausbruch des Ersten Weltkriegs in eine erste ernste Krise, ebenso wie das bislang gepflegte »weiße« Überlegenheitsbewusstsein.[50] Die »koloniale Raubwirtschaft«, wie sie im Rahmen eines Gewalt- und Terrorregimes rasch in Afrika etabliert worden war, gekennzeichnet durch Landraub und Landenteignung, Besteuerung und Zwangsarbeit, machte – angetrieben durch einerseits afrikanischen Protest, andererseits innerimperiale Vorstellungen einer kolonialen zivilisatorischen Mission – langsam Platz für die »Modernisierung der Ausbeutung«.[51] In der Zwischenkriegszeit noch mehr ideell, ab 1945 auch mit praktischen Folgen kam diese in Form des Entwicklungskolonialismus zum Durchbruch.[52]

Funktionen der Ungleichheit im Rahmen der europäischen Kolonialherrschaft in Afrika

Die Mehrheit der afrikanischen Kolonialterritorien zog keine europäischen Siedler an. Sie wurden als Handels- und Stützpunktkolonien verwaltet, bzw. als Beherrschungs- und Ausbeutungskolonien dominiert:[53] Afrikanische Produzenten wurden angehalten, für die europäischen Kolonialmächte zu produzieren; kooperationsbereiten Afrikanern wurden die Herrschaftsmittel an die Hand gegeben, die dafür nötigen Maßnahmen zu setzen.[54] Die durch militärische Überlegenheit eingerichtete und gedeckte koloniale Situation produzierte neue, »tribale« gesellschaftliche Strukturen; an der Aushandlung, die zur sprichwörtlichen »Erfindung von Stämmen« und in weiterer Konsequenz zu ethnonationalistischer Identitätsbildung beitrug, beteiligten sich Kolonialbeamte und Missionare zum einen, zum anderen jedoch auch (mehr oder minder) »traditionelle Autoritäten« sowie andere afrikanische Akteure, welche die neuen Verhältnisse zu ihren Gunsten zu nutzen verstanden. »Viele Afrikaner hatten ausgeprägte persönliche Motive dafür, neue Gemeinschaftseinheiten zu schaffen, die sie anführen konnten«, so der Afrikahistoriker John Iliffe: »Europäer glaubten, Afrikaner gehörten Stämmen an – Afrikaner errichteten Stämme, um ihnen zuzugehören.«[55] Auf diese Weise entstanden afrikanische Stämme in kolonialer Koproduktion.

»Es ist zutreffend zu sagen, dass *Stamm*, *Tribalismus* und *Stammeskriege* – jene Worte, die so oft benutzt werden, um Konflikte in Afrika zu erklären – koloniale Erfindungen waren«, so der kenianische Schriftsteller Ngũgĩ wa Thiong'o.[56] »Da die koloniale Ordnung entlang ethnischer Linien gedacht war, folgten die politischen Maßnahmen auf dem Fuß«, so Patrick Chabal: »Ethnizität wurde zur Sprache, in der die Kolonialherren und die Untertanen die politische Agenda rahmten und Repräsentation organisierten.«[57]

In Afrika trafen europäische Vorstellungen von profitablem Wirtschaften im Rahmen einer expandierenden kapitalistischen »Weltwirtschaft«, in dem verschiedene imperial dominierte Wirtschaftsräume miteinander konkurrierten, auf agrarische afrikanische Produktionsformen. Letztgenannte sorgten ebenso gut für die Subsistenz afrikanischer Gemeinschaften wie sie lokale und regionale Märkte mit geernteten bzw. handwerklich hergestellten Produkten belieferten; mitunter waren sie auch in weitreichende Fernhandelsnetze eingebunden.[58] Marktwirtschaftliches Handeln war seit Langem Teil afrikanischer gesellschaftlicher Ökonomien und wurde ihren spezifischen kulturellen Traditionen gemäß praktiziert.[59] Doch diese Märkte und kommerziellen Aktivitäten Afrikas folgten nicht derselben vulgärmaterialistischen Logik nach pekuniärer Profitmaximierung, wie sie für den westlichen Kapitalismus charakteristisch geworden war. Außerdem funktionierten sie außerhalb der imperial-kapitalistisch organisierten und kontrollierten »Weltwirtschaft«. Das änderte sich – zum Teil – mit der gewaltsamen Eingliederung afrikanischer Territorien und Menschen in die europäischen Imperien, die am Ende des 19. Jahrhunderts zu afrikanischen Kolonialreichen wurden.

Eine ungleiche regionale Entwicklung in verschiedenen Teilen des Kontinents war eine zwangsläufige Folge dieses gewaltsam umgesetzten Versuchs, Afrika in die kapitalistische Weltwirtschaft zu »integrieren«. Der koloniale Raum, der im Anschluss an Eroberung und Besetzung nach und nach ausgeformt wurde, gliederte sich in »eine Zone der Mineralien- und Cash Crop-Produktion für den Export, in die alles an Investitionen floss, was überhaupt getätigt wurde (und viel war es selten); und eine viel größere zweite Zone, die so gut wie gar nichts für den Export produzierte, die aber […] dennoch unentbehrlich war, weil sie die Exportzonen mit billiger Arbeitskraft und billigen Nahrungsmitteln versorgte«.[60] Innerhalb der *cash crops* produzierenden Zone kann man, sieht man vom Plantagenanbau auf europäischen Besitzungen ab, weiterhin Räume unterscheiden, in denen afrikanische Bauern in Eigenregie *cash crops* pflanzten, und jene, in denen der Anbau via Zwangsarbeit erfolgte. Die europäische Kolonialmacht und -administration sicherte ihre punktuellen Interessen, darüber hinaus kümmerte sie sich wenig.

Das galt auch in den afrikanischen Siedlerkolonien, wiewohl es hier aufgrund der Konkurrenzsituation zwischen europäischen Siedlern und Einheimischen um Bewirtschaftungsflächen zu sehr viel direkteren Zusammenstößen und massiven Verdrängungsprozessen kam. Dabei war selbst in den klassischen Siedlerkolonien Algerien und Südafrika der Anteil von Europäern an der Gesamtbevölkerung relativ gering: In Algerien betrug er Mitte der 1950er-Jahre etwa ein Zehntel, in Südafrika ein Fünftel.[61] In Kolonien wie Angola, Mosambik, Südwestafrika (Namibia), Südrhodesien (Simbabwe), Kenia oder der Elfenbeinküste (Côte d'Ivoire) war ihr Anteil noch bedeutend geringer. Freilich war ihr politischer Einfluss überproportional groß, und die koloniale Gesellschaft war nach »rassischen« Gesichtspunkten segregiert – der Rassismus war systemisch institutionalisiert.[62] Die Tendenz zu ungleicher sozialer Entwicklung erhöhte sich dadurch allerorts – die koloniale Ordnung verstärkte bereits existente oder latente Klassenunterschiede in afrikanischen Gemeinschaften, sie produzierte aber auch neue soziale Ungleichheiten innerhalb afrikanischer Gesellschaften. Diese wurden im Umkreis der Kolonialstädte sichtbar, vor allem aber auch in jenen kapitalistischen »Inseln der Lohnarbeit (bzw. Zwangsarbeit), die von weitläufigen Gebieten umgeben waren, die nicht in die Exportmarktproduktion integriert waren« und deshalb leicht dazu genutzt werden konnten, um von dort billige Arbeitskräfte zu rekrutieren.[63]

Kein Wunder also, dass die Afrika-Historiografie insgesamt die europäische Kolonialherrschaft über Afrika negativ bilanziert. Während radikal-sozialistische Afrikahistoriker wie Walter Rodney den Kolonialismus in der Metapher des »einarmigen Banditen« und gierigen Räubers charakterisiert haben, fällt die Einschätzung liberaler Afrikahistoriker wie Adu Boahen ausgewogener aus. Freilich lässt auch Boahen keinen Zweifel daran, dass die Negativa der »kolonialen Belastung« überwogen.[64] Eine nüchterne, kurzgefasste Einschätzung der Funktionsweisen und Folgen der europäischen Kolonialherrschaft für afrikanische Entwicklungen hat der nigerianische Historiker Toyin Falola formuliert:

> »Die Bilanz des Kolonialismus fällt eher negativ als positiv aus. Die meiste Zeit wurde nur wenig für die Entwicklung der Kolonien getan. Neue Infrastrukturen wie Straßen und Bahnlinien wurden nur aus selbstsüchtigen kommerziellen Interessen gebaut, um den Export- und Importhandel zu erleichtern. Die Bauern profitierten kaum, da sie bei den Preisen übervorteilt wurden und fast jeglicher Grundlagenversorgung entbehren mussten. Investitionen von Seiten der Regierungen und Handelsgesellschaften waren nur dafür gedacht, Gewinne zu erzielen, nicht aber, den Lebensstandard der Bevölkerung zu heben. Anbaugüter wurden nur für den Export gefördert, selbst wenn dadurch die Nahrungsmittel knapp wurden. Die Länder Afrikas wurden zunehmend abhängiger von einigen wenigen Exportgütern. […] Die Veränderungen waren nicht überall gleich: In vielen ländlichen Gebieten waren sie eher

oberflächlich und lückenhaft, während Eisenbahnverbindungen und Schulbildung folgenschwere Auswirkungen vor allem für die Stadtbewohner hatten; in Gebieten mit einem hohen europäischen Siedleranteil an der Bevölkerung […] konnten die Veränderungen zerstörerisch wirken. Die Kolonialherrschaft dauerte kürzer als von ihren Architekten geplant. In vielen Teilen Afrikas begann sie nach 1945, als eine Welle nationalistischer Bewegungen aufkam, zu kollabieren […]. Noch lange nach dem Zerfall der europäischen Kolonialreiche ist jedoch ihr Erbe zu spüren. Fast alle Grenzen wurden beibehalten, europäische Sprachen dienen noch heute als offizielle Landessprachen, ungelöste ethnische Rivalitäten und Minderheitenprobleme führen zu politischer Instabilität […], und der etablierte Transfer von Reichtümern aus Afrika dauert an. Die Hinterlassenschaften des Kolonialismus in Afrika sind so mächtig und so weitreichend, dass die Unabhängigkeit Afrikas stark eingeschränkt ist und die postkoloniale Ära häufig als neokolonial bezeichnet wird.«[65]

Widerstandsformen, koloniales Denken und die Anfänge eines Entwicklungskolonialismus

Durch die Katastrophe des Ersten Weltkriegs wurde die Idee vom Kolonialreich als politisches Projekt fragwürdig. Die Neustrukturierung der europäischen Nachkriegsordnung geschah dann auch im Zeichen des Nationalitätenprinzips; die politische Landkarte Europas wurde, wo immer dies möglich war bzw. opportun erschien, diesem Gesichtspunkt gemäß gezeichnet. Freilich waren damit die sozialen Spannungen keineswegs gelöst, im Gegenteil, das Ideal eines möglichst homogenen Volkes innerhalb eines »nationalen« staatlichen Territoriums verstärkte diese vielmehr und führte quer durch den europäischen Kontinent zum Aufstieg faschistischer Bewegungen. Die kommunistische Alternative, die nach Oktoberrevolution 1917 und Gründung der UdSSR auf dem Territorium des ehemaligen Zarenreichs infolge des Ersten Weltkriegs entstand, schrieb sich ebenfalls das Selbstbestimmungsrecht der Völker auf die Fahnen; noch im Internationalismus der Komintern steckte die Akzeptanz des Nationalitätenprinzips. Auch verspürten die alten europäischen

Kolonialreiche nach dem Ersten Weltkrieg rauen Gegenwind aus den Kolonien selbst. Das Selbstbestimmungsrecht der Völker, wie es aus Lenins Texten zur Nationalitätenfrage 1916/17 und dem 14-Punkte-Programm Woodrow Wilsons 1918 ableitbar ist, fiel unter den einheimischen modernen Eliten in den Kolonien auf fruchtbaren Boden.[66] Sie begannen unter Rekurs auf diese politischen Ansätze Forderungen an die kolonialen Metropolen zu richten. Teilweise taten sie das direkt, indem sie sich an ihre Regierungen wandten, mitunter auch über seit 1919 geschaffene internationale Institutionen wie den Völkerbund oder die Internationale Arbeitsorganisation (ILO).

Für Deutschland bedeutete die Niederlage im Krieg den Verlust seiner Kolonien, die zu Mandatsgebieten des Völkerbundes wurden, der die verschiedenen siegreichen Mächte mit ihrer Verwaltung betraute. So kam es, dass Togo und Kamerun unter Franzosen und Briten aufgeteilt wurden, Deutsch-Ostafrika teils an die Briten (Tanganjika), teils an die Belgier (Ruanda-Urundi) ging, und Deutsch-Südwestafrika, das heutige Namibia, der Verwaltungshoheit der Südafrikanischen Union unterstellt wurde. Edmund Dene Morel (1873–1924) – jener britische Journalist, der bereits maßgeblich an der Aufdeckung der sogenannten »Kongogräuel« im »Freistaat Kongo« beteiligt gewesen war und daran, dass Leopold II. seine Privatherrschaft 1908 an den belgischen Staat abtreten musste – kommentierte die neue Konzeption der »Mandatsherrschaft« unmissverständlich kritisch: »Das Mandatssystem ... ist lediglich ein schlecht maskierter Kunstgriff der Afrikanischen Entente-Mächte [gemeint sind Großbritannien und Frankreich], ihre Aneignung jener afrikanischen Territorien, die sie von Deutschland erobert haben, zu verschleiern. Es ist ... eine Politik des imperialistischen Raubs.«[67]

George Padmore bezeichnete das Mandatssystem des Völkerbunds (engl. *League of Nations*) 1937 als »zynische Form imperialistischer Herrschaft« und sah in ihm »nur eine Beibehaltung des Imperialismus«.[68] Er wies ausdrücklich zurück, dass in diesem Schritt eine progressive Entwicklung zu sehen sei, zumal afrikanische Selbstbestimmung genauso wenig gewährt wurde wie ehedem und die Mächtigen der Welt ungebrochen an ihrem Überlegenheitswahn festhielten. Die zugrundeliegende Idee und Praxis der »Treuhandschaft« wurde mit Gründung der Vereinten Nationen von der UNO übernommen; aus »Mandatsgebieten« wurden »Treuhandgebiete«, ab 1947 gab es den Treuhandrat der Vereinten

Die europäische Kolonialherrschaft in Afrika in der Zwischenkriegszeit

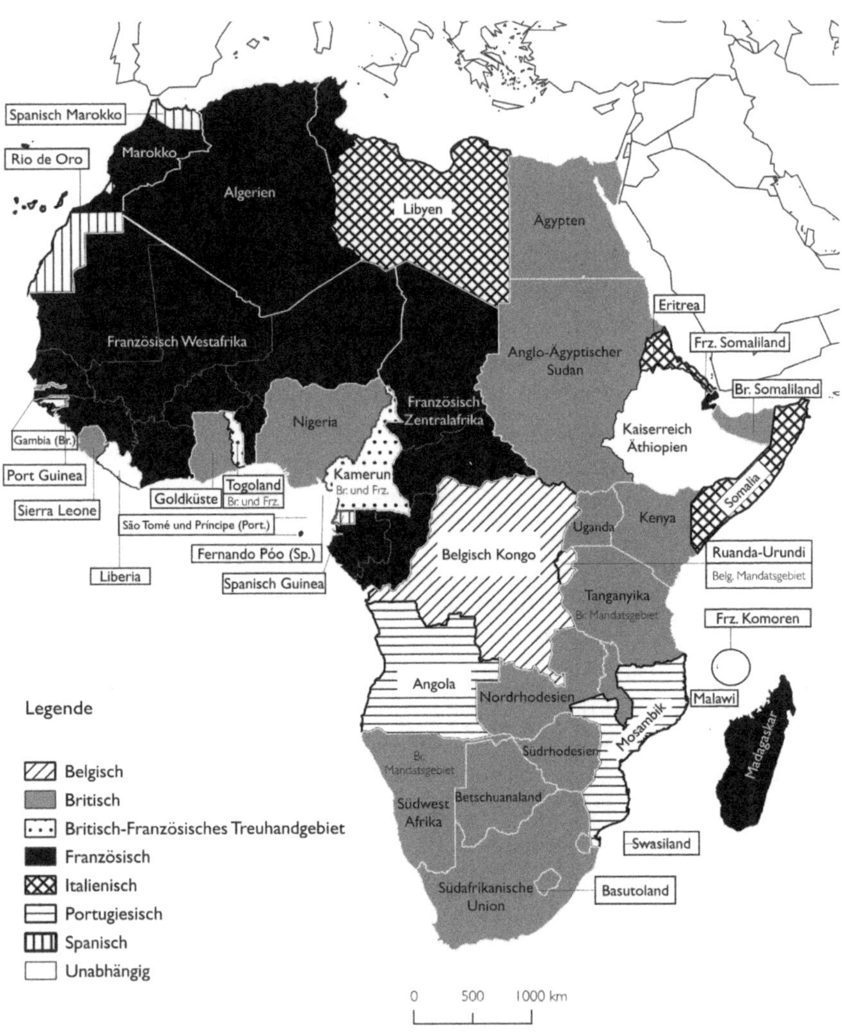

Gestaltung: Carl-Philipp Bodenstein

Nationen *(United Nations Trusteeship Council)*, der bis 1994 bestand. In der Sache änderte sich der Namensänderung zum Trotz nichts. In Bezug auf Tanganjika teilte Padmore 1949 mit der ihm eigenen Unmissverständlichkeit mit: »[...] hier operiert das System in der Verkleidung von ›Treuhandschaft‹, dem neuen Euphemismus für ›Mandat‹ [...].«[69] Allerdings wurden »Nationalisierung« im Sinn von nationalistischer Organisation und *»nation building«* vor dem Hintergrund dieser Entwicklungen zu einem zentralen Feld, auf dem sich die Aktivitäten der antikolonialen Bewegungen in den verschiedenen Kolonialterritorien positionieren mussten.[70]

Aufseiten der Kolonialverwaltungen kam in den Jahren nach dem Ersten Weltkrieg ebenfalls manches in Gange. Die Eroberung und Besetzung afrikanischer Territorien waren zu einem Abschluss gekommen, afrikanische Staatswesen und soziopolitische Ordnungen waren in der einen oder anderen Form von »indirekter Herrschaft« kooptiert und die jeweiligen Kolonialreiche eingegliedert worden – in den französischen und belgischen Kolonien etablierten sich Systeme der *»chefferie«*, wo kooperationswillige traditionelle Autoritäten als *»chefs«* im Dienst der Kolonialverwaltung umfunktioniert wurden oder die Einheimischen eines bestimmten Territoriums einem von der Kolonialmacht eingesetzten *»chef«* unterstellt wurden, dessen primäre Aufgaben in der Eintreibung der Steuern und der Bereitstellung von Arbeitskräften für koloniale Bauprojekte, aber auch fürs Militär lagen. Zu diesem Zweck wurden ihnen auch Machtmittel an die Hand gegeben. Auf den Fall von Belgisch-Kongo bezogen, erklärt der Afrikahistoriker Jan Vansina die koloniale Praxis indirekter Herrschaft folgendermaßen:

> »Nun, ein Teil der Arbeit der [kolonialen] Administratoren im Kongo, der die Steuereintreibung und die Aufrechterhaltung von Recht und Ordnung ergänzte, wurde politische Arbeit genannt. Diese politische Arbeit sollte die afrikanischen Führungskräfte auf den untergeordneten Rängen – unterhalb der Ebene europäischer Kontrolle – so gut wie möglich überwachen und sie arrangieren.«[71]

Dies war das allgemeine Muster, dem die europäischen Kolonialherrschaften in der Praxis überall folgten, wo es sich nicht um Siedlerkolonien handelte; auch die Deutschen in Togo, Kamerun und Ostafrika interagierten und erfanden ihnen genehme und dienstbare »Häuptlinge«. Im britischen Imperium war das nicht anders, auch hier regierte die britische Verwaltung durch lokale *»chiefs«* und *»paramount chiefs«*, die in diesen Rollen – als Abhängige, als Nicht-Souveräne – Neuerungen der Kolonialzeit waren.[72] Im britischen Fall machte Lugard allerdings eine elaborierte Kolonialdoktrin daraus, in deren Geist eine ganze Generation britischer Kolonialbeamter ausgebildet wurde. Lugard erklärte *indirect rule* zur Methode schlechthin, durch welche »der doppelte Auftrag« der Europäer in Afrika, die natürlichen Schätze Afrikas auszubeuten und die afrikanischen Menschen kulturell zu heben, zu leisten sei:

> »Lasst es uns von vorneherein zugeben, dass europäische Intelligenz, Kapital und Tatkraft, um die Ressourcen Afrikas aus Motiven reiner Philanthropie zu entwickeln, niemals erschöpft waren – und nie erschöpft sein werden; dass Europa in Afrika ist zum gemeinsamen Nutzen seiner industrialisierten Schichten und dem der eingeborenen Rassen auf ihrem Fortschritt auf eine höhere Ebene; dass der Nutzen zu einem beiderseitigen gemacht werden kann; und dass es das Ziel und der Wunsch der zivilisierten Verwaltung ist, diesen doppelten Auftrag zu erfüllen.«[73]

In den ersten zwei, drei Jahrzehnten traf die koloniale Landnahme vielerorts auf heftigen Widerstand. Die Einrichtung der europäischen Kolonialherrschaft dauerte und verlief nirgends ohne Gewalt bzw. Gewaltandrohung. Wo sich die afrikanische Herrschaft weigerte, einen Krieg gegen die Briten zu führen – wie im Fall des Asante-Reichs 1896 –, wurde sie dennoch zerschlagen und der Hofstaat gefangengesetzt und ins Exil verfrachtet.[74] Anderswo verschlechterten sich die Beziehungen zwischen Afrikanern und Europäern aufgrund des Zuzugs europäischer Siedler und Siedlerinnen, was zu Rivalitäten und zur Verdrängung Einheimischer von fruchtbareren Böden führte. In Deutsch-Südwestafrika führte das 1904 nicht nur zu einer breiten Revolte von Herero und Nama gegen die deutsche Kolonisation, sondern artete in einen regelrechten Völkermord des deutschen Militärs an einheimischen Männern, Frauen und Kindern aus; bis 1908 wurden die Überlebenden noch in Lagern konzentriert gehalten. Berühmt-berüchtigt und in lebhafter Erinnerung geblieben ist auch die

Maji-Maji-Revolte, welche sich insbesondere gegen die Besteuerung durch die deutsch-ostafrikanische Kolonialverwaltung richtete; angeführt von dem Heiler Kinjikitile Ngwale dauerte diese Erhebung über dessen Hinrichtung 1905 hinaus an. Bis 1907 bereitete sie der kolonialen Ordnungsmacht große Probleme.[75] Aufstände aufgrund der Besteuerungsversuche kamen häufig vor; allein in Mosambik etwa verzeichneten die Portugiesen für die Jahre 1890 bis 1910 an die hundert Zusammenstöße. Diese Widerstände waren bis zum Ende des Ersten Weltkriegs allerdings fast überall gebrochen worden oder hatten sich erschöpft. Viele Afrikaner arrangierten sich mit den neuen Herrschaftsverhältnissen, viele versuchten auch sich ihnen durch Rückzug in die Subsistenz und in kommunale Gemeinschaftsräume zu entziehen. So begannen nicht zufällig gerade um die Jahrhundertwende unabhängige afrikanische Kirchen zu boomen, vor allem im südlichen Afrika und in Zentralafrika, in denen christliche Heilsbotschaft und einheimische Prophetien kreative Verbindungen eingingen.[76]

In den kolonialen Metropolen hingegen wehte bereits um die Jahrhundertwende ein Geist der Modernisierung, der Glaube an die Wissenschaft und an Technologie diente vielen der Gebildeten als Religionsersatz: Max Weber begrüßte »die Entzauberung der Welt« und die Ersetzung »traditionaler« durch »bürokratische Herrschaft« (ohne zu bemerken, dass auch letztere nur eine weitere Ausformung einer bestimmten Tradition ist); die Eugenik organisierte sich in Großbritannien, den USA und Deutschland in gesellschaftlich einflussreichen Vereinen, popularisierte den Unterschied zwischen wertvollem und »unwertem Leben« und propagierte gesellschaftspolitische Maßnahmen von Sterilisation bis zur Tötung derjenigen, die der letzteren Kategorie zugeschlagen wurden. In Südafrika lieferten sich Briten und Buren 1899 bis 1902 einen ersten »totalen Krieg« um die Vorherrschaft im südlichen Afrika, inklusive der ersten »Konzentrationslager« genannten Haftanstalten, in denen die Briten burische Kriegsgefangene unter katastrophalen Bedingungen internierten. Der Glaube an die Machbarkeit ging mit exzessiver Enthemmung einher – insbesondere jenen gegenüber, die als »Untermenschen« qualifiziert (und damit disqualifiziert) wurden. Kein Wunder also, dass manche nun die kolonialen Territorien als Laboratorien für geplante sozialtechnologische Eingriffe nicht nur betrachteten, sondern auch benutzten. Mediziner wie Robert Koch unternahmen Forschungen in Afrika (1896 etwa in Südafrika zur Rinderpest; 1897 in Dar-es-Salaam zur Malaria; 1905/06 in Ostafrika zur Schlafkrankheit), wobei er auch Menschenversuche mit tödlichem Ausgang vornahm – da die kolonialrassistische Ideologie die Menschlichkeit »nicht-weißer Rassen« kaum für gegeben ansah, gingen die Forscher mit wenig Skrupel vor.[77]

Auch in wirtschaftlicher Hinsicht schienen generalstabsmäßig geplante Eingriffe in die künftige Entwicklung der Kolonien nun zunehmend nicht nur wünschenswert, sondern auch umsetzbar. Anstelle des bislang praktizierten Raubkolonialismus sollte eine systematisch erfolgende Ausbeutung der vorhandenen Ressourcen etabliert werden. Es sollte eine »Inwertsetzung« der Kolonien erfolgen. In einer differenzierten Quellenstudie zeichnet Walter Schicho diesen Zusammenhang der *mise en valeur* – die Versuche, die ökonomische Entwicklung der Kolonien mit Hilfe zentraler Planung zu steuern – am Beispiel von Französisch-Westafrika nach. Zusammenfassend schreibt er:

> »Das Ziel war einerseits eine größere Unabhängigkeit Frankreichs von Rohstoffimporten aus Drittstaaten, andererseits eine effizientere Kontrolle der kolonisierten Völker. Soziale Maßnahmen, wie vor allem Gesundheitsvorsorge und angepasste Bildung, dienten der Sicherung und Disziplinierung von Arbeitskraft sowie der Abschwächung des Widerstands in den Kolonien, der noch bis gegen Ende der 1920er-Jahre immer wieder durch Militäreinsatz niedergeschlagen wurde.«[78]

Dabei klaffte zwischen den Inwertsetzungsplänen der europäischen kolonialen Metropolen und ihrer konkreten Umsetzung in den Kolonialterritorien ein unüberbrückbarer Graben. Das lag zum einen an der ungenügenden finanziellen Ausstattung, zum anderen aber auch an der »Einstellung und Kompetenz der Akteure«,[79] egal auf welcher Seite.

Während in Frankreich der Kolonialminister Albert Sarraut (1872–1962) schon 1923 große Entwicklungspläne wälzte, stieß erst die Wirtschaftsdepression, die 1927 begann, ein analoges Denken in Großbritannien an. Dort verabschiedete das Parlament 1929 einen ersten *Colonial Development Act*, der es der britischen Regierung gestattete, den Kolonien Gelder für wirtschaftliche Entwicklungsprojekte zu leihen bzw. zur Verfügung zu stellen.[80] Bis dahin galt der Grundsatz, dass sich die

Kolonien selbst finanzieren müssen, als sakrosankt. Alle Ausgaben der Kolonialverwaltung (von Infrastrukturmaßnahmen über Bildungsausgaben bis zu den Gehältern der Kolonial- und Polizeibeamten) hatten durch ihre eigenen Einnahmen (Besteuerung, Zolleinnahmen) abgedeckt werden müssen. Auch das war ein Grund dafür, dass Formen der Zwangsarbeit in den afrikanischen Kolonien erhalten blieben – die kolonialen Verwalter und ihre verlängerten Arme, die *»chiefs«*, verpflichteten Einheimische zu unentgeltlichen oder geringfügig bezahlten Arbeitsdiensten; über die Vorgabe, Steuerabgaben nicht in Naturalienform zu akzeptieren, sondern nur in harter Währung, nötigten sie mindestens einen Teil der Mitglieder ländlicher Gemeinschaften dazu, sich in Lohnabhängigkeit bei kolonialen Unternehmen zu begeben, um die – oft drückende – Steuerlast bestreiten zu können. Auf diese Art konnten sich große landwirtschaftliche Plantagenbetriebe, die *cash crops* anbauten, und europäische Minenunternehmen, die in Südafrika ab den 1860er-Jahren ihre Arbeit aufgenommen hatten und ab den 1920er-Jahren etwa in Sambia, Angola und Kongo expandierten, mit billiger Arbeitskraft versorgen; auch die afrikanischen Arbeitskräfte für die Landwirtschaftsbetriebe europäischer Siedler in Kenia oder an der Elfenbeinküste wurden mittels desselben Mechanismus generiert.

Die »Modernisierung der Ausbeutung«, wie sie den kolonialen Planern vorschwebte, trug zu sozialen Verwerfungen in Afrika bei.[81] Das Bild der afrikanischen Gesellschaft als statisch, traditionell, unbeweglich, wie es im kolonialen Begriff »Stamm« eingefasst worden war, kollidierte immer deutlicher mit den Realitäten, wie sie sich unter den Bedingungen der kolonialen Ordnung entwickelten. Besonders in den durch massive Arbeitsmigration gekennzeichneten Gebieten – darunter die Bergbauindustrien im südlichen Afrika rund um den Kupfergürtel, in deren Migrationsnetz südafrikanische, britische, portugiesische und belgische Kolonialterritorien involviert waren, oder die landwirtschaftlichen Plantagen an der Elfenbeinküste, die Arbeitskräfte aus Obervolta und Niger bezogen – zeigte das koloniale Stereotyp eines Afrikas der Stämme offensichtliche Risse. Auch die rasch anwachsenden Städte, in die junge Menschen beiderlei Geschlechts in großer Zahl zogen, wo sie ihr Leben in die eigene Hand nahmen und es nicht dem Stereotyp gemäß gestalteten, das die Kolonialverwaltungen sich vom »afrikanischen Wesen« machten, bildeten äußerst dynamische Orte. Die Kolonialverwaltungen sahen in derartiger Dynamik eine Gefahr der kolonialen Ordnung, zugleich aber waren sie in letzter Konsequenz darauf angewiesen, viele junge arbeitsfähige Menschen in ihrem unmittelbaren Zugriffskreis zu haben. Daraus erwuchs jene widersprüchliche Spannung, die der französische Afrikanist und Soziologe Georges Balandier in den 1950er-Jahren als konstitutives Element der »kolonialen Situation« beschrieben hat, ihre »Ambivalenz« und »Mehrdeutigkeit«.[82]

Das Bild einer statischen afrikanischen Gesellschaft kollidierte nun jedoch vor allem auch mit den neuen Vorstellungen des Entwicklungskolonialismus. Die Konservierung etablierter afrikanischer Herrschaftsstrukturen, die zum Nutzen der kolonialen Oberherrschaft umgelenkt und angeleitet wurden, wie es Frederick Lugard konzipiert hatte, ließ maximal einen allmählichen, langsamen Wandel zu, nicht aber jenen schnellen Eintritt in die kapitalistische Moderne, den die jüngere Generation der Kolonialbeamten als Zielsetzung vor Augen hatte. Hinzu trat, dass auch Teile der westlich gebildeten Schichten in den afrikanischen Gesellschaften, die im kolonialen Herrschaftsapparat marginalisiert wurden, in einer solchen Entwicklung einen Schritt in eine bessere Zukunft erblickten. Anders als für die Kolonialverwaltung war für die afrikanische Mittelschicht allerdings eine wirtschaftliche Entwicklung ihrer Kolonie ohne damit einhergehende soziale Verbesserungen – im Bildungs- und Gesundheitswesen, aber auch im Wohnungsbau, Transport- und Verkehrswesen – keine ausreichend erstrebenswerte Option. Der Druck westlich gebildeter Afrikaner, die Zeitungen herausgaben, Vereine und Organisationen gründeten (»Jugendorganisationen«, »Kulturvereine«, Gewerkschaften) und für bessere Verhältnisse votierten, steigerte sich in den 1930er-Jahren merklich.[83]

In den Jahren 1940 und 1944 wurden ein weitreichender zweiter und dritter *Colonial Development and Welfare Act* beschlossen, die nun auch direkte Investitionen in Bildungs- und Gesundheitsprogramme erlaubten, ohne dass ihre wirtschaftliche Profitabilität zur Debatte stand.[84] Damit war Wohlfahrt für afrikanische Menschen tatsächlich erstmals prinzipiell gesetzt. Frankreich folgte 1946 mit FIDES – seinem *Fonds d'investissement pour le développement économique et social* – derselben Logik und schuf im selben Jahr auch die bis dahin legale Zwangsarbeit ab.[85] Den progressiven Kräften in Afrika blieb es danach vorbehalten, diese wohlfahrtsstaatliche Logik weiter voranzutreiben und die europäischen Metropolen an ihren eigenen Ansprüchen und Versprechen zu messen: »Sie in Anspruch zu nehmen«, wie das Frederick Cooper nennt, wurde nach 1945 besonders in den französischen Kolonien zu der bevorzugten Strategie der politisch tätigen afrikanischen Akteure, sowohl im arbeitergewerkschaftlichen als auch im politisch-repräsentativen Rahmen.[86]

Forderungen bezogen sich nicht nur auf ökonomische und soziale Verbesserungen, sondern sie riefen nun auch nach »politischer Entwicklung« im Sinne ihrer Beteiligung an der (kolonial-)politischen Machtausübung; und bald forderten sie mehr von den kolonialen Obrigkeiten – nämlich selbsttätige, selbstbestimmte, selbstgesteuerte Entscheidungen zum Wohl Afrikas treffen zu können. Mit den beiden Schlagworten des Panafrikanischen Kongresses im Oktober 1945 in Manchester – »Afrika den Afrikanern!« und »Unabhängigkeit jetzt!« – war die politische Gestaltung der Gegenwart und Zukunft Afrikas auf der Agenda platziert.[87] Illusionen über die europäische Freigebigkeit machte sich die afrikanische Intelligenz keine, vielmehr erkannte sie die wunden Punkte der Kolonialmächte, die durch den Zweiten Weltkrieg offenbar wurden. Frankreich war während des Krieges besetzt gewesen, die Kolonien in Afrika bekannten sich teils zum Vichy Regime, teils zum »Freien Frankreich«, das Charles de Gaulle (1890–1970) im britischen Exil ausgerufen hatte. Und Großbritannien »befand sich zuhause in einer verzweifelten wirtschaftlichen Lage, wegen seiner Strapazen im Kampf um Selbsterhaltung«, wie George Padmore anno 1949 bemerkte, der darin neben dem Verlust Indiens und Burmas den zweiten wesentlichen Grund vermutete, weshalb die Briten nun ein gesteigertes Interesse an den afrikanischen Kolonien zeigten: »Die britische Herrscherklasse wurde [dadurch] gezwungen, andernorts nach neuen Quellen des Profits Ausschau zu halten.«[88]

Die Auflösung europäischer Kolonialreiche in Afrika und der einsetzende Kalte Krieg

Ein Ende der Imperien war also mit den Entwicklungen, die durch den Zweiten Weltkrieg auch in den kolonial dominierten Räumen Asiens und Afrikas eine frische Dynamik auslösten, keineswegs eingeläutet: »Auch wenn der neue dreißigjährige Krieg [von 1914 bis 1945] das Ende des Reichssystems in Europa einläutete, beendete er nicht die imperialen Ambitionen rund um die Welt – ganz besonders nicht die Ambitionen der

USA und der UdSSR, den neuen Rivalen um die Welthegemonie.«[89] Gegen ihren Willen sahen sich die alten europäischen Kolonialreiche genötigt, auf die direkte Kontrolle ihrer Kolonien zu verzichten. Mitte der 1950er-Jahre hatten sich die Entscheidungsträger in London und Paris (wenn auch nicht jene in Brüssel und Lissabon) aufgrund angestellter Kosten-Nutzen-Rechnungen damit abzufinden begonnen, ihre afrikanischen Kolonien abzuwickeln. »Nachdem sie Schritte unternommen hatten, die Afrikaner in ihre Weltwirtschaft einzugliedern und anzubinden,« so der Afrikahistoriker John D. Fage, »entschieden die Regierungen in Europa, die einzige Lösung angesichts der politischen Spannungen liege darin, den Forderungen ihrer Kolonien nach Unabhängigkeit nachzugeben.«[90] Mehr oder weniger umkämpft kam es anschließend zu ausgehandelten »Unabhängigkeiten«, wobei sie sich darauf konzentrierten, ihre Pfründe zu sichern und ihre Handlungsspielräume auch künftig intakt zu halten.[91]

An der britischen Goldküste wurde die antikoloniale Agitation nach der Bestellung von Kwame Nkrumah (1909–1972) zum Generalsekretär der neu begründeten Partei *United Gold Coast Convention* (UGCC) ab 1947 durchschlagskräftig. Diese Position erlaubte ihm die Heimkehr, nachdem er von 1935 bis Anfang 1944 in den USA studiert hatte, ehe er anschließend in London im Rahmen der *Pan-African Federation* agitierte und den epochemachenden Fünften Panafrikanischen Kongress mitorganisierte. Die UGCC, deren Gründer und Honoratioren relativ wohlhabend, politisch gemäßigt waren und darauf hofften, an der kolonialen Machtausübung beteiligt zu werden und mehr als bislang an den Entscheidungsprozessen der britischen Verwaltung partizipieren zu dürfen, wurden vom Radikalismus Nkrumahs überrascht, der eine weitgehende Vision von gesamtafrikanischer Befreiung vertrat. Bereits 1945 hatte er seine Schrift *Towards Colonial Freedom: Africa in the Struggle Against World Imperialism* in London als Manuskript herumgehen lassen, doch die war den Parteigranden ebenso unbekannt wie die Person Nkrumahs.[92]

Da Nkrumahs Mobilisierungsbemühungen fruchteten und der UGCC neue Unterstützer einbrachten, blieb ihr Verhältnis trotz weltanschaulicher Spannungen eine ganze Weile noch stabil, doch 1949 vollzog Nkrumah den Bruch mit der UGCC und formte die *Convention People's Party* (CPP) als sein Instrument, die britische Verwaltung direkt herauszufordern. Er rief die Strategie der »positiven Aktion« aus, die den gewaltlosen Widerstand gegen die Obrigkeit, zivilen Ungehorsam und Nichtkooperation guthieß, er organisierte Streiks, gestaltete Boykottaufrufe und hielt die (städtische) Menge durch tagtägliche Zeitungsmeldungen und häufige öffentliche Reden auf dem Laufenden. Das Programm und die Praxis derartiger politischer Bewusstseinsbildung, die vor allem unter den vielen Jungen und den Frauen, die unter schwierigen Bedingungen lebend die Städte bevölkerten, auf fruchtbaren Boden fiel, weil es ihrem Unmut Ausdruck verlieh und ihnen ein Ziel vermittelte, brachte Kwame Nkrumah und einige Mitstreiter ins Gefängnis. Unterdessen hatten die Briten in ihrer Absicht, dem afrikanischen Widerstand den Wind aus dem Segel zu nehmen, für den Februar 1951 erstmals Wahlen an der Goldküste angesetzt. Aus diesen ging die CPP als Sieger hervor, ihr Spitzenkandidat Nkrumah wurde freigelassen und sogleich in sein neues Amt angelobt. An der Seite des Gouverneurs Sir Arden-Clarke führte Nkrumah sodann die Amtsgeschäfte der Regierung, ab 1952 als Premierminister der britischen *Gold Coast*. Da die Neuwahlen 1954 die CPP bestätigten, arbeitete das Doppelgespann aus britischem Gouverneur und afrikanischem Premier weiter zusammen, und gemeinsam stellten sie die Weichen für die »Unabhängigkeit«.

Die Unabhängigkeit der britischen Kolonie wurde von langer Hand vorbereitet, ein Termin offiziell angesetzt, und am 6. März 1957 mit großer Feierlichkeit begangen. Den offensichtlichsten (und bleibenden) Bruch mit der kolonialen Vergangenheit stellte die Umbenennung des Territoriums in Ghana dar; in bewusster Absicht knüpfte Nkrumah damit symbolisch an das alte Reich Ghana und an die große politische Geschichte Westafrikas vor der Ankunft der Europäer an.[93] Angesichts des panafrikanischen Engagements (ideell, materiell, personell und finanziell), das Kwame Nkrumah bis zum Militärputsch 1966 in Ghana und darüber hinaus im Exil in Guinea betrieben hat, besteht kein Zweifel am Willen und der Absicht Nkrumahs, mit dem kolonialen Erbe radikal und auf alle Fälle grundsätzlicher brechen zu wollen. Allerdings ist ebenso unzweifelhaft, dass es ihm nicht einmal in Ghana gelungen ist, jene schöne neue Welt zu schaffen, die ihm vorschwebte – politisch selbstbestimmt befreit und in panafrikanischer Solidarität geeint, gesellschaftlich egalitär und wirtschaftlich aufstrebend.[94]

In den meisten anderen kolonialen Räumen vollzog sich diese politische »Dekolonisierung« in ähnlicher Weise. In gewaltsamen Kampf bis hin zum dezidierten Krieg artete die Auseinandersetzung allerdings in

Die politische Kolonialordnung nach dem Zweiten Weltkrieg

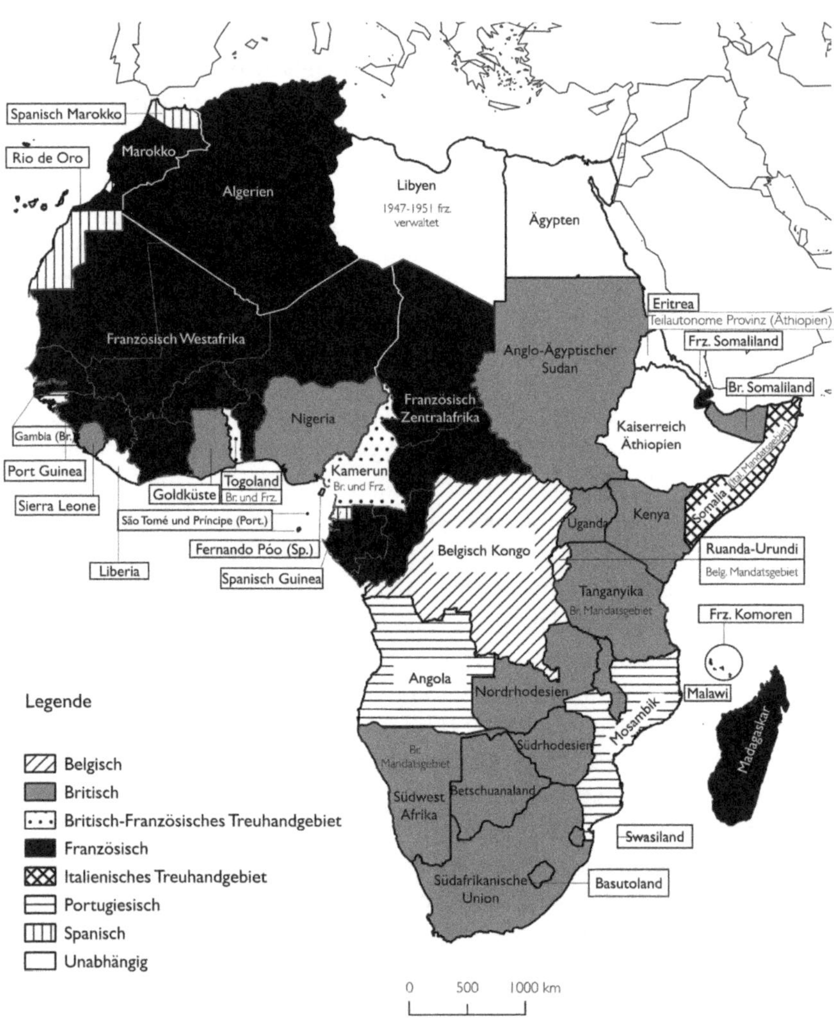

Gestaltung: Carl-Philipp Bodenstein

Algerien aus, das Frankreich als integralen Teil seines Staatsgebietes verstand und auf keinen Fall aufgeben wollte. Dort tobte von 1954 bis 1962 ein brutal und blutig ausgetragener Krieg, in dem Terror und Folter auf der Tagesordnung standen.[95] Doch auch in Kenia, wo sich viele Menschen aufgrund der kolonialen Siedlungs- und Wirtschaftspolitik in prekären Lagen befanden – sowohl auf dem Land als auch in den Städten – und für »Land und Freiheit« revoltierten, schlug die britische Kolonialmacht ab 1952 mit großer Härte zu. »Die Mau Mau Freiheitskämpfer reklamierten für sich«, so die Historikerin Anaïs Angelo, »eine radikale Version des Kikuyu-Nationalismus. Es war eine Revolte gegen Landenteignung, wirtschaftliche Ungleichheiten und politische Unterdrückung.«[96] Trotz der Heftigkeit ihrer Maßnahmen gelang es den Briten nicht, der Lage – und denen, die sie verächtlich »Mau Mau« nannten – Herr zu werden. Dabei vollzogen sie einschneidende Schritte: »Dorfzusammenlegungen, wie die verharmlosende Bezeichnung des Kolonialstaates für die Zwangsumsiedlungen lautete, kamen 1955 [...] über das kenianische Volk.«[97] Über sie schreibt Ngũgĩ wa Thiong'o in seinen Erinnerungen:

> »Die neuen Dörfer stellten das ländliche Gegenstück zu den Konzentrationslagern dar, in denen immer noch Tausende gefangen gehalten wurden und zu denen seit der Verkündung des Ausnahmezustands 1952 jedes Jahr viele hinzukamen [die verdächtigt wurden, zu den Mau Mau zu gehören bzw. die Guerilla-Kämpfer zu unterstützen]. Die Insassen der Konzentrationslager waren meist Männer, die Menschen in den Lagerdörfern hauptsächlich Frauen und Kinder.«[98]

Verhandlungen mit den Aufständischen ließen die Briten nicht zu. Durchgängig, so Ngũgĩ wa Thiong'o, »weigerte sich der Kolonialstaat, die Mau Mau als legitime antikoloniale und nationalistische Bewegung anzuerkennen«.[99] Erst mit der Festnahme des Guerilla-Führers Dedan Kimathi (1920–1957) und seiner Hinrichtung im Februar 1957 veränderte sich die Lage; als im März 1957 erstmals afrikanische Mitglieder in den Legislativrat Kenias gewählt wurden, begann auch hier ein langsamer Prozess der Aushandlung einer Form von Unabhängigkeit, der 1963 abgeschlossen war und Jomo Kenyatta (ca. 1894–1978) an der Staatsspitze installierte.[100]

Die Auflösung der europäischen Kolonialreiche in Afrika war nicht nur dem beträchtlichen Druck der antikolonialen Kräfte in den einzelnen Kolonialterritorien geschuldet, sondern der Diskursverschiebung, die infolge des weltpolitischen Erdbebens einsetzte. Die bisherigen Großmächte waren Geschichte, den neuen Ton und die neue Richtung bestimmten nun die »Supermächte« USA und UdSSR, die sich beide (wider bessere Evidenz) als antiimperial und antikolonial begriffen und dementsprechend »Dekolonisierung« forderten. Der Trend zur Auflösung der europäischen Kolonialreiche wurde außerdem durch die »Befriedung« Chinas befördert, wo es den Kommunisten unter Führung von Mao Tse-tung gelang, das Riesenland nach fast vier Jahrzehnten innerer Spannungen und Bürgerkriege weithin zu einigen und 1949 die Volksrepublik China auszurufen. Mit dem China des Bauernführers und, gemessen an sowjetischen Maßstäben, unorthodoxen Marxisten Mao war ein weiterer neuer Faktor auf der Weltbühne aufgetaucht, der vielen zum Vorbild und manchen zum Verbündeten in ihrem Kampf um Abschüttelung des kolonialen Jochs wurde. In den 1950er-, 1960er- und 1970er-Jahren erschien China vielen in den »neuen Staaten«, die in den Dekolonisierungswellen in Asien und Afrika entstanden waren, als Garant eines Weges jenseits des Systemkonflikts, der mit Ausbruch des Kalten Kriegs zwischen der Sowjetunion und den Vereinigten Staaten von Amerika seit 1948/49 die weltpolitische Bühne beherrschte.

Die afroasiatische Solidaritätskonferenz im indonesischen Bandung (1955) und die Bewegung der Blockfreien, die mit der Belgrader Konferenz (1961) begründet wurde, zeigten deutlich das Bedürfnis und die Suche nach Entwicklungsalternativen auf, die besonders an jenen Orten blühten, die nun langsam mit dem neuen Etikett der »Dritten Welt« belegt wurden. Die »neuen Staaten« Afrikas hatten in den folgenden drei Jahrzehnten keine andere Wahl als jene, irgendwie zwischen den Blöcken zu navigieren.[101] Die Ereignisse rund um das Ende der belgischen Herrschaft über den Kongo 1960 machten das schlagartig klar. Auch wenn sich bereits um die Suez-Krise 1956 gewisse Verschärfungen ankündigten, wurde erst mit der sogenannten Kongo-Krise der afrikanische Kontinent zum Schlachtfeld des Kalten Kriegs. Bis dahin, so Lise Namikas, »hatte keine der beiden Supermächte viel über Afrika nachgedacht«.[102] Anlässlich der Kongo-Krise bekamen auch die Vereinten Nationen eine neue, politisch-militärische Rolle.

Genervt von den Forderungen antikolonialer Akteure im Kongo beschloss die belgische Politik 1959 überraschend für das kommende Jahr, ihre riesige Kolonie in die »Unabhängigkeit« zu entlassen. Freilich war dabei nicht daran gedacht, die belgischen Wirtschaftsinteressen am Land und am Bergbau aufzugeben. Zudem waren aufgrund des Reichtums an Bodenschätzen, die durch Firmenagglomerate ausgebeutet wurden, einflussreiche Kapitalinteressen bedroht – nicht nur jene von belgischen Unternehmen, sondern auch britischer, südafrikanischer und US-amerikanischer Aktionäre. Der Übergang zu »neokolonialen« Verhältnissen lief hier jedoch, ganz im Gegensatz zu der Auflösung des britischen und französischen Kolonialreichs, wo über Jahre hinweg intensive Dialoge und Kooperationsformen mit einem Teil der politischen afrikanischen Eliten geführt worden waren, recht ungeordnet ab; der Unabhängigkeitserklärung 1960 folgten Jahre der kriegerischen Auseinandersetzungen, schließlich die Einrichtung einer bis in die 1990er-Jahre hinein vom Westen gestützten Militärdiktatur unter Mobutu Sese Seko (1930–1997).

Die Ereignisfolge ist aufschlussreich. Nur wenige Tage nach der Unabhängigkeitserklärung am 30. Juni 1960 begannen kongolesische Soldaten an mehreren Standorten gegen die belgischen Offiziere zu meutern, die nach wie vor das Militär befehligten. Der Präsident des Kongo, Joseph Kasavubu (ca. 1915–1969), und der Premierminister Patrice Lumumba (1925–1961) verhandelten noch über eine neue Militärführung, als die belgische Regierung am 10. Juli Fallschirmspringer in der Katanga-Provinz absetzte, wo die belgische *Union Minière du Haut Katanga* und andere westliche Bergbauunternehmen die mineralischen Rohstoffe ausbeuteten. Zwar hatte deren Provinzgouverneur Moise Tshombe (1919–1969) darum gebeten, doch die militärische Intervention verletzte die anlässlich der Unabhängigkeit getroffenen Vereinbarungen zwischen Belgien und dem Kongo; am 11. Juli proklamierte Tshombe die Unabhängigkeit Katangas. Der Sezession folgten Gefechte zwischen kongolesischen Regierungstruppen und belgischen Fallschirmkontingenten. Kasavubu und Lumumba wandten sich am 12. Juli an den UN-Generalsekretär Dag Hammarskjöld (1905–1961) und baten um die »dringliche Entsendung von militärischer Unterstützung durch die Vereinten Nationen […], um das nationale Territorium des Kongo gegen die jetzige äußere Aggression zu beschützen«.[103] Zwischen dem 15. und 18. Juli erreichten die ersten UN-Truppen aus Tunesien, Ghana, Äthiopien und Marokko den Kongo; im Lauf der nächsten Wochen folgten Kontingente aus Guinea und Liberia, aus Irland, Schweden, Norwegen und Jugoslawien, aus Argentinien und Brasilien, sowie aus Indien.[104] Freilich erlaubte das UN-Mandat keine direkte Unterstützung der Zentralregierung, die sich ab dem 8. August mit einer weiteren Sezession – jener der Kasai-Provinz – konfrontiert sah. Lumumbas Ansuchen an die USA um militärische Hilfe war zurückgewiesen worden, danach wandte er sich im August 1960 auch an die Sowjetunion, die alsbald militärische Unterstützung mit Waffen, Lastern und Flugzeugen leistete. Damit begann die Propaganda vom »roten Lumumba«, die auf beiden Seiten der ideologischen Blöcke geschürt wurde (und, egal in welcher Richtung, wenig mit der historischen Person gemein hat); damit war der Kongo Schauplatz offen ausgetragener Blockrivalität geworden.

Innerhalb der Zentralregierung, die aus einer Koalition zwischen ABAKO *(Association des Bakongo)* und der in den Wahlen vom Mai 1960 stimmenstärksten Fraktion *Mouvement National Congolais* (MNC) hervorgegangen war, bröckelte der Zusammenhalt. Im September brach die Rivalität zwischen Kasavubu und Lumumba offen aus. Lumumba, als Premier entlassen, aber um seine Position kämpfend, wurde unter Schutzhaft bzw. Hausarrest der UN gestellt. Um für seine Rückkehr an die Macht zu mobilisieren, versuchte sich Lumumba nach Kisangani (damals Stanleyville) durchzuschlagen. Henning Melber schildert, was dann geschah:

> »Während die Regierung Kasavubu und ihr neuer Oberbefehlshaber, Mobutu Sésé Seko (der an der Absetzung Lumumbas beteiligt gewesen war), zuschauten, wurde er mithilfe von CIA, belgischen Soldaten und Söldnern Anfang Dezember festgenommen und nach Léopoldville [Kinshasa, die Hauptstadt] geflogen. […] Wochenlang inhaftiert […] wurde Lumumba am 17. Januar 1961 [gemeinsam mit zwei Mitgefangenen] nach Elisabethville [Lubumbashi] geflogen. […] Die drei wurden gefoltert und schließlich in derselben Nacht von einem Erschießungskommando exekutiert. Für einige Zeit wurde das Verbrechen vertuscht. Die Nachrichten, die den Tod Lumumbas bestätigten, erreichten New York erst am 13. Februar 1961.«[105]

Die Auseinandersetzungen, die Kongo-Krise setzte sich fort. Am 18. September wurde die Maschine mit dem UN-Generalsekretär an Bord im Grenzgebiet von Sambia und Katanga/Kongo zum Absturz gebracht, Dag Hammarskjöld fand den Tod. Mobutu räumte bis 1963 seine Gegner im Zentrum der Macht aus dem Weg und stieg neben Joseph Kasavubu zur führenden Person im Kongo auf. Im November 1965 installierte er sich durch einen (unblutigen) Militärputsch einsam an der Spitze des Staates. Gestützt durch die USA und ihren Geheimdienst, aber auch hofiert von Frankreich und anderen westlichen Ländern, einschließlich des Apartheid-Regimes in Südafrika, »stabilisierte« Mobutu in den Folgejahren die Situation.[106] Seine schamlose Bereicherung ging mit Misswirtschaft, Korruption und Verelendung weiter Teile der Bevölkerung einher. Dabei stellte er die Torwächterfunktion sicher, die das Ausland in gut neokolonialer Manier von ihm verlangte, und Mobutu bildete in den Augen der westlichen Kalten Krieger (und Südafrikas) jenes Bollwerk gegen die Bedrohungen, welche sie in den antikolonialen Befreiungsbewegungen wahrnahmen, die ab den frühen 1960er-Jahren in Angola, Mosambik und Guinea-Bissau zu den Waffen gegen die portugiesische Kolonialherrschaft gegriffen hatten.[107] Der Afrikahistoriker Paul Nugent hält fest: »Mit den Franzosen, Belgiern und Amerikanern immer bereit, die Fortdauer des Regimes sicherzustellen, konnte sich Mobutu leisten, über ein Land zu präsidieren, in dem nur sehr wenig funktionierte.«[108] Chinua Achebe kommentiert: »Kongo-Zaire ist überhaupt nicht das einzige Land in Afrika, wo fremde Mächte dessen Führer ausgewählt oder unterstützt haben. Es ist nur der skandalöseste Fall, sowohl in der Größenordnung als auch in der Unverfrorenheit.«[109]

Die Erfahrung der Kongo-Krise führte den Regierenden in den »neuen Staaten« Afrikas unzweifelhaft vor Augen, dass sie sich in irgendeiner Weise entschieden positionieren mussten. Die Navigation zwischen den Blöcken wurde für die kommenden drei Jahrzehnte zur kennzeichnenden Charakteristik. Das ideologische Versprechen sowohl der USA als auch der UdSSR war im Wesentlichen materieller Wohlstand durch wirtschaftliches Wachstum; in dieser Hinsicht agierte der »realsozialistische« Kommunismus nicht weniger kapitalistisch als die sogenannte »freie Welt«. Wie der Westen folgte auch der Osten der langfristigen modernen Entwicklungslogik – jener des »historischen Kapitalismus« bzw. des »modernen Weltsystems«. Für Afrika konnte die Fortführung dieser Kontinuität kaum anderes bedeuten als eine in die nachkoloniale Zeit hinein fortgesetzte systemische Benachteiligung. Die »Unterentwicklungsfalle«[110] blieb unangetastet bestehen. Der Einsicht in diesen Sachverhalt ist geschuldet, dass sich die klügsten progressiven Köpfe in den neuen afrikanischen Staaten um Alternativen bemühten, die einen radikalen Bruch mit dem bislang dominanten System herbeizuführen versprachen.

Nachkoloniale afrikanische Staatlichkeiten und fortgeführte Außenabhängigkeiten

Mit den Unabhängigkeiten wurden die kolonialen Territorien in sogenannte »nationale« Staaten umgeformt. Mit den äußeren Zeichen der Souveränität versehen und international (d. h. durch andere Regierungen) anerkannt, waren sie jedoch im Inneren kaum mehr legitimiert – und damit souverän –, als es die europäischen Kolonialherren gewesen waren, die sie beerbten.[111] Dementsprechend bemüht waren etliche der afrikanischen Regierenden in den 1960er- und 70er-Jahren, ihre innere Souveränität (= Legitimität durch das Staatsvolk) zu stärken, indem sie fortschrittliche, die Autarkie stärkende Wirtschafts- und Außenpolitik zu machen versuchten – in Form von Industrialisierungsanstrengungen etwa, oder auch durch panafrikanische und interregionale Organisationsbemühungen wie die Organisation für Afrikanische Einheit (OAU, 1963–2001), die 2001/02 in die Afrikanische Union umgewandelt wurde, die *East African Community* (1967–1977 und seit 1999), die SADCC bzw. SADC (*Southern African Development Coordination Conference*, 1980; *Southern African Development Community*, ab 1992) oder ECOWAS (*Economic Community of West African States*, seit 1975).[112] Ein Ziel solcher Initiativen war – und ist – es, Auswege aus der ausgeprägten Außenabhängigkeit zu eröffnen und Freiräume für selbstbestimmtes Handeln zu kreieren, indem innerafrikanische Kooperationen und Binnenvernetzungen vorangetrieben werden.

Zugleich wirkte die Idee des »Wohlfahrtsstaates« dahin, dass afrikanische Regierungen in Bildungs- und Gesundheitssysteme investierten und auch Infrastrukturprojekte lancierten; die großen Erwartungen und die Euphorie unter den Menschen, die während des spätkolonialen Ringens um die »Unabhängigkeit« auch vonseiten der afrikanischen Nationalisten

Die afrikanischen Unabhängigkeiten

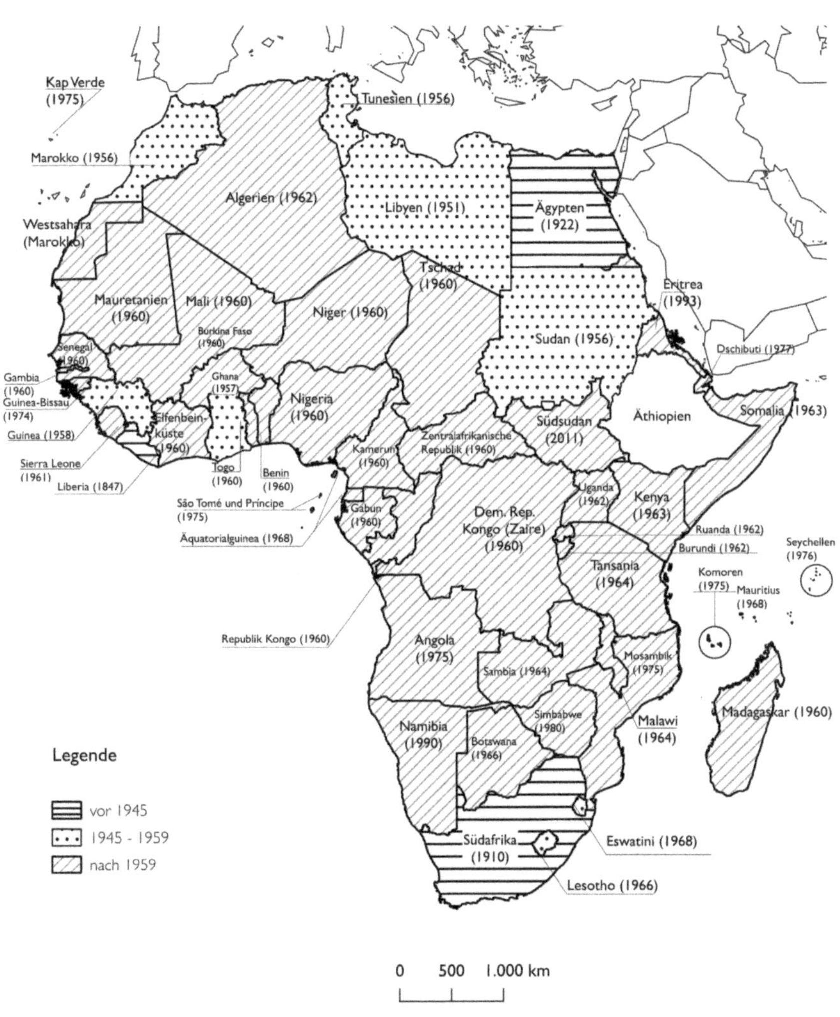

Gestaltung: Carl-Philipp Bodenstein

geschürt wurden, sollten nun eingelöst werden. Die Handlungsspielräume der neuen Machthaber waren allerdings sehr gering. Mit dem Einbruch der Weltmarktpreise für die Primärgüter, auf deren Export zahlreiche afrikanische Volkswirtschaften angewiesen waren (siehe Tabelle 4), ab den späten 1960er-, in den 70er- und 80er-Jahren nutzten sie die geschrumpften finanziellen Mittel nur mehr zur Machtsicherung, oft auch zur persönlichen Bereicherung. Zu verlockend war für viele, was Wole Soyinka, den »Honigtopf der Macht« nennt;[113] eine gierige und egoistisch-klientelistische »Politik des Bauches« wurde zur bestimmenden, vorherrschenden Charakteristik der afrikanischen Staatsapparate und politischen Eliten.[114] »Der kurze Sommer des Wohlfahrtsstaates« in Afrika, wie es Andreas Eckert nennt, war damit vorbei.[115]

Zuvor hatten manche afrikanischen Staaten – Mahmood Mamdani nennt sie die »radikalen Staaten« – noch durchaus ernsthaft versucht, progressive Politik im Dienst der Mehrheitsbevölkerung zu machen, während andere – er nennt sie die »gemäßigten« – von Anfang an recht umstandslos die ihnen vom Weltsystem zugewiesene Rolle als Durchlauftor für Rohstoff- und Warenflüsse annahmen und erst gar nicht daran dachten, einen grundsätzlichen Systemwandel herbeiführen zu wollen.[116] Nigerias neue politische Klasse war voll mit Letzteren. »Einige waren völlig ungebildet, aber voller Schwulst«, erinnert sich Wole Soyinka, der damals in England studierte, und er schildert seine Eindrücke davon, wie die

> »[…] gewählten Führer und Gesetzgeber unserer halb-unabhängigen Nation [ab 1960] begonnen hatten, Großbritannien scharenweise zu besuchen. Wir beobachteten, wie sie sich herausputzten, großtuerisch Geld ausgaben, und wie sie ihre herablassende Haltung, bisweilen sogar Verachtung derjenigen Menschen pflegten, die sie repräsentieren sollten. […] Die Ausnahmen [unter ihnen] verwickelten uns [junge nigerianische Studierende] in ernsthafte Diskussionen, stellten uns ihre nicht nur nationale, sondern kontinentale Vision vor und baten uns inständig, bald nach Hause zu kommen und beim Aufbau der Zukunft mit Hand anzulegen. Die meiste Zeit jedoch – während wir immerzu eifrig rannten, um die Protagonisten der Afrikanischen Wiedergeburt zu begrüßen – wurden wir mit Äußerungen überhäuft, die sie als grelle, großspu-

> rige Stellvertreter der alten kolonialen Ordnung identifizierten – nicht als Akteure des Wandels – und als Personen, die noch nicht einmal ein Gefühl dafür hatten, Teilnehmer an einem Befreiungsprozess sein zu können.
> […] Ihr Verhalten auf dem heimatlichen Territorium schien, den Nachrichten zufolge, die uns von dort erreichten, von derselben Art zu sein. Das panafrikanische Projekt wurde zur Farce. Die Entfremdung vieler aus der ersten Generation der Führer war total. Zum ersten Mal begannen wir uns zu fragen, ob die Machtbeziehung zwischen der politischen Elite und ihrem Volk nicht analog jener zwischen den Buren und der schwarzen südafrikanischen Mehrheit war: eine Herr-Knecht-Beziehung, das Privilegien-Monopol für eine Minderheit, die Verweigerung von Rechten und menschlichem Respekt hingegen für das Volk.«[117]

So sahen die »Moderaten« aus. Und viele der anfänglich »Radikalen« entwickelten sich mit der Zeit, sofern sie sich am Ruder halten konnten, ähnlich opportunistisch und ausbeuterisch. Doch bis in die 1970er-Jahre waren beide Regimetypen – die »radikalen« wie die »gemäßigten« – noch der Idee von wohlfahrtsstaatlicher Entwicklung verpflichtet und investierten dementsprechend in Bildungs- und Gesundheitswesen und in die Verbesserung personenbezogener Infrastruktur (Straßenbau, Stadtplanung, Wohnbau etc.). Da damals die Einkünfte aus den Rohstoffexporten – noch – florierten, gab es vorerst noch ausreichend Mittel, um für eine gewisse ausgewogene Wohlstandsverteilung zu sorgen. Nicht zufällig stiegen in den frühen Unabhängigkeitsjahren die (durchschnittliche) Lebenserwartung und materieller Wohlstand ganz generell. Die Kindersterblichkeitsrate sank und der Zugang zu Gesundheitsdiensten und zu Bildung wurde ebenfalls erleichtert.[118] Dies galt weitgehend unabhängig von der ideologischen Ausrichtung der herrschenden Regime in den verschiedenen Ländern Afrikas für den ganzen Kontinent. Paul Nugent zufolge häuften jene Staaten, welche die eine oder andere Form eines »Afrikanischen Sozialismus« verfolgten, in den ersten eineinhalb Dekaden der Unabhängigkeit zwar weniger eindrucksvolle Wachstumsraten an als die eindeutig prokapitalistischen Regime,

> »aber sie schnitten tendenziell besser ab, was die Bereitstellung von Gesundheitsdiensten, Bildung und anderen sozialen Dienstleistungen betrifft. Zum Problem wurde, dass diese Investitionen angesichts des schnellen Bevölkerungswachstums und langsamen Wirtschaftswachstums nicht aufrechterhalten werden konnten. Als die Ölkrise der 1970er Jahre eintrat und von einem Jahrzehnt der furchtbaren Dürren begleitet wurde, verschuldeten sich die sozialistischen Länder sehr. Ihren Einrichtungen fehlte es an Wartung, sie wurden funktionsunfähig.«[119]

Dort wo derartige Institutionen ohnehin vergleichsweise nachrangig behandelt wurden, zogen die Ölkrise und ökologische Katastrophen (Dürren, Flutungen etc.) analoge negative Folgen nach sich. Auch prowestliche Staaten Afrikas gerieten in die Abwärtsspirale der Verschuldung bei ausländischen bzw. internationalen Kreditgebern – und bauten das Wenige an vorhandenen sozialen Einrichtungen weiter zurück. Demokratiepolitisch gescheitert, daran lässt Mamdani keinen Zweifel, sind sowohl die »radikalen« als auch die »gemäßigten« Regime, weil sie sich »despotisch« aufführten und autoritär agierten.[120] Das Gefühl, zur Macht berufen zu sein, führte zur Ausschaltung der Opposition; Kritiker wurden zum Verstummen gebracht – oft durch Inhaftierung, Folter und Tod, mitunter aber auch durch Kooptation und Beteiligung an den Pfründen. Wer nicht bereit war, auf Kritik zu verzichten, und dazu in der Lage war, floh ins Exil. Der forcierte Personenkult um die Präsidenten wurde vielerorts zur Regel:

> »Zepter, Leopardenfellmütze oder Cut und Zylinder, Autokolonnen flankiert von Polizei als Begleitschutz in gesperrten Straßenzügen, Auftreten von oben begleitet von Jubelchören – solche äußeren Zeichen der Individualisierung und Konzentration von Macht waren von ebensolcher Signifikanz wie das Verbot von Parteien, die Manipulation der Medien, das Eingreifen in Gerichtsverfahren und die Überwachung bzw. Einschüchterung der Bevölkerung durch Geheimdienste und Parteimilizen.
> Für die politischen Akteure wurde dieses Verhalten ebenso zur Normalität wie für die afrikanische Öffentlichkeit, mehr noch, ein Politiker, der sich in der einen oder anderen Art »untypisch« ver-

> hielt, wie Houari Boumedienne [in Algerien 1965–1978] (der »Mönch-Soldat«), Julius Nyerere [in Tansania bis 1985] (der »Lehrer«) oder Léopold Sédar Senghor [im Senegal 1960–1980] (der »Dichter«) galten geradezu als Ausnahme, bei den eigenen Leuten ebenso wie im internationalen Kontext.«[121]

In einem Lied von 1992 hat der senegalesische Musiker Youssou N'Dour in einfacher, direkter Weise eine zutreffende Ursachenbestimmung vorgetragen: »Der Grund dafür, dass wir in Afrika uneins sind und so viel kämpfen / Ist heute auch der / Dass die afrikanischen Führer Macht zu sehr lieben.«[122] Gerade auch in dieser Hinsicht, in ihrer »Machtlüsternheit«, nicht allein in ihrem Selbstverständnis als autorisierte Führer von »Entwicklungsstaaten«, erwiesen sie sich als die direkten Erben der europäischen Kolonialherrschaft, die ihrer Intention nach autoritär und paternalistisch gestrickt war.[123] Die unterschiedlichen ideologischen Ausrichtungen und Bekenntnisse, zu denen die internationale Ordnung unter den Bedingungen des Kalten Krieges die nachkolonialen afrikanischen Staaten zwang, spielten in dieser Hinsicht keine wesentliche Rolle. Autoritarismus entwickelte sich allerorts zum Kennzeichen politischer Machtausübung – egal, ob sie sich gen Westen oder gen Osten ausrichteten, oder versuchten einen unabhängigen dritten Weg einzuschlagen.

In der zeithistorischen Debatte um die Geschichte des Kalten Kriegs kommen, so scheint mir, immer wieder problematische ideologische Übertragungen und anachronistische Fehlleistungen zum Ausdruck. So gibt es eine gleichermaßen beliebte wie äußerst fragwürdige Tendenz, völlig verschiedene Regimetypen unter der einen Klammer von »Afrikanischem Sozialismus« zusammenzuführen – einfach nur deswegen, weil sich viele nachkoloniale Regime in Afrika zu der einen oder anderen Zeit in den 1960er-, 70er- und/oder 80er-Jahren dieser Bezeichnung bedienten; und unter Ausblendung, dass dies manche nur taten, weil »Sozialismus« dank seiner Assoziation mit revolutionärer Befreiung und sozialer Umgestaltung in kolonial geprägten Milieus und unter antikolonialen Akteuren gern gesehen war, während sich andere dadurch Wirtschaftshilfe aus den »realsozialistischen« Lagern erhofften. Nicht selten steckte hinter solchen verkürzenden Zusammenziehungen die Absicht, afrikanische Versuche der Emanzipation und Befreiung dadurch zu diskreditieren, dass ein Naheverhältnis, ja eine Identität mit dem sowjetischen, stalinistischen Kommunismus bestünde.[124] Dies ist falsch und irreführend. Demgegenüber sind die Eigenständigkeit und Besonderheiten afrikanischen Befreiungsdenkens zu betonen. Es beginnt schon damit, dass jene ungemein vielfältig waren, weil sie im Dialog mit spezifischen und komplexen lokalen Herausforderungen (Mehrsprachigkeit, Multiethnizität, Multireligiosität) und in kreativer Anpassung an herrschende globale Machtverhältnisse entwickelt wurden.

Eine Möglichkeit, diese Vielfalt typologisch aufzufächern, läge in ihrer Anordnung nach ihrem Verhältnis zu den beiden Supermächten. Für eine Kategorie war das Bemühen um Blockfreiheit essenziell: In diese gehörten etwa die genuin kommunitaristischen »Afrikanischen Sozialismen« im Verständnis von Julius Nyerere (Tansania), Amílcar Cabral (Guinea-Bissau) und Thomas Sankara (Burkina Faso), aber auch die panafrikanischen Sozialismen von Kwame Nkrumah (Ghana) und Sékou Touré (Guinea). Zwei andere Kategorien suchten aus eigenem Antrieb die Nähe der einen oder anderen Supermacht, die Anbindung an den Westen oder die sozialistische Welt (die durch das chinesisch-sowjetische Zerwürfnis ja schon früh ihrerseits entscheidend gespalten war). Léopold Sédar Senghor (Senegal) oder Kenneth Kaunda (Sambia) richteten sich prowestlich aus, mit ihrem »afrikanischen Sozialismus«, den sie rhetorisch beschworen, war es nicht weit her. Die Ausrichtung der eigenen Politik am staatssozialistischen Herrschaftsmodell der UdSSR schließlich fand nur dort statt, wo die Abhängigkeit und äußeren Umstände dies als einzige Option des Überlebens erscheinen ließen – in Angola und Mosambik nach 1975, in Somalia von 1969 bis zum Ogadenkrieg 1977/78 und in Äthiopien seither bis zum Sturz des Derg-Regimes. Gerade letzterer Fall spricht Bände, wechselten die Regime beider Länder doch ohne jedes Federlesen ihre globalen Allianzmächte. Somalia, das von der Sowjetunion gestützt worden war, wurde zum Verbündeten der USA, während Äthiopien, das über den Sturz des Kaisertums (1974) hinaus weiterhin mit den Vereinigten Staaten von Amerika und Großbritannien kooperiert hatte, nun ins Lager der UdSSR wechselte.

Afrikanische Torwächterstaaten und ihre politischen Eliten

Mit den Unabhängigkeitserklärungen änderte sich die Welt also keineswegs grundsätzlich, auch nicht in den – nun ehemaligen – Kolonien, den »unabhängigen« Staaten Afrikas. Kolonialpaternalistisches Entwicklungsdenken wirkte ebenso fort wie die kolonial eingerichteten Verwaltungsstrukturen und Herrschaftsmodi, auch wenn letztere bald ihren äußeren symbolischen Formen nach »afrikanisiert« wurden und Einparteiensysteme die aus dem Spätkolonialismus übernommenen westlichen Modelle repräsentativer Demokratie ersetzten. Beides zielte darauf, die Macht nach innen zu legitimieren und sie zugleich im Zentrum des neuen Staates zu konzentrieren.[125] Auch wenn es in den 1950er- und frühen 1960er-Jahren so erscheinen konnte, als ob sich die Geburt einer neuen, einer anderen und besseren Welt am Horizont abzeichnete, so erweiterten sich die realpolitischen afrikanischen Handlungsmöglichkeiten im Rahmen der Unabhängigkeiten doch nur marginal. Den politischen Führern und all »jenen, die die Kontrolle über die Institutionen des afrikanischen Staates zu erlangen suchen«, blieb kaum anderes übrig als, wie das Kwame Anthony Appiah einmal formulierte,

> »die Werkzeuge aus dem Standardrepertoire der Staatskunst zu mobilisieren: Sie können die Symbolik nutzen, durch die Nkrumah die Aufmerksamkeit so vieler gefesselt hat; sie mögen materielle Belohnungen anbieten und [...] Sicherheit versprechen; und, wenn das Zuckerbrot versagt, können sie die Peitsche auspacken.«[126]

Führt man sich vor Augen, wie vielen afrikanischen Politikern es gelungen ist, sich für lange Jahre, bisweilen Jahrzehnte an der Macht zu behaupten (siehe Tabellen 1, 2 und 3), so wird klar, dass zumindest die Machtkonzentration oft sehr erfolgreich gelang. Im Unterschied zur »Regulationsmacht« schafften es die meisten neuen afrikanischen Regime, »Akkumulationssicherungsmacht« auszuüben; auch wenn sie zum Beispiel darin versagten, Rechtsstaatlichkeit zu gewährleisten, Lebensstandards der Mehrheitsbevölkerung zu heben und verschiedene andere Aspekte der inneren Souveränität des Staates zu verwirklichen, so gelang es vielen ganz vorzüglich, sich und ihre Klientel zu bereichern. In dieser

West- und Westzentralafrika

Ghana (1957):	Kwame Nkrumah (1909–1972)	1957–1966 (Militärputsch)	10 Jahre
	(Militärputsche 1966, 72, 78, 79)		
	Jerry Rawlings (1947–2020)	1979, 1981–2001	21 Jahre
	John Agyekum Kufuor (*1938)	2001–2009	9 Jahre
Guinea (1958):	Ahmed Sékou Touré (1922–1984)	1958–1984 (Tod)	26 Jahre
	Lansana Conté (1934–2008)	1984–2008 (Tod)	24 Jahre
	Alpha Condé (*1938)	2010–2021 (Putsch)	11 Jahre
Nigeria (1960):	Abubakar Tafawa Balewa (1912–1966)	1960–1966 (Militärputsch)	7 Jahre
	(Militärputsche 1966, 75, 83, 85, 93 und Biafra-Krieg 1967–1970)		
	Olusegun Obansanjo (*1937)	1976–1979 und 1999–2007	11 Jahre
	Muhammadu Buhari (*1942)	1983–1985 und seit 2015	8 Jahre bislang
Elfenbeinküste (1960):	Félix Houphouët-Boigny (1905–1993)	1960–1993 (Tod)	34 Jahre
	Henri Konan Bédié (*1934)	1993–1999 (Militärputsch)	7 Jahre bislang
	Laurent Gbagbo (*1945)	2000–2005/10/11 (Intervention)	11 Jahre
	Alassane Outtara (*1942)	seit 2010/11	10 Jahre bislang
Togo (1960):	Sylvanus Épiphanio Olympio (1902–1963)	1960–1963 (Militärputsch)	
	Gnassingbé Eyadéma (1935–2005)	1967–2005 (Tod)	39 Jahre
	Fauré Gnassingbé (*1966)	seit 2005	15 Jahre bislang
Senegal (1960):	Léopold Sédar Senghor (1906–2001)	1960–1980	21 Jahre
	Abdou Diouf (*1935)	1981–2000	20 Jahre
	Abdoulaye Wade (*1926)	2000–2012	13 Jahre
	Chérif Macky Sall (*1961)	seit 2012	8 Jahre bislang
Kamerun (1960):	Ahmadou Ahidjo (1924–1989)	1960–1982 (Putsch)	23 Jahre
	Paul Biya (*1933)	seit 1982	39 Jahre bislang
Gabun (1960):	Léon M'ba (1902–1967)	1960–1967 (Tod)	8 Jahre
	Omar Bongo (1935–2009)	1967–2009 (Tod)	43 Jahre
	Ali-Ben Bongo (*1959)	seit 2009	12 Jahre bislang

Tabelle 1: Herrschaftsdauern in west- und westzentralafrikanischen Staaten (Stand Spätsommer 2021, Zusammenstellung A. S.)

Hinsicht handelt es sich bei den meisten afrikanischen Staaten der postkolonialen Ära nicht um »schwache« oder »fragile Staaten«, sondern ganz im Gegenteil, darin waren und sind sie äußerst »stark«.[127] Freilich hängt diese Stärke nicht zuletzt damit zusammen, dass ihre äußere Souveränität außer Frage gestellt ist – anders gesagt, dass ihre staatliche Souveränität von außen gestützt wird. Nicht zufällig waren häufig gerade diejenigen die am längsten amtierenden afrikanischen Präsidenten, die in europäischen und US-amerikanischen Regierungen ihre treuesten Unterstützer hatten (siehe Tabellen 1, 2 und 3). Die globale Struktur des »historischen Kapitalismus« – die heutzutage (im »postkolonialen Zeitalter«) in Form einer »Internationale« formal gleichwertiger Nationalstaaten vorgestellt wird und seit mehreren hundert Jahren (ab Beginn der »Neuzeit«, dem »modernen Zeitalter«) auf einem Wirtschaftsmodell basiert, das von Ungleichheit lebt und auf Vermehrung von Ungleichheit abzielt – ermöglicht und fördert derartige Entwicklungen.

Die internationale Stützung afrikanischer Staaten hat großen Anteil am Versagen postkolonialer afrikanischer Regierungen, Politik im Interesse

Ostafrika und Südliches Afrika

Ruanda (1962):	Juvénal Habyarimana (1937–1994)	1973–1994 (Flugzeugabsturz)	21 Jahre
	Paul Kagame (*1957)	seit 2000	20 Jahre bislang
Uganda (1962):	Milton Obote (1924–2005)	1962/66–71 und 1980–85 (Putsch)	14 Jahre
	Idi Amin Dada (1928–2003)	1971–1979 (Intervention)	
	Yoweri Museveni (*1944)	seit 1986	34 Jahre bislang
Kenia (1963):	Jomo Kenyatta (1897–1978)	1963–1978 (Tod)	15 Jahre
	Daniel arap Moi (1924–2020)	1978–2002	25 Jahre
	Mwai Kibaki (*1931)	2002–2013	11 Jahre
	Uhuru Muigai Kenyatta (*1961)	seit 2013	7 Jahre bislang
Malawi (1964):	Hastings Kamuza Banda (1898–1997)	1964–1994	31 Jahre
	Elson Bakili Muluzi (*1943)	1994–2004	10 Jahre
	Bingu wa Mutharika (1934–2012)	2004–2012 (Tod)	
	Arthur Peter Mutharika (*1940)	2014–2020	
Sambia (1964):	Kenneth Kaunda (1924–2021)	1964–1991	27 Jahre
	Frederick Chiluba (1943–2011)	1991–2002	10 Jahre
	Levy Mwanawasa (1948–2008)	2002–2008 (Tod)	
	Rupiah Bwezani Banda (*1937)	2008–2011	
	Michael Sata (1937–2014)	2011–2013 (Tod)	
	Edgar Chagwa Lungu (*1956)	seit 2015	6 Jahre bislang
Tansania (1964;	Julius Nyerere (1922–1999)	1961–1985	24 Jahre
Tanganjika 1961	Ali Hassan Mwinyi (*1925)	1985–1995	10 Jahre
+ Sansibar 1963):	Benjamin Mkapa (*1938)	1995–2005	10 Jahre
	Jakaya Kikwete (*1950)	2005–2015	10 Jahre
	John Magufuli (1959–2021)	2015–2021 (Tod)	
Namibia (1990):	Sam Nujoma (*1929)	1990–2005	16 Jahre
	Hifikepunye Pohamba (*1935)	2005–2015	10 Jahre
	Hage Geingob (*1941)	seit 2015	

Tabelle 2: Herrschaftsdauern in ostafrikanischen Staaten und im Südlichen Afrika (Stand März 2021, Zusammenstellung A. S.)

der Allgemeinheit zu praktizieren. Dies steht in einer Linie der Kontinuität, welche die Gegenwart mit der kolonial-imperialen Vergangenheit verbindet. Der guineische Historiker Djibril Tamsir Niane hat den Zusammenhang gut auf den Punkt gebracht und die Implikationen herausgearbeitet, welche die Anerkennung dieser historischen Tatsache für einen produktiven, zukunftsweisenden interkulturellen Dialog haben müsste. Auf die Ansage des damaligen französischen Präsidenten Nicolas Sarkozy, »Der Kolonialismus ist nicht für alle Schwierigkeiten im heutigen Afrika verantwortlich zu machen«, entgegnete Niane:

> »Niemand auf dem Kontinent leugnet die Verantwortung der Regierenden: Korruption, Misswirtschaft, Vetternwirtschaft und viele andere Übel grassieren in unseren Staaten. Es ist wahr, die Bürgerkriege, die Unsicherheit, die Hungersnöte dezimieren unsere Bevölkerungen. Es ist aber nicht weniger wahr, dass die Attraktivität der Bodenschätze des Kontinents und die europäischen Be-

Südliches Zentralafrika und Nordostafrika

Äthiopien:	Haile Selassie (1892–1975)	1916 Regent, 1930 Kaiser (italienische Besetzung 1936–41) – 1974	58/53 Jahre
	Mengistu Haile Mariam (*1937)	1977–1991	14 Jahre
	Meles Zenawi (1955–2012)	1995–2012 (Tod)	17 Jahre
	Hailemariam Desalegn (*1965)	2012–2018	
	Abiy Ahmed Ali (*1976)	seit 2018	
Sudan (1956):	Dschaffar Muhammad an-Numairi (1930–2009)	1971–1985	14 Jahre
	Omar al-Baschir (*1944)	1989–2019 (Putsch)	30 Jahre
Kongo-Zaire/ DRC (1960):	(Joseph-Désiré) Mobutu Sese Seko (1930–1997)	1965–1997 (Tod/Putsch)	33 Jahre
	Laurent-Désiré Kabila (1939–2001)	1997–2001 (Ermordung)	
	Joseph Kabila (*1971)	2001–2019	19 Jahre
Botswana (1966):	Seretse Khama (1921–1980)	1966–1980 (Tod)	14 Jahre
	Ketumile Masire (1925–2017)	1980–1998	18 Jahre
	Festus Mogae (*1939)	1998–2008	10 Jahre
	Ian Khama (*1953)	2008–2018	10 Jahre
Angola (1975):	Agostinho Neto (1922–1979)	1975–1979 (Tod)	
	José Eduardo dos Santos (*1942)	1979–2017	38 Jahre
Mosambik (1975):	Samora Machel (1933–1986)	1975–1986 (Flugzeugabsturz)	11 Jahre
	Joaquim Alberto Chissano (* 1939)	1986–2005	19 Jahre
	Armando Guebuza (*1943)	2005–2015	10 Jahre
Eritrea (1993):	Isayas Afewerki (*1946)	seit 1993	27 Jahre bislang

Tabelle 3: Herrschaftsdauern in nordostafrikanischen Staaten und im südlichen Zentralafrika (Stand Jahresende 2020, Zusammenstellung A. S.)

> gehrlichkeiten großen Anteil an unserem Unheil haben. Das Erdöl und die Bodenschätze sind für den Kongo, den Tschad und Darfur zu einem Fluch geworden.«[128]

Niane bedauerte freilich nicht nur diese Wirklichkeitsverweigerung, die vonseiten der Mächtigen betrieben wird – »dass sich ein Großteil der französischen Eliten trotz allem weiterhin vom Exotismus leiten lässt und nicht versteht, was südlich der Sahara vorgeht«[129] –, sondern die daraus folgende Konsequenz: Dass konstruktive Politik zum Wohl Afrikas dadurch weiterhin massiv erschwert wird. Für die Intellektuellen Afrikas wie für die afrikanische Zivilgesellschaft generell, die sich seit Jahrzehnten für politischen Wandel und soziale Verbesserungen einsetzen, war Sarkozys Rede vom 26. Juli 2007 an der Universität Cheikh Anta Diop in Dakar ein Schlag ins Gesicht. Andererseits, so gab der kongolesische Linguist Musanji Ngalasso-Mwatha zu bedenken: »Nicolas Sarkozy hat die etablierten Machthaber beruhigt.«[130] In diesem Sinn bezeichnete er Sarkozys Rede »als ein schlichtes Glaubensbekenntnis, das sich geflissentlich und ohne Komplex in die Kontinuität einer diskursiven und politischen Praxis stellt, die in der Zeit des kolonialen Imperiums entstanden ist und von [Charles] de Gaulles [1890–1970] franko-afrikanischer Gemeinschaft bis hin zu [Jacques] Chiracs [1932–2019] *Musée des Arts premiers* reicht«.[131] Die Fortführung der ungleichen Beziehung mit Frankreich, von der die afrikanischen politischen Eliten so lange und gut gelebt haben, wird auch für die Zukunft versprochen.

Allerdings kam der paternalistische Ton in Sarkozys Rede in einer Weise offen zum Ausdruck, wie es bis dahin in der »postkolonialen« Ära auf afrikanischem Boden beispiellos war: »Der Präsident der Republik war deutlich mit der Absicht gekommen – auch wenn er dies in Abrede stellt –,« so Niane, »den Afrikanern eine Lektion zu erteilen, indem er ihre Fehler und Mängel brandmarkte, derentwegen sie verspätet den Zug der Moderne besteigen.«[132] Der kongolesische Historiker Théophile Obenga formulierte es noch drastischer:

> »Die Rede des Präsidenten der Republik ist rundum destruktiv: Gebt eure Mythen auf und bekennt euch zur Pflichterfüllung, zur Verantwortung, zur Zivilisation, zur Geschichte, indem ihr euch von Frankreich, Europa, dem Westen helfen lasst. Wahrlich, Frankreich wird die Neger Afrikas die Universalität lehren und damit einen Grundstein für ihre Vervollkommnung legen, dort, wo sie heute auf naturhaft-unreflektierte Weise ihr Leben fristen.«[133]

Aus Vorstellungen wie diesen – aus der Tatsache, »dass das geistige Rüstzeug, auf dem die Afrikapolitik Frankreichs beruht, buchstäblich von Ende des 19. Jahrhunderts stammt«,[134] als sich die europäischen Großmächte zur kolonialen Unterwerfung Afrikas anschickten – erklärt sich die Aufregung, die diese Rede ausgelöst hat, zu einem wesentlichen Teil. Allerdings hing die Empörung auch damit zusammen, dass sie dem afrikanischen Aufbruchsgeist, der an der Schwelle zum neuen Jahrtausend um sich gegriffen hatte, eine unverhohlene Absage erteilte. Jener hatte sich etwa in den Hoffnungen rund um die *Millennium Development Goals* 2000 geäußert, sich in der Gründung der Afrikanischen Union (AU) 2001/02 manifestiert, aber auch in vielen anderen Zusammenhängen gezeigt (Kunst, Kultur, Wirtschaft, Gesellschaft), in denen von einer »afrikanischen Renaissance« geschwärmt wurde.[135] Sarkozys Rede machte buchstäblich klar, dass Frankreich (und »die Welt«) an all dem kein Interesse hatte. Vielmehr sollten die bestehenden Verbindungen, die ja von erklärtem »universellen« Nutzen wären, möglichst ungetrübt fortgesetzt werden – und die Verantwortung dafür, so beschied er von oben herab, hätten »die Afrikaner« zu tragen.

Die koloniale und postkoloniale Kontinuität findet sich freilich nicht nur im diskursiven Feld, und auch nicht bloß in der Sphäre der Politik. Ökonomisch blieb das kolonial-imperiale Muster ebenfalls über die Unabhängigkeiten hinaus bestehen. Es stellte auf die Förderung von Rohstoffausfuhr und landwirtschaftlichen Exportprodukten *(cash crops)* ab, während die Verarbeitung und Verfertigung von Primärgütern vor Ort – und damit die Möglichkeiten zur Wertschöpfung – systematisch erschwert bzw. unterbunden wurden. Die Bemühungen von manchen afrikanischen Regierungen, hier tatsächlich »aufzuholen« und sich die Bestimmungsmacht über im Aufbau befindliche Industrien zu sichern, wurden immer wieder durch das internationale Kapital und die Geberländer boykottiert. »Die globalen Verhältnisse wurden durch den Norden bestimmt und verhinderten, dass aus der politischen Unabhängigkeit eine wahrhaftige wurde«, so der Afrikanist Walter Schicho: »Der ›Süden‹ durfte zwar mitreden, aber kaum mitbestimmen.«[136] Dies gilt allen Bemühungen um »nachholende Entwicklung« und aller entwicklungspolitischen Rhetorik um Entwicklungszusammenarbeit (EZA) zum Trotz bis in die rezente Gegenwart.[137] Das Entwicklungskonzept führte, so könnte man mit Cooper sagen, zu einer »Internationalisierung des Kolonialismus«.[138] Der »alte Kolonialismus« wurde, wie Kwame Nkrumah schon 1965 hellsichtig schrieb, im Zuge des Spätkolonialismus durch einen »neuen« ersetzt: Freilich verwandelte das von ihm »Neokolonialismus«[139] genannte Phänomen die bis dahin eingleisige Beziehung zwischen Metropole und Kolonie in eine verallgemeinerte ökonomische Unterordnung des globalen Südens unter den Norden.

Mit Blick auf Nigeria zeigt Stephen Ellis, dass »[…] die beiden Prozesse der Korruption und Dekolonisation eng miteinander verflochten waren […]. Geschäftsleute aus den Industrieländern suchten nach neuen Märkten und neuen kommerziellen Möglichkeiten. Sie erkannten rasch das Potenzial Nigerias und boten Ministern Bestechungsgelder an […].«[140] Das entwickelte sich zu einem allgemeinen Muster.

Land	Geografische Besonderheit	Exportprodukte: Mineralische Rohstoffe	Exportprodukte landwirtschaftlicher Art
Ägypten	-	Erdgas, Öl	-
Algerien	teilweise Wüste	Erdgas, Öl, Eisen, Phosphat	Weizen, Gerste, Agrumen, Gemüse, Weintrauben, Wein, Oliven, Kartoffeln
Angola	-	Öl, Diamanten, Eisen	Kaffee, Sisal, Baumwolle, Maniok, Mais, Tabak
Äquatorial-guinea	Kleinstaat, teilweise Inseln	Öl, Erdgas	Kakao, Kaffee, Hölzer
Äthiopien	Binnenland, teilweise Wüste	-	Kaffee
Benin (Dahomey)	Formung	Öl, Gold	Baumwolle, Kakao, Palmöl und Palmkerne, Kaffee, Erdnüsse
Botswana	Binnenland, teilweise Wüste	Diamanten, Kupfer, Nickel, Kohle	Rinder
Burkina Faso (Obervolta)	Binnenland	Gold, Diamanten	Baumwolle, Erdnüsse, Obst, Gemüse
Burundi	Binnenland	[Nickel, Vanadium, Phosphate]	Kaffee, Tee, Baumwolle
Elfenbeinküste	-	Öl, [Eisenerz, Bauxit, Diamanten, Gold, Nickel]	Kakao, Kaffee, Ananas, Baumwolle, Palmöl, Hölzer
Djibouti	Kleinstaat	-	Vieh
Eritrea	-	Gold	Vieh, Kaffee, Baumwolle, Früchte
Eswatini (Swasiland)	Kleinstaat	-	Zucker, Holz, Zitrusfrüchte, Ananas, Baumwolle, Tabak
Gabun	Kleinstaat	Öl, Mangan, Eisenerz, Uran	Hölzer
Gambia	Kleinstaat	-	Erdnüsse
Ghana	-	Gold, Diamanten, Bauxit, Öl	Kakao
Guinea	-	Bauxit, Gold, Diamanten, Öl, Erdgas	Kaffee, Kakao, Ananas, Rinder, Fisch
Guinea-Bissau	Kleinstaat	-	Cashew-Nüsse, Palmöl, Fisch, Gemüse, Hölzer

Land	Geografische Besonderheit	Exportprodukte: Mineralische Rohstoffe	Exportprodukte landwirtschaftlicher Art
Kamerun	-	Öl, Erdgas	Hölzer, Kakao, Kaffee, Bananen, Kautschuk, Palmöl, Baumwolle, Erdnüsse, Tabak
Kap Verde	Kleinstaat, Inseln	-	-
Kenia	-	-	Kaffee, Tee, Sisal
Komoren	Inseln	-	Vanille, Nelken, Pflanzliche Parfumöle, Kopra
Kongo (Zaire)	-	Diamanten, Zink, Kupfer, Kobalt, Coltan, Öl	Kaffee, Palmöl
Kongo-Brazzaville	-	Öl	Zucker, Kaffee, Kakao, Erdnüsse
Lesotho	Kleinstaat	-	Vieh, Häute, Wolle
Liberia	-	Eisenerz, Öl, Diamanten	Kautschuk, Hölzer, Kakao, Kaffee
Libyen	teilweise Wüste	Öl	-
Madagaskar	Insel	-	Kaffee, Zucker, Vanille, Nelken, Sisal
Malawi	Formung	-	Mais, Reis, Erdnüsse, Tabak, Tee, Zucker, Weizen, Baumwolle
Mali	Binnenland, teilweise Wüste	Gold	Baumwolle, Vieh
Marokko	-	Phosphate	Fisch, Wein, Oliven, Frühgemüse, Zitrusfrüchte
Mauretanien	Wüste	Eisenerz, Kupfer	Fisch
Mosambik	Formung	Bauxit, Öl	Baumwolle, Cashew-Nüsse, Zucker, Kopra, Tee, Hölzer, Fisch
Namibia	teilweise Wüste	Diamanten, Uran, Kupfer, Blei, Zink, Nickel, Silber	Vieh, Fisch
Niger	Binnenland, teilweise Wüste	Uran, Öl	Vieh, Gemüse (Zwiebel)

Land	**Geografische Besonderheit**	**Exportprodukte: Mineralische Rohstoffe**	**Exportprodukte landwirtschaftlicher Art**
Nigeria	-	Öl, Erdgas	Kakao, Palmöl, Erdnüsse
Ruanda	Binnenland	Zinn, Coltan	Kaffee, Tee, Baumwolle, Chinarinde
São Tomé und Príncipe	Kleinstaat, Inseln	-	Kakao, Kopra, Palmkerne, Bananen
Senegal	-	Gold, Öl	Erdnüsse, Fisch
Sierra Leone	-	Diamanten, Gold, Titan, Eisen	Kakao, Kaffee, Palmkerne, Kolanüsse
Somalia	-	-	Vieh, Bananen, Fisch
Südafrika	-	Gold, Diamanten, Chrom, Mangan, Eisen, Kohle	diversifizierte Produktion und verarbeitete Waren
Sudan	-	Öl, Gold	Baumwolle, Erdnüsse, Sesam, Vieh, Getreide, *Gummi arabicum*
Südsudan	Binnenland	Öl	-
Tansania (Tanganjika und Sansibar)	-	Gold, Phosphate, Eisenerz, Diamanten	Baumwolle, Tee, Sisal, Cashew-Nüsse
Togo	Formung	Phosphate	Kakao, Kaffee, Baumwolle, Ölpalmprodukte
Tschad	Binnenland	Öl, [Uran, Gold, Zinn, Bauxit]	Baumwolle, Vieh
Tunesien	-	Öl, Phosphate, Eisenerz, Erdgas	Getreide, Gemüse, Wein, Fisch
Uganda	Binnenland	-	Kaffee, Baumwolle, Tee, Tabak
Sambia	Binnenland	Kupfer, Kobalt	-
Zentralafrikanische Republik	Binnenland	Uran, Diamanten	Kaffee, Baumwolle, Hölzer
Simbabwe (Rhodesien)	Binnenland	Gold, Platin, Diamanten, Kupfer, Chrom, Kobalt	Tabak

Tabelle 4: International nachgefragte Ressourcen aus afrikanischen Ländern [Wenn der Abbau noch nicht begonnen hat, stehen die Ressourcen in eckigen Klammern.] (Quellen: Schicho 1999b, 2001 und 2004, Nugent 2012: 70–71, Burgis 2017; Zusammenstellung: A. S.)

An diesem Prozess der »Neokolonisierung«, der gewährleisten sollte, dass die auf dem Weltmarkt und in den industrialisierten Ländern nachgefragten Rohstoffe und Erzeugnisse Afrikas weiterhin zu günstigen Konditionen geliefert werden, beteiligten sich nicht nur die ehemaligen Kolonialmächte, deren Einfluss oft ausgeprägt blieb; hinzutraten neue ausländische Akteure wie die USA und die BRD, die Sowjetunion, die DDR und die Volksrepublik China, aber auch Wirtschafts- und Politbündnisse wie die EWG, später EU. Sie alle suchten den Kontakt zu den Regierungen der neuen afrikanischen Staaten. Die Länder des westlichen Lagers stifteten enge Bande mittels finanzieller Entwicklungshilfe, aus der rasch ein riesiges »Aid Business« wurde, das wesentliche Anteile an afrikanischen Staatshaushalten hat.[141] Die kommunistischen Staaten waren weniger finanzkräftig, doch militärische, ausbildungstechnische und infrastrukturelle Hilfe lieferten auch sie bis in die 1980er-Jahre an ihnen genehme afrikanische Regime; im Gegenzug für ihre »Solidarität« erhielten Staaten wie die DDR sodann Rohstoffe wie Kaffee aus Angola und São Tomé.[142]

In den großen Verträgen, die zwischen der EU und den AKP-Staaten (Afrika, Karibik, Pazifik) verhandelt wurden – von den Yaoundé-Abkommen I (1964–69) und II (1971–75) zu den Abkommen von Lomé (1975) und Cotonou (2000) –, zeigt sich das beständige Ringen zwischen Akteuren, von denen sich die einen um gerechtere Wirtschaftsbeziehungen bemühen, während die anderen alles unternehmen, um ihre kolonial ererbten Vorteile zu wahren.[143] Großangelegten Projekten (und Projektionen) wie dem CFA-Franc (eingeführt im Dezember 1945), der Freundschaftsbeziehung zwischen Frankreich und seinen ehemaligen Kolonien (von Félix Houphouët-Boigny [1905–1993] im Jahr 1955 bekundet und als *France-Afrique* bezeichnet) oder der nachkolonialen *Françafrique*-Mentalität, für die Afrika nichts als den Hinterhof Frankreichs darstellte, ist gemein, dass sie dem Primat der Metropole folgen. Deren Interessen gehen immer vor den Interessen der Bevölkerung afrikanischer Staaten. Dass die Aushandlungen inzwischen unter Beteiligung ausgesuchter Elemente aus Afrika geschehen, ändert wenig an der tiefgehenden Ungleichheit, denn, wie der senegalesische Schriftsteller und Filmemacher Ousmane Sembène so plastisch sagte,

> »Unsere Führer – ich würde meinen, fast alle von ihnen – haben Häuser in Europa und sind bereit, sich beim kleinsten Anzeichen von Schwierigkeiten in ihren Ländern nach Europa abzusetzen. [...] Unsere Führer wollen es nicht. Stell Dir vor, eine afrikanische Sprache würde irgendwo südlich der Sahara zur offiziellen Sprache gemacht. Die meisten Führer wären nicht mehr im Amt. Es wären die Bauern, die den Ton angeben würden, denn die gegenwärtigen Führer sprechen ihre einheimischen Sprachen nicht.«[144]

Diese Situation ist nicht neu, sie ist aber real und tragisch, denn sie wirkt fortgesetzt dahin, dass zwischen der Bevölkerung und jenen, die sie repräsentieren sollten, eine immer größere Kluft besteht. Eine Verpflichtung der herrschenden und wohlhabenden Gesellschaftsschichten gegenüber dem Gemeinwohl ist unter solchen Bedingungen kaum ausgeprägt und droht immer noch mehr abzunehmen. In seinem zu Beginn der 1990er-Jahre komponierten Lied *New Africa* stellte Youssou N'Dour die politisch Verantwortlichen ganz offen zur Rede: »Ihr Staatsoberhäupter / Nur weil ihr eine Nation anführt, heißt das nicht / Dass euch alles in ihr gehört / Wahre Führer lieben ihr Land.«[145] Die Kluft scheint umso größer, je mehr Anteil kapitalintensiv geförderte Rohstoffe an der »Gesamtwirtschaft« eines Staates haben – also an dem, was staatliche Einkünfte generiert, ohne dass daraus aber die gesellschaftlichen Kräfte im Land positiv gestärkt würden. Die »Volkswirtschaft« im eigentlichen Sinn leidet vielmehr darunter, der Graben zwischen Reich und Arm vertieft sich immens. Was für eine Mehrheit der Menschen den »Fluch des Reichtums« an Ressourcen darstellt, ist für eine kleine Minderheit äußert segensreich und lukrativ. Mindestens 20 afrikanische Länder gelten nach Maßgabe des Internationalen Währungsfonds als »rohstoffreich«, weil ihre Exporte zu mehr als einem Viertel aus Erdöl, Erdgas, Mineralien, Erzen oder Edelsteinen bestehen. Im Fall von Nigeria und Angola macht der Anteil von Öl und Gas an den Exporten weit über 90 Prozent aus, im kontinentalafrikanischen Durchschnitt liegt er bei 66 Prozent.[146] Das führte in einigen Fällen zur Entstehung sogenannter »Schattenstaaten« im Hintergrund der offiziellen Regierungen, die freilich, was ihre Leistungsbilanz angeht, weit mehr Substanz besitzen, als es die Metapher vom Schatten nahelegt. Mit Blick auf Nigeria und Angola schreibt Stephen Ellis etwa:

> »Übersättigt von dem Reichtum, der via Gebühren und Abgaben, die von Ölunternehmen gezahlt werden, durch die staatlichen Kanäle selbst geschleust wird, verfügen die politischen Eliten über die Mittel, jene Netzwerke innerhalb der Gesellschaft zufrieden zu stellen, die sie dafür brauchen, an der Macht zu bleiben, sowie die Schlüsselorganisationen Armee und Polizei. Den Großteil der Bevölkerung, der von einem Hungerlohn lebt, können sie mehr oder minder ignorieren, solange keine drohende Revolte im Raum steht, welche die Massen unterstützen könnten. Eine liquide Regierung, die im Ölgeld schwimmt, schenkt sich sogar die Mühe, die allgemeine Bevölkerung zu besteuern, denn das hätte den Aufbau einer effizienten Verwaltung zur Voraussetzung – und eine solche könnte ja zur Machtbasis eines Rivalen werden.«[147]

Nicht überall sind die staatspolitischen Zustände so desolat wie in Nigeria und Angola, aber den Grundzug, Akkumulationssicherungsmacht über Regulationsmacht zu stellen, über erstere weit mehr zu verfügen als über letztere, teilen sie mit vielen rohstoffbasierten Staaten Afrikas. Zudem tritt das Machtgefälle zwischen Regierungen Afrikas und jenen aus dem wohlhabenden globalen Norden hinzu. Man soll darum nicht so tun, als ob die seit 2002 laufenden Verhandlungen um ein neues Wirtschaftspartnerschaftsabkommen (ein sogenanntes *Economic Partnership Agreement*) nicht von derselben Spannung und demselben Dilemma gezeichnet wären. Auf Augenhöhe verhandelt wird auch hier keineswegs, und der beidseitige Nutzen, der (angeblich, erklärtermaßen) angestrebt wird, lässt die afrikanischen Mehrheitsinteressen völlig außer Acht.

Schließlich gehörten zu den wichtigsten neu auftretenden Akteuren der Nachkriegszeit auch internationale Organisationen wie die Vereinten Nationen, der Internationale Währungsfonds und die Weltbank, die seither neben den wohlhabenden Staaten des globalen Nordens zu den zentralen Kreditgebern zählen und afrikanische Staaten damit als Schuldner an sich binden.[148] Auch änderten sich Struktur und Funktionsweise des weltwirtschaftlichen Systems in den Jahren nach dem Zweiten Weltkrieg: »Die größten Unternehmen der Welt stellten ihre Organisation neu auf und passten ihre Operationsmechanismen an, um sich der neu geschaffenen Welt aus souveränen Staaten [Nationalstaaten, nicht länger Imperien] anzupassen. In diesem Prozess schufen sie die multinationalen Konzerne von heute.«[149] Die neokoloniale Ordnung ab der zweiten Hälfte des 20. Jahrhunderts wird zunehmend durch den Gegensatz zwischen »Gebern« und »Nehmern« bestimmt, wobei erstere seit den 1980er-Jahren damit begannen, neuerlich recht direkt in die Politik und Wirtschaft afrikanischer Staaten einzugreifen.[150] Unter solchem Blickwinkel sind auch heutige Aktivitäten der sogenannten BRICCs (Brasilien, Russland, Indien, China, Korea) unschwer als Unternehmungen zu erkennen, die im Rahmen einer kapitalistischen Weltwirtschaft operieren – einer Weltwirtschaft, die zugleich als politisches Pendant ein internationales Staatengeflecht hat, das ebenso ungleich und unfrei strukturiert ist wie die »freie Marktwirtschaft«. Afrikanische Regierungen begrüßen deren Engagement nicht zuletzt deswegen, weil es ihnen Alternativen zu der klassischen Abhängigkeit vom Westen eröffnet.[151]

Sie erkennen in ihnen auch eine weitere Quelle an Geld, Kapital und Investitionen, die den zusätzlichen Vorteil hat, ohne jene lästigen Zusatzkonditionen auszukommen, welche die Regierungen der westlichen Geberländer – auf zivilgesellschaftlichen Druck hin – inzwischen standardmäßig in ihre Verträge schreiben (Bekenntnis zu *»good governance«* und *»human rights«*). Angesichts des arroganten Auftretens, mit dem solche Konditionalitäten in den Raum geworfen werden, ist es mehr als nachvollziehbar, dass der Westen als paternalistisch, herabwürdigend und bevormundend wahrgenommen wird. »Es gibt eine kulturelle Arroganz, die hier [in Europa] fest verwurzelt ist. […] Man findet das auch bei Leuten, die sich für fortschrittlich halten«, so Felwine Sarr, Ökonom aus dem Senegal, in einem kürzlich erschienenen Interview.[152] Dass Europa und der Westen paternalistisch agieren und doppelten Standards folgen, hat allerdings eine lange – eine »koloniale« – Tradition. Paternalismus war das Kennzeichen der kolonialen Herrschaftsideologie während der Kolonialzeit,[153] und die paternalistische Grundhaltung gedieh auch prächtig in den Jahrzehnten des Kalten Kriegs: Auch die »Postkolonie« ist paternalistisch und damit kolonial gestimmt.[154] Kritischen Geistern in Afrika und außerhalb ist das seit Langem klar – doch das vermehrte wirtschaftliche Engagement »nicht-weißer« bzw. »nicht-westlicher« Global Players in Gestalt der BRICCs erlaubt es nun auch afrikanischen Regierungen, Politikern und Diplomaten etwas selbstbewusster aufzutreten und Dinge beim Namen zu nennen. Zwar wird auf dem diplomatischen Parkett die

Hand, die einen füttert, nach wie vor nicht recht gebissen, aber zumindest wird manchmal ein wenig daran geknabbert.

Die Abhängigkeit davon, dass Gelder weiter fließen und ihre »nationalstaatliche« Souveränität international bestätigt bleibt, ist immer noch immens. Nach wie vor ist der Binnenhandel des afrikanischen Kontinents sehr begrenzt, während der Außenhandel mit den Industriestaaten des Globalen Nordens die afrikanischen »nationalen« Ökonomien stark dominiert. Der wichtigste Handelspartner ist immer noch mit großem Abstand die Europäische Union, inzwischen (seit etwa 2009) gefolgt von China und den USA.[155] Innerhalb der afrikanischen Regionalorganisationen und der AU gibt es freilich ständige Anstrengungen, afrikanische Binnenmärkte und den kontinentalen Binnenverkehr zu stärken. Doch ein derartiger Infrastrukturaufbau ist eine immense Aufgabe und erfordert das unaufhörliche Setzen vieler kleiner kontinuierlicher Schritte, die einer mittel- bis langfristigen Strategie folgen; und afrikanische Regime sehen sich zumeist gezwungen, kurzfristig zu denken. Trotzdem engagiert sich die AU in den letzten Jahren auch politisch deutlich selbstbewusster und bemühte sich wiederholt, sich kritisch-diplomatisch als Vermittler in Konfliktlagen zu positionieren – auch dort, wo westliche Interessen auf dem Spiel standen –, rund um den sogenannten Arabischen Frühling etwa in Ägypten, Tunesien, aber auch in Libyen 2011, oder in Algerien und im Sudan 2019.[156]

Autokratische Verhältnisse und tribalistische Umtriebe

Bereits im ersten Jahrzehnt der Unabhängigkeit traten in vielen der afrikanischen neuen Staaten ernsthafte innenpolitische Krisen auf – Konflikte um die Regierungsmacht im Land, um die außenpolitische Orientierung unter Bedingungen des Systemkonflikts und um die wirtschaftspolitische Neuausrichtung der nationalen Ökonomie.[157] Die Militärputsche in Togo im Januar 1963 und in Ghana im Februar 1966 eröffneten den Reigen militärischer Coups und Umsturzversuche im Afrika südlich der Sahara, die seither zahlreiche afrikanische Länder heimsuchten (siehe Tabelle 5 und Karte 6). Wo nicht das Militär diktatorisch die Macht ergriff, kam es durch die Einrichtung von Einparteiensystemen zu einer Gleichschaltung des staatspolitischen Lebens.[158]

Periode	Erfolgreiche Staatsstreiche	Putschversuche	Gesamtmenge
Frühe Unabhängigkeit	*[2]*	*[4]*	*[6]*
1956–60	2	4	
Die 1960er-Jahre	*[23]*	*[13]*	*[36]*
1961–65	6	7	
1966–70	17	6	
[in 15 Jahren]	***[= 25]***	***[= 17]***	***[= 42]***
Ende der Entwicklungsära			
Die 1970er-Jahre	*[27]*	*[30]*	*[57]*
1971–75	12	15	
1976–80	15	15	
Die 1980er-Jahre	*[15]*	*[27]*	*[42]*
1981–85	10	19	
1986–90	5	8	
[in 20 Jahren]	***[= 42]***	***[= 57]***	***[= 99]***
Ende der Ära des Kalten Kriegs			
Die 1990er-Jahre	*[13]*	*[34]*	*[47]*
1991–95	5	21	
1996–2001	8	13	
Die 2000er-Jahre	*[9]*	*[10]*	*[19]*
2001–2010	9	10	
Die 2010er-Jahre	*[8]*	*[25]*	*[33]*
2011–2020	8	25	
[in 30 Jahren]	***[= 30]***	***[= 69]***	***[= 99]***

Tabelle 5: Erfolgreiche Staatsstreiche und Putschversuche in Afrika, 1956–2020 (Quellen: McGowan 2003: 351 (für die Jahre 1956–2001), Powell/Lasley/Schiel 2016: 485 und https://www.jonathanmpowell.com/coup-detat-dataset.html [15.07.2021] (für die Jahre 2001–2020); Zusammenstellung A. S.)

Daneben nahm die »Politisierung von Ethnizität« in den Jahren der Unabhängigkeit massiv zu. Begonnen, politisch relevant zu werden, hatte der »politische Tribalismus« allerdings bereits in den spätkolonialen Jahren, als die Administration versuchte, die neuen, herausfordernd auftretenden afrikanischen Akteure durch die Ausrichtung von »repräsentativen« Wahlen zu zähmen und ins koloniale politische System zu integrieren. Für Nigeria etwa macht Chinua Achebe den Urnengang der Regionalwahlen von 1951 als den Anfang vom Ende der »nationalen Einheit« Nigerias aus – ein Ereignis also, das neun Jahre vor dem Unabhängigkeitsdatum liegt: Als der Wahlsieger, Yoruba Chief Obafemi Awolowo (1909–1987), den Unterlegenen Nnamdi Azikiwe (1904–1996), einen Igbo, aufforderte, sich nach Hause zu verziehen, »[...] war der Tod des erträumten Nigeria [eingetreten], in dem ein Bürger frei wäre zu wählen, wo er leben und arbeiten möchte, wo er all das machen könnte, was auch seinen Mitbürgern erlaubt und möglich ist«[159]. Stattdessen setzte sich in der politischen Arena selbst ein diskriminierender Mechanismus fest – und gebilligte Praxen der Diskriminierung: »Tribalismus ist Diskriminierung gegen einen Bürger aufgrund seines Geburtsorts.«[160] Das sieht auch der Afrikahistoriker Stephen Ellis so, der über die nigerianischen Regionalwahlen von 1951 Folgendes schreibt: »Waren die gewählten Politiker erst einmal an der Regierung, waren sie ganz und gar damit beschäftigt, sich die ›Kontrolle über Menschen und Ressourcen‹ zu sichern [...].«[161]

Der Wahlwettbewerb afrikanischer Parteien machte es notwendig, die Massen zum Urnengang zu bewegen, und die Mobilisierung führte zur Intensivierung gesellschaftlicher Spannungen – umso mehr, als die nachkoloniale Herrschaft eher noch mehr als die koloniale auf die »›Ethnisierung‹ des afrikanischen Lebens« setzte.[162] Nigeria feierte die Unabhängigkeit am 1. Oktober 1960. Die erste Regierung bildete eine Allianz des *National Council of Nigeria and the Cameroons* (NCNC) unter Nnamdi Azikiwe und des *Northern People's Congress* (NPC) unter Ahmadu Bello (1909–1966), dem Sardauna von Sokoto, geistigem Oberhaupt des vormaligen Kalifats von Sokoto, das die Briten sechs Jahrzehnte zuvor im Rahmen ihrer *»indirect rule«*-Politik ins Empire eingegliedert hatten. Die *Action Group* um Obafemi Awolowo war in Opposition. Amtsführender Premier wurde Tafawa Balewa (1912–1966) vom NPC; nach der Verfassungsänderung und Ausrufung der Ersten Republik 1963 diente Azikiwe als (repräsentativer) Präsident. Im Jahr 1961 führte eine Volksbefragung hinsichtlich des »Treuhandanteils« an Kamerun dazu, dass sich deren nördliche Bewohner an Nigeria anschlossen; damit wurde das prekäre Gleichgewicht der spätkolonialen Zeit zwischen Yoruba im Südwesten, Igbo im Südosten und Hausa-Fulani im Norden des Landes wahlarithmetisch bleibend zugunsten des Nordens verschoben.

Zugleich waren während der Jahrzehnte der britischen Oberherrschaft viele Menschen aus dem Süden im Norden ansässig geworden und hatten aufgrund ihrer Rolle im Handel, aber auch wegen ihres Vorsprungs in westlicher Bildung beträchtlichen wirtschaftlichen Erfolg. Im Süden hatten nämlich christliche Missionen früh Schulen gegründet, während

Staatsstreiche und Putschversuche in Afrika, 1950-2020

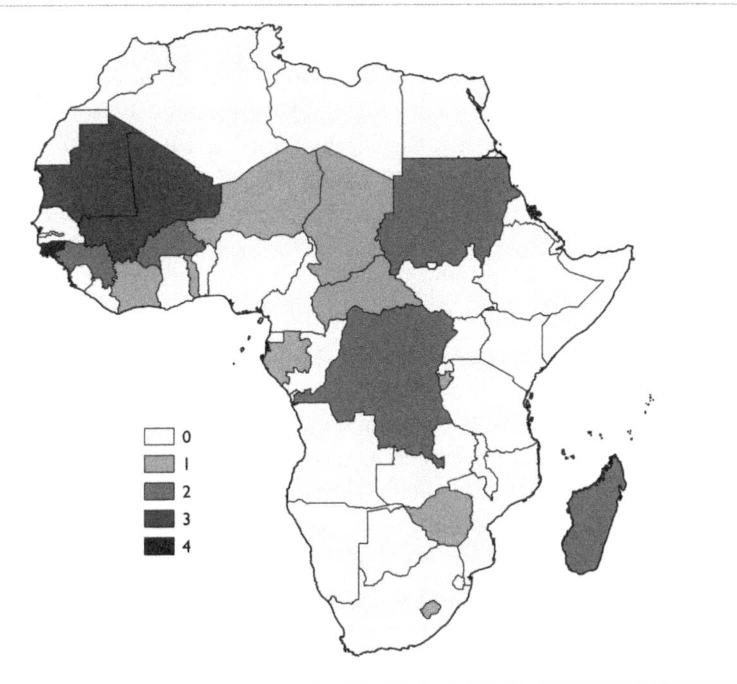

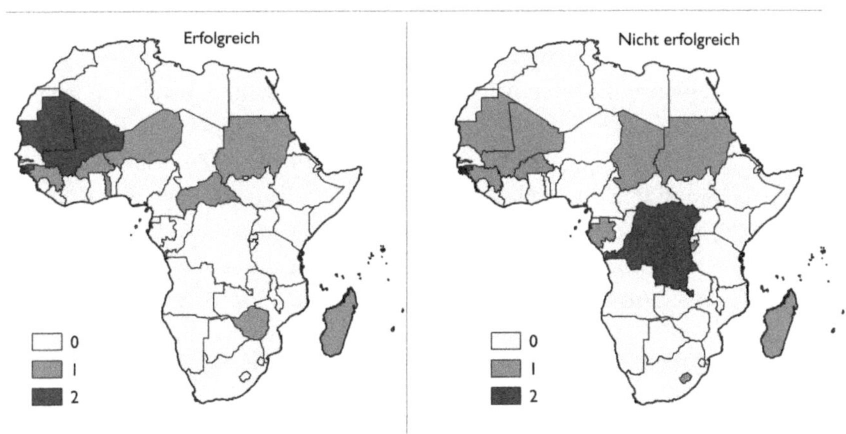

Datengrundlage: https://www.jonathanmpowell.com/coup-detat-dataset.html;
Gestaltung: Carl-Philipp Bodenstein

ihnen das von der Kolonialverwaltung im Norden untersagt worden war; die kolonialwirtschaftlich erfolgreichsten Akteure waren deshalb auch im mehrheitlich muslimischen Norden Nigerias Christen und »Fremde«, Zugereiste aus dem Süden, allen voran Igbo. Diese ungünstige Situation explodierte in der ersten Jahreshälfte 1966 und führte zunächst zu einem Militärcoup im Januar, bei dem sowohl Ahmadu Bello als auch Tafawa Balewa getötet wurden. Ein Gegenschlag im Juli 1966 brachte Yakubu Gowon (* 1934) an die Macht. Im Norden Nigerias kam es zu Pogromen an Igbo, die dort für die politischen Umstürze verantwortlich gemacht wurden; viele wurden getötet, viele ergriffen die Flucht in Richtung Südosten des Landes.[163]

Dies sorgte auch dort für Turbulenzen. Die politische Rivalität zwischen Gowon, der nun das Zentrum des föderal konzipierten Nigerias repräsentierte, und dem Gouverneur der Ostregion, Emeka Ojukwu (1933–2011), in deren Verwaltungsbereich wichtige Häfen und Erdölressourcen fielen, steigerte sich weiter, auch weil Gowon den Plan verfolgte, aus den vier bisherigen Regionen (Nord-, West-, Midwest- und Süd-Region) 12 zu machen und die Zugangskontrolle zu den Ölressourcen an den bisherigen Gouverneuren vorbei im Staatszentrum anzusiedeln. Am 30. Mai 1967 erklärte Ojukwu die Abspaltung und rief die Republik Biafra aus.[164] Es folgte ein schrecklicher Krieg, der bis Januar 1970 dauerte und über die Bewohner Biafras Hunger und Leid brachte. Die ursächlichen Probleme, die zu solchen Ereignissen geführt haben, sind auch seitdem nicht bereinigt oder erfolgreich angegangen worden.[165]

Die folgenden 30 Jahre wurden Putsche, Militär- und (aus ihnen hervorgegangene, sogenannte) Zivilregierungen zur regelmäßigen Erscheinung: Eine zweite Republik dauerte von 1979 bis 1983, eine »dritte Republik« offiziell von 1993 bis 1999, sie war aber tatsächlich durch das diktatorische Regime von Sani Abacha (1943–1998) charakterisiert. Auch die vierte Republik Nigerias, deren Verfassung seither gilt, hat mit einer Demokratie wenig gemein – weder vertreten ihre Regierungen die Interessen einer Mehrheit der Bevölkerung, noch repräsentieren sie diese in irgendeiner Form adäquat. Die politische Clique – zu der vorrangig (ehemalige) Militärs und dubiose Geschäftsleute gehören – weist nicht zufällig bis auf den heutigen Tag Gestalten auf, die ihre Karrieren als bzw. im direkten Umfeld von frühere(n) Putschisten gemacht haben, mitunter sogar an höchster Stelle des Staates – so zum Beispiel Olusegun

Obasanjo (* 1937), Präsident von 1999 bis 2007, aber auch (militärisches) Staatsoberhaupt von 1976 bis 1979; oder der gegenwärtig seit 2015 amtierende Muhammadu Buhari (* 1942), Putschist und Staatsoberhaupt von 1983 bis 1985.[166]

Nigeria ist ein Staat, der multiethnisch zusammengesetzt ist. Das ist jedoch nicht der Grund für sein kontinuierliches Scheitern und seine Dysfunktionalität. Vielmehr sind seine Spannungen, die oft in ethnonationalistischen, tribalistischen Gewändern Ausdruck finden, oder in Form von religiösen Konflikten dargestellt werden, Symptome der tieferliegenden und historisch gewachsenen ungleichen Strukturen zwischen den verschiedenen Regionen, die durch die Kolonialherrschaft in einen gemeinsamen Rahmen gezwungen worden waren. Aufgrund seiner Größe und seines Bevölkerungsreichtums erscheinen Nigerias Situation und Schwierigkeiten außergewöhnlich problematisch. Doch der Schein trügt. Die Grundproblematik ist eine, die sich auch in anderen nachkolonialen Räumen zeigt; und sie äußert sich auch in jüngerer und jüngster Zeit.

Mit der Rückkehr von Mehrparteiensystemen ab den frühen 1990er-Jahren – als Nachwirkung des Endes des Kalten Kriegs – nahmen »ethnische« Spannungen in verschiedenen Teilen des Kontinents soweit zu, dass sie sich in massiven Gewaltakten entluden – bis hin zum Völkermord in Ruanda im Jahr 1994.[167] Die Ursache dafür lag freilich nicht in jenen »atavistischen« Überresten, die rassistische Autoren wie Robert D. Kaplan im afrikanischen Naturell vermuteten. Ausgehend vom Bürgerkrieg in Sierra Leone trat dieser US-amerikanische Journalist in einem vielbeachteten Aufsatz an, die Menschheit vor »der kommenden Anarchie« zu warnen und zu erklären, »wie Mangel, Verbrechen, Überbevölkerung, Tribalismus und Krankheit schnellstens dabei sind, das gesellschaftliche Gefüge unseres Planeten zu zerstören«.[168] Die damalige Zunahme gesellschaftlich-politischer Spannungen in vielen Ländern Afrikas erklärt sich allerdings keineswegs aus der »Primordialität« (Ursprünglichkeit) und tiefen Verwurzelung ethnischer Solidaritäten – denn das sind sie, moderne und häufig sogar verblüffend rezente Erscheinungen, in aller Regel nicht. »Ethnoregionale Loyalitäten«, so Kwame Anthony Appiah, waren und sind

> »[...] oft die Resultate von Antworten [afrikanischer Menschen] auf koloniale und postkoloniale Erfahrungen gewesen. Als Leute verwandter Kulturen, die ähnlich sprachen, in den kolonialen

> Städten und Siedlungen ankamen; als sie Radioprogrammen lauschten, die in einem Dialekt ausgestrahlt wurden, der dem ihrem glich; als sie realisierten, dass es in anderen Teilen ihres Landes Menschen gab, die Dinge unterschiedlich praktizierten – da wurde ein altes und verschwommenes Arsenal geteilter kultureller Praxis in eine neue wahlkämpferische Ethnizität umgewandelt.«[169]

So grausam sie geführt wurden, die Bürgerkriege in Sierra Leone (1991–2002) und Liberia (1989–1996 und 1999–2003) hatten ihre Ursachen im Zusammenbruch des patrimonialherrschaftlichen Systems, das ab den 1970er-Jahren immer weniger Menschen befriedigen konnte. Die soziale Lage verschlechterte sich und schließlich brachen Verteilungskämpfe offen aus. Ökologische Bedingungen, kulturelle Identitäten und religiöse Weltanschauungen spielen in Verteilungskämpfen um (begrenzte) Ressourcen freilich manifeste und bedeutsame Rollen, sind aber keineswegs die Konfliktursachen. Sie erklären nicht, weshalb bestimmte Auseinandersetzungen zu bestimmten Zeiten ausgebrochen sind (oder ausbrechen); darüber entscheiden die Umstände und wie die handelnden Akteure im konkreten Fall mit ihnen umgehen – wie sie auf sie reagieren und sie gestalten.[170] Ethnische Etikettierungen sind in solchen Zusammenhängen überaus irreführend. »Wie in vielen anderen Teilen Afrikas«, schreibt Stephen Ellis in seinem Buch über den Bürgerkrieg in Liberia (und Sierra Leone),

> »beschreiben die Begriffe für die Einheiten politischer Ethnizität, die in nationalpolitischen Kontexten so gerne benutzt werden [gemeint ist die behördliche Gruppierung von Gemeinschaften in ›Stämme‹, in ›tribes‹], […] nicht die aktuellen Nachfahren alteingesessener Mikronationen, sondern es handelt sich bei ihnen um junge Erscheinungen, deren Geschichte nicht von den politischen Maßnahmen des modernen Staates [kolonial und postkolonial] zu trennen ist. […] Die große Flexibilität der [ihrer internen Organisation nach] staatenlosen Gesellschaften erlaubt den kleinen Gruppen, die ihre Autonomie normalerweise ziemlich eifersüchtig hüten, sich miteinander zu verbünden, sobald sie mit einer überwältigenden Bedrohung von außen konfrontiert werden.«[171]

Theoretisch betrachtet, ist ihre Ursache vielmehr darin zu sehen, dass die Ausrichtung von Wahlen, in denen gegeneinander konkurrierende Kandidaten sich auf Basis eines Abstimmungsergebnisses messen, es nötig macht, in großem Maßstab Wähler und Wählerinnen zu mobilisieren. Da dieser Sachverhalt bei allzu vielen Politologen, die über Afrika schreiben, nach wie vor nicht soweit angekommen ist, dass sie sich darum bemühen würden, afrikanischen Wirklichkeiten angemessene Interpretationen und Erklärungsmodelle zu entwickeln (anstatt in einem eurozentrischen Akt einfach unpassende Modelle auf sie zu übertragen), scheinen mir einige deutliche Sätze angebracht.[172] Wahlentscheid und Wahlkampf sind der Inbegriff der modernen westlichen »repräsentativen« Demokratie, wie er sich im Paarlauf mit den nationalistischen Bewegungen in Europa und den USA im 19. und 20. Jahrhundert verwirklicht hat und seither zum Grundprinzip internationaler Politik gemacht wurde. In der antiken Demokratie entschied nicht eine Wahl, sondern das Los. In partizipativen Formen der Demokratie, für die es historische Beispiele aus aller Welt gibt und die vielerorts auf kommunaler Ebene praktiziert wird, entscheidet der Konsens, zu dem über Dialog, wechselseitige Anteilnahme und Kompromiss gefunden wird.[173] Das heute vorherrschende Demokratiemodell ist also historisch jung, und die Gestalt der »liberalen Demokratie« hat ein westliches, euroamerikanisches Gepräge.[174] Seine Implementierung andernorts kann gar nicht anders als konfliktbeladen passieren, und seine Funktionalität lässt sich nicht unbesehen von vorneherein voraussetzen.

Für die Mobilisierung des Wählerwillens eignet sich nichts besser als die Beschwörung der »nationalen« Einheit, wie auch immer diese im Einzelfall näher bestimmt werden mag (durch Sprache, Kultur, Herkunft, Religion u. ä.), und die Konkurrenten im Urnengang schärfen ihre Unterschiede durch klassenspezifische oder ideologische Positionierung. In politischen Ordnungen, die mehrsprachig, multikulturell und multireligiös zusammengesetzt sind, bedeutet das nationalistische Mobilisierungsprogramm fast zwangsläufig die Anrufung einer »tribalen« Identität, eines Bekenntnisses zur Unterstützung aufgrund geteilter Herkunft (Region) und/oder Abkunft (»angestammte Kultur«) – die meist bei jenen am deutlichsten ausgeprägt ist, die ihr am wenigsten entsprechen: unter den Bewohnern und Bewohnerinnen afrikanischer Städte. Weil sie (wie graduell verschieden auch immer) entwurzelt sind und nicht auf die Ressourcen der Gemeinschaft zurückgreifen können, die am Land subsistenzsichernd wirken, sind sie für die Propaganda derer, welche die »gute alte tribale Gemeinschaft« (die es so nie gab) beschwören und gleichzeitig materielle Angebote machen, besonders anfällig.[175] Youssou N'Dour hat dies aus der Perspektive eines Jungen vom Land, der in die Stadt gezogen ist, in einem seiner Lieder, in dem er Konsum- und Kapitalismuskritik verbindet, sehr schön eingefangen: »Jedes Mal, wenn hier [in der Stadt] jemand etwas für Dich tut / erwarten sie dafür etwas zurück«, singt er zunächst in Wolof; gegen Ende des Lieds wechselt er ins Englische und singt: »Ich habe mein Ziel verloren / Ich bin durcheinander / Ich habe meine Seele verloren / Ich bin verwirrt / Ich war ein Junge vom Land / Jetzt bin ich ein urbaner Mann / So viele Probleme / bringen mich zur Strecke.«[176]

Daraus, dass zwischen dem herrschenden postkolonialen politischen System und afrikanischen Gesellschaften wesentliche Bande der gegenseitigen Verpflichtung fehlen und die Repräsentation der Bevölkerungsinteressen durch den Staat offensichtlich nicht gegeben ist, erklärt sich, dass »der Übergang vieler afrikanischer Regime von Einparteienstaaten oder Militärdiktaturen zu formal Mehrparteienstaaten« im »langen Schatten von 1989« vielerorts nur bedingt zu einer gesellschaftlichen »Redemokratisierung« geführt hat,[177] aber auf alle Fälle zu einem Anstieg gewaltsamer Konflikte. Jene stiegen im Lauf der 1990er-Jahre stark an, nahmen ab 2002 etwas ab, stiegen aber seit 2010 erneut an. Gegenwärtig sind die Konflikte so zahlreich wie noch nie.

Ein analoges Bild ergibt sich, blickt man auf die Zahl der Urnengänge. Diese haben sich seit der Wende von 1989 vervielfacht; aber diese »formalen Transitionen zu einem ›demokratischen‹ Regime gingen nicht mit substantiellen Änderungen im Handeln der Regierungen Hand in Hand«[178]. Sie repräsentieren nach wie vor nicht die Interessenlagen der Mehrheit ihrer Bevölkerung. Wenn man sich nicht der Mythologie der repräsentativen »liberalen Demokratie« als einem universellen Selbstläufer hingibt, ist daran auch gar nichts Überraschendes. Das einzige, worüber man sich in diesem Zusammenhang wundern muss, ist die Verwunderung, die ein ganzes Heer an politologischen Kommentatoren darüber immerfort zur Schau trägt. Dafür liefert der Afrikahistoriker Stephen Ellis eine schlüssige Erklärung. Mit Hinweis auf die Grundsatzkritik an westlicher Politikwissenschaft und Entwicklungsökonomie, wie sie

Aktuelle gewaltsame Konflikte in Afrika südlich der Sahara

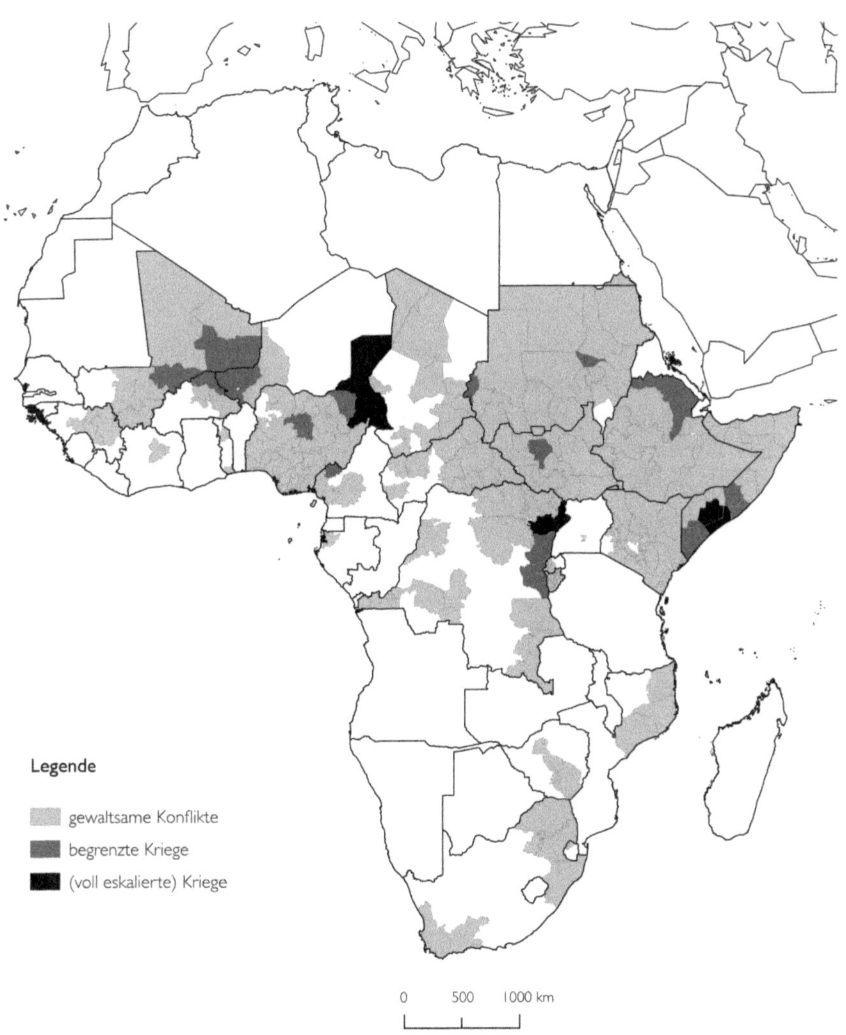

Datengrundlage: HIIC 2020: 55; Gestaltung: Carl-Philipp Bodenstein

jüngst wieder sehr vernehmbar durch Achille Mbembe vorgetragen wurde, aber eigentlich seit deren Anfängen durch arealwissenschaftliche Fachleute geübt wurde, findet Ellis es »ziemlich alarmierend, dass diese immer noch die Schlüsseldisziplinen sind, welche die westlichen Geber nutzen, um ihre politischen Maßnahmen zu formulieren. […] Beunruhigend ist auch das Ausmaß, in dem die Universitäten weiterhin Absolventen mit veralteten Vorstellungen von Entwicklung (und dem sozialwissenschaftlichen Beitrag dazu) produzieren.«[179]

Das Ende des Entwicklungsstaates und der Anfang neoliberaler Globalisierung

Ein einschneidender Bruch zeichnete sich ab den 1970er-Jahren ab, als der postkoloniale afrikanische Entwicklungsstaat beerdigt wurde und, auch im Globalen Norden, mit dem Erstarken neoliberaler Ideologien die Diskreditierung des wohlfahrtsstaatlichen Modells einsetzte.[180] Von den Einbrüchen der Weltmarktpreise für landwirtschaftliche Produkte seit den 1960er-Jahren schwer in Mitleidenschaft gezogen, trugen die massiven Schwankungen der Mineralpreise ab dem Folgejahrzehnt zur weiteren Verschlechterung der wirtschaftlichen Situation in Afrika bei und damit zur Verschlimmerung sozialer Krisen. Dort, wo neue Rohstoffquellen gefunden und ausgebeutet werden konnten – etwa Uran im Niger, Erdöl in Nigeria –, geschah dies durch internationales Kapital und multinationale Konzerne. Über Lizenzvergabe und Beteiligungen (sowie durch alle nur denkbaren Bestechungsarrangements) profitierten davon ausgesuchte Kreise und Geschäftsleute im Umfeld des Staatsapparats.

Für die Mehrheit der Bevölkerung ergaben sich daraus allerdings kaum Verbesserungen – eher im Gegenteil. Generell kam es zu Teuerung und damit zur Erhöhung der alltäglichen Lebenskosten; Enteignungen und Vertreibungen der Bewohner und Bewohnerinnen von Ländereien, die es auszubeuten galt, blieben keine Seltenheit; Umweltverschmutzung und die Zerstörung natürlicher Lebensgrundlagen für Mensch und Tier griffen ungehindert um sich – bis hin zur ökologischen Katastrophe im Niger-Delta, wo der aus dem 19. Jahrhundert stammende Name der *Oil Rivers*, der vom Reichtum der Palmölproduktion herrührte, angesichts der Erdölförderung seit 1956 eine andere Bedeutung angenommen hat und zum Inbegriff von Dreck und Gift geworden ist.[181] Es prägte sich aus, was Gerhard Hauck »Pfründenkapitalismus« genannt hat – mit der unweigerlichen schädlichen Folge, jede größere unternehmerische Initiative von vorneherein zu lähmen. Andere Autoren sprechen über derartige Phänomene in Termini der »Rentenökonomie«, des »Rentierkapitalismus«, des »Neopatrimonialismus« oder des »Patronagestaats«.[182] Einig sind sich freilich alle darin, dass dieses Phänomen eines ist, das produktives und effektives Wirtschaften behindert und einer progressiven Gesellschaftsentwicklung nicht förderlich ist.

Ökonomien* bzw. Exportökonomien*	**Politische Systeme***			
	Demokratischer Rechtsstaat	Patronagestaat*	Diktatur, militärisch oder zivil	Staatszerfall
Gelenkte Marktwirtschaft	*Mauritius*	*Südafrika*	*Ägypten*	
Rentenökonomie*	*Botswana*	*Angola* *Kenia*	*Sudan*	*Demokratische Republik Kongo*
Rohstoffökonomie*	*Namibia* *Ghana* *Tansania*	*Kamerun* *Nigeria* *Äthiopien*	*Ruanda* *Gabun*	*Zentralafrikanische Rebublik*
Gewaltökonomie			*Eritrea*	*Somalia*

Tabelle 6: »Ökonopolis«. Legende: So sieht eine beispielhafte politologische Typologie aus (hier nach Tetzlaff 2018: 316), die eurozentrisch, weil uneingestanden wertend ist. Afrikanische Staatlichkeit wird im Modus des Mangels beschrieben und an einem fremden Modell bemessen, wobei das Modell (Demokratie, Staat, Diktatur) unterbestimmt und diffus bleibt. Zu beachten ist außerdem, dass sich die Zuordnung der »Beispiel«-Länder in derartigen Darstellungen alle paar Jahre ändert, und in einigen Fällen ließen sich andere Zuordnungen treffen; sie sind also oft willkürlich und auf alle Fälle alles andere als zeitlos gültig. (Gleichwohl enthalten auch derartige Darstellungen punktuell brauchbare Informationen. Die nützlichen Beschreibungsbegriffe allgemeiner Art sind mit Stern markiert.)

Die neoliberale Globalisierung, die seither weltweit auf dem Vormarsch war, führte zur extremen Verschuldung afrikanischer Staaten. Die Kredite, die von den internationalen Finanzorganisationen gerne gegeben wurden und im Rahmen ihrer Strukturanpassungsprogramme an neoliberale Konditionalitäten gebunden waren (Währungsabwertung, Kürzung von Sozialausgaben, Privatisierung und Ausverkauf öffentlicher Einrichtungen), die den gesellschaftlichen Zusammenhalt nur noch mehr schädigten, eröffneten einen neuen Teufelskreis, aus dem kein Entkommen war: Von den 294 Milliarden US-Dollar, die zwischen 1970 und 2002 an westlichen Darlehen nach Afrika flossen, waren 268 Milliarden bereits zurückgezahlt worden, aufgrund der anfallenden Zinsen jedoch lag die Verschuldung damals dennoch bei 210 Milliarden Dollar.[183] (Menschengemachte) Naturkatastrophen wie Überflutungen, Dürren, Heuschreckenplagen und Hungersnöte trugen in verschiedenen Teilen des Kontinents dazu bei, dass aus sozialer Misere soziales Elend wurde.[184] Flüchtlingsströme vermehrten sich, in den Städten, wohin eine wachsende Bevölkerung in immer größerer Zahl strebte, wurden Barackensiedlungen, Obdachlosigkeit und Kleinkriminalität zunehmend alltäglich.[185]

HIV verbreitete sich, insbesondere entlang der Handelsrouten im südlichen Afrika, aber auch in Westafrika, ab den 1980er-Jahren rapide; Aids forderte bis zur Jahrtausendwende etwa 14 Millionen an afrikanischen Menschenleben, und geschätzte 12 Millionen Kinder wuchsen als Waisen auf.[186] Aufgrund von Safe-Sex-Kampagnen und antiretroviralen Medikamenten ging die Aids-Sterblichkeit seither zwar zurück, doch behoben sind die zugrundeliegenden medizinischen Probleme keineswegs: Nach wie vor fehlt es an routinemäßigen staatlichen Gesundheitsvorsorgen, und die auf »Krankheit« spezialisierten Einrichtungen sind mehrheitlich in ausländischer Hand und richten ihre Arbeit aufgrund internationaler Aufmerksamkeit aus, nicht aufgrund tatsächlicher »nationaler« Probleme. Hier liegt einer der ursächlichen Gründe dafür, dass so gut wie alle afrikanischen Gesellschaften in den letzten fünf Dekaden ärmer wurden und der Lebensstandard der Mehrheit der Bevölkerung drastisch gesunken ist, obwohl – oder weil – sehr viele Entwicklungshilfegelder flossen – und fließen:[187] Sie fließen (oder stocken) aufgrund von Erwägungen und Entscheidungen, die im reichen Norden getroffen werden; und sie fließen im überwiegenden Maß an afrikanische Regierungen bzw. Staatsapparate, auf deren Prioritätenliste das Los der Mehrheitsbevölkerung recht weit hinten rangiert.

Gleichzeitig ist durch die Erfolge der frühen Unabhängigkeit, was Alphabetisierung und Bildung betrifft, durch die weitverbreitete Migration afrikanischer Individuen nach Übersee sowie durch die neuen elektronischen Medien

»Afrika mehr Teil der modernen Welt als je zuvor [...]; Afrikaner befanden sich in ständigem Kontakt mit dem, was in anderen Erdteilen passierte. Mehr und mehr verlangten sie nach all dem, was Leute woanders hatten oder wollten, und manche Afrikaner genossen es bereits: Städte mit modernen Annehmlichkeiten; Bildung und Unterhaltung; Brot und Flaschenbier; Radios, Kühlschränke und Sportwägen; Sportvereine und Fußballclubs.«[188]

Diese Entwicklungen setzten allerdings bereits in der spätkolonialen Zeit ein. Der Zuzug in die Städte nahm stark zu, und das urbane Wohlstandsniveau stieg. Im Entwicklungskolonialismus nach dem Zweiten Weltkrieg und während der frühen Unabhängigkeitsjahre bildete sich rund um die Brennpunkte der kolonialen bzw. neokolonialen Ordnung (staatlicher Verwaltungsapparat und Orte der kapitalistischen Exportproduktion) eine Art von Mittelschicht heraus, deren Angehörige prosperierten. Wirtschaftliche Erfolge und gesellschaftlichen Aufstieg erlebten auch jene afrikanischen Produzenten von *cash crops*, die unabhängig vom kolonialstaatlichen Apparat Wohlstand erwirtschaftet hatten – etwa die Kakaobauern an der Goldküste (Ghana) und im Südwesten Nigerias ab der Wende vom 19. zum 20. Jahrhundert, sowie jene an der Elfenbeinküste nach 1946, oder auch die Kaffeepflanzer in Kenia.[189] Viele von ihnen schlitterten jedoch in die Krise, als die Weltmarktpreise für *cash crops* ihren Sinkflug begannen. Die politische Bildung nahm ebenfalls zu – und dies zu einer Zeit, in der sich die euphorischen Hoffnungen anlässlich der Unabhängigkeitsfeiern in den neuen afrikanischen Staaten mehr und mehr zerschlagen hatten und sich Enttäuschung breitmachte. Mit den unübersehbaren wirtschaftlichen Krisen der 1970er war der Boden für die Forderung nach (wirtschafts-) politischer Kursänderung unüberhörbar bereitet.

Für die sozialen Protestbewegungen, die sich ab den 1980er-Jahren immer zahlreicher gegen die autoritär agierenden, außengesteuerten staatlichen Apparate organisierten, eröffneten sich mit dem Zusammenbruch des Ostblocks und dem Ende des Kalten Kriegs neue Möglichkeiten; aus ihnen wurden Anfang der 1990er-Jahre in einigen afrikanischen Staaten genuine prodemokratische Bewegungen, in denen sich der bislang vor allem von Studenten, Gewerkschaften und Kirchenleuten geleitete und in städtischen Räumen ausgetragene Protest neu formierte. Die westlichen Geberländer versuchten dieses Moment für sich zu nutzen und knüpften ihre Unterstützung für staatliche Regime nun auch daran, dass die äußeren Formen der westlichen Demokratie (wieder) beachtet werden – im Wesentlichen ein Mehrparteiensystem und ein (Lippen-) Bekenntnis zu Menschenrechten. Demokratie wurde dabei an einem Idealmodell von »liberaler Demokratie« bemessen, für das die rechtsstaatlichen Formen, die (manchmal) in europäischen bzw. westlichen politischen Verhältnissen realisiert werden konnten, Pate standen. Unhinterfragt wurde damals vorausgesetzt, in den westlichen Staaten wäre die liberale Demokratie ideal verwirklicht und voll funktionsfähig – volltrunken von der Freude, den Niedergang des Staatssozialismus und den Zerfall des Ostblocks erlebt zu haben, verstieg sich Francis Fukuyama zur naiven Ansage, damit sei »das Ende der Geschichte« eingetroffen und der weltweite Siegeszug der »liberalen Demokratie« gewiss – einer Demokratie, die er sich selbstverständlich nicht wie die wohlfahrtsstaatlichen Demokratien Nord-, West- oder Mitteleuropas vorstellte, sondern in der marktförmigen und kapitalhörigen US-Variante.[190]

Die wiederbelebte Eurozentrik des Demokratiediskurses nach 1990 hatte zur Folge, dass afrikanische politische Verhältnisse neu bewertet wurden. Bei dem Politikwissenschaftler Rainer Tetzlaff finden sich bezeichnenderweise »fünf notwendige Erfolgsbedingungen für eine dauerhafte, konsolidierte Demokratie« angeführt, die zwischen Banalität und der Bemühung, den eurozentrisch angelegten Bemessungsmaßstab zu verdecken, schwanken; nämlich: »[1.] ein Mindestmaß an Staatlichkeit; [2.] ein Mindestmaß an demokratischer Integrität der (regierenden) Eliten; [3.] ein geringes Maß an gesellschaftlicher, nicht ethnischer Violenz [Gewaltsamkeit]; [4.] ein Mindestmaß an prodemokratischer politischer Kultur; und [5.] die Abwesenheit einer demokratiefeindlichen auswärtigen Interventionsmacht.«[191] Verallgemeinerung und Ahistorismus charakterisieren diese Liste, die einem deshalb auch nicht wirklich weiterhilft.

In Bezug auf den ersten Punkt der Liste haben wir bereits gezeigt, dass afrikanische Staaten aufgrund ihrer Geschichte ein spezifisches (kolonialstaatliches) Gepräge aufweisen; das aufzulösen ist keine Sache von fehlender, schwacher oder starker Staatlichkeit. Hinsichtlich des zweiten Listenpunkts, der »Ethik« afrikanischer Führerschaft *(»leadership«)*, sieht es bedauerlicherweise in vielen Ländern Afrikas schlecht aus – woran die Geschichte des Kolonialismus und die Art, in der die Unabhängigkeiten afrikanischer Staaten zustande gekommen sind, freilich zentralen Anteil hatte. Dieselbe Historie verantwortet auch zu einem gewichtigen Teil die Gewaltförmigkeit, in der auch in Afrika politische Auseinandersetzungen häufig ausgetragen werden. Die Anwesenheit auswärtiger Interventionsmächte schließlich hat selten einmal irgendwo dahin gewirkt, genuin populäre demokratische Entwicklungen anzustoßen – und dort, wo das wie in Europa westlich des Eisernen Vorhangs geschehen ist (oder in Japan und Südkorea in Ostasien), waren die geopolitische Lage des Kalten Krieges und die aufgrund dessen getätigten materiellen wie ideellen Investitionen für »demokratische Erfolge« entscheidend. Umso wesentlicher scheint es mir, darauf hinzuweisen, dass man »prodemokratische politische Kultur«, anders als das Punkt vier der Liste suggeriert, am afrikanischen Kontinent im Überfluss vorfinden könnte – allerdings im Sinn partizipativer Demokratie auf kommunalen Ebenen, nicht im staatspolitischen Feld.

Auch wenn es höchst problematisch ist, anhand allgemeiner Indikatoren, die von jeder Historizität (und damit jeder realen Situation) abstrahieren, Vergleiche anzustellen, lässt sich aus derartigen Zusammenstellungen das eine oder andere gewinnbringend ableiten. So zeigt der Bertelsmann-Transformationsindex 2020 klar, dass keiner der afrikanischen Staaten als »wirkliche« Demokratie durchgeht, während die Tatsache, dass der BTI weltweite Vergleiche in den untenstehenden fünf Kategorien anstellt, aber davon die Länder des Globalen Nordens ausnimmt, deutlich die uneingestandene Vorannahme (das Vorurteil also) demonstriert, dort sei die Demokratie verwirklicht (siehe Tabelle 7).

Die Daten des BTI belegen allerdings auch, dass – völlig im Widerspruch zu den Erwartungen der 1990er-Jahre, die von den Adepten der Erzählung vom Ende der Geschichte und den Ideologen freier Märkte und neoliberaler Werte geschürt wurden (und immer noch werden) – die weltweite Ungleichheit angestiegen ist und demokratische Verhältnisse gelitten haben, anstatt aufzublühen.[192] Unter der Überschrift »Mehr Ungleicheit und Repression« hält die BTI-Homepage 2020 folgendes fest:

> »Die Qualität von Demokratie, Marktwirtschaft und Regierungsführung ist in Entwicklungs- und Transformationsländern auf den niedrigsten Stand seit 14 Jahren gefallen. Der Transformationsindex der Bertelsmann Stiftung (BTI) belegt, dass in zahlreichen der 137 untersuchten Staaten Demokratieabbau, grassierende Kor-

ruption und zunehmende Polarisierung einander bedingen und sich wechselseitig verstärken.
Der BTI 2020 verzeichnet in einer steigenden Zahl von Ländern einen verzerrten politischen und wirtschaftlichen Wettbewerb. Regierungen und mit ihnen verbundene Wirtschaftseliten nutzen bestehende Privilegien, um ihre Macht zu festigen und sich selbst zu bereichern. Diese Form der klientelistischen Herrschaftsgestaltung ist von jeher in Autokratien zu beobachten, findet aber vermehrt auch unter demokratisch gewählten Regierungen statt. Das Ergebnis ist eine zunehmende Ausgrenzung, politisch durch die Aushöhlung von Rechtsstaatlichkeit und die Beschneidung von Partizipationsmöglichkeiten, wirtschaftlich durch unfairen Wettbewerb und wachsende soziale Ungleichheit. Zugleich sind die ausgleichenden und konsensstiftenden Elemente der Regierungsführung zurückgegangen. Bestehende ethnische, religiöse oder regionale Spaltungen werden häufig instrumentalisiert und vertieft, so dass die Polarisierung von Gesellschaften in der zurückliegenden Dekade weltweit gestiegen ist.«[193]

Dem ist nicht zu widersprechen. Es ist ein globales Phänomen, und analoge – bedauerliche – Transformationen gehen auch in zahlreichen Ländern im Globalen Norden vor sich.[194] Afrika steht hier keineswegs allein, derartige Demokratiedefizite sind also nicht typisch für Afrika. Gleichwohl ist erschreckend, dass 26 afrikanische Staaten dezidiert als Autokratien – also quasi Diktaturen – und weitere 21 als mehr oder weniger »defekt« geführt werden.

Berücksichtigt man dazu die Geschichte der Staatsstreiche und Putsche – gelungene und misslungene – so zeichnet sich ganz klar ab, dass die Ära, die nach dem Ende des Kalten Kriegs eingesetzt hat, keine demokratische Erfolgsgeschichte bereithält. So waren es zwar mit 30 gelungenen Putschen in den vergangenen 30 Jahren 12 weniger als in den 1970er- und 80er-Jahren, aber bei den misslungenen Putschversuchen sieht es umgekehrt aus – dort steht es 69 zu 57 für die jüngere Phase. Beide Kategorien zusammengenommen, stünde es unentschieden (siehe Tabelle 5 und Karte 6). Aber die Geschichte ist kein Spiel. Deswegen sind solche Vergleiche auch nur von nebensächlicher Bedeutung. Wesentlicher sind die

Sich konsolidierende Demokratie	***Defekte Demokratie***	***Stark defekte Demokratie***	***Gemäßigte Autokratie***	***Harte Autokratie***
Botswana	Malawi	Sambia	Äthiopien	Südsudan
	Tansania	Lesotho	Kenia	Eritrea
	Südafrika	Madagaskar	Uganda	Somalia
	Namibia	Nigeria	Mosambik	Ruanda
	Benin	Elfenbeinküste	Simbabwe	Burundi
	Ghana	Guinea	Angola	Eswatini (Swasiland)
	Liberia	Mali	Gabun	Demokratische Republik Kongo
	Sierra Leone		Togo	Republik Kongo
	Guinea-Bissau		Mauretanien	Zentralafrikanische Republik
	Gambia		Algerien	Äquatorialguinea
	Senegal			Kamerun
	Burkina Faso			Tschad
	Niger			Sudan
	Tunesien			Ägypten
				Libyen
				Marokko
1	14	7	10	16

Tabelle 7: Die Einschätzung der politischen Zustände in 48 Staaten Afrikas laut dem Bertelsmann-Transformationsindex 2020 (Quelle: https://www.bti-project.org [16.07.2021]; Zusammenstellung A. S.)

Handlungen, die von Menschen in der Vergangenheit getätigt – oder unterlassen – wurden, und die Gedanken und Absichten, die ihr Handeln und Tun gesteuert haben. Hinter solchen Datensätzen drohen diese, das Eigentliche, zu verschwinden.

Wesentlich ist darum, sich an folgende Tatsachen zu erinnern. »Demokratie« und *»Good Governance«* wurden mit Beginn der 1990er-Jahre zu den neuen Schlagworten der internationalen Geberinstitutionen, echte basisdemokratische Dynamiken von unten wurden hingegen durch die Hilfszahlungen an amtierende Machthaber, die es verstanden, sich als »gewählte Repräsentanten« zu inszenieren, eher abgewürgt als unterstützt.[195] Unliebsame Regime wurden stark unter Druck gesetzt und mitunter durch direkte militärische Interventionen zu Fall gebracht; seit der Durchsetzung der *Responsibility to Protect*-Doktrin um die Jahrtausendwende sind solche Aktionen sogar wieder durch internationales Recht gedeckt. Dabei geht es freilich jenen, die solche Interventionen beschließen, nicht so sehr darum, die dort lebenden Menschen zu beschützen, sondern um den Schutz und die Sicherung der eigenen Interessen.[196]

Die USA, die seit 2002 im Sahel militärisch agieren – seit 2007 mit eigens eingerichtetem Militärkommando AFRICOM –, geben meist sehr offen zu, dass es ihnen um die Sicherung ihres »nationalen« Interesses geht, das sie großzügig auf den ganzen Globus ausweiten, sie nehmen jedoch durchaus auch humanitäre Motive in Anspruch, um ihr militärisches Eingreifen und ihre politische Machtausübung zu rechtfertigen – man erinnere sich zum Beispiel an die »Save Darfur«-Kampagne ab 2005.[197] Die europäischen Staaten und die Europäische Union halten sich hingegen relativ bedeckt, was das Eingeständnis ihrer selbstbezüglichen Interessen angeht. Ihre militärischen Interventionen kommen – zumindest bislang – nicht ohne humanitäre Verbrämung aus.[198]

Der Blick auf den eigenen Vorteil und die Übervorteilung der anderen – dieses konstitutive Element im »historischen Kapitalismus« – herrscht gegenwärtig immer noch vor, wenn sich diese ideologische Formation nicht gar noch verstärkt hat. Die jüngsten Entwicklungen im Zeichen eines erklärten »Kriegs gegen den Terror« reihen sich auf alle Fälle beunruhigend direkt in die lange Geschichte jener kolonialen »Maschinerie, die Afrika ausplündert«, ein. Deren Anfänge lassen sich, je nachdem, ob man die politisch-herrschaftliche oder die wirtschaftlich-kommerzielle Ebene betonen will, im 19./20. oder bereits im langen 16. Jahrhundert ansetzen. »Tatsächlich«, schreibt Tom Burgis mit Blick auf die Ausbeutung der afrikanischen Rohstoffressourcen im 21. Jahrhundert, »ist das, was in den afrikanischen Rohstoffstaaten vor sich geht, eine systematische Plünderung«[199]. Diese Ausbeutung spannt sich in einem sehr allgemeinen Sinn gesprochen über die gesamte neuzeitliche Periode hinweg. So ist auch Walter Rodneys Hinweis zu verstehen, dass Europa via Menschenhandel in großem Maßstab und brutal agierender kolonialer Fremdherrschaft Afrika unterentwickelt habe.[200] Dass sich die »Machtstrukturen der neuen Rohstoffimperien« – transnational organisiert, unter Mitwirkung neuer Global Player wie China – darin von den Verhältnissen früherer Tage unterscheiden, dass nun »weitaus mehr dunkelhäutige Gesichter in den höheren Etagen auf[scheinen]« als zur Zeit der Kolonialherrschaft, kann schwerlich als eine fortschrittliche Entwicklung gedeutet werden, »die Komplizenschaft von Afrikanern bei der Ausbeutung des Kontinents durch ausländische Mächte« war unglücklicherweise durchgehend gegeben.[201] Ebenso durchgängig gab es allerdings auch Widerstand und andersgelagerte Bemühungen.

Die afrikanische Geschichte der letzten 500 Jahre – und seine Gegenwart – ist mit den Geschehnissen anderswo, in den verschiedenen Regionen der Erde aufs Engste verflochten. »Afrikas wirtschaftliche Gegenwart«, hat der Afrikahistoriker Fredrick Cooper ganz richtig festgehalten, »ist eine gemeinsame Schöpfung von Trägern ungleichwertiger politischer und ökonomischer Strukturen, die über lange Zeit hinweg miteinander interagiert haben«.[202] Man könnte dasselbe über Afrikas politische Gegenwart sagen – und über soziale, religiöse und kulturelle Dimensionen des afrikanischen Lebens. Die afrikanischen Wirklichkeiten waren und sind »Ko-Kreationen« – »Koproduktionen« gewissermaßen, an deren Realisierung Menschen unterschiedlicher Herkunft beteiligt waren und sind. Freilich gilt dasselbe für jede andere Wirklichkeitsauffassung auch; die europäische Geschichte ist kein bisschen weniger »koproduziert« als die afrikanische. Ein Unterschied liegt aber gewiss darin, dass es afrikanischen Akteuren, geschult an der Erfahrung ihrer asymmetrischen Einbindung in den globalen Weltzusammenhang, eher bewusst ist als den europäischen, die, den Luxus der Herrschenden und Tonangebenden verinnerlicht, sich als die Herren von Welt fühlen und als die alleinigen Schöpfer der Zukunft.

Fortdauernde Ungleichheit und kein Ende in Sicht?

Blickt man heutzutage auf verschiedene Länder der Erde, so zeigt sich die globale Ungleichheit in von Ort zu Ort sehr verschiedener Weise. Dass die Schere zwischen Arm und Reich weit auseinanderliegt, ist ein nicht zu leugnender Befund. So heißt es im *Bericht zur weltweiten Ungleichheit* unmissverständlich:

> »Die Ungleichheit innerhalb der Weltregionen variiert erheblich. 2016 betrug der Anteil des Nationaleinkommens, der nur den oberen 10 % der Einkommensbezieher zufließt (Einkommensanteile der Top 10 %), 37 % in Europa, 41 % in China, 46 % in Russland, 47 % in USA/Kanada und rund 55 % in Subsahara-Afrika, Brasilien und Indien. Im Nahen Osten, nach unseren Berechnungen die

> Region mit der weltweit höchsten Ungleichheit, erhalten die oberen 10% der Einkommensbezieher 61% des Gesamteinkommens.«[203]

Diese Verhältnisse bewegen sich, was nicht übersehen werden sollte, außerdem von Land zu Land auf verschiedenen Niveaus. Das sorgt für sehr gravierende Differenzen, was die absolute Höhe der jeweiligen »Nationaleinkommen« betrifft, die ungleich verteilt sind, und damit auch für beträchtliche Unterschiede im Ausmaß (und in der Qualität) der »Armut«. Nach der gängigen Weltbank-Konvention werden alle, die über weniger als 1,90 US-Dollar Kaufkraft pro Tag verfügen, als »extrem arm« bzw. »absolut arm« eingestuft, sodann gelten aber auch die Werte 3,20 und 5,50 als kennzeichnend für »Armut«. (Auf den Monat gerechnet sind das 57 bzw. 96 bzw. 165 US-Dollar. Man führe sich vor Augen, wie lächerlich gering diese Beträge sind.) Auf der Basis von Berechnungen, denen dieser wenig realistische Wert zugrunde liegt, lässt sich dann bahnbrechend verkünden, dass die weltweite »extreme« Armut in den letzten Jahrzehnten massiv reduziert worden und seit 2015 erstmals unter die 10%-Marke der Weltbevölkerung gefallen sei. In Afrika südlich der Sahara fiel der Anteil derart bestimmter »extrem Armer« von 56,8% im Jahr 1990 bis 2012 auf 42,7%. Gleichzeitig bedeutet das angesichts des Bevölkerungswachstums keine wirkliche Abnahme der Zahl an Menschen, die in Armut leben, denn es gibt in Wirklichkeit mehr und mehr Afrikaner und Afrikanerinnen, die in diese Kategorie gezählt werden: nämlich 389 Millionen Menschen im Jahr 2012 gegenüber 288 Millionen im Jahr 1990.[204] Die *World Poverty Clock* zum Beispiel gibt am 31. Dezember 2020 die Zahl von 481 251 093 Menschen in Afrika an, die in »extremer Armut« leben. Bei einer Gesamtbevölkerungszahl von 1 336 570 978 ergibt das einen Anteil von 36% – also eine weitere Senkung im Prozentsatz (um ganze 6,7%, was auf den ersten Blick beeindruckend scheint), während die reale Menge an Menschen in Armut freilich neuerlich um knapp 100 Millionen Menschen angewachsen ist.[205]

Auf dem afrikanischen Kontinent insgesamt (also inklusive Nordafrika, das als »arabisch« klassifiziert dem »Nahen Osten« zugeschlagen wird) verfügen 10% der Bevölkerung über annähernd 60% des gesamten Einkommens – eine irrsinnig ausgeprägte Ungleichheit; der Bericht spricht vom »weltweite[n] ›Ungleichheitsmaximum‹«.[206] Diese Verhältnisse sind historisch gewachsen. Seit 1980 scheinen sie in Bezug auf Afrika relativ stabil geblieben zu sein, haben sich also seither keineswegs verbessert.

Dort, wo ab den ausgehenden 1990er-Jahren die Wachstumsraten mehrerer afrikanischer Länder plötzlich in die Höhe schossen, war das in aller Regel der Ausbeutung neu erschlossener Rohstoffe (Öl, Erdgas, Mineralien) durch multinationale Unternehmen und internationales Kapital geschuldet, die wenig Beitrag zur Minimierung der ungleichen Wohlstandsverteilung leisten und die auch kaum Chancen für produktive sozioökonomische Entwicklungen in den Ländern ermöglichen; zudem ist selbst dieser Wirtschaftswachstumstrend seit 2015 wieder im Fallen begriffen.[207] Auch die weitreichenden Landerwerbungen in verschiedenen Regionen Afrikas durch westliche Hedge-Fonds, aber auch durch chinesische Unternehmen, die ab Beginn des 21. Jahrhunderts eingesetzt und Gelder in afrikanische Staatskassen (bzw. in jene ihrer »Schattenstaaten«) gespült haben, wirkten nicht zum Wohle der Allgemeinheit, im Gegenteil. »Die massiven Land-Grapscher, die heutzutage in vielen afrikanischen Ländern umgehen«, so der Afrikawissenschaftler David Newbury, »stellen für viele afrikanischen Menschen eine schreckenerregende Aussicht dar. […] Solch weitläufige Anschaffungen betreffen häufig das fruchtbarste Land; oft ist es dicht besiedelt; häufig ist ein enormer Wasserverbrauch vorgesehen; und oftmals beabsichtigen sie nicht, Nahrung zu produzieren […], sondern Bio-Energie.«[208] In den Berichtsdaten zur weltweiten Ungleichheit schlägt sich diese doppelte Tatsache eines ansteigenden Wirtschaftswachstums (sofern es nach den konventionellen ökonomischen Indikatoren gemessen wird) sowie problematischer Kapitalflüsse (mitsamt ihren gesellschaftlich desaströsen Effekten) so nieder, dass sich die Einkommensungleichheit in den letzten 20 Jahren zwischen den Staaten der Welt tendenzmäßig angeglichen hat, jedoch die Einkommensungleichheit innerhalb der Länder angestiegen ist.[209] Die Armut ist also alles andere als Geschichte, globale Ungleichheit ist eine ausgeprägte Realität.

Dabei kann man ein generelles Versagen der politisch verantwortlichen Akteure im globalen Norden und Süden, internationale Organisationen wie die UNO nicht ausgenommen, konstatieren, was ihre unaufhörlich neu proklamierten Programme betrifft, die darauf abzielen, Armut zu beseitigen und globale Ungleichheiten zu reduzieren. Obwohl die internationalen Bemühungen um »Armutsbekämpfung« mit Sicherheit ernst gemeint sind, halten sich ihre Erfolge in sehr engen Grenzen, ihre Misserfolge dagegen sind Legion. Dies hat nicht zuletzt damit zu tun, dass sie ihren Armutsbegriff »depolitisiert« haben, wie das James Ferguson nannte. Deswegen sind sie nicht nur blind für die Ursachen von Armut, sondern auch für besser geeignete Maßnahmen der Armutsbekämpfung.[210] In Anwendung von Coopers Konzept des postkolonialen *gatekeeper state*,[211] des »Torwächterstaats«, dessen Funktion es ist, die Güterströme und Migrationsbewegungen von Menschen und Ideen sowohl *von* als auch *nach* der Postkolonie zu kontrollieren und daraus Profit zu schlagen, lässt sich das Versagen afrikanischer Regierungen, die Entwicklungsträume der modernen Welt zu verwirklichen, nur allzu gut verstehen. Der Torwächterstaat ist der direkte Nachfolger des Kolonialstaats. Darum ist Wole Soyinkas Diagnose zuzustimmen, wenn er schreibt: »Jede sogenannte Nation auf diesem Kontinent [Afrika] ist im Wesentlichen eine Fiktion, die von Imperialmächten in ihrem externen Interesse geschaffen wurde. Diese Fiktion in eine kohärente, dauerhafte Realität zu wenden« – also »echte Nationen« zu schaffen: Staaten, deren Bevölkerungen sich mit ihren politischen Repräsentanten identifizieren können –, bei dieser Aufgabe »haben sowohl die Kolonialherrschaft als auch die, die nach der Unabhängigkeit diesbezüglich Anstrengungen unternommen haben, versagt [...]«.[212] In seinem schönen Buch aus dem Jahr 1992, das den Zerfall der sowjetischen Hegemonie über Osteuropa mit den afrikanischen Dekolonisierungsbemühungen in Vergleich setzt, hatte Basil Davidson im Nationalstaatsmodell den »Fluch« für das nachkoloniale Afrika und die »Bürde des schwarzen Mannes« ausgemacht, als er selbst, der antikoloniale Bewegungen aktiv unterstützt und ernsthafte afrikanische Bemühungen um *nation building* mit großer Sympathie verfolgt hatte, sich genötigt sah, deren Scheitern einzusehen.[213] Coopers Erklärungskonzept zeigt aber auch die systemische Ursache des Scheiterns sehr deutlich auf:

> »*Gatekeeping* – das Tor zu bewachen – wäre keine überlebensfähige Strategie, gäbe es nicht die extreme Asymmetrie in den Wirtschaftsbeziehungen zwischen Afrika und den Industrieländern. Auf beiden Seiten haben bestimmte Individuen und Gruppen persönliches Interesse daran, die Verhältnisse so zu belassen, wie sie

> sind. Es geht ihnen darum, ihre Geschäfte zu machen, Schlüsselressourcen zu monopolisieren, von Diensten und Dienstleistungen privat zu profitieren.«[214]

Da die kapitalistisch organisierte Weltwirtschaft ihrer Struktur nach auf der Ungleichheit zwischen verschiedenen Weltregionen, zwischen an verschiedenen Orten situierten Arbeitnehmern (auf verschiedenen Lohnniveaus) und zwischen verschiedenen Branchen und Warenketten basiert, ist jede Politik, die Ungleichheit fördert, willkommen – zumindest willkommener als jene politischen Strategien, die auf die Reduktion globaler Ungleichheiten abzielen.

Dies zuzugeben, fällt vielen schwer. Der internationale öffentliche Diskurs – insbesondere der politische – ist die ganze sogenannte postkoloniale Ära hindurch von Doppelmoral und Doppelzüngigkeit charakterisiert. Auch darin unterscheidet er sich nicht wesentlich von den Diskursen der Kolonialzeit. Mehr als alles andere steht dies einer Verbesserung der afrikanischen Lebenswirklichkeiten und des euroafrikanischen Verhältnisses im Weg; die Doppelmoral verhindert, an die Auflösung herrschender globaler Asymmetrien auch nur zu denken. Solange man nicht willens ist zuzugeben, was bereits lange als die Ursachen globaler Ungleichheiten erkannt ist, oder leugnet, dass Ungleichheit existiert, solange wird man auch keine Verringerung der Ungleichheit erzielen und probate Alternativen durchsetzen können. Stattdessen beherrschen Scheingefechte die Diskussion, die manchmal sehr emotional geführt werden, und sich bei anderer Gelegenheit im Zynismus ergehen. Dass dies in herrschaftsnahen Zusammenhängen geschieht – unter Politikern und Geschäftsleuten und deren Rat- und Stichwortgebern aus dem Feld des (Un-)Geistes: bei manchen Politologen und vielen Ökonomen – verwundert wenig. Hier ist kaum anderes zu erwarten, schließlich bilden sie (neben den Juristen und dem Militär, wie Peter Kropotkin schon vor mehr als 100 Jahren wusste) die Grundstützen der modernen kapitalistischen Staatlichkeit.[215] Doch die Emotion und der falsche Schein, mitunter auch der Zynismus, spielen auch dort hinein, wo Differenz als Wert an und für sich und Ungleichheit als Tatsache ohne Wenn und Aber akzeptiert sind. Auch die Wohlmeinenden sind viel zu oft in den Fallstricken eurozentrischer Fehlannahmen und falscher Voraussetzungen verfangen, ohne sich dessen ausreichend bewusst zu sein. »Aber es gibt eine moralische Verpflichtung,« so Chinua Achebe, der man sich nicht verschließen darf: Diese Verpflichtung besteht darin, »sich nicht mit der Macht gegen die Machtlosen zu verbünden.«[216] In dieser Hinsicht liegt vieles im Argen.

> »Die koloniale Zivilisierungsmission wird heute«, so Stephen Ellis und Gerrie Ter Haar, »von allen Seiten des politischen Spektrums kritisiert: Die Progressiven halten den ganzen Versuch, Afrika zu transformieren, für irregeleitet oder gar für kriminell; die Romantiker beklagen die Zerstörung eines reineren, ›authentischeren‹ Afrika; und afrikanische Nationalisten geht es gegen den Strich, dass eine solche Einmischung von außen überhaupt jemals stattgefunden hat.«[217]

Die einen übersehen den historischen Zusammenhang zwischen den Bemühungen um Wohlfahrtsstaatlichkeit in den frühen Unabhängigkeitsjahren und dem modernen Entwicklungskolonialismus in Afrika; die anderen frönen unrealistischen, moralisierenden Zugängen und bemessen komplexe Wirklichkeiten an simplifizierenden binären Vorstellungen von Ihnen und Uns, von außen und innen, die zueinander in unvermeidliche Opposition gerückt werden:

> »Weltbankexperten fordern von Afrikanern, die Tugenden der ›good governance‹ zu übernehmen und bieten ihnen dafür finanzielle Anreize; Ökologen sagen ihnen, sie hätten ihre Umwelt zu konservieren; Feministen entrüsten sich wegen weiblicher Genitalbeschneidung, und Humanitaristen wegen der Brutalität des Krieges. Sie trachten danach, Afrika einer bestimmten Sichtweise zu unterwerfen. Gleich wie ehrlich gemeint oder wie gut die Sache, die sie vertreten, auch sein mag, es sind sie, die immer schon entschieden haben, was recht und was falsch ist.«[218]

Die fortgesetzte fremdbestimmte Disziplinierung Afrikas ist nach wie vor im Gang. Eine akkurate historische Anschauung erkennt darin die Grundproblematik und macht darauf aufmerksam, wie eng die Gegenwart mit der Vergangenheit verwoben ist. Der koloniale Blick und die paternalistische Praxis prägen nach wie vor den hegemonialen Blick auf Afrika und die Vergegenwärtigung von Afrikas Position in der Welt. Das hat unmittelbare Auswirkungen auf die Zukunftsgestaltung: »Auch heute noch wird kaum ein Versuch gemacht, zwischen neuen Ideen und indigenen Konzeptionen, die in lokalen Traditionen wurzeln, Brücken zu schlagen.«[219] Das bedauern Stephen Ellis und Gerrie ter Haar – er Afrikahistoriker, sie afrikanistische Religionswissenschaftlerin – zu Recht. Und auch der senegalesische Ökonom Felwine Sarr hat recht, selbstbewusst dem Westen ins Gewissen zu sagen, wie er das kürzlich wieder getan hat: »Europa muss lernen, eine gemeinsame Welt ohne europäische Führung zu akzeptieren und nicht immer nur vorangehen zu wollen. Die Europäer müssen auf die Erfahrungen anderer hören. Sie sollten nicht überall ihre Ideen von Demokratie und Liberalismus predigen, sie müssen von anderen lernen und Erfahrungen teilen.«[220] Selbstverständlich gilt das nicht nur für die Europäer, sondern für alle Menschen, unabhängig von ihrer Herkunft, die sich jene besagte »kulturelle Arroganz« angeeignet haben, die im Rahmen des »historischen Kapitalismus« geschaffen worden ist.

Dass sich auch die gegenwärtig aktiven afrikanischen politischen Verantwortlichen mehrheitlich damit begnügen, den international vorgegebenen Rollen zu entsprechen, bessert nichts an diesem Befund. Es legt jedoch nahe, dass es längst an der Zeit ist einzusehen, dass eine Verringerung globaler Ungleichheit nicht von den Menschen an der Macht zu erwarten ist, sondern durch eigenes Tun hervorgebracht werden muss. Kritischer Geist à la Edward Said ist nach wie vor gefragt. Er empfahl,

> »immer davon auszugehen, dass Funktionäre, Administratoren und Personen, die Autorität und Macht über andere besitzen, damit beschäftigt sind, ihre Stellung zu behalten und ihre Autorität zu erhalten. […] Amtsträger. Ich denke, Amtsträger lügen immer. […] Deswegen ist es die Aufgabe der Intellektuellen, wenigstens wie ich sie verstehe, sie unermüdlich zur Rede zu stellen, Dinge beim Namen zu nennen und Fakten anzuführen.«[221]

Einen klareren Blick für die Vergangenheit zu stiften, ist die Voraussetzung dafür, dass die gegenwärtigen Situationen in ihren ambivalenten und komplexen Zügen zugelassen und ihre historischen Bedingungen nachvollzogen und anerkannt werden können. Anerkannt werden müssen sie, wenn eine bessere Zukunft erreicht werden soll. An der afrikanischen Gegenwart haben die kolonial implementierten internationalen Strukturen in Politik und Weltwirtschaft, die imperialen Aktivitäten von damals und heute kapitalen Anteil. Auch spielt die kolonialrassistisch legitimierte Ausbeutung, die heute eher über kulturessenzialistische oder öko-klimadeterministische Erzählungen gerechtfertigt wird, eine wichtige Rolle in Vergangenheit und Gegenwart Afrikas. Für Menschen aus Afrika und jene, die sich ihm verbunden fühlen (die afrikanische »Diaspora«), sitzt der Stachel tief; die Erinnerung an die weitreichenden, tiefgehenden, über Jahrhunderte andauernden Erfahrungen rassistischer Diskriminierung haben traumatisierende Wirkungen entfaltet – und sie wirken nach wie vor traumatisierend. Seit dem 19. Jahrhundert hat sich die afrikanische – panafrikanische – Intelligenz um die globale Anerkennung der eigenen historischen Erfahrungen, der eigenen afrikanischen Geschichte bemüht und gekämpft.[222]

Dieser Kampf ist auch im 21. Jahrhundert noch zu führen: »Jede Generation muss sich selbst definieren. Du kannst dich nicht auf andere verlassen, dass sie deine Arbeit tun. Du kannst nicht erwarten, mit dem goldenen Löffel gefüttert zu werden. Du kannst nicht annehmen und davon ausgehen, dass diejenigen, die den Kampf begonnen haben, ihn auch beenden werden.« So spricht der alte Soyinka noch kürzlich zu seinem deutlich jüngeren Gesprächspartner Okey Ndibe.[223] Eine offene Zukunft bedeutet auch, dass die Vergangenheit unabgeschlossen ist. Sie zu aktivieren – sie zu reaktivieren – ist Aufgabe und Projekt gegenwärtigen Handelns. Wie man diese Reaktivierung betreibt, macht einen Unterschied. Das Bewusstsein, sich selbst zu definieren und für Unabhängigkeit und Freiheit zu kämpfen, ist gegenwärtig bei vielen jungen Menschen Afrikas und der Welt insgesamt vorhanden. Sie sind jedoch nicht die ersten, die für eine bessere, gerechtere, freiere Welt kämpfen – und sie sind nicht allein. Ältere moralisch integre Persönlichkeiten, die zukunftsweisende Ideen propagieren, sind auch in Afrika zahlreich. Manche von ihnen erreichen auch große Mengen von Menschen, weil sie in den afrikanischen Landessprachen kommunizieren und Unterhaltung mit Wissensvermittlung zu kombinieren verstehen. Nur ein Beispiel aus der senegalesischen und zugleich globalen Populärkultur:

> »Hier ist Youssou N'Dour / Alle Afrikaner aufrufend / Euch auffordernd, Gedanken zu teilen und Konsens zu finden / Eure Ressourcen zu sammeln und zusammenzuarbeiten / Ohne Grenzen zu

> berücksichtigen / … / Trommler, schlag den Beat / Ruf alle zusammen unter den Baum / Damit wir über Wesentliches beraten und sprechen / Oh Afrika / …«[224]

Anstatt sich an afrikanische Staaten und Regierungen zu wenden, sollte man – als Akteur im Globalen Norden, egal in welcher Funktion man tätig ist, aber auch als Akteur in Afrika selbst – darum das Gespräch und den Austausch mit anderen, mit »antisystemischen« afrikanischen Akteuren suchen und intensivieren – mit Menschen, »für die Toleranz ein Wert, Wissen ein ewiges Erstrebenswertes und Pluralismus die Grundlage unseres gemeinschaftlichen Ethos ist«.[225] Solche Menschen sind es, die »unsere« Unterstützung verdienen. Und ihrer gibt es viele in Afrika – und weltweit. Sie sind »Wir«, wir sind »Sie«.

Als Historiker gilt es mitzuteilen, was einem die Vergangenheit über die Gegenwart sagen kann – und über die Möglichkeiten, die Zukunft anders, besser zu gestalten. In dieser kurzen Geschichte der langen Dauer habe ich mich bemüht, in groben Zügen und beispielhaften illustrativen Bezügen, ein Gesamtbild von der afrikanischen Globalgeschichte der Neuzeit zu skizzieren. Die folgenden globalgeschichtlichen Betrachtungen fokussieren auf ausgesuchte Dimensionen dieser Geschichte. Manchmal dominieren strukturgeschichtliche Perspektiven hinsichtlich »Anti-/Sklaverei« und »Anti-/Kolonialismus« meine Themenbehandlung, in anderen Fällen liegt der Fokus auf einzelnen afrikanischen Akteuren und Autoren. In allen Abschnitten habe ich versucht, afrikanischen Stimmen Gehör zu verschaffen bzw. zeitgenössische historische Akteure zu Wort kommen zu lassen. Insofern sollten auch die strukturgeschichtlichen Darstellungen als Reflexion über lebendige, tatsächlich gelebte Geschichte erkenntlich sein können. Die folgenden Kapitel, in denen mittel- und kurzfristige historische Vorgänge in konzentrierter Weise behandelt werden, dienen dazu, das Bild der langfristigen Entwicklungen zu ergänzen, wie es hier gezeichnet wurde. Sie sollten helfen, zu einer anderen, zutreffenderen, besseren, zu einer vertieften Vergegenwärtigung Afrikas zu gelangen – und zu klareren Einsichten in seine vielschichtige und vieldeutige Verwobenheit mit der Welt.

I. ANTI-/SKLAVEREI UND SKLAVENHANDEL

Nadine Gordimer (1923–2014)
»Der Autor muß sich das Recht nehmen, sowohl den Feind als auch den geliebten Kampfgenossen mit allen Schattenseiten zu zeigen, da uns nur das Bemühen um Wahrheit der Gerechtigkeit einen Schritt näher bringt [...].«
(Gordimer 1998 [1995]: 19)

Chinua Achebe (1930–2013)
»[...] was immer man ist, genügt nie; man muß Möglichkeiten finden, etwas vom anderen zu akzeptieren – wie wenig es auch sein mag –, um selbst ganz zu werden und davor bewahrt zu bleiben, der tödlichen Sünde von Selbstgerechtigkeit und Extremismus zu verfallen.
[...] Während wir unsere guten Werke tun, dürfen wir nicht vergessen, daß die wirkliche Lösung der Probleme in der Schaffung einer Welt liegt, in der Wohltätigkeit unnötig geworden ist.«
(Achebe 1991 [1987]: 173–174)

2. SKLAVEREI, SKLAVENHANDEL UND EUROAFRIKANISCHE BEZIEHUNGEN IM WANDEL

Sklaverei und Sklavenhandel spielten in der Geschichte Europas eine große Rolle. Sklaverei war im antiken Griechenland verbreitet, das römische Imperium ist ohne seine Sklaven und Sklavinnen gar nicht vorstellbar, und noch im ausgehenden Mittelalter blühte der Schwarzmeerhandel, dem wir unser gebräuchliches Wort »Sklave« verdanken.[226] An diesem Menschenhandel war nichts ungewöhnlich, viele Gesellschaften kannten – und kennen – Formen der Sklaverei, also Formen jener institutionalisierten Ungleichheit, die von Jean-Jacques Rousseau in seinem berühmten *Discours sur l'origine et les fondements de l'inégalité parmi les hommes* von 1755 »die gesellschaftliche *[morale]* oder politische *[politique]* Ungleichheit« genannt wurde, »weil sie von einer Art Übereinkunft abhängt und [...] gebilligt wird«.[227]

In vielen Gesellschaften wurden »das Besitzelement, die entfremdete Identität, die Funktion der Gewalt, die produktive und sexuelle Ausbeutung«, die Paul Lovejoy als die grundlegenden Merkmale jeder Form von Sklaverei anführt, mehr oder minder bewusst in Kauf genommen, ohne dass die jeweils dominante kulturelle Tradition darüber kritisch reflektiert hätte.[228] Vielmehr galt die Sklaverei als geregelte, naturgegebene Institution, welche die Position einer bestimmten Menschengruppe im Rahmen der Gesamtgesellschaft festlegte. Mit dem Begriff des »sozialen Todes« hat Orlando Patterson in einer vergleichenden Studie zur Sklaverei einen brauchbaren allgemeinen Begriff geprägt, der die Entfremdung des Sklaven von seinen Ursprüngen, Wurzeln und Traditionen als grundlegende Charakteristik der Sklaverei bestimmt, darüber hinaus jedoch Raum lässt für die vielfältigen Abstufungen, die derartige Entfremdungsprozesse unter verschiedenen historischen und kulturellen Umständen kennzeichnen.[229]

Die Besonderheit der europäischen Plantagensklaverei und der sie begleitenden Ideologieproduktion in den Amerikas und der Karibik lag in dieser Hinsicht vor allem in dem ungeheuerlichen Ausmaß, in dem sie die »Verdinglichung« des Sklaven vorantrieb. Hier wurde sogar noch versucht, die soziale Rolle des »Sklaven«, die ihm im Rahmen »häuslicher« Sklavereiformen eine elementare menschliche Funktion für die gesamtgesellschaftliche Ordnung der Dinge einräumte, in Abrede zu stellen.[230] Diese Tendenz zur vollständigen »Entmenschlichung« ist eine neuzeitliche, europäische Erscheinung. Zudem ging die neuzeitliche Plantagenwirtschaft im atlantischen Raum auch mit einer spezifischen »Einfärbung« einher. Zumal die Westküsten Afrikas zum Lieferanten der in die Unfreiheit gezwungenen Menschen wurden, wurde dunklere Hautfärbung mit der Zeit zum Stigma der Sklaverei schlechthin. Dies legte die Grundlage für die Entstehung jenes »Hautfarbenrassismus«, aus dessen Diskursuniversum wir auch heute noch nicht restlos ausgebrochen sind, dessen fest umrissene Konturen allerdings bereits seit Mitte des 18. Jahrhunderts in den ersten elaborierten Rassentheorien aus dem Umkreis der europäischen Aufklärung formuliert vorliegen.

Die grundlegenden Vorstellungen, aus denen in Europa Rechtfertigungen der Sklaverei und des Sklavenhandels bezogen wurden, sind allerdings weit älteren Datums als die ersten Rassentheorien. Sie unterscheiden sich im Wesentlichen auch nicht von denen, die in anderen Erdteilen bemüht wurden, um ein Recht an Leib und Leben anderer Menschen zu begründen. Im Grunde genommen gab es davon zwei einander ergänzende Ansichten. Da war zum einen das Postulat eines »angeborenen Sklaventums«, das eine Gruppe von Menschen mit dem Stigma gleichsam natürlicher Unfreiheit belegte. Im vierten vorchristlichen Jahrhundert notierte Aristoteles in diesem Sinne über die »Barbaren [...], dass sie über das von Natur aus Herrschende nicht verfügen, vielmehr kommt es bei ihnen nur zur Gemeinschaft von Sklavin und Sklaven«; eine Meinung, mit der der Philosoph nicht alleine stand, ließ sich doch gleich das geflügelte Dichterwort des Euripides zitieren: »Deshalb sagen auch die Dichter: ›Es gehört sich, dass die Griechen über die Barbaren herrschen‹, weil von Natur aus Barbar und Sklave dasselbe sind.«[231] Zum anderen galt üblicherweise auch schon die bloße Tatsache einer kriegerischen Unterwerfung, kurz: eine Übermacht physischer Stärke, als ausreichende Begründung für die Legitimität von Versklavung. Einverständnis mit diesem Legitimationsstrang wurde noch Ende des 17. Jahrhunderts von einem englischen Denker kommuniziert, der gemeinhin eher als Mann liberalen Gedankenguts gilt: »Gefangene in einem gerechten und rechtmäßigen Krieg, und sie allein,« schrieb John Locke, »sind daher despotischer Gewalt unterworfen. […] Wer Herr seiner selbst und seines eigenen Lebens ist, hat auch ein Recht auf die Mittel, es zu erhalten. Sobald deshalb ein Vertrag eingegangen wird, endet die Sklaverei […].«[232] Das Recht auf einen »befreienden Vertrag« lag jedoch ausschließlich auf der Seite des Siegers, des Herren; wer einmal zum Sklaven gemacht worden war, hatte dieser apodiktischen Argumentation zufolge kein Recht, sich selbst aus diesem aufgezwungenen Zustand zu erheben.

Solche Ansichten überdauerten auch das Jahrhundert Lockes. Allerdings hatten in der Frühen Neuzeit vielschichtige Prozesse eingesetzt, die mittelfristig – und mit langfristigen Folgen – auch zu einer Transformation der »Sklavenfrage« führten, sowohl hinsichtlich ihrer moralischen Beurteilung als auch im Hinblick auf ihren realen »Gegenstand«. Einerseits traten die sichtbarsten Formen der (agrarischen) Sklaverei in Europa langsam in den Hintergrund (wenn sie auch in Gestalt der »Leibeigenschaft« vielerorts noch lange bestehen blieb), andererseits expandierte der »Plantagenkomplex« im atlantisch-überseeischen Kontext ganz massiv. Mit dessen Erweiterung nahm auch das Ausmaß der Sklaverei und des Sklavenhandels stetig zu, eine Entwicklung, welche die Zahlen der gehandelten Sklaven im 18. und 19. Jahrhundert merklich in die Höhe schnellen ließ,[233] eine Entwicklung aber auch, die in merkwürdiger Weise mit einer Zunahme stark eurozentrischer Denkweisen korreliert. So ist auffallend, dass durch den seit der zweiten Hälfte des Jahrhunderts erneuerten europäischen Expansionsschub zahlreiche »große Denker« angeregt wurden – und sich dazu berechtigt fühlten –, darin eine Ausdehnung der »Freiheit« in der Welt zu erblicken,[234] eine Annahme, zu der eine auch nur einigermaßen sachliche Bestandsaufnahme der europäischen Einwirkung auf andere Gesellschaften – und insbesondere ein Blick auf die fortgesetzte Realität der Sklaverei – wenig Grund geliefert hätte.

Doch nicht nur die Zahl versklavter Menschen nahm zu. Die »Unfreiheit« in der Welt nahm auch mehr und mehr *eine* Farbe an. Seit dem 16. Jahrhundert setzte sich die Masse an Sklaven in europäisch dominierten Herrschaftsgebieten realiter aus dunkelhäutigen Afrikanern zusammen. Dies war eine historisch neuartige Wirklichkeit, die ab Mitte des

17. Jahrhunderts die zunehmend stereotypisierte Assoziation von Afrika und Sklaventum produzierte: »[D]ie uns [heute] vertraute Verachtung von Afrikanern [...]«, schrieb Basil Davidson, diesen Zusammenhang analysierend, »war eine Haltung, die nach zirka 1650 aus dem atlantischen Sklavenhandel geboren und, später dann, aus den Kulturen des europäischen Kapitalismus gespeist wurde.«[235] Dieser hier angesprochene, die Sklaverei befürwortende Rassismus traf nicht auf ungeteilten Zuspruch. In manchen Kreisen der europäischen Gesellschaft provozierte er auch Widerspruch. Ab dem letzten Drittel des 18. Jahrhunderts sollte er Aktivitäten anregen, die imstande waren, den Themen des Sklavenhandels und der Sklaverei weitreichende Publizität zu verschaffen. Außerdem wirkten jene dahin, eine grundsätzliche Umformung der Beziehung zwischen Europa und Afrika einzuleiten. Diese Aktivitäten wurden von der abolitionistischen Bewegung eingeleitet.

Drei philanthropische Projekte der Zeit

Im Jahr 1806 beschloss das englische Parlament ein Gesetz, das seinen Staatsangehörigen die Ausfuhr von Sklaven in nicht-englische Kolonialgebiete untersagte. 1807 trat der sogenannte *Abolition Act*, der die Beteiligung englischer Bürger am Sklavenhandel generell unter Strafe stellte, in Kraft.[236] Damit hatten die seit den 1780er-Jahren umfänglich geführten Kampagnen der englischen Gegner und Gegnerinnen der Sklaverei, die »eine neue Art der Politik, die Politik der *pressure group*« demonstrierten,[237] ihr erstes großes Ziel erreicht, die juristisch fixierte Delegitimation des Sklavenhandels. In diesem Bestreben waren die englischen Abolitionisten und Abolitionistinnen jedoch nicht allein. Auch in anderen Ländern hatten sich ähnliche Stimmen geäußert. Bereits im Zuge der Französischen Revolution hatte sich ein revolutionäres Frankreich nicht lediglich vom transatlantischen Sklavenhandel distanziert, sondern bereits 1794 die Auflösung der Sklaverei verkündet, eine kurzfristige Errungenschaft allerdings, da dieses Dekret schon 1802 der Herrschaft Napoleons zum Opfer fiel.[238] Das dänische Abolitionsgesetz von 1802 ging zeitlich ebenfalls dem englischen voraus und hatte, ähnlich den französischen und englischen Gegebenheiten, seine Basis in einem Gemenge religiöser und aufklärerischer Ideen, die seit Mitte des 18. Jahrhunderts zunehmend an

Strahlkraft gewonnen hatten. Auch für Holland gibt es Hinweise darauf, dass ein Unbehagen gegenüber der Sklaverei und dem Sklavenhandel schon um die Jahrhundertmitte fest etabliert war.[239] Die Debatte um die Abschaffung des Sklavenhandels und der Sklaverei war nicht nur auf jene Nationen begrenzt, die an der kolonialen Realität unmittelbaren Anteil hatten, sondern durchaus international, und zog, soweit es die intellektuellen Milieus betraf, weite Kreise in ihren Bann.

Neben prominenten französischen und englischen Autoren ergriffen auch »distanziertere« Beobachter des Geschehens das Wort und Partei im Streit zwischen Befürwortern und Gegnern der Abolition. So zum Beispiel der deutsche Denker Johann Gottfried Herder (1744–1803), der sich schon 1774 in zivilisationskritischer Absicht über den Sklavenhandel und die Sklaverei echauffierte. »[N]ur eins haben wir uns noch erlaubt,« rief er da in anklagendem Ton aus,

> »drei *Weltteile* als Sklaven zu *brauchen*, zu *verhandeln*, in Silbergruben und Zuckermühlen zu *verbannen* – aber das sind nicht Europäer, nicht Christen, und dafür bekommen wir Silber und Edelgesteine, Gewürze, Zucker und – heimliche Krankheit […] ›System des Handels!‹ […] Drei Weltteile durch uns *verwüstet* und *polizieret*, und wir durch sie *entvölkert*, *entmannet*, in Üppigkeit, Schinderei und Tod versenkt: das ist reich gehandelt und glücklich. […] großer Mammon, – dem wir alle jetzt dienen, hilf uns!«[240]

Getragen von einem erneuerten imperialen Schub um die Mitte des 18. Jahrhunderts, der zu »einer Politik von bis dato unbekannter Reichweite, einer ersten Form von Weltpolitik« führte, in der »die stärksten Kontrahenten den gesamten Globus als Schauplatz ihrer Rivalität betrachteten«,[241] wurde die Frage des Sklavenhandels – und die des Handels überhaupt – zu einem dringlichen und allseits diskutierten »Problem der Zeit«. In dieser Situation fanden sich in England eine Reihe von Personen verschiedener Konfessionen (Quäker, Anglikaner, Unitarier) – und, was oft vergessen wird, verschiedenen Geschlechts: Männer und Frauen – zusammen, die, in der Entrüstung gegen den Sklavenhandel vereint, ihre Kräfte bündelten, 1783 eine erste Petition an das Parlament richteten und 1787 eine Gesellschaft zur Abolition des Sklavenhandels ins Leben riefen.[242] Diese wurde zum leitenden Instrument einer Bewegung, die auf publizistischem, aber auch aktionistischem Weg versuchte, Menschen für das Thema zu sensibilisieren. Zu diesem Zweck wurden Dokumentationen über die Gräuel des Sklavenhandels zusammengestellt, Lebensgeschichten von Afrikanern – wie die Autobiografie des ehemaligen Igbo-Sklaven Olaudah Equiano (alias Gustavus Vassa, (ca. 1745–1797) – publiziert, aber auch »tausende Antisklaverei-Plaketten produziert, die eine schwarze Figur auf weißem Hintergrund sowie das Motto ›Bin ich nicht ein Mensch und Bruder?‹ aufwiesen«,[243] das sprichwörtlich werden sollte. Daneben gab es auch Konsumentenaufrufe, bestimmte überseeische Güter zu meiden und auf diese Weise der Sache der Sklaverei zu schaden.[244] Die Aktivistinnen und Aktivisten des Abolitionismus verstanden es demnach, ihr Anliegen auf vielfältige Weise an die Leute zu bringen, richtiger: an bestimmte Gruppen der Gesellschaft, denn »ohne Rückhalt [blieben sie] in der heranwachsenden Arbeiterklasse«.[245] Sie verstanden es aber auch, sich parlamentarisches Gehör zu verschaffen, was in Konsequenz die entscheidende Bedingung für den Erfolg ihrer Sache war.

Die Internationalität der Debatte über den Sklavenhandel und die breite Aufmerksamkeit, die sie insbesondere in England zu erregen vermochte, ist kaum verwunderlich, nicht nur angesichts der engen Verflechtung der europäischen Politik und der immer unübersehbarer werdenden Rückwirkungen globaler Zusammenhänge auf das heimische Leben in Europa,[246] sondern vor allem auch deshalb, weil sie sich auf ein Phänomen bezog, den transatlantischen Sklavenhandel, an dem seit dem 16. Jahrhundert Angehörige vieler europäischer Staaten partizipierten: Portugal, Frankreich, England, Dänemark, Holland, Schweden, Preußen etc.[247] Der Menschenhandel war immer schon ein internationales Geschäft gewesen und war es trotz der Vorrangstellung, die sich englische Händler seit dem ausgehenden 17. Jahrhundert verschaffen konnten, auch geblieben.

Der Sklavenhandel war aber nicht nur grenzüberschreitend, er war auch *big business*, ein großes Geschäft. Schon allein daraus erklärt sich, dass die Abolition »nur zögerlich akzeptiert« wurde und dass, »solange es noch einen Absatzmarkt für Sklaven in den Amerikas gab, afrikanische Sklaven exportiert wurden; denn der zahlenmäßige Rückgang und die steigenden Risiken des [dann] verbotenen Handels wurden durch erhöhte

Profite kompensiert«.[248] Im Laufe dieses Menschenhandels, der drei Kontinente im Rahmen einer »Atlantischen Geschichte« verknüpfte und eine *Black Atlantic World*[249] schuf, wurden mit Sicherheit mehr als 13 Millionen Menschen in die überseeische Sklaverei verschleppt. (Mindestens die doppelte Zahl, nimmt man an, geriet in die Fänge von Sklavenhändlern. Viele erreichen die »Neue Welt« allerdings nie.) Mit mehr als sechs Millionen im Zeitraum von 1701 bis 1800 stellt das 18. Jahrhundert den deutlichen Spitzenwert, verglichen mit den knapp zwei Millionen des vorangegangenen Zeitraumes von 1601 bis 1700.[250]

Doch dieser absolute Höchstwert entspricht keineswegs einer einsamen Spitze, wenn man die geschätzte Zahl von 3,3 Millionen für das – was die Dauer des transatlantischen Sklavenhandels betrifft – durchaus »kurze 19. Jahrhundert« in Rechnung stellt. Tatsächlich verzeichnete der Überseehandel mit Menschen, den Satzungen und der Rhetorik der Abolition zum Trotz, bis Mitte des 19. Jahrhunderts keinen quantitativ nennenswerten Rückgang.[251] Man muss sich also davor hüten, die Erklärung der Abolition mit dem wirklichen Ende des Sklavenhandels zu verwechseln. »Zwar löste der Handel mit landwirtschaftlichen Produkten nach und nach den Menschenhandel ab«, so Albert Wirz, aber »[b]is zur Jahrhundertmitte ging der transatlantische Menschenhandel jedoch praktisch unvermindert weiter. Erst als die Märkte in Übersee wegbrachen, nahm er schnell ab«.[252] Der Sklavenhandel überdauerte sein Verbot um Jahrzehnte, und bei Weitem nicht alle Europäer an den afrikanischen Küsten distanzierten sich von ihm. Ganz recht, die »[e]uropäische Rhetorik drängte in Richtung Abolition und Emanzipation; [aber] europäisches Handeln belohnte Mittäterschaft und unterstützte Sklaverei oft offen […]«.[253] Dessen ungeachtet löste die englische Absage an den Sklavenhandel der Jahre 1806/07 weitreichende Dynamiken aus, die zahlreiche Veränderungen am afrikanischen Kontinent einleiteten. »Die[se] Folgen der Abolition für Afrika waren« allerdings, wie Albert Wirz trocken bemerkt, »höchst widersprüchlich«.[254] Der Gipfel der Paradoxie betraf gerade ihr Kernanliegen, das angestrebte Ende von Sklaverei. Denn, so Ingeborg Grau,

> »[d]ie Forderung nach dem Aufbau ›legitimer Handelsbeziehungen‹ zwischen Europa und Afrika, um damit dem über Jahrhunderte etablierten zerstörerischen Handel mit Menschen ein Ende

> zu machen, führte im Palmölgürtel Westafrikas paradoxerweise zu einer Zunahme von Sklavenarbeit […]. Der Anbau von Ölpalmen machte eine massive Ausweitung der schwierigen Sammeltätigkeit nötig; lange Transportwege zur Küste […] und die arbeitsintensive Erzeugung von Palmöl aus dem Fruchtfleisch und den Kernen […] verlangten den Einsatz zusätzlicher Arbeitskräfte. Der Rückgang des transatlantischen Sklavenhandels im 19. Jahrhundert bedeutete in Westafrika […] zunächst, dass die Arbeit von Abhängigen, von Sklaven und Sklavinnen, zunahm.«[255]

In England war die Sache der Antisklaverei-Aktivitäten mit dem *Abolition Act* noch nicht getan. Die Bewegung richtete ihr Handeln auf ein gesetzliches Verbot der Sklaverei in englischen Kolonialgebieten hin aus – auf eine wirkliche Befreiung aller Sklaven und Sklavinnen (»Emanzipation«) –, ihr zweites großes Ziel, das sie jedoch erst Jahrzehnte später, im Laufe der 1830er-Jahre erreichen sollten.[256] Erst dann wurde diese sogenannte »Emanzipation« gültiges Recht; bis sie eine gewisse praktische Tiefenwirkung entfaltete, sollten noch viele weitere Jahre vergehen. »Wie die Abolition des Sklavenhandels,« stellt Philip D. Curtin zusammenfassend fest,

> »so war auch die Emanzipation der Sklaven zum Teil eine Nebenerscheinung der demokratischen Revolution in Europa, unterstützt durch den Druck aus den Kolonien, der manchmal von Seiten der Sklaven selbst kam, aber auch von dort ansässigen Gegnern der Sklaverei, unter denen Missionare und freie Farbige besonders stark hervortraten. […] Wirtschaftlicher Wandel war beizeiten ein weiterer Faktor, durch den [ein Wille zur] Emanzipation gefördert wurde.«[257]

Bezeichnenderweise brauchte es demnach den ökonomischen Bedeutungsverlust der karibischen Plantagenwirtschaft für die koloniale Metropole, um ein Ende offizieller Sklaverei in englischen Besitzungen tatsächlich durchsetzen zu können.[258] Wirtschaftliche Erwägungen hatten jedoch auch bereits im Zusammenhang mit der Abolition des Sklavenhandels – und insbesondere für den eingangs erwähnten parlamentarischen Erfolg dieser Forderung – eine wesentliche, ja wegweisende Rolle gespielt. Denn im Zuge der zunehmenden Industrialisierung Englands hatte eine Verschiebung wirtschaftlicher Interessen begonnen, die dahin wirkten, Afrika nicht länger als bloßes Arbeitskräftereservoir zu betrachten, sondern vielmehr auch als Produzenten und Lieferanten neuerdings vermehrt benötigter tropischer Produkte. Besonders die aus Teilen Westafrikas stammenden Naturprodukte Palmöl und Palmkerne wurden nachgefragt, gewährleisteten sie doch, zu Schmiermittel verarbeitet, die dauerhafte Funktionsfähigkeit maschineller Produktion und befriedigten, in Form von Seife, ein gesteigertes Bedürfnis nach Sauberkeit.[259] An der Schwelle vom 18. zum 19. Jahrhundert machte sich also ein Wandel in der Wahrnehmung Afrikas und seines Verhältnisses zu Europa bemerkbar. Nicht nur aus humanitären Gründen wurde nun ein Ende des Sklavenhandels befürwortet, immer mehr schien es ein Diktat wirtschaftlicher Rationalität zu sein, den afrikanischen Kontinent nicht länger seiner Arbeitskraft zu berauben. Aus dem ökonomischen Wandel, der an der Jahrhundertwende manifest geworden war, resultierten auf Seiten englischer Akteure neue Interessenlagen und Motivationen. Vertreter der englischen Industrie

> »wollten [nun] lieber, dass Afrikaner in Afrika arbeiteten, um die Ernte und Herstellung von Palmöl für die britischen Faktoreien zu leisten anstatt Sklavenarbeit in den Zuckerplantagen Westindiens zu verrichten. Darüber hinaus konnten afrikanische Bauern auch zu Abnehmern von in England hergestellten Waren werden. In anderen Worten: Handel *mit* Afrikanern wurde nun als profitabler erachtet als Handel *in* Afrikanern.«[260]

Die Position der imperialen Stärke Englands, die hinzutrat,[261] schuf dann die Möglichkeit, diese neuen Interessen – und auch das humanitäre Anliegen der Abolition – mit Nachdruck zu verfolgen und, wenn auch langsam, in die Realität umzusetzen. Diese Bewusstseinsverlagerung, die in den Forderungen nach dem Übergang zu einem sogenannten »legitimen Handel« – vom Menschenhandel zum Handel mit landwirtschaftlichen Naturprodukten *(cash crops)* – ganz manifest wurde,

> »diktierte eine neue Handelsstrategie, die mit der Zeit direkte politische Beherrschung erforderlich machte. Jedoch noch für einige

> Zeit blieben die vollen Implikationen dieses Wandels unerkannt, verborgen hinter den scheinbar harmlosen Interessen an der Abolition des Sklavenhandels, an der Erforschung des Landesinneren und an der Verbreitung des Christentums.«[262]

Mit einem neuen Interesse an Afrika standen Abolitionistinnen und Abolitionisten demnach nicht alleine da, sondern ihr Anliegen nach einem »freien« Afrika, dessen »freie« Bewohner Rohstoffe für die europäische Produktion liefern und anschließend als Abnehmer dieser Fertigwaren fungieren sollten, stimmte mit den allgemeineren Vorstellungen der christlichen Missionsarbeit überein, die gegen Ende des 18. Jahrhunderts in erneuertem, großangelegtem Maßstab initiativ wurde, um »diesem gottverlassenen und unterdrückten Land« Erlösung zu bringen.[263] Auch den »Erforschern« des inneren Afrikas – und ihren Sponsoren, die sich etwa in der 1788 gegründeten *African Association* zusammenfanden – waren solche interessegeleiteten Gedanken nicht fremd,[264] ganz zu schweigen von den Vertretern der Industrie und den Fürsprechern eines vermeintlich neuen Warenhandels, des sogenannten »legitimen Handels«. Was Niall Ferguson in Bezug auf die englische Haltung gegenüber Indien Mitte des 19. Jahrhunderts münzte, trifft die Sache schon hier punktgenau: »Die Zwillingsströme des evangelikalen Wunsches, zur Christenheit zu bekehren […], und des liberalen Wunsches, […] zum Kapitalismus zu bekehren, flossen ineinander – und über das ganze britische Empire hinweg.«[265]

Es ist demnach hinreichend klar, dass weder Abolition noch Emanzipation ernsthaft als »Sieg religiöser Idealisten und aufgeklärter Philanthropen über wirtschaftliche Interessen interpretiert« werden können,[266] sondern vielmehr kreuzten sich die Interessen der verschiedenen Gruppen gegen Ende des 18. Jahrhunderts derart, dass daraus enge Verflechtungen folgten: Eine unheilige Allianz zwischen zweckrationalem Denken, einem vom eigenen Weg überzeugten Fühlen und einem Willen zur unbedingten Mitteilung führte dahin, »daß sich Philanthropie, Politik und Profitstreben bestens ergänzten«.[267] Es bleibt trotzdem die ambivalente Tatsache bestehen, dass viele Antisklaverei-Aktivisten und -Aktivistinnen in ihrem humanitären Engagement Motivationen folgten, die weniger nach »diesseitiger« Ermächtigung als vielmehr »jenseitiger« Erlösung strebten. Gleichzeitig ging es auch darum, konkrete, »diesseitige«

Verbesserungen in den Lebensumständen afrikanischer Menschen zu veranlassen. Wie so oft führten auch hier wohlwollende Absichten nicht zu den erhofften Resultaten. Ein Grund dafür war sicher, dass diese Absichten weniger selbstlos waren als sich die Akteure eingestanden, ein anderer war eine irregeleitete Vergegenwärtigung Afrikas. Die Vorstellungen, die sich Abolitionisten und Abolitionistinnen von Afrika und seinen Bewohnern machten, beruhten nämlich nicht auf einer genauen Erkundung afrikanischer Realitäten, sondern entsprachen vielmehr den Vorurteilen, in denen sich die gebildeteren Schichten im 18. Jahrhundert gütlich eingerichtet hatten, insbesondere der Überzeugung, die Spitze menschheitsgeschichtlicher Entwicklung darzustellen.

Nicht zufällig setzte sich das Substantiv »Zivilisation« gerade seit der Jahrhundertmitte in den großen »imperialen« Sprachen Europas, dem Französischen und dem Englischen, fest; es diente dazu, die eigene kulturelle »Höhe« auf eine Formel zu bringen, die zweckdienlich für die deutliche Abgrenzung gegenüber anderen Kulturen war.[268] Sowohl die religiösen als auch die säkularen Fürsprecher der Abolition nahmen eine falsche, von ihnen jedoch für gegeben gehaltene Dichotomie zwischen einem »zivilisierten Europa« und einem »barbarischen Afrika« zum Ausgangspunkt ihrer Reflexionen. Daraus resultierte ein simplifizierendes Schema des interkulturellen Kontakts, das die Rollen des Agierens und des Reagierens unmissverständlich verteilte und ebenso eindeutig die Richtung einer »fortschrittlichen« Einwirkung vorgab.[269] In dieser Hinsicht schlossen sich Abolitionisten häufig der Propaganda ihrer Gegner an, die sich dank ihrer persönlichen Erfahrung im Umgang mit afrikanischen Menschen – als Sklavenhändler nämlich – oft als Spezialisten gebärdeten und sich zu haltlosen Äußerungen hinreißen ließen, denen vielfach Glauben geschenkt wurde. So hätten die meisten Abolitionisten der eurozentrischen Bemerkung des Sklavenhändlers Robert Norris, dass Afrikaner erst durch »einen zivilisierten Handel mit europäischen Händlern« einen Begriff von »Friedenskünsten«, »landwirtschaftlichen Künsten« oder »praktischen Gegenständen« erhalten hätten,[270] wohl vielfach ohne weiteres zugestimmt. Sie hätten allerdings mit Nachdruck auf die Ersetzung des Menschenhandels durch einen »legitimen« Warenhandel gedrängt, gerade so wie es Thomas Fowell Buxton, die führende Gestalt einer jüngeren Generation der Abolitionsbewegung – und seines Zeichens Bierbrauer –, tatsächlich tat.[271]

Zudem bemühten Antisklaverei-Akteure manchmal auch das Stereotyp vom »Edlen Wilden«, um die Menschen Afrikas als von Natur aus »sanft, empfindsam, höflich und gastfreundlich« auszuweisen, so zum Beispiel Benjamin-Sigismonde Frossard.[272] Allerdings war das nicht die Regel, woran Robin Law erinnert – denn »Abolitionisten und Anti-Abolitionisten stimmten normalerweise in einer negativen Bewertung überein, die Afrika als wild und brutal ansah«.[273] Sie unterschieden sich demnach nicht wesentlich in der Zustandsbeschreibung eines zeitgenössischen Afrika, das sie allesamt in buchstäblich genommenen Metaphern der »Dunkelheit«, »Barbarei«, »Despotie« etc. beschworen, sondern lediglich in den vermuteten Ursachen, die sie zur Erklärung der ausgemachten »schrecklichen« afrikanischen Zustände heranzogen – die Antworten waren in der knackigen Formulierung von Philip Curtin: »Rasse, Klima [...] und der böse Einfluss des Sklavenhandels.«[274]

Die Folgewirkungen für Afrika und das euroafrikanische Beziehungsverhältnis

Die englischen Bemühungen um eine Beendigung des Sklavenhandels standen nicht alleine da. Auch in anderen Ländern gab es Kritik am transatlantischen Menschenhandel. Beispiellos allerdings waren die Auswirkungen, die das englische Abolitionsgesetz im Hinblick auf ein sich wandelndes Verhältnis von Europa zu Afrika nach sich ziehen sollte. Die Gründe dafür, dass England in seinen Bemühungen für einen »legitimen Handel« langfristig erfolgreich war – Bemühungen, die in schwer zu differenzierender Weise wirtschaftliches und politisches Hegemoniestreben mit einer humanitär begründeten Verpflichtung zu einer »zivilisatorischen Mission« verquickten –, scheinen auf einen einfachen »materiellen« Nenner gebracht werden zu können: auf den Vorsprung Englands im einsetzenden Industrialisierungsprozess,[275] gepaart mit einer sich herausbildenden Führungsposition in Fragen globaler Politik.[276] Grundlegend war aber auch ein seit der zweiten Hälfte des 18. Jahrhunderts neu erstarkendes, neu ausgerichtetes imperiales Bewusstsein, das von gebündeltem missionarischen, kommerziellen und wissenschaftlichen Eifer getragen wurde.[277]

Die wichtigsten Änderungen, welche die Abolition des Sklavenhandels durch England in der europäischen Politik gegenüber Afrika auslösten, waren kurzgefasst die folgenden:

- die nachdrücklich forcierte Forderung nach einem ausschließlichen Warenhandel, dem »legitimen Handel«, der bislang geläufige Muster des kulturellen Kontakts herausforderte und paradoxerweise eine Zunahme innerafrikanischer Sklaverei förderte;[278]
- der Auf- und Ausbau einer Flotte, der *West African Squadron*, die ab 1807/08 für mehrere Jahrzehnte entlang der westafrikanischen Küste patroullierte, um Sklavenschiffe ausfindig zu machen und die auf ihnen befindliche »menschliche Fracht« zu bergen;
- die staatliche Übernahme der Halbinsel Sierra Leone als Kronkolonie (1808), ihre Bestimmung zum bevorzugten Ansiedlungsort ehemaliger, nun »befreiter« Sklaven *(recaptives)* und zum Zentrum britischer Admiralität an der Küste;[279]
- der diplomatische Druck auf andere europäische Staaten, den transatlantischen Sklavenhandel gesetzlich zu ächten, eine beständig wiederholte Forderung, der die europäischen Staaten seit 1815 nach und nach Folge leisteten;[280]
- die vermehrten und verstärkten Versuche, unmittelbaren Einfluss auf die innenpolitischen Belange und Entscheidungsprozesse afrikanischer Gesellschaften zu nehmen. In Langzeitperspektive betrachtet leitete diese Politik der anfänglich informellen Intervention in einiger Konsequenz die formalisierte koloniale Dominanz des ausgehenden Jahrhunderts ein.[281]

Aufseiten afrikanischer Akteure führte die forcierte Neuausrichtung des atlantischen Handels mittelfristig zu einer Reihe von wirtschaftlichen, politischen und sozialen Herausforderungen. Der allmähliche Übergang zum Warenhandel, der Afrika zunehmend in die Rolle eines Rohstofflieferanten und *cash crop*-Produzenten drängte, hatte eine »wachsende Integration Afrikas in das weltwirtschaftliche System« zur Folge;[282] eine Integration, welche, in den Worten Adu Boahens, »die kommerzielle Vereinigung Afrikas« betrieb,[283] die aber bekanntermaßen auch in der Kolonialzeit – und darüber hinaus – ein dauerhaft asymmetrisches Verhältnis zwischen Afrika und Europa erzeugte.[284] Die Auswirkungen auf die politischen und sozialen Verhältnisse in Afrika machten sich auf verschiedene Weise bemerkbar, und die afrikanische Reaktion auf die veränderte Lage nahm sehr differenzierte Formen an. Die historiografische, entwicklungsgeschichtlich orientierte Diskussion hat sich dieser Thematik vor allem in den Termini des »Bruchs« oder der »Kontinuität« genähert.[285] Es scheint allerdings stimmiger, im Plural von »Brüchen« und »Kontinuitäten« zu sprechen, um der regionalen Vielfältigkeit afrikanischer Verhältnisse Rechnung zu tragen – und der Vielschichtigkeit, mit der Afrikaner und Afrikanerinnen in verschiedenen Regionen auf das neue Dominanzgebaren der Europäer und auf ihre Forderungen reagierten.

Bis in die zweite Hälfte des 19. Jahrhunderts koexistierten »legitimer« Handel in Waren und illegaler Handel in Menschen. Solange Nachfrage aus Brasilien und Kuba bestand, wo die Sklaverei nicht vor 1888 respektive 1886 beendet wurde, blieb ein großer überseeischer Markt bestehen.[286] Die bevorzugten Einzugsgebiete des Sklavenhandels verlagerten sich aufgrund der steigenden Präsenz englischer Kontrollorgane allerdings langsam weg von den »klassischen« Küstenstreifen West- und Westzentralafrikas hin zu südlicher gelegenen Küstenstreifen Westzentral- und Ostafrikas. Dies konnte nicht ohne Auswirkung auf die afrikanischen Verhältnisse bleiben, weder in den einen noch in den anderen Gebieten. Häufig versuchten afrikanische Profiteure des Sklavenhandels den Menschenhandel weiterhin fortzuführen. Selbst für die Gebiete, auf die sich der Abolitionismus von Anfang an bezog, gilt darum Elizabeth Isicheis Bemerkung, dass »der Sklavenhandel an verschiedenen Orten zu verschiedenen Zeiten ein Ende fand«.[287] Im Nigerdelta setzte der Niedergang in den 1830er-Jahren ein, an der »Sklavenküste«, in Hafenstädten wie Porto Novo, Badagry oder Ouidah im Lauf der 1850er. In Lagos beendete die Einrichtung einer englischen Kronkolonie (1851) den Überseehandel in Menschen; etwas, was im sumpfigen Hinterland von Sierra Leone und Liberia nicht vor Mitte der 1860er-Jahre gelang, obwohl eine europäische bzw. amerikanische Präsenz dort schon seit Jahrzehnten in unmittelbarer Nähe gegeben war.

Vielfach wurde auf die europäische Nachfrage nach *cash crops* mit einer Intensivierung ihrer Produktion – oder überhaupt mit ihrer Einführung – geantwortet. Dies führte im Küstenraum Westafrikas, insbesondere an der Goldküste und in den Buchten von Benin und Biafra, zu einer starken Zunahme der innerafrikanischen Sklaverei, was die Sozialstruktur ganzer Gesellschaften stark in Richtung einer »auf Sklaverei basierenden Produktionsweise« drängte.[288] Darin ist die traurige Ironie der »humanitären Intervention« der abolitionistischen Bewegung auf den Punkt gebracht: Wohlmeinendes, wohlwollendes Handeln, das sich die tiefsitzende Selbstbezüglichkeit des eigenen Denkens, der eigenen Motivationen nicht eingestand, führte gerade zum Gegenteil dessen, was bezweckt werden wollte: Kein Ende der Sklaverei und des Sklavenhandels wurde erreicht, sondern mancherorts wirkten die abolitionistisch motivierten Maßnahmen, einseitig gesetzt, ganz im Gegenteil geradezu als Verstärker und Vermehrer ungleicher Verhältnisse in der Welt.

Dass gerade diese Ausweitung und Intensivierung der afrikanischen Sklaverei und »[d]ie Greuel des innerafrikanischen Sklavenhandels […] zu Ende des neunzehnten Jahrhunderts den auf koloniale Expansion drängenden Kräften in Europa ein wohlfeiles Argument [lieferten], das es ihnen ermöglichte, die koloniale Aufteilung des Kontinents im *Scramble for Africa* als humanitären Kreuzzug gegen Sklaverei und Sklavenhandel auszugeben«,[289] ist eine weitere traurige Ironie der Geschichte. In ihr zeigt sich die selbstvergessene Amoralität, mit der ein sich selbst mit dem »Licht« identifizierendes Europa sich einem »dunklen« Afrika näherte. Es war eine vollkommen verzerrte, übel zugerichtete Fratze, welche die kolonialistische Propaganda der zweiten Jahrhunderthälfte vom Antlitz Afrikas zeichnete. Damit rechtfertigte sie schließlich ihr Eindringen und ihren Raub an Land und Leuten. »Die Bürde des weißen Mannes«, die der britische Dichter und Romancier Rudyard Kipling 1899 in seiner berühmt-berüchtigten imperialistischen Eloge pries,[290] beinhaltet in verblüffender Kürze den ganzen zugrundeliegenden Problemkomplex; in seiner Formel – und ihrem Ergebnis: Herrschaft – finden sich nämlich Rassismus (»weißer Mann«), Zivilisierungsmission (»Bürde«) und Kolonialismus (»Herrschaft«) unentwirrbar ineinander verwoben wieder. Die Antisklaverei-Bewegung des 19. Jahrhunderts war in all dies verstrickt.

Der Abolitionismus, dessen Aktivisten und Aktivistinnen ihr eigenes Seelenheil am Herzen lag, das sie an das banden, was sie als ihre »Aufgabe« und »Verpflichtung« empfanden, hatte an der Rechtfertigung des Kolonialismus mehr Anteil als ihren Nachfolgern – den »humanitären« Aktivisten und Aktivistinnen von heute – recht sein kann. Auch sie müssen sich die Frage gefallen lassen, ob sie die vielen Gesichter Afrikas nicht verkennen, wenn sie sich anmaßen, im Namen einer (vermeintlich) universellen Idee über partikulare Verhältnisse einfach so hinweggehen zu dürfen und im Namen der Humanität gewaltsame militärische Eingriffe gutheißen.

3. ZWISCHEN WOHLWOLLEN UND DOMINANZ-GEBAREN: ANTISKLAVEREI IN AFRIKA UND DER ATLANTISCHEN WELT

> »Strukturen (etwa Staaten und Imperien), Netzwerke (wie Produktketten oder transnationale Bemühungen, für Menschenrechte zu mobilisieren) sowie Diskurse (etwa die Ideologie freier Arbeit und Menschenrechtsdoktrinen) prägen einander wechselseitig. Mit der Zeit […] führen diese Überschneidungen zu Konsequenzen, die von einer Analyse, die sich auf eine dieser Dimensionen beschränkt, nicht verstanden werden können.«[291]

So begründet der US-amerikanische Afrikahistoriker Frederick Cooper sein Plädoyer für eine Geschichtsschreibung, die komplexe Wirklichkeiten auch in komplexer Weise anschauen soll, und sie nicht vorschnell auf einfache, reduzierte und häufig moralisch motivierte Antworten herunterbricht. Wer von Antisklaverei spricht, muss notwendigerweise über Sklaverei sprechen. Doch schon da stellt sich als grundlegendes Problem, dass heutzutage wenig Einigkeit darüber besteht, was alles rechtens unter diesen Begriff zu fassen wäre. Diverse Formen, Besitz an und/oder Kontrolle über Menschen auszuüben (*chattel slavery*, Schuldknechtschaft, Kinderarbeit, Zwangsprostitution, Apartheid etc.), finden sich unter dem Etikett der Sklaverei versammelt diskutiert, allesamt Opfer einer summarischen Praxis, deren hauptsächlicher Effekt die Nivellierung ihrer Unterschiede ist.[292] Im Rahmen des transatlantischen Sklavenhandels, spielt jedoch ausschließlich der gleichsam klassische Begriff der *chattel slavery* eine Rolle, dem die Vorstellung zugrunde liegt, dass Menschen wie anderes bewegliche Hab und Gut – etwa Nutztiere oder Haustiere – besessen und beliebig verkauft werden könnten.

Eine solche Vorstellung hat heute, dank des weitreichenden Einflusses abolitionistischen Gedankenguts, in der Wahrnehmung vieler Kommentatoren etwas Anrüchiges an sich, so ungehörig sogar, dass manchen ganz unvorstellbar erscheint, dass Menschen vieler Zeiten und Räume häufig die Existenz von Sklaverei für natürlicher hielten als ihr Fehlen. Aus historischer Sicht darf jedoch nicht ausgeblendet werden, dass Versklavung und Sklaverei für weite Teile der Menschheitsgeschichte einen gleichsam »normalen« Erfahrungsraum konstituierten. Dies gilt für die vorneuzeitliche europäische Geschichte nicht weniger als für die Geschichte zahlreicher anderer Regionen der Welt:

> »Wohin wir auch schauen, Sklavensysteme durchziehen – und dominieren manchmal – die Geschichtsgeographie sehr verschiedener Gegenden der Erde. Von Indonesien bis Indien, von Inseln im Südpazifik bis Arabien war Sklaverei eine unbestrittene Institution; gleiches gilt für Sklavenhandel, der die Versorgung jener Regionen mit Sklaven, die häufig aus entfernten Gemeinschaften stammten, gewährleistete. Einfach gesagt: Sklaverei war allgegenwärtig.«[293]

Hierarchische Schichtung, an deren unterem Ende diverse Ausgestaltungen von Sklaventum standen, waren nur allzu oft akzeptierte Wirklichkeit. Mit Blick auf individuelles Verhalten trifft zu, dass es zu »Widerstand [...] überall [kam], wo immer es Sklaverei gab«[294] – in Formen passiven Widerstands (wie Arbeitsverschleppung oder -verweigerung) und von Flucht, aber auch von Selbstverstümmelungen und Selbstmorden, von Giftmorden und Gewaltausbrüchen.[295] Doch lediglich sporadisch kam es unter solchen Bedingungen zu organisierten Sklavenerhebungen, und nur selten war den Aufständischen an einer grundsätzlichen Beendigung von Sklaverei gelegen. Ziel war, das unmittelbare eigene Los zu verbessern, nicht der Kampf für ein abstraktes universales Freiheitsideal.

Dies änderte sich erst im Lauf des 18. Jahrhunderts, als sich bestimmte Interessen verdichteten, die in Widerspruch zum »atlantischen« – Afrika, Europa und Amerika verbindenden – Menschenhandel und zur in Übersee praktizierten Sklaverei gerieten. Diese Verdichtung gipfelte ihrerseits in der Bündelung eines Engagements, das sich zu einer grenzüberschreitenden Bewegung auswuchs – richtiger: zu mehreren in national-imperialem Rahmen organisierten Bewegungen, deren Wege sich wiederholt kreuzten, weil sie ihr gemeinsames Anliegen, der Kampf um die Beendigung von Sklaverei, miteinander verband.[296] Dieser massiven Propagierung des Abolitionsgedankens seit dem ausgehenden 18. Jahrhundert waren schon zu Beginn des transatlantischen Sklavenhandels im frühen 16. Jahrhundert gewisse Stimmen vorangegangen, die Menschenhandel und Sklaverei als unmoralische Tätigkeiten bezeichneten, so etwa der französische Staatsrechtler Jean Bodin oder der Herrscher des Königreiches Kongo, Nzinga Mbemba bzw. Afonso I. (ca. 1456–1543), der am 18. Oktober 1526 ein diesbezügliches Schreiben an den portugiesischen König sandte;[297] doch solche Stimmen waren vereinzelt und ohne besondere Wirkung geblieben:

> »Erst als Europäer in das 18. Jahrhundert, das der Aufklärung, eintraten, wurde die Sklaverei als eine Institution, die im Gegensatz zur menschlichen Würde stehe, infrage gestellt und daher als eine Praxis betrachtet, die beendet werden sollte. Diese Meinung war jedoch keine, die von den Ländern, die am Sklavenhandel partizipierten, sofort akzeptiert worden wäre […].«[298]

Für die Fürsprecher der Abolition galt es also insbesondere, die öffentliche Meinung im Sinne ihres Anliegens zu mobilisieren und staatliche Stellen zu einer Richtungsänderung ihrer Politik zu bewegen. Doch diese Doppelstrategie, im Sinne einer *pressure group* medialen und politischen Einfluss zu steuern – die »Meinungsmacher« und die »Staatenlenker« zu dirigieren –, bedurfte zunächst einmal der Bündelung der eigenen Kräfte. Die Gegner von Sklavenhandel und Sklaverei mussten sich sammeln und organisieren. Sie taten das sowohl in den großen Imperialmächten am Ende des 18. Jahrhunderts, Frankreich und England, als auch in den erst seit Kurzem unabhängigen Vereinigten Staaten von Amerika. Während der organisierte Widerstand gegen Sklaverei und Sklavenhandel in den USA jedoch lange Zeit im Wesentlichen eine Sache religiös-humanitärer Kreise sowie schwarzer Aktivisten und Aktivistinnen blieb, und während die abolitionistische Organisation in Frankreich keine Schlagkraft zu entwickeln vermochte, gelang es der englischen Bewegung schon sehr früh, sich eine breite sympathisierende Basis zu verschaffen, deren Unterstützung nicht ausschließlich humanitär begründet, sondern vielfach auch wirtschaftlichem und politischem Kalkül geschuldet war. Zudem erlangte sie dort maßgeblichen parlamentarischen Einfluss und es gelang auf diese Weise, die Abolition des Sklavenhandels und die Emanzipation kolonialer Sklaverei rechtlich zu verankern.

Entscheidende Etappen des Kampfes um die Abschaffung von Sklavenhandel und Sklaverei vollzogen sich unter Bedingungen eines, was Afrika betrifft, schleichenden informellen Imperialismus seit den 1780er-Jahren, dem hundert Jahre später die Etablierung einer formalen Kolonialherrschaft europäischer Mächte – die Einrichtung afrikanischer »Kolonien« – folgte. Der Zeithorizont, der den Rahmen der folgenden Erörterungen steckt, entspricht darum in etwa den Grenzen des »langen 19. Jahrhunderts«, wie sie von Eric Hobsbawm gesetzt worden sind.[299] Ein interessanter Aspekt besteht darin, dass die Antisklavereibewegung von Anfang an grenzüberschreitende Dimensionen aufwies. Zum einen gab es Kooperation zwischen Abolitionisten und Abolitionistinnen über national- und imperial-staatliche Grenzen hinweg, ebenso wie Wechselwirkungen zwischen Gegnern der Sklaverei in den kolonialen Metropolen und Gegnern in den Kolonien.[300] Zum Zweiten fanden die Diskussionen über Pro und Contra des Sklavenhandels und der Sklaverei nicht ausschließlich innerhalb der unmittelbar betroffenen Grenzen der Kolonialimperien statt, sondern überstiegen diese in zweifacher Hinsicht: einerseits in einem internationalen akademischen Diskursfeld, andererseits in einem nicht minder internationalen Milieu, das die christlichen Missionen bildeten. Darum ist, »als die Sklaverei am Ende des 18. und zu Anfang des 19. Jahrhunderts endlich der Gegenstand einer kohärenten und organisierten Kritik wurde […], die Antisklaverei sowohl Teil der Geschichte des europäischen Imperialismus in Afrika als auch Teil der europäischen Selbstkritik«.[301] Schließlich war dies drittens keine euroamerikanische Angelegenheit allein, sondern an all diesen Diskursen nahmen afrikanische und afrodiasporische Akteure aktiv teil.

Die frühe Institutionalisierung und Organisationsformen der Abolitionsbewegung

Im atlantischen Zusammenhang bildeten zwei ineinander verwobene, aber dennoch distinkte Themen die elementaren Anliegen im Abolitionismus. Das erste war die Beendigung des Sklavenhandels, die »Abolition« im engeren Sinn, das zweite die Abschaffung der Sklaverei, die »Emanzipation«.[302] In aller Regel ging erstere zweiterer voraus, sowohl in ihrer Realisierung als auch in den strategischen Planungen der abolitionistischen Akteure. Die diesbezügliche Erklärung im Zuge der Französischen Revolution war nur von kurzer Dauer gewesen (1794–1802). Dänemarks Verbot des Sklavenhandels, umgesetzt im Jahr 1803, markiert hingegen die Pioniertat, der Dauer beschieden war,[303] gefolgt von England, das im *Abolition Act* von 1806/07 die Beteiligung englischer Bürger am Sklavenhandel generell unter Strafe stellte und bald wirksame Mittel fand, andere Nationen zum gleichen Schritt zu bewegen. Interessanterweise war jedoch schon die 1792 gefällte Entscheidung der dänischen Regierung, eine »graduelle Abolition« einzuleiten, »unter Hinweis auf die aktuellen britischen – nicht dänischen – Massenmobilisierungen und in Erwartung einer baldigen britischen Abolition getroffen worden«.[304] Dies ist ein weiterer Beleg für die entscheidende Rolle, die der englischen Abolitionsbewegung von Beginn an zukam.

Ebenfalls im Jahr 1807 untersagte der US-Kongress die Einfuhr neuer Menschenladungen – ein Beschluss, der weniger aus Menschenfreundlichkeit gefasst wurde, sondern vielmehr aus praktischen Beweggründen resultierte:

> »Nur deswegen, weil es mehr Sklaven [in den USA der Jahrhundertwende] gab, als gebraucht wurden, und weil die Aussichten auf weiteren Bevölkerungszuwachs gut waren, konnte [hier] eine Sklavenhaltergesellschaft selbst den Import von Sklaven stoppen. Dass die Importe einen dermaßen bemerkenswerten Niedergang erfuhren, wie sie es taten, hing im wesentlichen damit zusammen, dass die wichtigsten Partizipanten am Schmuggel, die Briten und Franzosen, sich vom Sklavenhandel zurückzogen.«[305]

Doch auf ein Ende der Sklaverei, auf die Emanzipation, musste in den USA, ebenso wie in den überseeischen europäischen Kolonien und manchen lateinamerikanischen Staaten, noch jahrzehntelang hingearbeitet werden. Für die englischen Kolonien markiert 1838 das entscheidende Datum, für jene Frankreichs 1848; im selben Jahr endete auch die Sklaverei auf den karibischen Besitzungen Dänemarks. In den USA geschah dies infolge des Bürgerkriegs (1861–65). Kuba und Brasilien würden, als letzte verbliebene große Sklavenhaltergesellschaften, gar erst in den Jahren 1886 und 1888 den Schritt der formalen Emanzipationserklärung gehen.

Die Situation in den Vereinigten Staaten von Amerika

Die Gegnerschaft zur Sklaverei in den USA war – und blieb – eng mit den Motiven christlicher Splittergruppen verbunden und wurde insbesondere von Quäkern vertreten, die insgesamt als die Pioniere des Abolitionismus gelten können.[306] In größerem Rahmen organisierte sich dieser Widerstand auf nordamerikanischem Boden erstmals in Pennsylvania, wo eine Gruppe um Anthony Benezet 1775 die *Society for the Relief of Free Negroes Unlawfully Held in Bondage* ins Leben rief, reorganisiert 1784 unter dem Namen *Pennsylvania Society for Promoting the Abolition of Slavery and for the Relief of Free Negroes Unlawfully Held in Bondage*, kurz: *Pennsylvania Abolition Society*. Um 1800 herrschte in den Nordstaaten der Union bereits ein Klima »gradueller Emanzipation«;[307] und die Fluchthilfe für entflohene Sklaven aus dem Süden nach dem Norden, die im Rahmen einer (nach 1831 so genannten) *underground railroad* organisiert wurde, intensivierte sich nun beträchtlich.[308]

Obwohl die amerikanische Unabhängigkeitserklärung vom 4. Juli 1776 davon spricht, dass alle Menschen gleich erschaffen seien, gingen ihr Architekt, Thomas Jefferson, und mit ihm viele andere nicht davon aus, dass sie auch alle gleich beschaffen wären. Wie manch andere philanthropisch gesinnte Sympathisanten des Abolitionsgedankens hielt Jefferson »[…] Schwarze für gleich in ihren Fähigkeiten, moralisch zu fühlen, aber ungleich in Intelligenz, Kreativität, Mut oder Vorstellungskraft«.[309] Angesichts dieses Rassismus, der offenbar selbst in aufgeklärteren Geistern wirksam blieb, verwundert nicht, dass »[…] zwischen

1800 und 1830 die Kolonisierungsbewegung die populärste Form von Antisklavereiaktivität war«,[310] setzte sie doch für die einen bequemerweise Emanzipation und Deportation in eins, während sie anderen naive Hoffnung auf ein nicht nach rassischen Gesichtspunkten strukturiertes Leben versprach.

Die 1816 gegründete und durch öffentliche Gelder unterstützte *American Colonization Society* nahm 1820 die Kolonisierung des nachmaligen Liberia in Angriff und siedelte zu diesem Zweck dort freie Schwarze, später auch extra dafür freigelassene Afroamerikaner an. Die Motive ihrer ideellen und finanziellen Unterstützer waren sehr verschiedenartig:

> »Einige Befürworter der Kolonisierung hofften, ein Ende der Sklaverei herbeiführen und alle Schwarzen in das Land ihrer Väter zurückbringen zu können. Andere unterstützten derartige Programme aus der Überzeugung heraus, daß Schwarze grundsätzlich zur Anpassung an die Zivilisation des Westens unfähig seien […]. Wieder andere sahen in der Rückführung die Chance, Christentum und Zivilisation nach Afrika zu bringen. Sklavenhalter hofften natürlich, die freien Schwarzen abschieben und dadurch die Sklaverei besser absichern zu können.«[311]

Offenbar waren demnach nicht nur Gegner der Sklaverei an diesen frühen *Back to Africa*-Aufrufen interessiert,[312] sondern sogar manche ihrer Fürsprecher – eine Tatsache, welche die Zurückhaltung afroamerikanischer Bürger, diesen Aufrufen nachzukommen, ebenso zu erklären vermag wie den wachsenden Widerstand gegen das Kolonisationsprojekt aufseiten einer jüngeren Generation von Abolitionisten und Abolitionistinnen, die sich gegen Ende der 1820er-Jahre zu Wort zu melden begannen.

Bezeichnend benannte Zeitschriften – *Freedom's Journal, Rights of All, Colored American, Mirror of Liberty, North Star* – bevölkerten seit 1827 das Feld der Publizistik und belebten die abolitionistische Sache. Antisklavereigesellschaften wurden gegründet, so 1831 die *New England Anti-Slavery Society*, 1833 die *American Anti-Slavery Society* in Philadelphia, 1840 die *American and Foreign Anti-Slavery Society* in New York. Organisierte Vortragsreisen führten zahlreiche afroamerikanische Aktivisten, darunter Frederick Douglass (ca. 1818–1895) und Sarah Parker Remond (1826–1894), in verschiedene Länder Europas, um Werbung für ihren Kampf gegen die amerikanische Sklaverei zu machen.[313] Unter dem Eindruck fortgesetzter Sklaverei in den Südstaaten, die nach Niederschlagung des berüchtigten Nat-Turner-Aufstandes in Virginia 1831 noch repressiver wurde,[314] und fortgesetzter Ungleichbehandlung der schwarzen Bevölkerung auch im Norden, entwickelten sich maßgebliche Gestalter der Bewegung wie William Lloyd Garrison (1805–1879) zu immer militanteren Aktivisten, sodass »[b]is 1850 [...] die Billigung von Gewalt so sehr ein integraler Bestandteil der Lehren der Abolitionisten geworden [war], daß viele [nun] den Abolitionismus als Bewegung der Anarchie betrachteten«.[315] Er hatte sich jedenfalls zu einer Massenbewegung ausgewachsen. So wird geschätzt, dass es 1838 in den USA »[...] 1.350 Antisklaverei-Gesellschaften gab, die zwischen 120.000 und 250.000 Mitglieder zählten«.[316] Wesentlichen Anteil an dieser Popularität des Abolitionsgedankens hatten

> »[...] freie schwarze Männer und Frauen sowie entlaufene Ex-Sklaven – Sojourner Truth [1797–1883], Frederick Douglass, Solomon Northrup [1808–1863], Maria Stewart [1803–1879], Martin Delaney [1812–1885] und viele andere mehr –, [die] ihre persönliche Erfahrung und tiefe Kenntnis davon, wie Sklaverei die grundlegende menschliche Würde verletzt, einsetzten, um der abolitionistischen Sache jene Massenanziehungskraft zu verleihen, die letztlich zu politischer Konfrontation, Bürgerkrieg und Emanzipation führte.«[317]

Was sich seit den Anfängen der amerikanischen Antisklavereibewegung, trotz der zunehmenden Radikalisierung, jedoch nicht geändert hatte, war der vorherrschende religiöse Tenor, in dem das Anliegen verfolgt wurde: Antisklaverei war eine Christenpflicht, ein heiliger Kreuzzug gewissermaßen. Dass die Emanzipationserklärung (1863) erst im Zuge des Sezessionskrieges proklamiert und durchgesetzt wurde, ist eine traurige Ironie.

Die Situation in England

Auch im englischen Kontext gab die Sichtbarkeit von Sklaverei Anlass zum Abolitionismus. Anders als in den USA, wo Sklaverei in zahlreichen Bundesstaaten eine rechtlich legitimierte Realität bildete, wurde die englische Öffentlichkeit im 18. Jahrhundert allerdings nur dann mit ihr konfrontiert, wenn englische Kolonisten in Begleitung ihres »menschlichen Besitzes« in ihre Heimat zurückkehrten. Der Fall eines in England entlaufenen Sklaven, James Somerset, wurde vor Gericht getragen; und das Verfahren, begleitet von einer ersten publizistischen Debatte um die hier konfligierenden Rechte auf Besitz einerseits, auf Freiheit andererseits, endete 1772 mit einer Entscheidung zugunsten Somersets, der nicht gezwungen werden durfte, England wieder zu verlassen. Die Legalität von Sklaverei (in den Kolonien) und Sklavenhandel blieb durch dieses Urteil jedoch völlig gewahrt. Gleiches gilt für den »Fall Zong«, der 1783 als Streitsache zwischen Sklavenhändler- und Versicherungsgesellschaft verhandelt wurde, nachdem der Kapitän eines Sklavenschiffs 133 Menschen hatte über Bord werfen lassen, weil die Wasserreserven knapp geworden waren. Obwohl sich der Oberste Richter Mansfield über Details des Geschehenen schockiert zeigte, blieb das Verfahren ein reiner Versicherungsfall.[318]

Quäkergemeinschaften begannen dann damit, sich deutlicher vernehmbar gegen die Institution der Sklaverei und gegen den Sklavenhandel auszusprechen. Seit 1783 kooperierten sie bereits mit anderen evangelikalen und auch anglikanischen Gruppen und gründeten 1787 die *Society for the Abolition of the Slave Trade*. In dieser Form organisiert, begann gegen Ende des Jahres das lautstarke politische Lobbying. 1788 erschien in zweiter Auflage *An Essay on the Slavery and Commerce of the Human Species, particularly the African*, der 1785 von der Universität Cambridge preisgekrönt worden war. Er stammte aus der Feder von Thomas Clarkson (1760–1846) und war der vielleicht wirkungsvollste Text einer beispiellosen Kampagne, in der es darum ging

> »[...] Licht auf das Thema [der Sklaverei und des Sklavenhandels] zu werfen und die Menschheit davon zu überzeugen, dass die Vorsehung dafür gesorgt hat, die Waagschale weltweit zugunsten der Humanität ausschlagen zu lassen; und davon, dass der

> Afrikanische Sklavenhandel nicht jenen ›vernünftigen Grundsatz‹ zur Basis hat, den sich Leute nur allzu üblicherweise eingebildet haben.«[319]

Diese Kampagne, in der zugleich religiös-christliche und säkular-aufklärerische Motive wirkten und sowohl moralisch-ethische als auch ökonomische und politische Argumente verhandelt wurden, beschäftigte die folgenden Jahrzehnte nicht nur ein interessiertes Publikum engagierter Bürger und Bürgerinnen, sondern auch das englische Unterhaus, in dem William Wilberforce (1759–1833) von 1780 bis 1825 als Abgeordneter amtierte und als politisches Sprachrohr der Bewegung fungierte.

Auch in England engagierten sich Afrikaner selbst aktiv für den Abolitionismus. Durch seine einflussreiche Autobiografie, *The Interesting Narrative of the Life of Olaudah Equiano, or Gustavus Vassa, the African* (1789), schrieb sich Olaudah Equiano (ca. 1745–1797) bleibend in die Annalen der Antisklavereibewegung ein. Darin schildert er in höchst anschaulicher Weise einerseits den Verlauf des üblichen Versklavungsprozesses – vom *kidnapping* in Afrika über die *middle passage* nach Amerika –, während sein durchaus untypisches weiteres Schicksal andererseits – ein bemerkenswerter sozialer Aufstieg in Freiheit – seinen Zeitgenossen die gleichwertigen geistigen Fähigkeiten des Afrikaners demonstrieren konnte.[320] Eine solche Mobilisierung öffentlicher Meinung auf publizistischen und politischen Wegen, eine Politik der *pressure group* sozusagen, führte zu einer Änderung des Diskursrahmens, in dem die Sache der Sklaverei von nun an betrachtet wurde. Die humanitäre Anschauungsweise von Fragen der Sklaverei und des Sklavenhandels sollte sich künftig durchsetzen.[321]

Innenpolitisch fand dieser Diskursumschwung Niederschlag im Abolitionsakt von 1807, der die Beteiligung englischer Bürger am Sklavenhandel unter Strafe stellte – denn er »widerspreche den Prinzipien der Gerechtigkeit, der Menschlichkeit und kluger Politik«[322] –, sodann vor allem in einer Neuausrichtung englischer Außenpolitik, die sich nun das abolitionistische Programm auf ihre Fahnen schrieb und sich bemühte, diesbezüglich Einfluss auf andere Staaten zu nehmen. Diese diplomatischen Bemühungen für eine allgemeine Beendigung des Sklavenhandels beschränkten sich nicht nur auf die Staatenwelt Europas, sondern betrafen im Laufe des 19. Jahrhunderts eine Vielzahl afrikanischer Staaten, die zum Ziel englischer (und auch anderer europäischer) Gesandtschaften wurden, welche unter anderem immer auch die Frage des Sklavenhandels bzw. der Sklaverei ansprachen.[323] Die 1807 gegründete *African Institution*, in der an exponierter Stellung Abolitionisten wie Zachary Macaulay (1768–1838) und Thomas Clarkson (1760–1846) tätig waren, fungierte hierbei als eine Instanz, der die Durchsetzung des Sklavenhandelverbots und die Fürsprache für einen andersgearteten Afrikahandel hauptsächliche Anliegen waren. Zu diesem Zweck traten sie für eine englische Schiffspatrouille ein, die bald tatsächlich entlang der westafrikanischen Küste kreuzen sollte, um den atlantischen Menschenhandel zu unterbinden. Sie drängten gleichzeitig darauf, dass afrikanische Herrschaften von der Notwendigkeit seiner Beendigung überzeugt werden müssten.

Die kontinentale Herrschaft Napoleons und seine Expansionsbestrebungen lenkten die allgemeine Aufmerksamkeit auch der englischen Öffentlichkeit für einige Jahre weg von dem zweiten abolitionistischen Kernanliegen, der Emanzipation der Sklaven. Dieser Kampf wurde von der abolitionistischen Bewegung Englands seit den frühen 1820er-Jahren mit neuem Elan wiederaufgenommen, und eine *Society for the Mitigation and Gradual Abolition of Slavery* wurde 1823 ins Leben gerufen. An der Spitze der Bewegung stand nun, neben den großen Namen der ersten Generation, mit Thomas Fowell Buxton (1786–1845) ein Verfechter des sogenannten »legitimen Handels«, dem die Lösung des Problems des Sklavenhandels in einem *cash crop*-Handel zu liegen schien, die Lösung der Sklavereiproblematik hingegen in dem neuen, zunehmend industriellen Charakter der englischen Wirtschaft und der damit verbundenen Lohnarbeit.[324] Als Besitzer einer Bierbrauerei personifizierte er gewissermaßen die neue Industrie und den neuen Handel, die er mit humanitären Argumenten verfocht.

Tatsächlich setzten sich er, seine Mitstreiter und Mitstreiterinnen im 1831 gebildeten *Agency Commitee*, das für die sofortige Beendigung der Sklaverei in britischen Kolonien eintrat, wenig später durch, als im August 1833 ein Beschluss über die Freilassung der überseeischen Sklaven gefasst wurde – um den Preis allerdings, »den Plantagenbesitzern die Sklavenemanzipation mit einer millionenschweren Entschädigung [...] zu versüßen, und [...] die befreiten Sklaven noch sieben Jahre über das Datum der Freisetzung hinaus als sog. Lehrlinge an ihre alten Herren zu binden«.[325]

Die Umsetzung musste darum noch bis 1838 und 1840 warten. Auf dem Papier war die Sklaverei in den britischen Kolonien demnach im Lauf der 1830er-Jahre beendet worden, doch tatsächlich setzte sie sich häufig in ähnlich unfreien Arbeitsverhältnissen fort. Gleiches lässt sich auch für den transatlantischen Sklavenhandel feststellen: In den ersten Dekaden des 19. Jahrhunderts von einer Mehrzahl europäischer Staaten gesetzlich geächtet, endete er praktisch nicht vor den 1860er-/70er-Jahren. Das Scheitern dieses abolitionistischen Lösungsansatzes, wie er Buxton vorschwebte, zeigt sich jedoch am deutlichsten daran, dass die gedachte Ersetzung des Menschenhandels durch einen »legitimen Handel« in Naturalwaren wie Palmöl oder Erdnüssen, ganz entgegen dem humanitären Ansinnen, zu einer massiven Erweiterung von Sklaverei in Afrika führte – zu einer Ausweitung und Intensivierung der sogenannten »innerafrikanischen Sklaverei«.[326]

Die Situation in Frankreich

Nur knapp vor Beginn der Französischen Revolution, die in ihrer Proklamation der Ideale von Freiheit, Gleichheit und Brüderlichkeit die Grundsatzwerte der Moderne formulierte, wurde 1788 in Paris die *Société des Amis des Noirs* gegründet. Mitglieder waren so illustre Gestalten wie Jacques Pierre Brissot de Warville (1754–1793), welcher der Guillotine zum Opfer fiel, der Marquis de Condorcet (1743–1794), der verstarb, bevor er enthauptet werden konnte, und der Comte de Mirabeau (1749–1791), der gerüchteweise ebenfalls keines natürlichen Todes starb. An der Gründung beteiligt war auch Marie-Joseph Motier, Marquis de Lafayette (1757–1834), der am Amerikanischen Unabhängigkeitskrieg teilgenommen hatte und 1789 der französischen Nationalversammlung jenen epochemachenden Menschenrechtsentwurf vorlegte, der in Anlehnung an Thomas Jeffersons Virginia-Erklärung (1776) entstanden war. In politische Ungnade gefallen, zog sich Lafayette jedoch bald in die innere Emigration zurück.[327]

Auch Benjamin-Sigismond Frossard (1754–1830), ein waldensischer Priester, war Teil dieser Gesellschaft. Als Autor von *La cause des esclaves nègres* verfasste Frossard 1789 gleichsam das einsame Standardwerk des frühen französischen Abolitionismus. Bei der *Société des Amis des*

Noirs handelte es sich nämlich, ganz im Gegensatz zu ihrer englischen Entsprechung, um »eine abolitionistische Bewegung von geringfügiger Kraft. Französische Philosophen und Schriftsteller des 18. Jahrhunderts verdammten die Sklaverei zwar wie ihre Kollegen anderswo, aber sie taten wenig, um sie ernsthaft zu stoppen«.[328] Die Gesellschaft selbst, der ihr Kontakt zu englischen Abolitionisten verübelt wurde, war 1794, als die Revolutionsregierung das Ende der Sklaverei verlautbarte, bereits wieder in der Versenkung verschwunden: »Die berühmtesten Mitglieder der *Amis des Noirs* waren [da schon] tot, exiliert oder zum Schweigen gezwungen […].«[329] Aus der Versenkung tauchte sie 1796 noch einmal kurzfristig auf, um die den befreiten Sklaven versprochenen Rechte tatsächlich einzufordern. Doch die darin enthaltene Regimekritik führte 1799 zu ihrem endgültigen Verbot,[330] denn die Weichen waren bereits wieder auf Restauration gestellt. Und tatsächlich führte das Frankreich Napoleons die Sklaverei bald, im Jahr 1802, aufs Neue ein: »Abolitionismus, in Frankreich immer eine Sache kleiner Cliquen, hörte nun effektiv auf zu existieren«, wie es lapidar bei David Geggus heißt.[331]

Der katholische Abbé Henri Gregoire (1750–1831), eines der überlebenden Mitglieder und Verfasser von *De la littérature des nègres, ou recherches sur leurs facultés intellectuelles, leurs qualités morales et leur littérature* (1808), agierte als eine Art Einzelkämpfer. Die widrigen Umstände der französischen Situation waren für eine Popularisierung des Abolitionismus in Frankreich nicht günstig. Doch auch anderes als die politische Restauration stand ihr entgegen. So fehlten jene neuen Industrien, welche in England zunehmend die Sache der Abolition unterstützten. Außerdem erregte die enger werdende Beziehung zwischen Abolition und Staat in England, wie sie sich in den Petitionsdebatten seit den späten 1780er-Jahren angekündigt hatte und nach der Jahrhundertwende offenbar geworden war, im Ausland einiges Misstrauen,[332] zumal in Frankreich, einem »empire«, dessen wechselnde Repräsentanten sich von inneren und äußeren Feinden bedroht sahen.

Daher kann selbst für die Zeit, als die *Société des Amis des Noirs* bestand, ihr Einfluss auf die Geschehnisse äußerst gering veranschlagt werden. So hält Seymour Drescher etwa fest: »Die erste Sklavenemanzipation, 1794 im Zuge der Großen Französischen Revolution proklamiert, war primär das Resultat externen Druckes: Folge nämlich einer großen Sklavenerhebung in St. Domingue, zusammen mit der befürchteten

Erwartung, die Briten würden die gesamte Karibik kolonial erobern.«[333] Die Erhebung auf der französisch kolonisierten Karibikinsel, die 1791 begonnen hatte, war schließlich erfolgreich und führte 1804 zur Proklamation der unabhängigen (schwarzen) Republik Haiti. Drescher zieht folgendes Resümee über die französische Antisklaverei-Aktivität: »Während annähernd zweier Drittel des französischen Abolitionszeitalters (1788–1848), gab es ganz einfach keine irgendwie identifizierbare Abolitionsbewegung. Im restlichen Drittel existierte in der Hauptstadt eine brüchige Serie kleiner elitärer Gruppen, die unfähig und meist auch unwillig waren, Massenanziehungskraft zu ermuntern.«[334] Dementsprechend blieb die Ausstrahlungskraft des französischen Abolitionismus gering.

So verwundert nicht, dass die Abolition des Sklavenhandels durch Frankreich im Jahr 1815 – im Kontext des Wiener Kongresses, auf dem die Sklavenfrage auf Regierungskommissionsebene debattiert wurde – im Wesentlichen auf englischen Druck hin erfolgte.[335] Ein *Comité pour l'abolition de la traite et de l'esclavage*, das die *Société de la Morale chrétienne* auf Frossards Ansuchen hin 1824 einrichtete, hatte keinerlei Mobilisierungseffekt.[336] Auch die nächste einschlägige Organisation in Frankreich, die *Société Française pour l'Abolition de l'Esclavage*, die 1834 begründet wurde, trat kaum an die Öffentlichkeit und zeigte dementsprechend wenig Wirkung; eine solche ging nur von vereinzelten Initiativen aus der französischen Arbeiterschaft sowie aus den Kolonien aus.[337] Ohne große Beteiligung der »organisierten« Abolitionisten Frankreichs gelang schließlich die Emanzipation der Sklaven in den französischen Kolonien im Revolutionsjahr 1848.

Transnationale und transozeanische Aspekte der Antisklaverei-Bewegung und des abolitionistischen Denkens

Orientiert man sich an den beiden großen »alten« Imperialmächten England und Frankreich, die im 19. Jahrhundert tonangebend blieben, können hinsichtlich der Zielsetzungen der Abolitionsbewegung mehrere Phasen unterschieden werden. Eine erste Periode reicht von den englischen publizistisch-politischen Kampagnen der 1780er-Jahre zur Erreichung der formalen Beendigung des Sklavenhandels und zu den ersten Versuchen, ihn zu unterbinden. In einer zweiten Periode, von den 1820er- bis in die 1840er-Jahre, stand die Abschaffung der Sklaverei in den überseeischen Kolonien im Zentrum der Aufmerksamkeit, während die Jahrzehnte von Mitte des Jahrhunderts bis zur kolonialen Aufteilung Afrikas im Zeichen weltweiten Sklavenhandels, vor allem des orientalischen Sklavenhandels und der innerafrikanischen Sklaverei standen.[338] Letztere Topoi blieben auch während der frühen Kolonialzeit lebendig, wenngleich nun seit den 1890er-Jahren langsam auch koloniale Ausbeutungsformen in den Blickkreis der inzwischen international maßgeblichen Antisklaverei-Organisation, der *British and Foreign Anti-Slavery Society*, traten.[339]

	1780 – 1810/20	1820 – 1840/50/90	18(30)50 – 1890
Primäres Motiv	*Abolition:* Transatlantischer Sklavenhandel	*Emanzipation:* Koloniale Übersee-sklaverei	*Abolition/Emanzipation:* a. Orientalischer Sklavenhandel b. Innerafrikanische Sklaverei

Eine spätere Phase der Auseinandersetzung mit der Thematik, die sich durch das gesamte 20. Jahrhundert erstreckt, setzte nach dem Ersten Weltkrieg ein, als mit dem Völkerbund – später dann im Rahmen der UNO fortgesetzt – eine politisch effektive Möglichkeit geschaffen wurde, Menschenrechte über die Grenzen nationalstaatlicher Akteure hinweg nicht einfach nur zu beklagen, sondern auch die Setzung völkerrechtlicher Schritte zu fordern – sie gewissermaßen »einzuklagen«.[340] Bislang wurde die Entwicklung der abolitionistischen Bewegungen in den drei »nationalen/imperialen« Räumen USA, England und Frankreich im Hinblick auf die ersten beiden Phasen nachgezeichnet. Dieselbe Geschichte weist jedoch zahlreiche länderübergreifende, »transnationale« Dimensionen auf. Ab und an kam bereits zur Sprache, dass einzelne Vertreter und Vertreterinnen des Abolitionismus die nationalen bzw. imperialen Grenzen überschritten: So bereisten amerikanische Abolitionisten europäische Länder, und englische korrespondierten mit ihren französischen Kollegen. Außerdem interessierten sich auch Angehörige nicht unmittelbar am Sklavenhandel beteiligter Nationen eifrig für die abolitionistische Sache, ob sie sich nun, wie der Deutsche Johann Gottfried Herder (1744–1803) seit den 1770er-Jahren, dezidiert gegen Sklaverei und Sklavenhandel aussprachen oder diese, wie etwa Georg Wilhelm Friedrich Hegel (1770–1831) in den 1820ern, als gewissen Menschen für durchaus angemessen betrachten wollten.[341]

Solche transnationalen Aspekte verstärkten sich in der dritten Phase. So fanden in den Jahren 1840, 1843 und 1854 in London, 1867 in Paris Antisklaverei-Versammlungen statt, die in Zusammenarbeit englischer, französischer und spanischer Gesellschaften gemeinschaftlich organisiert wurden und auch US-amerikanische Delegationen empfingen.[342] Die führende Rolle nahm hierbei die *British and Foreign Anti-Slavery Society* ein, die 1839 von dem Quäker Joseph Sturge (1793–1859) in der Absicht gegründet worden war, die Sklaverei an allen Orten der Erde zu unterbinden: »Kaum war die Sklaverei in britischen Kolonien geächtet worden,« so die Afrikahistorikerin Suzanne Miers, »richteten die Humanitaristen ihre Aufmerksamkeit darauf, sie weltweit zu beenden.«[343] In den Jahren nach der erfolgten Emanzipation in den englischen Kolonien führten die Ablehnung des Freihandels und Boykottaufrufe gegen billigen, durch Sklavenarbeit produzierten, »ausländischen« Zucker vonseiten der *British and Foreign Anti-Slavery Society* vorerst zu einem Imageverlust der abolitionistischen Sache und zum Mitgliederschwund der Antisklaverei-Bewegung – verhießen solche Forderungen doch keine Linderung der heiklen heimischen Sozialen Frage, der elenden Lage des englischen Proletariats, sondern im Gegenteil deren Verschärfung.[344]

Sie erwachte jedoch mit ganzer Kraft aufs Neue anlässlich der Pariser Versammlung von 1867, die noch ganz im Banne des medialen Rummels um David Livingstones (1813–1873) neuerlichen – und letzten – Aufbruch nach Afrika stand, jenes schottischen Missionars, der seit 1841 wiederholt Afrika bereist, populäre Bücher wie *Missionary Travels and Researches* (1858) verfasst hatte und auf diese Weise bereits breitenwirksam Stimmung gegen den sogenannten orientalischen Sklavenhandel zu erzeugen in der Lage gewesen war.[345] Dabei kam es durchaus gelegen, dass sich hier die Abolitionsforderung mit antiislamischem Ressentiment bequem verbinden ließ. So antwortete David Livingstone am 18. Mai 1865, im Rahmen einer Untersuchungskommission auf »die überlegene Vitalität der mohammedanischen Stämme im Vergleich zu jener der heidnischen Stämme« angesprochen, die von dem Reisenden Richard Francis Burton an der gleichen Stelle am 27. April behauptet worden war, folgendermaßen:

»Nein, sicher nicht. Ich finde, dass sowohl hinsichtlich der Vitalität als auch der Moralität der eingeborene Afrikaner viel höherwertiger ist. Ich beziehe mich nicht auf die Küstenstämme; nahe der Küste finden wir nämlich eine Anzahl von Stämmen, die durch den Sklavenhandel kontaminiert und gegenüber dem reinen Afrikaner in jeder Hinsicht sehr viel minderwertiger sind.«[346]

Dieses neuerliche Erstarken der abolitionistischen Bewegung, die sich nicht länger scheute, rassialisierte Begriffe wie selbstverständlich zu benutzen, vollzog sich nun bereits in deutlicher Parallele nicht nur zur missionarischen Durchdringung des afrikanischen Kontinents, sondern auch in Übereinstimmung mit wachsenden realpolitischen Absichten bestimmter Kreise an einer Kolonialherrschaft über Afrika. So erscheint es nur als folgerichtig, dass die *British and Foreign Anti-Slavery Society* während des *Scramble for Africa*, mitten in der »Balgerei um Afrika« also, aktiv auftrat und 1888 eine Parlamentsdebatte über eine allfällige Finanzierung einer internationalen Antisklaverei-Konferenz in Gang brachte, die zwei Jahre später Realität wurde. Im Rahmen der Brüsseler Konferenz von 1890 kam es dann auch zur Verabschiedung der »Brüsseler Akte«, in der die Unterdrückung des Sklavenhandels in Afrika und zur See als Aufgabe ausdrücklich festgeschrieben wurde.[347] Selbstredend wurde damit der europäische Kolonialismus über Afrika, der gerade dabei war, aus den im Zuge der Berliner Kongo-Konferenz von 1884/85 gesteckten Einflusssphären wirklich kontrollierte Herrschaftsgebiete zu machen, als humanitärer Eingriff begrüßt und gerechtfertigt.

Jedoch hatte sich abolitionistisches Gedankengut schon in der ersten Hälfte des 19. Jahrhunderts im Rahmen imperialer Politiken entfaltet, die weit über die Weltmeere hinweg reichten. Die Imperialmächte vermochten es nicht, diese weit gesteckten abolitionistischen Netzwerke umfänglich zu kontrollieren.[348]

Es ist an dieser Stelle zielführend, ein Zwischenfazit aus dem bisher Geschriebenen zu ziehen. »In der zweiten Hälfte des 18. Jahrhunderts […]«, so Suzanne Miers in einer bündigen Zusammenfassung, »geriet die Sklaverei zunehmend unter Druck: Philosophen klagten sie an, mit den unveräußerlichen Menschenrechten unvereinbar zu sein. Ökonomen behaupteten, sie wäre weniger profitabel als Lohnarbeit. Religiöse Aktivisten hielten sie für eine Sünde.«[349] An der Schwelle zum 19. Jahrhundert machte sich in den Elitenkreisen Europas ein umfassender Wandel auf mindestens drei Ebenen bemerkbar: erstens im Bereich der Wirtschaft; zweitens auf dem Feld der Politik; drittens auf der Ebene der Weltanschauung, der Kultur und Religion. Sklavenarbeit galt plötzlich als wenig profitabel und sollte durch freie Lohnarbeit ersetzt werden (wobei vom Wort »Freiheit« recht freizügig Gebrauch gemacht wurde). Eine »postrevolutionäre«, restaurative Politik erhob eine bürgerliche Gesellschaftsordnung zum neuen Modell universellen Fortschritts, und christliche Humanitaristen folgten der neuen Fortschrittsidee auf dem Fuß, indem sie ihre Missionsanstrengungen weltweit zu intensivieren trachteten.[350]

Was aber waren die Gründe für einen derartigen Meinungsumschwung? Die üblicherweise vorgebrachten Erklärungen – die veränderten wirtschaftlichen und politischen Bedingungen durch Industrialisierung und Demokratisierung; die zweckrationalisierenden Effekte der Aufklärungsphilosophien; die religiöse Erneuerung und das Wiedererstarken christlicher Schwärmerei und missionarischen Eifers – haben gemeinsam, dass sie ihn als rein europäischen Fortschritt betrachten. Selbst wenn man diese Erklärungen bündelt – was man tun muss –, greifen sie noch zu kurz. Man muss darüber hinaus die innereuropäischen Entwicklungen auch auf ihre Beziehungen zu den überseeischen Welten hin betrachten. Gerade der Anteil außereuropäischer Gegebenheiten am Bewusstseinswandel, wie er sich an euroamerikanischen Debatten um eine Beendigung des Sklavenhandels und der Sklaverei im langen 19. Jahrhundert ablesen lässt, ist keineswegs gering zu veranschlagen. Auf allen drei genannten Ebenen – Wirtschaft, Politik und Weltanschauung – nahmen die Wechselwirkungen, die sich im zunehmend globalisierten Weltzusammenhang zwischen den Kontinenten abspielten, einigen, zum Teil sogar prägenden Einfluss.

Man denke nur an den Nachweis von Sidney Mintz, dass ohne den auf den Plantagen produzierten Zucker in England weder die Kalorien noch die aufputschende Wirkung zur Verfügung gestanden hätten, um eine wachsende Industriearbeiterschaft bei der Stange zu halten, zumal dieser viele Arbeitsstunden zu geringstem Lohn abverlangt wurden.[351] Die koloniale Sklaverei und die kapitalistisch-industrielle Entwicklung in England gingen durchaus Hand in Hand und waren maßgeblich ineinander verflochten. Wie Frederick Cooper schreibt,

> »sollte man das Argument von C.L.R. James (1938) akzeptieren, demzufolge die Pionierarbeit für die organisatorischen Erneuerungen der kapitalistischen Produktion – Arbeiter, die zusammengeballt in Gruppen unter Überwachung arbeiten; klar vorgegebene Zeitdisziplin bei landwirtschaftlichem Anbau und Produktverarbeitung; ganzjährige Aufgabenplanung; Kontrolle über den Wohnraum ebenso wie über den Arbeitsbereich – auf den karibischen Zuckeranwesen nicht weniger geleistet wurde als in englischen Betrieben«.[352]

Im Folgenden behandle ich kurz zwei transozeanische »Achsen«, um bedeutsame Verbindungslinien im Hinblick auf den Abolitionismus etwas zu spezifizieren.

Die eine Achse: Frankreich – Saint-Domingue/Haiti – England, 1791–1804 und 1838

Mit der Unabhängigkeitserklärung Haitis am 1. Januar 1804 war ein aufsehenerregender Schritt getan, der am Ende eines erfolgreichen antikolonialen Kampfes stand, der mehr als zehn Jahre zuvor als Sklavenrevolte begonnen hatte – scheinbar jenen gleich, mit denen sich französische, englische und spanische Kolonialherren bereits seit Längerem in ihren karibischen Territorien herumzuschlagen hatten. Doch in dieser Revolte spielten bald die Anknüpfungspunkte an die revolutionären Werte, wie sie im Zuge der Amerikanischen und Französischen Revolutionen eben erst in politischer Wirksamkeit begriffen waren, eine bedeutsame Rolle. So stand mit Toussaint Louverture (1743–1803) für viele Jahre ein Kreole an der Spitze der Revolution, dessen »Widerstand gegen die Sklaverei einher[ging] mit einer tiefgefühlten Bewunderung für die französische Kultur, die ihm der Inbegriff des Fortschritts zu sein schien, während er afrikanische Traditionen geringschätzte«.[353] Dies hielt ihn freilich nicht ab, einen unabhängigen Staat errichten zu wollen. Saint-Domingue war die wirtschaftlich bedeutendste Insel der französischen Karibikbesitzungen gewesen, und ihr Verlust ging in Frankreich mit der nachdrücklichen Unterbindung der dortigen abolitionistischen Bewegung einher. Es verwundert demnach nicht, dass in Frankreich keine abolitionistische Reaktion hörbar, sondern vielmehr Trauerstimmung gepflegt wurde.

Anders lag der Fall in England, wo William Wilberforce seinen parlamentarischen Kollegen mitteilte, die Haitianische Revolution habe erwiesen, dass schwarze Menschen freiheitsliebend und kampfbereit, dass sie keine minderwertige Rasse und ihrer eigenen Stärke bewusst seien. Man möge darum die Beendigung des Sklavenhandels endlich in die Tat umsetzen;[354] etwas, das wenig später geschehen sollte. Das Beispiel Haitis jedoch – ein erster und vorerst einziger Staat ehemaliger Sklaven – wurde hingegen gespalten aufgenommen und gedeutet. Eine große Fraktion folgte Henry Broughams *A Concise Statement of the Question Regarding the Abolition of the Slave Trade* (1804), in dem er die vermeintlich nötige Reifung zur Freiheit betonte, die bislang noch von keinen Sklaven erreicht worden wäre, weshalb für Haiti keine Chance auf eine frohe Zukunft bestünde – sondern nur »Anarchie und Stagnation«.[355] Gemessen an den bürgerlichen Idealen Europas, die auch jene der Revolutionsführer waren, die weiterhin eine kapitalistische, auf Ausbeutung der Arbeitskraft beruhende außenorientierte Zuckerwirtschaft betrieben haben wollten, sollte sich diese Prophezeiung durchaus bewahrheiten. Denn

> »[d]ie Aufständischen waren nach ihrem Sieg über die Sklavenhalter nicht bereit, weiterhin zu niedrigem Lohn auf Plantagen zu arbeiten, wie Toussaint L'Ouverture es verordnete und seine Generäle es mit militärischen Zwangsmitteln durchzusetzen versuchten. Statt dessen wandten sie sich jenen Politikern zu, die ihnen mit einer Landreform ermöglichten, als freie Bauern auf eigenem Grund und Boden zu leben. Die auf den Weltmarkt ausgerichtete Zuckerwirtschaft, bisher das wirtschaftliche Rückgrat der Insel, brach in der Folge völlig zusammen. Haiti wurde zu einem Bauernstaat mit nurmehr geringem Außenhandel und binnen kurzem auch zum Inbegriff von Armut und Mißwirtschaft.«[356]

Es bleibt festzustellen, dass dieser »Inbegriff von Armut und Mißwirtschaft« seinen Sinn jedoch einerseits erst in einem Diskursrahmen erhält, der Freiheit weniger als Autonomie hinsichtlich der Befriedigung der eigenen Grundbedürfnisse definiert (wie das eine auf Subsistenz ausgerichtete Wirtschaftsform vorzüglich leistet), sondern für weit wesentlicher erachtet, dass ein reiches Angebot herrscht, aus dem dann »frei«

gewählt werden »muss«. Hegels Bonmot, dass Freiheit die Einsicht in die Notwendigkeit sei, bringt dieses Dilemma von Freiheit und Zwang pointiert zum Ausdruck, unterschlägt jedoch, dass es sich um ein spezifisch diskursives, nicht um ein naturwüchsiges Problem handelt. Andererseits bleibt daran zu erinnern, dass sowohl der ökonomische als auch der politische »Niedergang«, die für Haiti immer wieder konstatiert wurden, realgeschichtlich einiges damit zu tun haben, dass Haiti über weite Strecken des 19. Jahrhunderts ein international »geächtetes Land« war.[357]

Dass es zur internationalen Ächtung Haitis kommen würde, sah ein anderer englischer Abolitionist, der Rechtsanwalt James Stephen, in seiner Broschüre *The Opportunity* (1804) fast prophetisch voraus. Die haitianische Republik würde dazu gezwungen werden, sich wirtschaftlich abzuschotten und zu militarisieren, wenn sie keine englische Unterstützung und Garantie ihrer Unabhängigkeit bekäme. Doch seine Warnungen, dass die haitianischen Ereignisse für »die Sklaven andernorts in der Neuen Welt [...], wenn sie von ihnen erfuhren – sei es durch Flüchtlinge, Zeitungen, Gerüchte oder die Angst ihrer Herren –, in durchaus positivem Licht« erstrahlen würden,[358] wurden von der Mehrheit der zeitgenössischen Abolitionisten nicht ernstgenommen. Seine Empfehlung einer politischen englisch-haitianischen Allianz wurde ebensowenig erwogen.[359] Die Haiti-Frage wurde bis zur Emanzipation der Sklaven in den englischen Kolonien, mit der zeitgleich die Anerkennung der Republik Haiti durch England wie auch Frankreich erfolgte (1838), wiederholt aufgerollt. Dabei setzte sich als Tenor die kurze Charakterisierung Thomas Fowell Buxtons durch, dort nur »Lasterhaftigkeit und Elend« am Werk zu sehen. David Geggus kommentiert: »Also hörte Haiti zur selben Zeit auf, ein politisches Thema zu sein, als es seinen Propagandawert verlor, die einzige post-sklaverische Gesellschaft der Karibik zu sein.«[360]

Die andere Achse: England – Westafrika, nach 1787

Die englische Abolitionsbewegung übte den folgenreichsten Einfluss auf die internationale Ächtung erst des Sklavenhandels, später der Sklaverei aus. Ihre Wirkung verdankte sie zu Anfang ihrem Erfolg, eine breite Basis an Unterstützung zu gewinnen und dadurch den englischen Staat – und damit das dominante Empire des Jahrhunderts – zur grundsätzlichen

Akzeptanz ihres Standpunktes zu bewegen. Als dies erreicht war, machte sich der imperiale Staat einige der abolitionistischen Ansichten zu eigen und übertrug sie auf das Feld internationaler Diplomatie-Politik. Für die Abolitionsbewegung ging es dann darum, einerseits diesen Grundkonsens zwischen ihr und dem Staat aufrechtzuerhalten, andererseits die Verletzungen des Freiheitsgrundsatzes, wie sie in kolonialen Kontexten an der Tagesordnung blieben, anzuklagen und Verbesserungen einzuklagen. Beides war eine schwierige Sache, die beträchtlichen Einsatz verlangte, und tatsächlich war im Verlauf des langen 19. Jahrhunderts nicht nur die Akzeptanz eines universellen Freiheitsideals gefährdet, sondern auch die Sympathie mit abolitionistisch-philanthropischen Anklagen gegen imperiale Herrschaftspraktiken war spürbaren Schwankungen unterworfen.

Jenes *antislavery game* zwischen Verfechtern widerstreitender Interessen, dessen Dauerhaftigkeit Suzanne Miers durch das 20. bis ins 21. Jahrhundert hinein nachzeichnet, wurde in England schon seit dem ausgehenden 18. Jahrhundert gespielt.[361] An ihm beteiligten sich humanitär gesinnte Aktivist:innen, bekehrungseifrige Missionare, forsche Reisende und reisende Forscher, profitorientierte Unternehmer, der imperiale Staat. Es fand jedoch auch, was nur allzu oft verdrängt wird, unter weiterer Beteiligung statt:

1. ehemalige Sklaven und Sklavinnen;
2. Siedler und Siedlerinnen der Kolonien Sierra Leone (*Province of Freedom* 1787, *Sierra Leone Company* 1791, Kronkolonie 1808) und Liberia (*American Colonization Society*, unabhängig ab 1847) sowie Bewohner der westafrikanischen Stützpunkte an der Goldküste, in Nigeria und am Gambia;
3. die zahlreichen Gesellschaften und Staaten Afrikas, deren Mitglieder im Zuge wirtschaftlicher, kultureller und politischer Begegnung (Handel, Mission, Herrschaft) mit Europäern und Amerikanern zusammentrafen, ihre Eigenständigkeit jedoch bis ans Ende des 19. Jahrhunderts zu bewahren wussten. Ob ihre Haltungen eher von Kooperation oder Widerstand, Umarmung oder Zurückweisung gekennzeichnet waren, in jedem Fall wirkten sie darauf zurück, welche Züge im imperialen »Antisklavereispiel« denkbar wurden und für machbar gehalten werden konnten.[362]

Sierra Leone spielte für den Abolitionismus, mehr noch als die anderen Stützpunkte entlang der westafrikanischen Küste, eine dauerhaft wesentliche Rolle. Denn es handelte sich dabei um eine Gründung, die im Umkreis abolitionistischer Gesinnung, insbesondere auf Betreiben von Granville Sharp (1735–1813) und seinem *Commitee for the Relief of the Black Poor* ins Leben gerufen worden war, um freie Afrikaner:innen erst aus England zu exportieren, dann auch aus dem nordamerikanischen und karibischen Raum. Nachdem die sogenannte *Province of Freedom*, seit 1791 nicht mehr in Selbstverwaltung der Ansiedler organisiert, vorerst mit großen Schwierigkeiten zu kämpfen hatte, nahm sie in den Jahren nach dem *Abolition Act* und nach ihrer Umwandlung in eine englische Kronkolonie einen bemerkenswerten Aufschwung. Das Zentrum Freetown wurde zum Sitz der Admiralität, und da die *Royal Navy* auf der Suche nach Schiffen, die menschliche Fracht transportierten, bald vor der Guinea-Küste zu kreuzen begann, erlebte Sierra Leone einen stetigen und beträchtlichen Zufluss neuer Ansiedler. Diese sogenannten *recaptives* gesellten sich zu den *repatriates* der ersten Stunde (bzw. späterer Einwanderer aus Übersee auch nach Liberia wie Edward Wilmot Blyden oder Alexander Crummell). Sie erweiterten das Potenzial der neuen Kolonie nicht nur dadurch, dass Landwirtschaft und Handel ausgeweitet und europäisches Know-how und Schulbildung verbreitet wurden, sondern auch dadurch, dass sich manche – nun als Träger des christlichen Glaubens und manch westlicher Wertvorstellung – aufmachten und in die Nähe ihrer Herkunftsgebiete rückwanderten.[363] Die reale Missionsgeschichte Westafrikas nach 1830, die gleichzeitig eine Geschichte der Verbreitung des Abolitionsgedankens darstellt, ist ohne das massive Engagement dieser afrikanischen Rückwanderer und Rückwanderinnen nicht vorstellbar. Spätestens damit begann allerdings auch die schleichende Entwicklung in Richtung auf eine koloniale Beherrschung Afrikas.

Das kontinentale Afrika und der Abolitionismus: Universalistische Fehleinschätzungen

Der Abolitionismus war primär religiös motiviert und humanitär gesinnt. Doch hing sein Erfolg als Bewegung eng mit wirtschaftlichen und politischen Entwicklungen zusammen, die mit jedem Streben nach einer universalen Humanität notwendig kollidieren. Sowohl kapitalistischen als auch kolonialen Zweckerwägungen – dem Streben nach wachsendem Profit und territorialer Ausdehnung – liegen in letzter Konsequenz eine Herrschafts- und Ausbeutungslogik zugrunde, die im Widerspruch zu den begrifflichen Drillingen der Moderne stehen, zu *Freiheit*, *Gleichheit* und *Brüderlichkeit*. Wie Immanuel Wallerstein darstellt, liegt die Ursache dieses Widerspruchs in einem universalistischen Selbstverständnis von Welt, dass sich seine eigene Partikularität nicht eingesteht. Um diese Haltung bündig zu skizzieren, gebraucht er die Formulierung eines »europäischen Universalismus«.[364]

Vertreter eines christlichen Universalismus agierten im Licht einer vermeintlichen göttlichen Offenbarung, die sie verpflichtete, ihre eine Wahrheit zu verkünden, koste es, was es wolle. Und, so Frederick Cooper: »Von den 1860er Jahren an begannen Missionare (im 19. Jahrhundert die Äquivalente von Nichtregierungsorganisationen und Menschenrechtsgruppen) in Europa ein schrilles Bild von Afrika als einem Kontinent voll von Tyrannen und Sklavenhaltern zu zeichnen – und sie schrien nach einer Intervention durch Christenmenschen.«[365] Verfechter eines säkularen, »zivilisatorischen« Universalismus hingegen, deren Zahl im Verlauf des 19. Jahrhunderts zunahm, vermeinten eine Naturgesetzlichkeit am Werk zu sehen, welche die kapitalistische respektive koloniale Durchdringung der Erde nötig machen würde und die eigene Gruppe zum Werkzeug dieses Dienstes auserkoren hätte. Beide Positionen lassen sich auch unter Fürsprechern der Abolition für das gesamte 19. Jahrhundert vielfach dokumentieren, sodass sie als durchaus typisch angenommen werden müssen. So kann man in einer religiös-abolitionistischen Broschüre aus dem Jahr 1824 lesen,

> »dass Britannien sich eine schwere Schuld gegenüber Afrika aufgeladen hat. Zum Ausgleich für zahllose räuberische und grausame Taten muss es [Britannien] sicherlich alles in seiner Macht stehende tun, um das Glück zu erweitern und die Lebensbedingungen seiner leidenden Einwohner zu verbessern. [... Ziel ist] das allgemeine Glück und die Blüte einer freien und christlichen Bevölkerung«.[366]

Auch William Fox, vormals Missionar am Gambia, stellte in seiner Missionsgeschichte von 1851 zwar nachdrücklich fest, »dass, so dunkel und degradiert Afrika von Natur aus und wegen eines tiefverwurzelten Aberglaubens ist, es dunkler und finsterer, elender und erbärmlicher geworden ist durch den Kontakt mit Europäern, die den Sklavenhandel begannen«, doch er ließ keinen Zweifel daran, dass die einzig denkbare Lösung für Afrika in seiner Christianisierung läge: »Selbst wenn Tausende sterben, laßt nicht zu, dass Afrika vergessen wird!«, so das Motto, das der Wesleyaner Fox auf das Titelblatt seines Buches setzen ließ.[367]

Dieselbe Geisteshaltung teilte auch so mancher Militär, so etwa der strenge Katholik Sir James Marshall, als er in einem Brief aus Lagos 1876 meinte:

> »Unsere Gedanken richten sich nun auf Dahomey, und ich habe alles erdenklich mögliche getan, um einen Krieg mit ihm [dem Staat Dahomey] herbeizuführen, um eine der am meisten verfluchten satanischen Mächte zu zertrümmern, die in Afrika existieren. […] Sollte es zu einer militärischen Expedition kommen, so werde ich mich bestimmt als Freiwilliger melden […], wie ich es im Ashanti-Krieg getan habe. Ich schau es an als einen direkten Krieg gegen Satan und alle Mächte des Bösen, die in diesem unglücklichen Land so schrecklich vorherrschen.«[368]

Während die Berliner Kongo-Konferenz im Gange war, publizierte Marshall einen Artikel über *West African Missions and the Berlin Conference*, der den engen Zusammenhang von Abolitionismus, Missionseifer und Imperialismus ein weiteres Mal verdeutlicht. So schrieb er um den Jahreswechsel 1884/85:

> »Die Öffnung Afrikas für Handel geht mit einer Geschwindigkeit voran, die selbst jene erstaunt, die jahrelang an dem Handel teilgenommen haben. Die Nationen Europas sind dabei, den weiten Kontinent unter sich aufzuteilen […]. Missionen müssen nun eine katholische Invasion Afrikas mit der Invasion des Handels und der Erkundung verbinden.«[369]

In diesen Chor der Befürwortung des *Scramble for Africa* stimmte auch Edward Wilmot Blyden ein – ein in der Karibik geborener und nach Liberia ausgewanderter Vertreter eines frühen afrikanischen Kulturellen Nationalismus –, und zwar in durchaus analoger Weise. So stößt man in seinem Artikel *The African Problem*, der 1895 in der *North American Review* erschienen war, auf ein zwischen Pragmatismus und mythologischer Verklärung changierendes Einverständnis mit der kolonialen Eroberung Afrikas:

> »Der ›scramble‹ ist vorüber, und nun stellt sich die Frage, wie die Beute im Interesse von Zivilisation und Fortschritt genutzt werden kann. […] Die Aufgabe, die sich Europa hier aufgebürdet hat, ist überwältigend; sie übertrifft die Aufgaben des Herkules. Doch Verstand, Energie und Wissenschaft werden die Ställe des Augias säubern – die Sümpfe und den Morast, die die Küstenregionen verunzieren und vergiften. Sie werden die lernäische Hydra des afrikanischen Fiebers vernichten. Sie werden die goldenen Äpfel aus den verborgenen Gärten des reichen Landesinneren bringen.«[370]

Wie gesagt waren derartige universalistische Sendungsideologien durchaus zeittypisch und, in verschieden extremer Ausgestaltung, den Positionen des Abolitionismus eingeschrieben. Zudem legitimierten sie auf bequeme Weise das eigene Tun und Handeln, da der Zweck – die Verbreitung einer höheren Wahrheit oder eines ominösen Glücks der größten Zahl, wie es der Utilitarismus erfand – jedes Mittel heiligte.[371] Der herrschaftslegitimatorische Einfluss des Universalismus als dogmatischer Denkfigur lässt sich jedoch auch und gerade bei jenen bemerken, welche die Vernunft zum entscheidenden Beurteilungsmaßstab zu machen beabsichtigten. Man findet ihn also auch bei den *lumières*, die – ungeachtet der Meinungsverschiedenheiten, in die sich einzelne Aufklärer verstrickten – eine universell gleichgeartete Vernunft als charakteristisches Merkmal des Menschen postulierten. Da das Bild von diesem Menschen »an sich« meist dem eigenen Selbstbild nachgebildet war, das notwendig partikular ist, entstand daraus eine Summe von Widersprüchen, die von den meisten Aufklärern nicht aufgelöst werden konnte. Stattdessen flüchteten sich ihre »akademischen« Diskurse – die Frage nach dem Menschen, nach der menschlichen Gesellschaft, nach der Gesetzmäßigkeit der

Geschichte und nach dem Naturgesetz (Fragen, die bezeichnenderweise in aller Regel im Singular gestellt wurden) – dorthin, wo der christliche Universalismus und die imperialen Ambitionen bereits waren: in die Sphäre der Selbstschmeichelei und der Sendungsideologie; an jenen Ort also, den man in Anlehnung an Jürgen Osterhammel »das Utopia der Nicht-Politik« nennen könnte.[372]

Die Konstruktion inferiorer Andersartigkeit oder »Rassismus«

Der Gattungsbegriff der Menschheit, verstanden im Sinn einer distinkten biologischen Art, wurde zu der entscheidenden Voraussetzung für die zahlreichen Geschichtsphilosophien, die im 18. Jahrhundert von so namhaften Autoren wie Voltaire, Montesquieu und Jean-Jacques Rousseau, Adam Ferguson und Adam Smith, Johann Gottfried Herder und Immanuel Kant vorgetragen wurden. Ihnen allen war daran gelegen, die Vielfalt menschlicher Lebensformen, mit denen Europäer im Zuge der europäischen Expansion konfrontiert worden waren, in ein intelligibles Schema zu integrieren.[373] Das Resultat ihrer gemeinsamen Bemühung unterschied sich jedoch vom einen zum anderen ganz beträchtlich. Die Grenzen der Menschheit wurden recht unterschiedlich gezogen, wenn es um Fragen der Humanität, der Menschlichkeit, ging.

Das erklärt sich zur Genüge daraus, dass die Universalität des Menschheitsbegriffs von Anfang an auch auf Widerstände traf: Zum einen konfligierte die Gesellschaften generell innewohnende Tendenz zum Ethnozentrismus, zur Naturalisierung und Bevorzugung der Verhaltensformen und Verhaltensnormen der eigenen Wir-Gruppe mit dem universalistischen Anspruch der einen gleichgearteten Menschheit;[374] zum anderen wirkten der imperiale Geist und die kolonialen Aktivitäten der Zeit dahin, die Andersartigkeit und die Fremdheit anderer Völker noch zu betonen: »Koloniales Denken« basiert schließlich maßgeblich auf einer »Konstruktion inferiorer Andersartigkeit«, wie das Jürgen Osterhammel in einer glücklichen Wendung nannte.[375] Was die »Meisterdenker« der Aufklärung, die Schöpfer von Geschichtsphilosophien, Philosophischen Anthropologien oder Universalgeschichten, vor Probleme stellte – nämlich die Perspektiven der Vernunft und des Universalismus in einer Welt der Besonderheiten, der Vielfalt und Ungleichheit sachlich anzuwenden –, stellte sich gewissermaßen allen, die einen Blick auf das Weltgeschehen zu werfen suchten, seit Mitte des 18. Jahrhunderts in spezifisch neuartiger Weise.

In herrschaftsleitender Perspektive wird rasch klar, weshalb die Menschen verschiedener Erdteile dann doch nicht so gleich(-wertig) sein durften, wie es der universalistische Menschheitsbegriff logisch nahegelegt hatte. Nach wie vor blieben die Fragen, wen man zur Menschheit zählen sollte und ob es vielleicht verschiedene Arten von Menschen gäbe, brennend aktuell, hing doch davon ganz entscheidend ab, ob man sich berechtigt fühlen konnte, in den von Ungleichheit charakterisierten Tätigkeitsfeldern – Sklaverei, Sklavenhandel, aber auch Kolonialkriege und Kolonialherrschaft – aktiv mitzumischen oder an den erwirtschafteten Profiten ohne Gewissensbisse teilzuhaben. Wie Max Weber wusste, will der Mensch schließlich nicht nur herrschen, sondern er will sich dazu auch berechtigt fühlen:

> »Der Glückliche begnügt sich selten mit der Tatsache des Besitzes seines Glückes. Er hat darüber hinaus das Bedürfnis: auch noch ein *Recht* darauf zu haben. Er will überzeugt sein, daß er es auch ›verdiene‹; vor allem: im Vergleich mit anderen verdiene. Und er will also auch glauben dürfen, daß dem minder Glücklichen durch den Nichtbesitz des gleichen Glückes ebenfalls nur geschehe, was ihm zukommt. Das Glück will ›legitim‹ sein. Wenn man unter dem allgemeinen Ausdruck: ›Glück‹ alle Güter der Ehre, der Macht, des Besitzes und Genusses begreift, so ist dies die allgemeinste Formel für jenen Dienst der Legitimierung, welchen die Religion [heute würde man sagen: die hegemoniale Weltanschauung] dem äußeren und inneren Interesse aller Herrschenden, Besitzenden, Siegenden, Gesunden, kurz: Glücklichen, zu leisten hatte: die Theodizee des Glückes. Sie ist in höchst massiven (›pharisäischen‹) Bedürfnissen der Menschen verankert [...].«[376]

Die eigene Weltanschauung für universell gültig zu halten, macht diesen Wunsch zu einer Wirklichkeit – zur Wirklichkeit des herrschenden Selbstverständnisses.

Die Universalität des Menschheitsbegriffs wurde in fassbarer Weise durch zwei »moderne« Ideen unterwandert, die seit dem späten 18. Jahrhundert um sich zu greifen begannen und, in wechselhaften Ausgestaltungen und in wiederkehrenden Schüben auftretend, mir bis auf den heutigen Tag als *Episteme* im Sinn von Michel Foucault, als die Wahrnehmung prägende Diskursformation also, wirksam zu sein scheinen.[377] Die eine Idee griff auf die antike Vorstellung der Menschenalter zurück, derzufolge man zur Humanität reifen oder erzogen werden müsste, und leitete von daher einen Auftrag zur Bildung, zur »zivilisatorischen Mission« her. Zivilisiert werden mussten, so die Vorstellung, nicht nur gewisse Elemente der eigenen Gesellschaft, sondern die Welt außerhalb der eigenen Grenzen insgesamt.[378] Die zweite Idee, die den Universalitätsgedanken aushöhlte, kaum dass er formuliert war, stellten die modernen Rassentheorien dar, die verschiedenfarbige Menschentypen postulierten, die gruppenspezifisch unterschiedliche Eigenschaften und Fähigkeiten besitzen würden.[379] Beide besagten Formen, Rassentheorien und Entwicklungsdiskurse, übten – in je spezifischer, manchmal nicht klar trennbarer Weise – Einfluss auf die Sichtweisen, die sich Abolitionisten von Afrika, von Afrikanern und Afrikanerinnen machten; Vorstellungen von Afrika, die oft nicht weniger verzerrend und falsch waren als jene, die sich ihre Gegner machten, und Vorstellungen auch, die sich seit Mitte des 19. Jahrhunderts in den Köpfen der afrikanischen Bildungselite breit zu machen begannen. Im Folgenden werden beide Diskursstränge anschaulich gemacht.

Die Konstruktion dauerhafter Inferiorität mittels Rassentheoremen

Moderne Rassentheorien, die sich auf vermeintliche biologische Grundlagen berufen, gehen von so tiefgreifenden Unterschieden zwischen menschlichen Populationen aus, dass eine gruppenspezifische Ungleichbehandlung nicht nur legitim, sondern sogar angebracht wäre. Dies trifft auf jene rassistischen Ansätze zu, die in der Vorstellung »reiner Rassen« ihr Heil suchen, aber auch auf jene, die einen sozialdarwinistischen Rassenkampf ums Dasein annehmen, und auch auf jene Ansätze eines mitunter sich selbst als antirassistisch missverstehenden Rassismus, die in einem Prozess der »Rassenmischung« einen gleichsam natürlichen Motor fortschrittlicher Entwicklung zu erkennen glauben. Der grundsätzliche

Irrtum all dieser Ansatzweisen liegt in der Verwechslung von Realität und dem Modell, das man sich von dieser macht: Bei Rassismen handelt es sich um »die soziale Konstruktion natürlicher Ungleichheit«,[380] nicht um eine natürliche Ungleicheit der Gesellschaften. Soziale bzw. kulturelle Differenz ist eine Tatsache, Ungleichheit im Sinn von Ungleichwertigkeit ist es nicht.

Den ausgeprägten Rassismus von Philosophen wie Immanuel Kant (1724–1804) oder von Anthropologen wie Johann Friedrich Blumenbach (1752–1840) und Christoph Meiners (1747–1810), welche die Menschheit in einige wenige distinkte Typen gliederten, denen individuelle Charaktereigenschaften eindeutig und eindeutig wertend zugeschrieben wurden, griffen Abolitionisten in der Regel nicht auf, weil der Bezug auf eine andersgeartete »Rasse« mit angeborenen Tugenden und Untugenden nur unter etlichen gedanklichen Verbiegungen mit dem humanitären Ansinnen in Einklang zu bringen gewesen wäre: Weshalb auch sollte man einen von Geburt an rassisch minderwertigen Menschenschlag vom Sklavenlos befreien? – solch offensiver Rassismus wurde vielmehr häufig ausdrücklich zurückgewiesen: »[D]ie Eingeborenen Afrikas sind nicht jene minderwertigen Rassewesen, wie man das von ihnen gesagt hat«, hielt beispielsweise ein britischer Kommitteebericht 1824 fest;[381] und ein Mitglied der *Royal Navy* meinte kaum ein Jahrzehnt später 1833 ganz schlicht: »[Es] scheint ihnen in keiner Weise an Intelligenz zu mangeln.«[382] Auf offenbar bereits laut artikulierte rassistische Töne reagierte William Fox im Jahr 1854 ungehalten:

> »Die oft wiederholte Verleumdung, *dass die Afrikaner keinen Verstand hätten* und deshalb der Verbesserung unfähig seien, ist hoffentlich in diesen Seiten ausreichend widerlegt worden. Die Resultate der Missionsarbeit, die Tausende der entarteten Söhne Afrikas zu Gott bekehrt hat, und die Wohltaten, die der vertrauensvollen Bibelpredigt beständig gefolgt sind, […] sind die besten Antworten an jene Verleumder der Neger-Rasse, die diese stigmatisiert haben mit Beiworten wie ›bloß animalische Kreaturen‹, ›eine Art Affe ohne Schwänze‹, ›Maschinen aus Fleisch und Blut, aber ohne Seele‹, oder mit der etwas eingeschränkteren Bezeichnung ›Menschenwesen, jedoch minderwertig im Vergleich zur übrigen Spezies‹.«[383]

Gerade an der letzten Passage des eben zitierten Satzes lässt sich jedoch ersehen, dass auch die wohlmeinenden Menschenfreunde nicht davor gefeit waren, gewisse Aspekte der rassistischen Theoreme aufzunehmen: Auch Fox billigte der biologisch-anthropologisch verbrämten Bezeichnung zu, mehr zu sein als nur ein Mittel der Verleumdung. Afrikaner als tierische oder seelenlose Wesen zu bezeichnen, ging dem englischen Missionar definitiv zu weit, doch an einem gewissen Maß an Minderwertigkeit scheint auch er nicht ernstlich gezweifelt zu haben. Man sollte sich darüber jedoch angesichts der »grundlegenden Reorientierung«, die die europäische Humanbiologie und Anthropologie schon seit dem ausgehenden 18. Jahrhundert in Richtung auf die Rassialisierung ihres Gegenstandes geführt hatte, nicht wundern: Rassismus war im Begriff, zeitgeistig zu werden.[384]

Ein zweiter Strang der rassistischen Theorie – jener, der in Vorstellungen eines klimatischen Determinismus befangen ist und insbesondere durch Montesquieus *Vom Geist der Gesetze* (1748) die modernen Versionen befruchtete – wurde hingegen auf Seiten der Philanthropen bereitwilliger aufgegriffen. Denn er erlaubte auf bequeme Weise, die gegenwärtige Überlegenheit Europas auch als »rassische« Überlegenheit des europäischen Menschenschlags zu denken, ohne diese jedoch zu einer angeborenen und unabänderlichen Sache erklären zu müssen. Denn der Schlüssel zu dieser »rassischen« Superiorität lag in einem Entwicklungsvorsprung, der der Natur des europäischen Klimas entsprang. Nichts sprach theoretisch dagegen, bei ausreichender Naturbeherrschung, einen ähnlichen Entwicklungsstand in Afrika und seinen Menschen zu erzielen. Auf diese Form eines klimatisch vermittelten Rassismus trifft man nicht selten in einschlägigen Texten der abolitionistisch-missionarischen Literatur, so etwa in einem Text von Captain John Adams, der 1823 erschien:

> »Das Klima Afrikas ist […] jedem rasch gemachten Fortschritt in der Zivilisierung seiner Bewohner ungünstig. [… Es ist] sowohl einer körperlichen als auch mentalen Bildung ungünstig; und die Natur ihrer zivilen und religiösen Institutionen ist [darum] solcherart, dass diese sie in einen Zustand extremer Entartung platzieren, denn Afrika ist ein Land, das hauptsächlich von Tyrannen und Sklaven bewohnt wird.«[385]

Mit der letzten Unterstellung – Afrika als Kontinent der Unfreiheit – hatte der Abolitionist Adams interessanterweise ein Afrikabild aufgegriffen, das Sklavenhändler wie Robert Norris oder Archibald Dalzel wenige Jahrzehnte zuvor in der Absicht verbreitet hatten, den transatlantischen Sklavenhandel als ein »Erlösungswerk« am afrikanischen Menschen zu inszenieren.[386] Denselben Gedanken verfocht auch noch der Philosoph Hegel in seinen Berliner Vorlesungen zur Geschichtsphilosophie in den 1820er-Jahren, als er sinnierte, Afrikaner wären aus einer schrecklichen afrikanischen Sklaverei in eine wohlwollende Sklaverei eines europäisierten Amerika transferiert worden, um sie dort zur Freiheit heranzubilden.[387] Hatte die erste Generation von Abolitionisten noch durchaus Zweifel an einer derartigen Zeichnung Afrikas geäußert, so galt inzwischen, dass »Abolitionisten und Anti-Abolitionisten normalerweise in einer negativen Bewertung überein[stimmten], die Afrika als wild und brutal ansah«[388] – und eben auch als Ort allgemeiner Tyrannei und Sklaverei. Dies bestätigt Philip Curtins Feststellung, dass

> »[h]umanitaristische Autoren auch durch ihre eigene Verachtung der afrikanischen Kultur […] fehlgeleitet wurden sowie durch das Vorurteil, ihren eigenen physischen Typ für bevorzugt zu halten. […] Die entscheidende Schwäche des antirassistischen Anliegens im frühen 19. Jahrhundert bestand darin, nicht zwischen Rasse und Kultur zu unterscheiden. Das schwächte nicht nur die öffentliche Überzeugungsarbeit […], sondern führte auch ernsthafte und gutwillige Gelehrte zur Akzeptanz rassischer Doktrinen«.[389]

Anders als der klassische moderne Rassismus machten Abolitionisten wie Adams für die von ihnen konstatierte traurige Lage jedoch letztinstanzlich nicht ein angeborenes Naturell des Afrikaners, die »Rasse«, verantwortlich, sondern rekurrierten stattdessen auf die Natur seiner Umgebung, das »Klima«. Allerdings stellten beide Positionen sich die Einwirkung ihrer jeweils präferierten Triebkräfte in der Weise vor, dass sie die gesellschaftlichen Bedingungen ganzer Gruppen absolut determinieren würden. Dadurch glichen sich die beiden Erklärungsweisen in ihrer Konsequenz für die Imagination Afrikas aneinander an: Der Glaube an die determinierende Wirkung, gleich ob die der »Rasse« oder die des »Klimas«, erlaubte es, sich Afrika als bloßes Passivum vorzustellen, inneren Kräften ausgesetzt, die nur von außen gebrochen werden könnten.

Die Konstruktion von zu überwindender Inferiorität: das Modell der Zivilisatorischen Mission

Wie das letztgenannte Zitat von Adams auch zeigt, hielt der Abolitionismus die Macht von »Rasse« oder »Klima« nicht für unbedingt und unter allen Bedingungen ausschlaggebend. Er glaubte – sofern er überhaupt ihre Wirkmächtigkeit zugab und kein Gespür für die tatsächlichen Gründe der soziokulturellen Vielfalt entwickelte, die auf dem Feld der Geschichte zu suchen wären – jedenfalls an die prinzipielle Möglichkeit, die von diesen Faktoren gesetzten Grenzen im Lauf der Zeit verschieben und auflösen zu können.[390] Gleichzeitig erschien es seit dem ausgehenden 18. Jahrhundert in Europa immer klarer zu sein, dass die menschlichen Gesellschaften der Erde in der einen oder anderen Weise klassifiziert werden könnten. Ernsthafte, auf die empirische Basis ihrer Typologie achtende Autoren wie Adam Smith (1723–1790) unterschieden nach ökonomischen Gesichtspunkten zwischen Jagd- und Sammelwirtschaft, Hirtentum, Ackerbau und Handelswirtschaft, folgten also einer Typologie, der bald die industrielle Produktionsweise beigesellt wurde. Andere – so etwa Jean-Jacques Rousseau (1712–1778), Immanuel Kant (1724–1804) oder Adam Ferguson (1723–1816) – arbeiteten schon früh und leichtfertig mit der moralisierenden Differenzierung in »Wildheit«, »Barbarei« und »Zivilisation«.[391]

Die eine wie die andere Typologie wurde jedoch überaus rasch im Sinne einer Stufenfolge der menschheitsgeschichtlichen Entwicklung umgedeutet, womit ein unilineares evolutionistisches Modell etabliert wurde, das im langen 19. Jahrhundert zu einem der beherrschenden Paradigmen werden sollte.[392] Dieses Verständnis eignete sich nun vorzüglich dazu, das humanitäre Ansinnen des Abolitionismus in eine militante Politik zu übersetzen, rücksichtslos gegenüber den Einwänden Andersdenkender und gar gegen den Unmut mancher vom Befreiungswerk Betroffener. Der Gedanke der »humanitären Intervention«, der bereits in den jesuitischen Kolonialdebatten des 16. Jahrhunderts vorweggenommen worden war,[393] fand in solchem Stadiendenken eine bequeme, scheinbar historisch begründete Rechtfertigungsgrundlage. Zu Jahrhundertbeginn stellten sich Abolitionisten eine derartige Intervention jedoch im Wesentlichen als friedlich verlaufend vor – in Begriffen von Waren- und Naturalienhandel, von landwirtschaftlicher »Kultivierung« und von geistiger »Zivilisation«.[394] Allerdings zeichnete sich schon hier im leisen Ansatz jene Militanz ab, die sich seit der Jahrhundertmitte lautstark Bahn brach:

> »[…] ›[E]s ist höchst dringlich, in diesem Land eine strenge Regierung einzurichten‹, so der Gouverneur des *Winnebah Forts* an der Goldküste, Henry Meredith: ›Wir meinen keine despotieähnliche Regierung und auch keine reine militärische Macht, sondern eine solche Herrschaft, die böse Praktiken und absurde Bräuche graduell beenden würde; eine Herrschaft, die die Macht hätte, gesunde Gesetze und Vorschriften einzuführen, und auch die Mittel, ihre Befolgung zu erzwingen […].‹«[395]

Rund 40 Jahre später schrieb ein langjährig an der Goldküste lebender Engländer über sich selbst, dass er »[…] es sich selbst nicht erlaubt zu glauben, dass das christliche England von seinem edlen Versuch, sie [die Afrikaner] zu kultivieren und zu verbessern, Abstand nehmen werde. Es ist der Auftrag der zivilisierten Nationen, das Banner der Zivilisation in barbarische und heidnische Länder zu tragen«. Und Brodie Cruickshank setzte fort, dabei handle es sich um »eine Eroberung, geboren aus Liebe und christlicher Barmherzigkeit«.[396] Abolitions- und Missionsfürsprecher hatten hier offenbar bereits die politische Einflussnahme auf afrikanische Verhältnisse in einer Weise angedacht, die sie nicht bloß als wünschenswert sondern vielmehr notwendig erscheinen ließ.

Vonseiten der Politik und der Militärs wurde dieselbe »Verpflichtung« zur zivilisatorischen Mission beschworen. Ebenfalls 1853 sandte der Gouverneur des *Cape Coast Castle* eine Depesche des folgenden Inhalt aus:

> »[…] [E]in Kampf mit Asante und die Zerstörung dieser Herrschaft würde nicht nur ein Krieg der Menschlichkeit und Zivilisation sein, sondern würde [auch] das Landesinnere für Handelsunternehmungen öffnen und jene, die [jetzt davon] ausgeschlossen

> unter dem Joch jenes blutrünstigen Volkes stehen, befähigen, die Segnungen einer milden Regierung zu genießen und die Wahrheit des Bibelwortes zu hören, das man ihnen predigt.«[397]

Kaum anders, wenn auch ehrlicher in der Hinsicht, dass die eigentlichen hegemonialen Beweggründe unverblümter ausgesprochen werden, äußerte zehn Jahre später sein Nachfolger

> »[...] den aufrichtigen Wunsch [...], es möge ein letzter Schlag gegen die Asante-Herrschaft geführt werden, damit die Frage für alle Zeit geklärt sei, ob man einem willkürlichen, grausamen und blutrünstigen Monarchen auf ewig erlauben solle, die britische Flagge zu beleidigen und gegen die Gesetze der Zivilisation zu verstoßen«.[398]

Diese Unterscheidung in höhere und niedere Zivilisationsstufen war allerdings nicht auf Europäer allein beschränkt, sondern schlug sich auch in den Vorstellungen afrikanischer Bildungseliten nieder, etwa wenn der als Missionar in Liberia tätige Afroamerikaner Alexander Crummell in *The English Language in Africa* 1860 den Gebrauch des Englischen damit bewarb, es »[...] diene als Übergangsschritt von niederer Degeneration zu einer höheren und edleren Zivilisation«.[399] Derselbe schwarze Autor erweist sich an anderer Stelle, in *The Progress of Civilization along the West Coast of Africa* (1861), unausgesprochen gar als Hegelianer: »Soweit es um Westafrika geht, gibt es keine Geschichte. Die langen, langen Jahrhunderte menschlicher Existenz dort, geben uns keine vernünftige Auskunft. ›Finsternis bedeckte das Land und häßliche Dunkelheit die Menschen‹.«[400]

Ähnlich wie Edward Wilmot Blyden wollte auch Crummell im europäischen Eindringen ausschließlich etwas Positives sehen. So lobt er explizit die Werke der Abolition und Mission, außerdem »die wohlwollende Betätigung des legitimen Handels« und »die lebendige Reiselust und den aktiven Forschergeist, die das Kennzeichen der Zeit sind«.[401] Scheinbar mehr Glaube an die Eigenkräfte afrikanischer Menschen als dieser Mann afroamerikanischer Herkunft brachte Ende des 19. Jahrhunderts der Engländer Robert Brown auf:

> »Das Wundersame [anlässlich des Sklavenhandels und der Sklaverei] bestand weder darin, dass Afrika in der Zivilisation nicht fortschritt, noch darin, dass es über weithin sich erstreckende Gegenden dünn besiedelt war, sondern darin, dass es zu keiner Ödnis wurde. In Wirklichkeit zeigt nichts besser den regenerativen Charakter der Negerrassen, ihre – verglichen mit […] anderen wilden Völkern – enorme Vitalität, als die Tatsache, dass sich das Land innerhalb weniger Jahre erholte; und es wird sich in naher Zukunft noch schneller erholen […].«[402]

Allerdings waren auch für Brown die europäischen Aktivitäten alleiniger Maßstab, und sie allein standen im Mittelpunkt der Entwicklung der Menschheit. So besehen, gerieten afrikanische Menschen nur in zweierlei Hinsicht in den Blick – als Arbeitskräfte und Gegenstand von Bekehrung. Schon gleich zu Anfang von Browns Buch findet sich eine Sichtweise kurz und bündig formuliert, die gegen Ende des langen 19. Jahrhunderts überaus typisch geworden war:

> »Asien ist besetzt, Amerika gehört den Amerikanern. Europa platzt aus allen Nähten. Sogar Australien, so groß es auch auf der Karte aussieht, hat wenig kultivierbares Land, das nicht bereits in Besitz genommen worden wäre. Afrika jedoch hat noch immer Raum für jene, die seine Minen entwickeln, seine Böden bestellen und seine Wälder schlägern können, und es mag sein […], dass seinen Millionen Wilden dabei die Friedenskünste gelehrt werden.«[403]

Die afrikanische Natur wartete dieser Vorstellung nach seit Langem darauf, endlich ausgebeutet, »in Wert gesetzt« zu werden (wie es im französischen Kolonialapparat ab den 1920er-Jahren genannt werden sollte: *»mise en valeur«*). Und den afrikanischen Menschen – »seinen Millionen Wilden« – ging es, so die Unterstellung, ebenso: Sie warteten nur darauf, so das koloniale Wunschdenken, »produktiv« in Szene gesetzt zu werden. Sollten sie dabei »diszipliniert« werden (»befriedet« und »zur Arbeit erzogen«, wie es im kolonialen Duktus hieß), umso besser – für sie. Auch die letzten wohlwollenden Abolitionisten und Abolitionistinnen hatten sich am Ende des 19. Jahrhunderts restlos im rassistischen Netz der kolonialen Denkweise verfangen.

Schlussbemerkung

In diesem Abschnitt folgte auf eine knappe Darstellung der institutionellen Geschichte der Antisklavereibewegung im langen 19. Jahrhundert die Behandlung einiger komplexer Aspekte dieser Geschichte. Aus den transnationalen Verbindungslinien, die den Abolitionismus in einem »kontinentalen Dreieck« – Amerika, Europa, Afrika – verorteten, ließ sich herleiten, dass der Abolitionismus zu verschiedenen Zeiten unterschiedliche Zielsetzungen verfolgte und dazu passende »Feindbilder« schuf. Zunächst war der »Feind« von den 1780er-Jahren an der transatlantische Sklavenhandel, und das Ziel war dessen Verbot und Beendigung. Ab den 1820er-Jahren wurde die koloniale Sklaverei in der Karibik und den Amerikas zum »Feind« und Ziel der kritischen Attacken. Die Fragen der innerafrikanischen Sklaverei und des orientalischen Sklavenhandels, obwohl schon früh gestellt, traten hingegen erst Mitte des 19. Jahrhunderts ins Zentrum der Aufmerksamkeit, dann waren jedoch auch hier die »Feinde« klar markiert. In der Darstellung der Ideologie-Geschichte des Abolitionismus im langen 19. Jahrhundert sollte das Argument, dass die Gegnerschaft zur Sklaverei heute nicht mehr ausschließlich positiv erscheint, deutlich geworden sein. Der historische Abolitionismus war von starker Ambivalenz durchzogen.

Diejenigen, die sich dem Kampf gegen Sklavenhandel und Sklaverei widmeten, schwankten durchgängig zwischen Wohlwollen und Dominanzgebahren gegenüber afrikanischen Menschen. Auf der einen Seite traten afrikanische Menschen in ihren Blickkreis entweder nur als »arme Opfer« eines degenerierten transatlantischen Sklavenhandels, den europäische Akteure zu verantworten hatten, oder eines orientalischen Sklavenhandels, an dem die Schuld an den Islam delegiert wurde. War die erstere Erklärung besonders in einer frühen Phase der Antisklavereibewegung vorhanden, so wurde der antiislamische Legitimationsstrang seit der Jahrhundertmitte virulent. In beiden Fällen wurde den Menschen Afrikas jedenfalls die Rolle rein passiver Objekte äußerer Einwirkung zugewiesen. Der offenbare Eurozentrismus solcher Zuschreibung konnte unbemerkt bleiben, weil mit den essenzialistischen Ideen der »Rasse« einerseits, des »Klimas« andererseits zwei Konzeptionen vorlagen, durch die eine vermeintlich natürliche, universalistische Konstruktion inferiorer Andersartigkeit möglich wurde. Dass afrikanische Menschen der Rettung von Außen bedurften, war in dieser Perspektive selbstevident; denn ihr Charakter galt als »von Natur aus«

problematisch, sei es aus »rassischen« oder aus klimatischen Gründen, und er hätte an den Außenbeziehungen (transatlantischer sowie orientalischer Sklavenhandel) jedenfalls moralischen Schaden genommen.

Auf der anderen Seite standen die Befürworter einer kolonialen Inbesitznahme afrikanischer Territorien, in deren Augen es zunächst einmal galt, die afrikanische Bevölkerung zu beherrschen und auf diese Weise zu »zivilisieren«, um sie für ihre eigenen Ziele zuzurichten. Je länger das 19. Jahrhundert dauerte, desto stärker setzten sich imperialistische Stimmen und Stimmungen durch – schließlich ab den 1880er-Jahren auch in den Regierungskreisen der europäischen Großmächte.[404] Der abolitionistische Diskurs ist in Nachbarschaft zu der Ausbeutungsrhetorik zu sehen, die von den Imperialisten und kolonialen Rassisten offen an den Tag gelegt wurde.

Auch der Abolitionismus war alles andere als frei vom Streben nach Herrschaft – er hatte seine eigenen Überlegenheits- und Ermächtigungsfantasien generiert, und mit der Brüsseler Antisklaverei-Konferenz von 1890 verbündete er sich restlos mit dem neuen, in Etablierung begriffenen, imperialen Kolonialsystem. Zur Jahrhundertwende hatte sich der ursprünglich christlich motivierte Philantropismus der abolitionistischen Anfänge bereits seit Langem mit unterschiedlichen säkularen Vorstellungen von einer zivilisatorischen Mission vermischt und dabei auch manch rassistische Ideen übernommen. Nun bündelten sich die europäischen Kräfte zu einer überaus unheiligen Dreieinigkeit von Christianisierung, Zivilisierung und Kolonialisierung. In den kommenden Jahrzehnten erwies sich diese Allianz als brüchig und prekär, als mindestens ambivalent, wenn nicht widersinnig – doch im Großen und Ganzen blieb sie erhalten, denn »die Macht, den Diskurs zu prägen, ist nicht gleichmäßig verteilt«.[405] Ihn zu verändern ist deshalb keine einfache Sache.

> »Aber sie [die Macht, Diskurse zu verändern] ist auch nicht in einer einzigen Region beheimatet. Wenn der Blick in die Vergangenheit irgendeinen Nutzen für die Gegenwart hat, dann den, uns zu erinnern, dass die Gegenwart nur ein Moment in der Geschichte ist, nicht notwendigerweise wichtiger als irgendein anderer. Doch wir wissen, dass Geisteshaltungen und Strukturen veränderbar sind. Es ist früher schon geschehen.«[406]

Diese Worte geben Anlass zur Hoffnung. Oder etwa nicht?

II. ANTI-/KOLONIALE STRUKTUREN UND AKTEURE

Ahmadou Kourouma (1927–2003)
»Alle die Reichen, die dicken Tubab [Weiße] und Syrer, die Präsidenten und die Generalsekretäre hätten den Arbeitslosen und Bedürftigen zu essen geben sollen. Aber wer im Wohlstand lebt, kennt nicht den kleinen Mann und hört nicht die Notleidenden, bekommt sie niemals zu Gesicht.«
(Kourouma 2004 [1970]: 64)

»Es war wohlbekannt, dass die Politiker der Sonnen der Unabhängigkeit sehr oft einen Marabut, einen Magier, eine Gottheit befragten; aber für wen taten sie das und wozu? […] niemals für die Gemeinschaft, niemals für das Land, sie suchten den Rat der Magier stets für sich allein, um ihre Herrschaft zu festigen, um ihre Macht zu vergrößern, um ihrem Feind ein Unglück anzuhexen. […] Die Politik hat weder Augen noch Ohren noch ein Herz; in der Politik gehen das Wahre und die Lüge im selben Gewand, Recht und Unrecht marschieren im gleichen Tritt, das Gute und das Böse wird zu ein und demselben Preis gekauft und verkauft.«
(Kourouma 2004 [1970]: 162–163)

4. AFRICANUS HORTON – EIN MODERNER AFRIKANISCHER DENKER

Die Moderne ist ein zwielichtiger Begriff, und die inzwischen ubiquitäre Rede von »multiplen Modernen« lenkt nur unzureichend davon ab, dass in und mit ihr die alte Vorstellung fortlebt, modern sein sei eine singuläre Errungenschaft und ein Attribut Europas: Der Anspruch, *zuerst* »modern« gewesen zu sein bzw. *wesentlich* »anders« zu sein, droht ungebrochen im Raum stehen zu bleiben.[407] Wenn Matthias Middell kürzlich programmatisch schreibt, »die Globalgeschichte bringt die Idee einer Vervielfältigung der Wege zu Modernen voran, anstelle eines allzu simplen Eurozentrismus«,[408] dann wird an solcher Formulierung die ganze Problematik sichtbar – ebenso wie ein wohl nicht ganz bewusst getroffenes, unfreiwilliges Eingeständnis, dass die neuere, nordatlantisch dominierte Globalgeschichte an einer grundsätzlichen Überwindung eurozentrischer Perspektiven nur bedingt interessiert ist. Sie ist davon, wovon auch der neuere Sammelband von Sven Beckert und Dominic Sachsenmaier, *Global History, Globally* Zeugnis ablegt, auf alle Fälle noch sehr weit entfernt.[409] Immerhin ist es modern geworden, die Moderne bzw. ihre variierenden Ausgestaltungen zu untersuchen.

Im *Handbuch Moderneforschung* von 2015 verweist Andreas Eckert, im Rückgriff auf den vor bald 20 Jahren verstorbenen Afrikahistoriker Albert Wirz, »auf einige der zentralen Herausforderungen des Konzepts ›Moderne‹, denen sich (nicht allein) die afrikawissenschaftliche Forschung zu stellen hat. Ist alles Moderne? Und ist Moderne nun eigentlich ein Zustand oder eine Repräsentation? Ist es vornehmlich eine Akteurskategorie oder auch als analytisches Konzept nutzbar?«[410] Es folgen aufschlussreiche wissenschaftsgeschichtliche Einlassungen (nicht nur) zur Afrikaforschung im 20. Jahrhundert, sofern sie Berührungspunkte zum Begriff »Moderne« aufweisen bzw. versuchen, ihn analytisch zu verwerten. Zwangsläufig war (und ist), was sich Forscherinnen und Forscher im Besonderen und Menschen im Allgemeinen unter »Moderne« vorstellen, seinem Gehalt und seiner Bedeutung nach verschieden[411] – so verschieden wie es die einzelnen Personen sind, die den Terminus benutzen, die spezifischen Situationen und Bedingungen, unter denen sie das tun, und die konkreten Vorgänge, auf die er gemünzt wird, die er also beschreiben, erklären und vielleicht sogar verändern soll.

Unter anderem erwähnt Eckert die Position des nigerianischen Rechtsphilosophen Olúfẹ̀mi Táíwò, »der argumentiert, der Kolonialismus habe die Moderne in Afrika abgeschnitten [...]. In seiner Perspektive ist Moderne ein komplexes Gut von universeller Anwendbarkeit«. Táíwò denkt bei den Kennzeichen von Modernität besonders an »die Anerkennung des individuellen Subjekts, die zentrale Rolle der Vernunft und das Regieren mit Zustimmung der Allgemeinheit«.[412] Derartige Formen von Modernität traten, wie man weiß – oder spätestens nach Lektüre von Táíwòs *How Colonialism Preempted Modernity in Africa* (2010) wissen kann –, im Zeitraum des langen 19. Jahrhunderts an allen Ecken und Enden des atlantischen Raums in Erscheinung, auch im »Schwarzen Atlantik«[413] – unter Menschen verschiedener Herkunft und von unterschiedlichem kulturellen Gepräge. Die Kontaktzonen und Interaktionsräume entlang der westafrikanischen Küstensäume bildeten in dieser Hinsicht keine Ausnahme.[414] Das Auftreten von Modernität vollzog sich ab der zweiten Hälfte des 18. Jahrhunderts jedoch weltweit, sie war weder auf Europa noch auf den atlantischen Raum allein begrenzt. Die weltumspannende globalhistorische Interaktionsgeschichte, die C. A. Bayly kongenial mit der Überschrift *Die Geburt der modernen Welt* versah, bietet dafür reichlich Belege.[415]

Angesichts dessen halte ich es für zielführend, die »Moderne« als Epochenbegriff zu begreifen, der räumlich keine eindeutige Heimat hat, nur zeitlich einigermaßen präzise gefasst werden kann – von den 1780er-Jahren bis zum Ersten Weltkrieg.[416] Für Eric Hobsbawm, der diese Zeitspanne als »das lange 19. Jahrhundert« bezeichnete, bestand »die zentrale Achse [...] im Triumph und der Umgestaltung des Kapitalismus in den historisch spezifischen Formen der bürgerlichen Gesellschaft in ihrer liberalen Spielart«.[417] Ähnlich charakterisiert Immanuel Wallerstein die Zeit von 1789 bis 1914 als den »Siegeszug des Liberalismus«.[418] Unbestritten war es ein Zeitalter der einschneidenden Umwälzungen, *Die Verwandlung der Welt*, wie das Jürgen Osterhammel nannte, die unzweifelhafte Folge.[419]

Die nordamerikanischen (1775–83) und lateinamerikanischen Unabhängigkeitskriege (1808–25); die französischen (1789, 1830, 1848) und europäischen (1848) Umsturzbewegungen und Restaurationen; die Aufstände auf der karibischen französischen Besitzung Saint-Domingue (1791–1804) – sie alle sind Beispiele für den revolutionären Charakter der Moderne. Die amerikanische, französische und haitianische Revolution – sie waren allesamt »atlantische Revolutionen«, in denen auch koloniale und imperiale Gesichtspunkte eine Rolle spielten.[420] Folgt man der Lesart Paul Lovejoys, so lassen sich selbst die westafrikanischen Dschihadbewegungen, die das ganze lange 19. Jahrhundert hindurch auf verschiedene Teile des Westsudan einwirkten und dort (sowie darüber hinaus) einschneidende Veränderungen bewirkten, als genuin revolutionäre Umwälzungen verstehen, in denen vergleichbare, wenn auch kulturell anders konnotierte, Vorstellungen von Freiheit, Gleichheit und Brüderlichkeit propagiert wurden als anderswo in der atlantischen Welt.[421] Definitiv war Westafrika im 19. Jahrhundert Schauplatz tiefgehender und weitreichender Veränderungen, die durch verschiedene »revolutionäre«, »moderne« Traditionen angeregt und befeuert wurden. Dabei herrschten im Inland islamisch dominierte Dynamiken vor, an den Küsten hingegen christlich-kapitalistisch-kommerzielle Einflüsse.[422]

Es sind die letzteren Einflüsse und sich daraus ergebende Umstände, die für den Fall, der im vorliegenden Text behandelt wird, konstitutiv sind. Die »Moderne«, soweit sie europäisch dominiert war, bezeugte nicht nur die Erweiterung kolonial-imperialer Herrschaft während des langen 19. Jahrhunderts – ein Ausgreifen ins Innere Asiens, die Erschließung Australiens, vereinzelt auch eine Stärkung der Siedlertätigkeit in Teilen Afrikas.[423] Die »koloniale Moderne« verzeichnete außerdem nicht bloß die radikale Vertiefung ökonomischer Gräben zwischen den verschiedenen Weltregionen – *the great divergence*, die im Anschluss an Kenneth Pomeranz in aller globalhistorischer Munde ist –,[424] sondern sie sorgte auch für die Schaffung und Durchsetzung elaborierter Rassentheorien und anderer perfider Konzeptionen zur Rechtfertigung von Herrschaft und Ungleichheit – mit einem Wort: Rassismen.[425]

In der folgenden Behandlung eines modernen afrikanischen Akteurs – Africanus Horton (1835–1883) – spielen alle drei hier knapp skizzierten

Elemente eine ausgeprägte Rolle: Sichtbar gemacht werden die realistische Reflexion einer imperial strukturierten und kolonial gestimmten Herrschaft; sodann die positive Spiegelung und versuchte Aneignung kapitalistischer Entwicklungsmöglichkeiten; schließlich die kritische Auseinandersetzung mit neu aufkeimenden Vorurteilen und virulenten rassistischen Umtrieben. Diese Aspekte werden im Hauptteil dieses Kapitels anhand des Schlüsselwerks von Africanus Horton thematisiert, das er 1868 unter dem Titel *West African Countries and Peoples* veröffentlichte: ein Buch von ausgeprägt »modernem« Zuschnitt, seinem Inhalt nach spektakulär, und in mancher Hinsicht »revolutionär«. Die vorangestellte biografische Skizze sowie ein kurzer Abschnitt zu Africanus Hortons schriftstellerischer Tätigkeit vermitteln einen knappen Einblick in die damalige (kolonial-)politische Situation an den anglo-afrikanischen Interaktionszonen Westafrikas und im britischen Empire. Gegen Kapitelende führt ein Blick auf die Wirkungsgeschichte zu einer abschließenden Einschätzung seiner Relevanz, ehe ich noch einmal auf den Begriff der »Moderne« zurückkomme – und darauf, wie er an Africanus Horton gekoppelt werden kann. Somit schließt sich der Kreis.

Eine biografische Skizze des Lebens von James Africanus Beale Horton

Das Leben von Africanus Horton spielte sich innerhalb und an den Rändern des britischen Empire ab. Geboren wurde er am 1. Juni 1835 im Dorf Gloucester nahe Freetown, der Hauptstadt von Sierra Leone, das als *Province of Freedom* seit 1787 zum Siedlungsort für Repatriierungswillige aus der afrikanischen Diaspora und 1808 britische Kronkolonie geworden war.[426] Seither wurde es zum Sitz der britischen Admiralität, und die Schiffe des *West African Squadron*, die vor den westafrikanischen Küsten kreuzten, um den neuerdings verbotenen Sklavenhandel über den Atlantik zu unterbinden, schleppten die aufgegriffenen Schiffe samt ihrer »menschlichen Fracht« nach Freetown. Dort angesiedelt sorgten die *recaptives* die kommenden Jahrzehnte für steten Zustrom und Bevölkerungswachstum in der jungen Kolonie. Hortons Eltern, in die Sklaverei entführte Igbo, waren von der britischen Marine befreit und als *recaptives* nach Sierra Leone verbracht worden, wo sie unter den Einfluss christlicher Missionare gerieten. Ihr Sohn, auf den Namen James getauft, wuchs in diesem Geiste auf und wurde 1847 an der *Church Missionary Society Grammar School* in Freetown aufgenommen; in Dankbarkeit integrierte Horton den Nachnamen jenes Missionars, der sich für seine Aufnahme eingesetzt hatte, in seinen eigenen: Beale. Mit 17 Jahren wechselte Horton 1853 an die *Fourah Bay Institution*, um fürs anglikanische Priestertum vorbereitet zu werden. Doch wurde er stattdessen 1855 nach England geschickt, wo er auf Geheiß des Kriegsministeriums eine Ausbildung zum Mediziner am *King's College* in London und sein Doktorat an der Universität Edinburgh machte. Hier fügte er seinem Namen ein letztes Element hinzu: Africanus.[427]

Als James Africanus Beale Horton kehrte er 1859 nach Westafrika zurück, wo er in den Dienst der britischen Marine eintrat. 1862 heiratete er Fannie Marietta Pratt (1843–1865), die Tochter eines Igbo-Händlers in Sierra Leone. Sie brachte eine Tochter zur Welt, May Marietta, verstarb allerdings im Kindbett.[428] Zehn Jahre später, 1875, vermählte sich Horton ein zweites Mal. Die Ehe mit Selina Beatrice Elliot (1851–1910), der Enkelin eines frühen Einwanderers aus Neuschottland, verschaffte ihm Zugang zu einer der »alten Familien« Sierra Leones. Aus dieser Ehe stammte seine zweite Tochter, Nanette Susan Adelina.[429] Kurzum, Horton erlebte einen erfolgreichen gesellschaftlichen Aufstieg und gehörte bald unbestritten zu den besseren Kreisen der Kolonie. Darüber hinaus war er auch ausgesprochen gut in die anderen britischen Besitzungen in Westafrika vernetzt und unterhielt wichtige persönliche Beziehungen nach England, wohin er nach seinem Studienaufenthalt noch weitere zwei Male zurückkehrte.

Von 1859 bis Jahresende 1880, als er seinen Dienst quittierte und in den Ruhestand trat, war er als Militärarzt in verschiedenen britisch-westafrikanischen Stützpunkten entlang der Küste eingesetzt, von Lagos im Osten über die Goldküste und Sierra Leone bis zum Gambia im Westen. An all diesen Orten brachte er sich auch in die lokale Politik ein.[430] Erst ab 1881 verlagerte sich sein Lebensmittelpunkt dauerhaft nach Sierra Leone. Dort praktizierte er als Arzt und engagierte sich in kommunalen Angelegenheiten, insbesondere im Gesundheits- und Bildungswesen. Er wurde auch Geschäftsmann. So beteiligte er sich gemeinsam mit Freunden der englischen *African Aid Society* an der Gründung von Minenunternehmen, die den betreffenden Wirtschaftszweig entwickeln und, dank der Konzessionen, die Horton an der Goldküste erworben hatte, Geld in seine Kassen spülen sollten. Auch eröffnete er im Januar 1883 die erste afrikanische Bank Westafrikas in Freetown mit Zweigfilialen entlang der Küste, um die lokale Händlergemeinde von den britischen Banken und Geldgebern unabhängiger zu machen. Allerdings setzte sein verfrühter Tod am 15. Oktober 1883 infolge einer schweren bakteriellen Hauterkrankung (Rotlauf) diesen Initiativen ein Ende.[431]

Der Schriftsteller und seine Themen

Zeitlebens publizierte Horton fleißig und zu einer Vielfalt verschiedener Themenfelder. Nicht nur zur Medizin der Tropen veröffentlichte er Bücher. Seine naturwissenschaftlichen Forschungen, die er an seinen wechselnden Dienst- und Aufenthaltsorten betrieb, führten auch zur Publikation botanischer und geologischer Arbeiten. Sie wurden seinerzeit als wertvolle Beiträge zur Tropenmedizin und Tropenkunde durchaus willkommen geheißen und in Fachkreisen rezipiert.[432] Weniger willkommen und weniger breit rezipiert wurden in England allerdings die Veröffentlichungen von Africanus Horton, in denen er seine gesellschaftspolitischen Vorstellungen formulierte.[433] Er selbst war sich dessen nur allzu bewusst. Ironisch teilte er darum den Lesern, die sein Buch gekauft hatten, beispielsweise mit, wieviel er für die Drucklegung zahlen musste, und ergänzte:

> »Berücksichtigt man, wie wenig Interesse die Leute in den zivilisierten Ländern an afrikanischen Themen aufbringen – einmal abgesehen von denen, die in der Absicht geschrieben werden, mit Spektakel zu punkten und Erregung auszulösen […] – sind Werke über Westafrika für ihren Autor ein totales Verlustgeschäft.«[434]

Abhalten ließ sich Horton davon freilich nicht. Er brachte sich zeitlebens auch in soziopolitischen Auseinandersetzungen aktiv ein. Dies machte ihn zu einer prominenten Persönlichkeit innerhalb der westafrikanischen Bildungseliten, in deren Kreisen – von Lagos über Cape Coast und Accra, über Monrovia, Freetown bis Gambia – er sich fließend bewegte und persönliche Kontakte und Korrespondenz pflegte. Bekanntheit und Anerkennung genoss Horton auch innerhalb britischer philanthropischer Zirkel, die sich rund um die 1860 gegründete Londoner *African Aid Society* versammelten, in deren Journal *The African Times* Horton regelmäßig veröffentlichte; unter anderem einen Aufsatz, in dem er argumentierte, die »ursprüngliche Farbe der weißen Rasse« sei »schwarz« gewesen.[435] Doch die etablierten Pressemedien Großbritanniens ignorierten seine politischen Schriften weitgehend,[436] während sie der gegenläufigen Tendenz – der sich aufbauenden Welle der rassistischen und proimperialistischen Reiseschriftstellerei – eine breite Plattform boten: Die »militante Geographie«, wie Felix Driver das so griffig nannte, war seit Jahrhundertmitte auf dem Vormarsch, und sie führte, gemeinsam mit den in Entstehung begriffenen modernen Pressemedien, zu einem Popularisierungsschub problematischer Bilder von Afrika.[437] Sensationsgier und selbstbezügliche Ignoranz, nationaler Chauvinismus und Selbstbeweihräucherung schienen geeigneter, die in Massenauflage erscheinenden Machwerke an Mann und Frau zu bringen, im Gegensatz zu Bemühungen um Aufklärung und Information über andernorts tatsächlich herrschende Verhältnisse.

In den 1860er-Jahren beherrschten zwei für Horton wegweisende Phänomene die (gelehrte) öffentliche Diskussion im Empire: Erstens markierte die Etablierung einer Anthropologischen Gesellschaft in London den Aufstieg eines neuen, aggressiven Rassismus, der drohte, in politisch relevanten Kreisen anzukommen.[438] Zweitens wurde im britischen Unterhaus darüber debattiert, ob ein Rückzug der Krone aus ihren kleinräumigen westafrikanischen Besitzungen erfolgen sollte oder nicht.[439] In beiderlei Hinsicht positionierte sich Horton unmissverständlich. Für ihn stellten die Debatten dieser Jahre den zentralen Schauplatz einer Auseinandersetzung dar, deren Ausgang über die weitere Entwicklung Afrikas entscheiden würde.

In ihr standen sich auf britischer Seite zwei »Denkschulen« diametral gegenüber, die von Emmanuel Ayandele als »die Schirmherren und die Feinde der Entwicklung des Kontinents und seiner Völker« bezeichnet wurden.[440] Zu den potenziellen Unterstützern einer selbstbestimmten afrikanischen Entwicklung zählte Horton seinerzeit die britische Regierung in London, sowie missionarische und philanthropische Organisationen. Zu den »Feinden« hingegen gehörten nicht nur die publikumswirksam agierenden neuen Anthropologen und Reiseschriftsteller wie Richard

Burton und James Hunt,[441] sondern auch diverse britische Händler und Ansässige in Westafrika, die um ihre privilegierte Position und die Konkurrenz durch afrikanische Akteure fürchteten.[442]

Hortons sachliche Herangehensweise stieß unter den vorherrschenden Bedingungen der Zeit, die von Hektik, Schrillheit und Unvernunft gezeichnet war, auf wenig Gehör. Durch und durch Wissenschaftler und als solcher der Vernunft verpflichtet, war es sein Wunsch, die herrschende Situation in Westafrika zu verbessern und sie in dem von ihm anvisierten und spezifizierten Sinn zu verändern, zuerst einmal, die sozialen und politischen Verhältnisse an den verschiedenen Orten Westafrikas präzise zu erkunden und kenntnisreich aufzubereiten. Auf der Grundlage derartiger empirischer Studien zu herrschenden sozialen und politischen Gegebenheiten in Westafrika sollte sodann das Verhältnis zu Großbritannien im Sinne der Selbstregierung neu bestimmt und die Modernisierung Afrikas vorangetrieben werden. Die Diskussionen im englischen Parlament über ihre westafrikanischen Territorien, die von Horton intensiv verfolgt wurden, gaben dafür den Anlass. Er wurde nicht müde, die vom Unterhaus-Komitee 1865 verabschiedete Resolution zu zitieren,

> »dass der Gegenstand der Politik der [britischen] Regierung sein sollte, in den Eingeborenen die Ausübung jener Eigenschaften zu unterstützen, was es uns mehr und mehr ermöglichen sollte, die Verwaltung aller Regierungsorgane an sie zu übertragen – in Erwägung unseres ultimativen Rückzugs aus allen [Gebieten] außer, eventuell, Sierra Leone.«[443]

Zum Zweck der öffentlichen Stellungnahme publizierte er seit Mitte der 1860er-Jahre mehrere Bücher mit ausdrücklich politischer Stoßrichtung auf eigene Rechnung in London.[444] Unter diesen sticht *West African Countries and Peoples* hervor. Besonders dieses Werk macht Horton, der darin »die Eignung von Afrikanern zur Selbstregierung sowie ihr Recht, sich unter der Oberhoheit der britischen Krone selbst zu regieren« behauptete, zu »einem der Pioniere der Politischen Philosophie des modernen Zeitalters in Afrika«.[445]

Das »revolutionäre« Buch von 1868: *West African Countries and Peoples*

Jedes einzelne Glied des ausführlichen Buchtitels ist programmatisch zu verstehen: *West African Countries and Peoples* – eine ethnogeografische Darstellung von Land und Leuten Westafrikas; *British and Native* – der seit Langem einheimischen Bevölkerungen sowie der ansässigen Angehörigen des britischen »Stammes«; *With the Requirements Necessary for Establishing that Self Government Recommended by the Committee of the House of Commons, 1865* – inklusive politischen Empfehlungen und Ratschlägen, um in den britisch dominierten Zonen Westafrikas ein größeres Maß an Autonomie und Selbstverwaltung zu etablieren; *And a Vindication of the African Race* – und eine maßgebliche Kritik am zeitgenössischen Rassismus und an vorherrschenden Rassentheorien.

West African Countries and Peoples ist mehrere Dinge zugleich: Zum einen ist das Buch eine lohnende historische Quelle für ein besseres Verständnis der westafrikanischen Geschichte im 19. Jahrhundert, insbesondere seiner politischen Ordnungen und soziokulturellen Verhältnisse. Sodann enthält es eine geistreiche, sowohl geschichtsphilosophisch als auch naturwissenschaftlich-empirisch untermauerte Kritik an Rassentheorien und weißem Überlegenheitswahn. Schließlich ist es ein origineller Beitrag zu politischem Denken und politischer Praxis – nicht nur, aber auch weil, wie George Shepperson formulierte, »ihr Autor jenes seltene Geschöpf war: ein schreibender schwarzer Victorianer, der sich zwischen zwei Welten hin und her bewegte – zwischen dem alten agrarischen Afrika und dem neuen schrillen, industriell auftrumpfenden Britannien«.[446] Hortons Buch hat ein kurzes Vorwort,[447] ehe es in drei große Teile gegliedert ist. Im ersten fragt Horton – ganz in der Art der zeitgenössischen Anthropologie und gemäß ihrer Diktion – nach der Stellung des dunkelhäutigen Afrikaners in der natürlichen Ordnung (1–61). Der zweite und mit Abstand längste Teil, in dem Horton die Möglichkeiten der britischen Territorien bzw. Einflusssphären in Westafrika, sich selbst zu regieren, Fall für Fall kritisch prüft, ist mit der Überschrift »Afrikanische Nationalität« kurz, bündig und treffsicher auf den Punkt gebracht (63–177). Im dritten Teil des Buches behandelt Horton die unterschiedlichen »Bedürfnisse« bzw. den »Bedarf« derselben, um zur Selbstregierung im Dienste der modernen euroafrikanischen Partnerschaft hingeführt werden zu können (179–249), und wendet sich schließlich an die westafrikanische Jugend, »die aufstrebende Generation in Westafrika« (246–249).

»Part I. The Negro's Place in Nature«

Seit den 1860er-Jahren wurden Rassentheorien auf zuvor nicht dagewesene Weise popularisiert und damit moderne Formen des Rassismus weit verbreitet. Als Katalysator diente nicht zuletzt die weltweite Berichterstattung über den Sezessionskrieg in Nordamerika (1861–1865), der ideologisch entlang der Oppositionsachse von Unfreiheit versus Freiheit geführt wurde, personifiziert im Gegensatz zwischen dem Gesellschaftsmodell der Sklaverei in den Südstaaten (Konföderation) und der Lohnarbeit in den industrialisierten Nordstaaten (Union). Auf diese Weise wurde Rassismus nicht nur massiv angeheizt, er strahlte auch weit in die Welt hinaus aus.[448] Irrige sozialdarwinistische Vorstellungen von natürlich gegebenen Qualitätsunterschieden vermeintlich klar umgrenzter »Rassen« und »Völker«, die in einem unbedingt notwendigen Konkurrenzkampf miteinander stünden – in einem »Kampf ums Dasein«, aus dem nur der »Stärkste« und »Beste« siegreich hervorgehen könne, ja müsse – wurden gepflegt;[449] und im Medium der Schrift verbreitete sich rassistisches Gedankengut rasch weltweit: Einheimische Träger westlicher Bildung – von Fernost, Süd- und Südostasien über den Mittleren Osten, West- und Südafrika bis Lateinamerika und die Karibik – adaptierten den Rassendiskurs nach lokalen Bedürfnissen und ihren Zwecken gemäß. In der zweiten Hälfte des 19. Jahrhunderts vollzog sich auf solche Weise »die Rassialisierung des Globus«.[450] Damit war der ideologische Boden für das bald danach einsetzende hochimperialistische Gerangel um imperiale Einflusssphären und koloniale Territorien bereitet. Dominierten hierbei zunächst europäische Großmächte, so mischten seit dem Ende des 19. Jahrhunderts mit Japan und den USA auch außereuropäische Staaten erfolgreich mit.[451]

Africanus Horton, im Oktober 1883 verstorben, erlebte diese Entwicklungen der hochimperialistischen Ära nicht mehr am eigenen Leibe mit. Auch hatte er die Aufteilung Afrikas und der Welt unter fremden Mächten nicht vorhergesehen. Tatsächlich hätte er sie für eine kaum realistische Prognose gehalten, denn er zeigte sich davon überzeugt, dass Europäer in den Tropen auf Dauer nicht überleben könnten.[452] Dennoch erkannte er die Zeichen einer Zeit im Umbruch insofern klar und deutlich, als er die Gefährdung der progressiven afrikanischen Entwicklungen im Raum Westafrika durch die Verbreitung antiafrikanischer Meinungen durch zeitgenössische europäische Autoren deutlich benannte. Sollten die »negrophoben« (v) Haltungen solcher Stimmungsmacher und »Afrikahasser« (viii), wie sie die Gründer der Londoner Anthropologischen Gesellschaft programmatisch verlautbarten, Wirkung entfalten, dann könnte es um die afrikanische moderne Entwicklung, an der ihm gelegen war, so befürchtete Horton, sehr bald tatsächlich arg bestellt sein. Darum ist die »Rehabilitation« der afrikanischen Menschen, wie es im letzten der drei Untertitel des Buches heißt, Hortons Programm; und seine Intention ist unmissverständlich antirassistisch.[453] Gleichwohl zeigt bereits die Tatsache, dass Horton es eine »Rehabilitation der Afrikanischen Rasse« nennt, die Unmöglichkeit an, sich dem Rassendiskurs ganz zu entziehen: Auch die Kritik muss, will sie Wirkung erzielen und vorherrschende Vorstellungen zurechtrücken, die Sprache des Kritisierten sprechen und auf etablierte Begriffe zurückgreifen – auch, und gerade, wenn es darum geht, deren Hohlheit aufzuzeigen.

Der erste Teil des Buches ist mit »Die Stellung des Schwarzen in der Natur« überschrieben.[454] Er beinhaltet eine antirassistisch intendierte Darstellung der Verhältnisse in Westafrika. Horton beginnt mit einer »Beschreibung des ursprünglichen und unzivilisierten Zustands der eingeborenen Stämme«, wie er es in einer der Unterüberschriften nennt (3), und einer knappen historischen Skizze der Republik Liberia (12). Es folgen eine »Exposition falschgeratener Ansichten vom Afrikaner« (19) und eine kritische Behandlung »[f]alscher Theorien moderner Anthropologen« (31) mit besonderer Berücksichtigung anatomischer Scheinargumente, denen Horton mit seiner medizinisch-naturwissenschaftlich geschulten Expertise begegnet (40) und denen er den »schrittweisen Fortschritt der Schwarzen Rasse unter zivilisierendem Einfluss« entgegenhält (53), wobei ihm vor allem Sierra Leone als zeitgenössisches Paradebeispiel dient.

Er demonstriert in diesem Teil überzeugend die Ungültigkeit damals populär werdender Rassentheorien, die in der irrigen Annahme gründeten, die Menschheit sei in festgelegten, unveränderlichen Rassetypen mit je eigenen fixierten, unveränderlichen Eigenschaften und Verhaltensmustern geordnet und voneinander getrennt. Und er weist nach, dass ihre Verfechter ungeeignete und willkürlich ausgewählte Daten benutzten, um ihre angebliche Höherwertigkeit gegenüber afrikanischer Minderwertigkeit zu stützen.[455] Horton schreibt unmissverständlich: »Die gegenwärtigen Anthropologen beabsichtigen gar nicht, die afrikanische Rasse – gleich ob gebildet oder ungebildet – mit einem ruhigen, stillen und vorurteilslosen Geist anzuschauen« (21); und er moniert weiterhin, dass ihnen lediglich daran gelegen sei, das »absurde« Argument vorzubringen, »[…] britische Zivilisation und christliche Einflüsse hätten den eingeborenen Afrikaner demoralisiert; dass diese Institutionen [wie sie sich in Sierra Leone, Liberia und anderswo etabliert haben] tatsächlich die Schimären einer falschen Philanthropie wären« (25).

Demgegenüber betont Horton die positive Rolle, welche die *Church Missionary Society* in der Herausbildung einer afrikanischen Bildungsschicht gespielt hatte:

> »Die Missionare bemühten sich durch die Zeiten [seit 1808] beharrlich, und das obwohl viele ihrer Landsleute sie entmutigen wollten, und ohne materielle Unterstützung durch die Regierung; und nun, in so kurzer Zeit, haben sie eine Rasse von Menschen großgezogen, für die das Schicksal eine wichtige Mission in Afrika vorgesehen hat.« (27)

Anders als der Rassenbegriff der neuen Anthropologen, der statisch war und jeder Evidenz spottete, fasste Horton den Begriff dynamisch und gebrauchte ihn flexibel. Das erlaubte ihm einerseits, an der naturwissenschaftlich-anthropologischen Debatte seiner Tage teilzunehmen, sie aber andererseits auch kritisch zu unterlaufen und aufzuzeigen, was an ihr schieflief. An einer Stelle wird Horton ganz deutlich:

> »Ich behaupte, dass in der afrikanischen oder schwarzen Rasse das Attribut einer gemeinsamen Humanität existiert; dass keine radikalen Unterschiede zwischen ihm und seinem zivilisierteren *Mitbruder* existieren; dass die Menge an moralischen und intellektuellen Befähigungen, die er aufweist und ihm ursprünglich von der Natur gegeben wurden, dieselbe ist – oder beinahe dieselbe – wie man sie unter den europäischen Nationen findet; und

> es ist eine unanfechtbare logische Folgerung, dass der Unterschied vollständig aus Einflüssen äußerer Umstände hervorgeht.« (27, Hervorh. im Orig.)

Anders gesagt hat der biologische Rassenbegriff für Horton keinerlei wesentlichen Realitätsbezug. Entscheidend für Verhalten und Entwicklung eines jeden Organismus ist nicht nur seine innere, organische Ausstattung, sondern mindestens im selben Maße die Umgebung, in der er lebt. Sie entscheidet über seine Entfaltungsmöglichkeiten, darüber, wie sehr er gedeiht – oder wie wenig. Das führt ihn dazu, geografische, klimatische und ökologische Aspekte für wichtig zu veranschlagen, wenn es um die Einschätzung kultureller Differenzen geht, aber auch dem historischen Verlauf billigt Horton entscheidende Erklärungskraft zu, um die unleugbar existenten zwischengesellschaftlichen Unterschiede in ihrer Genese plausibel deuten zu können. Konsequenterweise bemüht sich Horton deshalb darum, die verschiedenen Kontexte und Bedingungen, unter denen die Menschen in Westafrika leben, wahrzunehmen und der interessierten Öffentlichkeit zur Kenntnis zu bringen.

»Part II. African Nationality« und »Part III. Requirements of the Various Colonies and Settlements«

Der Unterhausbeschluss von 1865, der den britischen Rückzug aus Westafrika ins Auge fasste, nährte die Hoffnung auf baldige autonome Selbstverwaltung in den diversen westafrikanischen Territorien unter britischem Einfluss – wobei dieser Einfluss an unterschiedlichen Orten von der britischen Krone selbst oder von christlichen Missionsgesellschaften oder von britischen Händlern repräsentiert wurde. In der Lesart Hortons eröffnete er eine Chance auf selbstbestimmte Entwicklung durch die westlich gebildete afrikanische Gesellschaftsschicht, der er selbst angehörte, und er war gewillt, dieses entstehende Potenzial zu nutzen, um tiefgreifend modernisierende Veränderungen in den politischen, sozialen und wirtschaftlichen Verhältnissen der Region zu bewerben und in die Tat umzusetzen. Die Zweifel an der Befähigung von Afrikanern dazu, wie sie neuerdings gesät und gestreut wurden, hatten keine sachliche Grundlage, wie Horton im ersten Teil seiner Schrift ausführlich darlegte. Dennoch kam er erneut darauf zu sprechen und ergänzte seine Argumente für die afrikanische Eignung zur Selbstregierung.

Allen Widrigkeiten zum Trotz erklärt Horton, war nichts und niemand imstande gewesen – weder der Menschenhandel noch die »selbstmörderische, ausrottende Kriegsführung«, die von Europäern in Afrika lanciert wurden (68) – »die afrikanische Rasse« auszurotten: »Jahrhundertelang haben sie die am meisten zerstörerischen Mittel genutzt, um ihre Ziele zu verfolgen; und doch, die [afrikanische] Rasse steht noch immer, und sie steht erhobenen Hauptes.« (68) Hortons Afrikabild unterschied sich nur unwesentlich von dem anderer philanthropisch gesinnter Afrikakenner: So machte er zurecht die europäischen Aktivitäten seit der Frühen Neuzeit für problematische Entwicklungen verantwortlich, die bleibende Probleme kreiert hatten: die Abnahme der Bevölkerungszahl (68); die »Degradierung« Afrikas »unter den Nationen« (68); die »Intensivierung der Lust am verabscheuungswürdigen Sklavenhandel« (68); die »Schmähung ihrer politischen und wirtschaftlichen Existenz als Nationen« (68). Nun war es an der Zeit – und möglich – diese negativen Erfahrungen und degradierende Geschichte hinter sich zu lassen und progressive, fortschrittliche Entwicklungen in Angriff zu nehmen. Großbritannien sah Horton nicht als »ein Instrument der Unterdrückung«, im Gegenteil: »Loyalität gegenüber der Krone implizierte weder Unterwürfigkeit noch Selbsthass, sondern Stolz und Selbstwertgefühl.«[456]

Dass weite Teile Afrikas »barbarisch« und »unzivilisiert« wären, zog Horton nicht in Zweifel; sie entsprachen nicht dem Bild der Zukunft, wie sie ihm vorschwebte; konsequenterweise forderte er ihre Zivilisierung. In Anspielung auf die Antisklaverei-Politik seit dem frühen 19. Jahrhundert formulierte er: »Durch britischen Einfluss ist Afrika von der Sklaverei in der Fremde befreit; und aufgrund desselben Einflusses hat Afrikas Geschichte wichtige fortschrittliche Verbesserungen gemacht – und hofft, sie weiterhin zu machen.« (81) Dabei brauchte es allerdings Unterstützung und Kooperation mit den besten helfenden Kräften aus Großbritannien sowie gemeinsame Anstrengung der modernen afrikanischen Bildungsschicht quer durch Westafrika, denn: »Nichts trägt mehr zur Zivilisierung eines barbarischen Landes bei als die Einwanderung zivilisierter Individuen; sie geben der Landeswirtschaft neue Impulse und bieten der Masse der Bevölkerung [positive] Beispiele.« (175) Auch gelte der Grundsatz: »Es ist unmöglich für eine Nation, sich selbst zu zivilisieren; Zivilisation muss von außen kommen. So wie es mit den zivilisierten Kontinenten Europa und Amerika der Fall war, so muss es auch mit Afrika sein; es kann keine Ausnahme von der Regel sein.« (175)

Die Frage der »afrikanischen Nationalität« deklarierte er zum »allerwichtigsten Thema« (65). Darunter verstand er nicht eine irgendwie vorgegebene natürliche Essenz, sondern vielmehr einen Raum, der dazu geeignet war, selbst-regiert zu werden. Horton dachte sowohl an ein konkretes Territorium als auch an einen Möglichkeitsraum. »Selbst-Regierung« ist der Schlüsselbegriff der Buchteile II und III und das politische Kernanliegen Hortons. Dabei ging es ihm darum, die in Zweifel gezogene Befähigung klarzustellen, aber nicht nur theoretisch-argumentativ, sondern auch praktisch-empirisch. Darum werden die existierenden Formen der Selbstorganisation (in Politik, Wirtschaft, Gesellschaft, Kultur und Religion) in den Räumen rund um die britischen Besitzungen in Gambia, Sierra Leone, an der Goldküste, in Lagos und im Yorubaland sowie im Igboland ausführlich beschrieben. Überall sucht Horton Spuren des »selbst-regierenden Geistes«, die »Seele der Selbst-Regierung« (151) – und findet sie. Auf dieser Basis formuliert er im dritten Buchteil eine Bedarfsliste an Initiativen, die nötig seien, um in den genannten Räumen die Weichen für die künftige Selbst-Regierung zu stellen, und präsentiert seine Forderungen in vier Abschnitten für Sierra Leone, Gambia, die Goldküste sowie Lagos und Liberia.

Er studierte die lokalen soziopolitischen Zustände, um die Möglichkeit zur Herausbildung einer modernen »afrikanischen Nationalität« in seinem Sinn auf den Weg zu bringen. Dabei verwendet er in seinen Beschreibungen der verschiedenen afrikanischen Kulturen Begriffe wie »Nation«, »Rasse«, »Stamm« quasi synonym und unterscheidet auch nur unwesentlich zwischen »Königtümern«, »Reichen« und *»chiefdoms«*; wo hier die definitorischen Grenzen gezogen werden könnten – oder überhaupt sollten – bleibt unklar, ist für sein Unterfangen aber auch nicht relevant. Im kolonialen Denken hingegen, das sich zu Hortons Lebzeiten erst begann Bahn zu brechen, verdichteten sich die besagten Termini bald zu »asymmetrischen Gegenbegriffen«,[457] die einander nicht nur oppositionell entgegengesetzt, sondern über- und untergeordnet wurden. Noch für Horton hätte die koloniale Vorstellung, Afrika wäre ein Ort der »Stämme« und stünde im Gegensatz zu europäischen »Nationen«, keinerlei Sinn ergeben.

Sehr wohl relevant war für Horton hingegen, dass er in den vorgefundenen Verhältnissen Westafrikas – die er als entweder republikanisch oder monarchisch klassifizierte – brauchbare Anknüpfungspunkte für sein Ziel erkannte, die jeweiligen Bevölkerungen dazu zu motivieren, sich eine neue Verfassung zu geben. Hortons Ideal war eine konstitutionelle Monarchie mit einem auf ausreichend Zeit gewählten und mit ausreichenden Herrschaftsmitteln ausgestatteten König (oder »Präsidenten«, wie es in seinem Vorschlag für eine »Republik Accra« heißt; 125, 136 f.) an der Spitze, um weitreichende Modernisierungsmaßnahmen im Bildungs- und Gesundheitssektor, aber auch in der Agrarwirtschaft und im Bergbau setzen zu können. Dem allgemeinen Wahlrecht und der Frauenbildung maß er besonders große Wichtigkeit zu. Eine genaue Auflistung und Diskussion der agrarischen und mineralischen Naturressourcen der westafrikanischen Territorien sollten die Finanzierungsmöglichkeiten für die angestrebte Modernisierung erweisen, aber auch ihre Rentabilität für Investoren. Schließlich scheute Horton auch nicht davor zurück, die Annexion benachbarter Gebiete zu empfehlen; so etwa in Bezug auf Sierra Leone: »Eins der ersten Ziele [des Wahlkönigs] sollte sein, das angrenzende Territorium als integralen Teil seines Königtums zu annektieren und danach zu streben, den Händlern, die dort tätig sind, Schutz und Unterstützung zu geben.« (90)

Das Modell von Entwicklung, das Horton hier vorschlägt, ist ganz offensichtlich einer Zivilisierungsmission verpflichtet. Es gründet in der Überzeugung, eine bessere Zukunft zu kennen, und im Glauben, diese herstellen zu können. Diese Ausrichtung auf die Zukunft – auf eine »offene Zukunft«, die aktiv gestaltet werden kann und soll – macht Horton zu einem »Modernen«. Was ihn von den kommenden Modernisierungsprojekten – den kolonialen wie den nachkolonialen – und ihren desaströsen Folgen für politische, wirtschaftliche und gesellschaftliche Zustände in Afrika allerdings wesentlich unterscheidet, sind sein Wertekanon und sein Menschenbild.

Beide kommen im fünften und letzten Abschnitt des dritten Buchteils, in den »Abschließenden Bemerkungen: Ratschlag an die aufstrebende Generation in Westafrika« (246–249), gut zum Ausdruck. Dieser läuft auf die Empfehlung hinaus, den eigenen Verstand kritisch zu gebrauchen:

> »[…] Beobachten ohne zu denken führt zu einer flüchtigen Beobachtung, und die Erfahrung, die man aus ihr zieht, ist vergeudet; und wenn wir nachdenken, ohne ausreichend über Fakten zu verfügen oder ohne sie überprüft zu haben, werden wir Falsches denken; und wenn wir denken, ohne zu vergleichen, wird das Resultat sein, dass wir zu einem enormen Warenhaus des belanglosen Wissens werden.« (248)

Und freimütig legt Horton zum Ende seines Buches sein Menschenbild offen:

> »[…] Es liegt nicht in der Natur aller Menschen, nach Macht zu streben, nach Wohlstand, nach Ruhm, nach Wichtigkeit, nach bloßem Buchwissen. […] Im Gegenteil, es liegt im Interesse aller Menschen, angezogen zu werden von Tugend, Ehrlichkeit, Mitgefühl, Weisheit, Wahrheit, Glück und Frieden.« (249)

Dass die kommende Generation diese Lehre zu ziehen lerne und sich das »auf die Erneuerung ihres Landes auswirken« werde (249), hoffte Horton von ganzem Herzen.

Conclusio

Bald nach Hortons Tod begann die Aufteilung Afrikas unter europäischen Großmächten. Zunächst rund um die Berliner Konferenz von 1884/85 auf Papier beschränkt, erfolgte in den folgenden beiden Jahrzehnten die militärisch gedeckte Unterwerfung afrikanischer Akteure und die Etablierung neuer imperialer Herrschaftsräume. Afrika wurde flächendeckend in europäisch beherrschte Kolonien gegliedert. Als Rechtfertigung diente nun nicht zuletzt jener sozialdarwinistisch imprägnierte krude Kolonialrassismus, dem Horton in seiner Schrift von 1868 jede sachliche Grundlage entzogen hatte, der aber nichtsdestotrotz nun die Großmachtpolitik und ihre Agenten fest im Griff hatte. Afrikaner und Afrikanerinnen wurden als mindere Wesen betrachtet. Sie wurden von der Teilhabe an Entscheidungsprozessen ausgeschlossen und ihnen wurde abgesprochen, als Gestalter progressiver Entwicklungen in den kolonialen Territorien in

Erscheinung treten zu können. Von der partnerschaftlichen Beziehung zwischen den (westlich) gebildeten Afrikanern und den entscheidend engagierten britischen Akteuren – kolonialen und christlichen – im gemeinsamen Ziel vereint, wie sie Horton noch erlebte, war nun keine Rede mehr; und bald verblasste auch die Erinnerung daran, dass die Beziehung zwischen Afrikanern und Europäern einmal etwas anderes als ein nacktes und brutales Herrschaftsverhältnis gewesen war – und anders imaginiert werden konnte.

Auch Africanus Horton wurde vergessen. Dazu trug auch anderes bei. Gerade in Westafrika setzten die Briten seit der Jahrhundertwende immer mehr ausschließlich auf die älteren, nicht-modernen afrikanischen Eliten, um ihre Macht zu sichern, und drängten die modernen afrikanischen Akteure ins politische Abseits. Zwar gab es immer wieder organisatorische Initiativen der westafrikanischen Bildungseliten gegen ihre Marginalisierung durch den kolonialen Herrschaftsapparat,[458] doch ihre Wiederkehr als entscheidender Faktor im kolonialpolitischen System geschah erst wieder aufgrund der tiefgreifenden systemischen Folgen, die der Zweite Weltkrieg zeitigte, unter spätkolonialen Bedingungen. Kein Wunder also, dass Hortons Schriften erst dann, im Zeitalter der politischen Dekolonisation und der neuen Unabhängigkeiten, wiederentdeckt und neu editiert wurden.[459] Ende der 1960er-Jahre setzte auch eine nähere biografische und werkbezogene Auseinandersetzung mit ihm selbst ein, die allerdings kurzlebig blieb.[460]

Diese Kurzlebigkeit ist wenig verwunderlich angesichts der zeitgenössischen Veränderungen, die der Kontinent seit der zweiten Hälfte der 1960er-Jahre erfuhr: Auf das Jahrzehnt der Euphorie über errungene Unabhängigkeiten und Entwicklungschancen folgten Enttäuschung über fortgesetzte Abhängigkeiten, Versagen der politischen Eliten und misslungene Entwicklungsprojekte; die Stimmung kippte und das Gros der kritischen afrikanischen Bildungseliten radikalisierte sich – entweder durch Hinwendung zu der einen oder anderen Form von Sozialismus oder durch die Einnahme einer wertkonservativen, nativistischen Position. Kein Wunder also, dass Hortons auf Kooperation und Verwestlichung ausgerichtetes Denken angesichts radikaler antikolonialer und antineokolonialer Stimmungen für afrikanische Leser und Leserinnen zunehmend inakzeptabel schien: Die einen waren der kolonialen Mär vom authentischen Afrika auf den Leim gegangen und kritisierten Horton deshalb aus einer nativistischen Perspektive,[461] für die radikalen linken afrikanischen Autoren war er aufgrund seiner verbürgerlichten, unternehmerischen, prokapitalistischen Vita ohnehin keiner der Ihren. Horton fiel in der Folge weitgehend dem Vergessen anheim.

In einer umfassenden Perspektive hat sich seit Christopher Fyfes Biografie 1972 eigentlich niemand mehr Horton zugewandt. Hinsichtlich einzelner Aspekte wurde er freilich immer wieder gelesen. Vereinzelt stießen seine Ideen zu Bildung und die Forderung nach einer westafrikanischen Universität auf Aufmerksamkeit;[462] ebenso seine Bedeutung in der Medizingeschichte Afrikas.[463] Hortons Antirassismus wurde früh von Fyfe thematisiert, dann erst wieder von Sonderegger und Táíwò näher untersucht.[464] Zu Horton als Nationalist und seinem Verhältnis zum Panafrikanismus, das in den 1960ern gern befragt wurde,[465] bezogen später nur Fyfe und Mährdel sachlich gut begründet Position; kürzlich auch wieder Sonderegger, Nwachukwu und Goerg.[466] Die Frage nach der Modernität Hortons, ebenfalls von zentraler Bedeutung in den Publikationen der 1960er und frühen 70er, führte seither sehr lange ein Schattendasein; erst bei Boele van Hensbroek Ende der 1990er-Jahre und dann bei Táíwò mehr als eine Dekade später spielt Horton die wohlverdiente Schlüsselrolle als Pionier einer »afrikanischen Moderne« und eines »modernen Afrika«.[467] In all diesen Arbeiten wurde meist unisono festgestellt, wie viel er uns Heutigen zu sagen und an – vielleicht immer noch, oder wieder – überlegenswerten Problemlösungen zu bieten hätte. Doch hat das weder zu einer breiteren Wiederentdeckung geführt noch zur Nutzbarmachung seiner sozialpolitischen Entwicklungsvorschläge.

Die in solcher Vergesslichkeit und Nachlässigkeit sich äußernde Ignoranz scheint mir die kritische Diagnose zu unterstützen, die Olúfẹ́mi Táíwò kürzlich angestellt hat. Dieser ideengeschichtlich versierte nigerianische Philosoph erkennt im modernen euroamerikanischen philosophischen Denken nicht nur eine bedenkliche, freilich fest etablierte Leerstelle am Werk, wenn es um das Selbstverständnis der »Moderne« geht, sondern bringt sie auch elegant auf den Begriff: So bezeichnet er die nachweislich eurozentrischen Autoren, die den Diskurs um »die Moderne« bis heute dominieren – konkret nennt Táíwò David Hume, Immanuel Kant und Georg Wilhelm Friedrich Hegel –, als »die Problem-Modernen«; als »Leute, deren universelle Ansprüche durch ihren von Rassismus gebeugten Provinzialismus untergraben werden«.[468] Er stellt diesen fragwürdigen »Problem-Modernen« eine Kategorie der »ausgeschlossenen Modernen« gegenüber. Darunter fallen jene, die wie Africanus Horton aufgrund ihrer Herkunft, wegen ihres Aussehens oder weil sie abseits der Metropolen lebten (und vielleicht nicht zuletzt wegen der »revolutionären« emanzipatorischen Stoßrichtung ihres Denkens), willkürlich von der Teilhabe an der Moderne ausgeschlossen werden. Hortons Werk vermittelt ganz gewiss Ideen und Möglichkeiten einer alternativen »Moderne«, wie Táíwò meint. Es ist aber auch bereits integraler Teil der modernen Ära und in der »Moderne« stark verwurzelt – es entstammt Hortons direkter, kritischer und konstruktiver Beschäftigung, seiner intensiven und kreativen Auseinandersetzung mit seiner Zeit und der ihn umgebenden Welt. Horton war ein Faktor im öffentlichen Leben in den britisch-westafrikanischen Territorien und mitunter darüber hinaus. Er war obrigkeitskritisch, aber politisch realistisch; eigensinnig, aber sozial eingestellt. Er strebte nach Selbstbestimmung und Freiheit und argumentierte kompromisslos für die Gleichheit und Gleichwertigkeit aller Menschen. Schließlich setzte er unerschütterliches Vertrauen in die Hoffnung und den Glauben, das Leben der Menschen und ihre Lebensumstände durch vernunftgeleitetes Handeln verbessern zu können. Er baute auf die Zukunft, aber handelte in der Gegenwart. Das ist es, was »Moderne« tun.

5. EINE GESCHICHTE DES PANAFRIKANISMUS IM 19. UND 20. JAHRHUNDERT

Die neuzeitliche Geschichte ist in wesentlichen Punkten eine Geschichte des Imperialismus, der Entfaltung asymmetrischer Beziehungen im Weltmaßstab. Mit der Durchsetzung der modernen Kartografie verwandelten sich die verschiedenen Weltregionen in gewissermaßen naturräumlich geordnete Zonen, und die Kontinente erscheinen in diesem Rahmen als natürlich zusammenhängende, klar umrissene Größen. Die Auffassung von Afrika als einer solchen Einheit, die von anderen – etwa Europa und Asien – säuberlich abgetrennt, ja ihnen gar entgegengesetzt werden könnte, hat sich in Europa und von dort ausgehend nahezu weltweit durchgesetzt. Die Naturalisierung dieser Auffassung wurde durch die Gleichsetzung Afrikas mit Dunkelheit noch verstärkt, die sich im Zeitalter der Aufklärung verdichtete: Zum einen erschien Afrika nun mehr und mehr als Gegenbild zum heller erscheinenden, »aufgeklärten« Europa, zum anderen setzte sich das Rassenparadigma durch, das mit Carl von Linné einen falschen Glauben an die Realität des *Afer niger*, des »schwarzen Afrikaners« (lat.), stiftete.[469]

Seit dem 18. Jahrhundert griffen Afrikaner und Afrikanerinnen der Diaspora – die Nachkommen von Menschen, die in die Amerikas und die Karibik verschleppt wurden – diese Vorstellung aktiv auf und machten sich ein Bewusstsein zu eigen, das »Afrika« ins Zentrum ihrer Selbstidentifikation stellte. Dabei spielten die realen vielfältigen Bedingungen auf dem afrikanischen Kontinent von Anfang an keine Rolle. Die Bezugnahme auf »Afrika« diente den durch die Sklaverei entwurzelten Menschen vielmehr als ein mythischer Referenzort, als ein Sinnbild der verlorenen Heimat, angesichts dessen eine soziale Sinnstiftung in der »Neuen Welt« möglich war. Die Wurzeln der panafrikanischen Idee liegen darum in der Diaspora.

Der Panafrikanismus ist ein entschieden modernes Projekt. Im Ringen um *Gleichheit* und *Freiheit* in Form von Antirassismus und Antikolonialismus, das aus einer durch Ungleichheit gekennzeichneten Ausgangssituation resultierte, besteht sein wesentlicher Antrieb. Im Zeichen der *Brüderlichkeit* soll schließlich humane Solidarität hergestellt, der emanzipatorische Kampf geführt und gewonnen werden. Modern sind die Fragen, die sich Panafrikanisten stellen, und die Probleme, auf die sie Antwort zu finden suchen: Worin besteht Authentizität? Wie erlangen wir Freiheit, wie können wir uns befreien? Welche Entwicklung soll und kann Afrika nehmen? Modern sind freilich nicht nur die Bezüge auf die Werte und Fragen des emanzipatorischen Revolutionszeitalters, sondern auch die atavistisch erscheinenden Züge an gewissen Spielarten des Panafrikanismus, vor allem der Naturalismus seiner Sprache, der ihn mitunter zu einem Gegenrassismus ausarten ließ. Es ist aber explizit darauf hinzuweisen, dass er diesen naturalistischen Makel mit zwei der beherrschenden Ideologien der europäisch geprägten Moderne teilt: dem »weißen« Rassismus und dem Nationalismus. Als nach wie vor wirksame Modi des Weltverständnisses sind leider weder der Rassendiskurs noch nationalistische Vorstellungen überwunden. »Die Rassialisierung des Globus« war leider nur allzu erfolgreich.[470]

Im Folgenden wird die Entwicklung des Panafrikanismus in Afrika ideengeschichtlich skizziert. Nach einem knappen Rückblick auf die Frühphase erfolgt eine nähere Behandlung seiner Geschichte im 20. Jahrhundert. Meine Darstellung des Panafrikanismus in der ersten Hälfte des 20. Jahrhunderts geht nicht primär chronologisch vor, sondern ist grob entlang dreier Themen strukturiert, die für das panafrikanistische Ideenkonglomerat konstitutiv sind: Rassismus und Antirassismus (Ungleichheit), Kolonialismus und Antikolonialismus (Abhängigkeit), sowie Afrikanischer Nationalismus (Authentizität). Weniger klar gebündelt lässt sich die Entwicklung in der zweiten Hälfte des 20. Jahrhunderts nachzeichnen, als mit Erreichung nomineller staatlicher Unabhängigkeit und mit der Gründung der *Organisation of African Unity* (OAU, 1963) zentrale Ziele der Panafrikanisten erreicht schienen und neue Problemlagen auftraten. Dies liegt auch daran, dass sich die Zahl panafrikanischer Stimmen vervielfachte, die danach trachteten, ihre Zielvorstellungen im Rahmen der kolonial und postkolonial gesetzten Grenzen umzusetzen. Hier konzentriere ich mich auf wenige »panafrikanische« Einzelfälle. Was viele der namhaften, politisch aktiven Panafrikanisten in der zweiten Jahrhunderthälfte gemeinsam hatten, ist: Sie starben keines natürlichen Todes.

Anfänge der panafrikanischen Idee in Afrika

In der atlantischen Diaspora in Reaktion auf eine Sklavenhaltergesellschaft entwickelt, die ein nach Hautfarbe und Herkunft rassialisiertes herrschaftliches System unterhielt, zeichnete den Panafrikanismus von Anfang an ein gegenüber den Ansprüchen »weißer« Vorherrschaft artikulierter Antirassismus aus. Dieser Antirassismus blieb auch erhalten, als panafrikanische Vorstellungen seit dem 19. Jahrhundert zunehmend von Afrikanern aufgegriffen wurden, die auf dem afrikanischen Kontinent selbst lebten: in den britischen Besitzungen an der westafrikanischen Küste und in Südafrika, sowie in der amerikanischen Gründung Liberia. Dort wurden die Emanzipationsansprüche seit Mitte des 19. Jahrhunderts von namhaften Autoren wie Edward Wilmot Blyden (1832–1912) und James Africanus Beale Horton in kulturnationalistischen Begriffen gestellt. Dabei ging es besonders um die Schaffung eines emanzipierten Selbstbewusstseins, und die Betonung lag lange auf dem Nachweis kultureller Leistungen von Afrikanern in Vergangenheit und Gegenwart. Diese frühen modernen afrikanischen Eliten in jenen Territorien forderten Beteiligung an der kolonialen Verwaltung, mitunter auch Selbstverwaltung im Rahmen imperialer Verhältnisse, zunächst aber keine Eigenstaatlichkeit.[471]

Liberia wurde seit den frühen 1820er-Jahren durch die *American Colonization Society* von rückkehrwilligen Afroamerikanern besiedelt. Ihre Gesamtzahl blieb freilich weit hinter den Erwartungen der US-amerikanischen Financiers zurück, die in ihrer Unternehmung ein probates Mittel zur Lösung der Sozialen Frage in den USA erhofften. Innerhalb schwarzer Missionskirchen, insbesondere der *African Methodist Episcopal Church* (AMEC), fasste die *Back to Africa*-Bewegung jedoch nachhaltig Fuß. Das Selbstverständnis der afroamerikanischen »Rückkehrer« war dabei ein problematisches.[472] Zum einen sahen sie sich als »Afrikaner«, eine Sichtweise, die sie in einen uneingestandenen Gegensatz zu den vielfältigen autochthonen Selbstverständnissen afrikanischer Bevölkerungen brachte. Zum anderen betrachteten sie sich als Pioniere des Christentums und der Zivilisation, als Vertreter einer höheren Kultur. Eine Begegnung auf gleicher Augenhöhe mit den autochthonen Bevölkerungen ihrer Zielregionen war durch dieses überhöhte, an »weißen« Kategorien geschulte Selbstverständnis von vornherein ausgeschlossen.

Das Bedürfnis, Afrika zu kolonisieren und zu christianisieren, führte zahlreiche Afroamerikaner nach Afrika; so etwa Alexander Crummell (1819–1898) 1853 nach Liberia, wo er für gut 20 Jahre als Pastor wirkte. In direktem Bezug auf Martin Robison Delany (1812–1885) – der 1859 eine Reise nach Liberia und ins nigerianische Abeokuta unternommen hatte und einer der bekanntesten Fürsprecher für eine Kolonisierung Afrikas durch schwarze Amerikaner war – hat Tunde Adeleke auf die Verschränkung von emanzipatorischen Intentionen und imperialistischen Ansprüchen hingewiesen, die durchaus typisch für Panafrikanisten im 19. Jahrhundert war: »Durch die Stärkung der Bindung mit Afrika beabsichtigte Delany, Schwarze sowohl von angloamerikanischer als auch angelsächsischer Herrschaft und Ausbeutung zu befreien. Afrika stellte die letzte Hoffnung dar – und tatsächlich die neue Frontier –, um eine schwarzamerikanische Nationalität zu begründen und zu erhärten.«[473] Aus der Enttäuschung, dass in den USA keine Gleichberechtigung durchgesetzt werden konnte, resultierte also die Unterstützung eines zugleich nationalistischen und kolonialen Projekts in Afrika.

Die begeisterte Zustimmung, welche die militärische Eroberung und Besetzung Afrikas durch europäische Mächte im Zuge des *Scramble for Africa* bei Edward Wilmot Blyden gefunden hat, wird in dieser Perspektive verständlich – umso mehr, als Blydens Glaube an den Topos von Afrika als »Grab des weißen Mannes« ihn dazu verführte, im europäischen Engagement nur eine kurzfristige, rasch vorübergehende Episode zu erblicken. Ihm erschien sie jedenfalls als eine höchst willkommene Säuberungsaktion, weil er in den bestehenden afrikanischen Herrschaftsverhältnissen ein wesentliches Hindernis für die Ankunft der »Zivilisation« in Afrika sah.[474] Schon zuvor hatte Blyden in Jahrzehnten wiederholter Vortragsreisen in die USA um afroamerikanische Emigranten geworben, um Afrika zu entwickeln. Auch in Südafrika wurde die *African Methodist Episcopal Church* aktiv, hier freilich nicht in Form eines Siedlungsprojekts. Als Bischof Henry McNeal Turner (1834–1915) in den 1890er-Jahren Südafrika besuchte, trat er in Beziehung zu den neuen äthiopianischen Kirchen, die dort entstanden waren, und ermöglichte zahlreichen Südafrikanern ein Studium in den USA. Unter anderem profitierten Solomon Tshekiso Plaatje (1877–1932) und Pixley ka Isaka Seme (1881–1951), Mitbegründer des *South African Native National Congress* (1912, später: ANC), von dieser transatlantischen Kooperation, die sie in unmittelbaren Kontakt mit westlichen Lebensverhältnissen brachte und mit der diasporischen Idee einer panafrikanischen Einheit vertraut machte.

Mit Sierra Leone, das nach dem 1807 erfolgten englischen Verbot des Sklavenhandels 1808 zu einer Kronkolonie und zum westafrikanischen Sitz der britischen Admiralität gemacht wurde, und mit Liberia, das – seit den 1820er-Jahren kolonisiert – 1847 seine Unabhängigkeit erklärte, waren zwei zentrale Brückenköpfe für europäische und amerikanische Einflussnahme etabliert worden. Diese Gründungen waren eine Folge der effektiv gewordenen Antisklavereibemühungen – ein Resultat jenes

> »bedeutenden Angriffs auf den atlantischen Sklavenhandel, zu dessen wichtigsten Komponenten die Ersetzung heidnischer, in Sklaven handelnder Gesellschaften durch christianisierte Landwirte gehörte, die in Europa zunehmend nachgefragte landwirtschaftliche Güter produzieren sollten. Die Küstenstädte Freetown, Monrovia und Libreville wurden alle als Rehabilitationszentren für frühere Sklaven gegründet.«[475]

Die Aktivitäten von Samuel Ajayi Crowther (ca. 1807–1891), der im Dienst der *Church Missionary Society* 1841 und 1854 Erkundungsfahrten am Niger und Nebenflüssen unternommen hatte und seit 1864 anglikanischer Bischof der weitläufigen westafrikanischen Diözese war, legten die Grundlage für die Missions- und Kolonisationstätigkeit im Raum des heutigen Nigeria, wo sich entlang der seit den 1840er-Jahren errichteten Missionsstationen zahlreiche Rücksiedler, sogenannte Sierra Leonians, niederließen und als Katalysatoren europäischen Einflusses wirkten. Die europäische Präsenz in Lagos seit 1851, das 1861 zur britischen Kronkolonie erklärt wurde, gründete in diesem Zusammenhang. Im Verlauf des 19. Jahrhunderts bildeten sich unter diesen »modernen« Afrikanern, auf der Basis analoger Erfahrungen im Rahmen einer ambivalenten kulturellen Begegnungssituation, entlang der westafrikanischen Küste

Netzwerke heraus, und ein gemeinsames Bewusstsein davon, eine besondere Art von »Afrikaner« zu sein, setzte sich innerhalb dieser Gruppe zunehmend durch.

Négritude, Garveyismus und Afrikanischer Nationalismus

Die Vorstellung einer natürlich gegebenen und andersartigen »Afrikanischen Persönlichkeit«, wie sie von Blyden um 1869 erstmals zu Papier gebracht wurde, war eine rassisch grundierte Idee. Insofern sie die Existenz von unterschiedlich befähigten »Rassen«, die der zeitgenössische »weiße« Rassismus propagierte, für bare Münze nahm, mutierte sie zu einem Gegenrassismus. In der *Négritude*, einer Ideologie und Bewegung, die in Paris seit den 1930er-Jahren unter schwarzen Studenten und Kulturschaffenden entwickelt wurde,[476] blieb dieses Grunddilemma erhalten. »Négritude bedeutet,« schrieb Léopold Sédar Senghor, »sich selbst in sich zu verwurzeln, sie ist Selbstbestätigung: Bestätigung des eigenen *Seins*. Négritude ist nichts mehr oder weniger als [...] die *Afrikanische Persönlichkeit.*«[477] An dieser afrikanischen Persönlichkeit hatten, so die Verfechter der *Négritude*, alle Menschen dunkler Hautfarbe, egal wo sie geboren waren, Anteil. Aimé Césaire präzisierte:

> »[...] wir können von einer großen Familie der Afrikanischen Kulturen sprechen, die zusammengenommen den Namen Schwarzafrikanische Kultur verdient [...] und wir wissen, dass wegen der Zufälle der Geschichte das Feld dieser Zivilisation, der Ort dieser Zivilisation, die Grenzen Afrikas weit übersteigt.«[478]

Die Pioniere der *Négritude*, Aimé Césaire (1913–2008) aus Martinique und Léopold Sédar Senghor (1906–2001) aus dem Senegal, kritisierten zwar die Kolonialherrschaft, blieben aber in einer »orientalistischen« Attitüde verhaftet und führten dadurch das Projekt einer eurozentrischen »Erfindung Afrikas« weiter.[479] Senghors dichotome Grundkonzeption von afrikanischer Emotion hier, europäischer Rationalität dort gleicht verblüffend der Differenz, die der deutsche Ethnologe Leo Frobenius für die afrikanische Prähistorie zog: zwischen einer »äthiopischen« (spezifisch schwarzafrikanisch vorgestellten und positiv beurteilten) Kultur und einer »hamitischen« (aus der Fremde stammenden und negativ eingeschätzten). Dass das gegenwärtige Afrika der europäischen Herrschaft bedurfte, wurde von Frobenius freilich ebenso wenig bezweifelt wie von denen, deren Afrikabild weniger idyllisch aussah. Man erkennt aber, weswegen das Werk dieses Deutschen für Senghor so attraktiv erschien: Es stand außerhalb des französischen Kolonialkontextes (wenngleich im Rahmen des kolonialen Denkens), und es vermittelte ein positiv gefärbtes Bild von Afrika, in dem Geschichte und Kultur diesem Kontinent und seinen Bewohner:innen nicht mehr rundheraus abgesprochen wurden.

Während Senghors Überlegungen kaum über Elitenzirkel Afrikas – und Europas – hinauswirkten, so galt das nicht für die Ideen zur Geschichte Afrikas, die sich der Senegalese Cheikh Anta Diop (1923–1986) machte. Politisch ein vehementer Kritiker von Senghor, gehört Diop ideengeschichtlich ganz klar der Gedankenwelt der *Négritude* an. Das Alte Ägypten war ihm nicht nur die Wiege aller Zivilisation, sondern auch das reine Werk einer schwarzen Gesellschaft. Die grundsätzliche Einheit Afrikas in Kultur, Lebensweise und »Rasse« war sein lebenslanges Glaubensbekenntnis; als Kontrapunkt firmierte ein gleichermaßen eindimensionales Verständnis von Europa.[480] Diop zog seit den 1950er-Jahren eine scharfe Trennungslinie zwischen Afrika und Europa und drehte die herkömmliche Auffassung in ihrer Wertigkeit einfach um. Angesichts der kolonialen Situation war diese Umwertung freilich zentrale Voraussetzung, um ein angeschlagenes Selbstwertgefühl zu heben und das Recht auf politische Freiheit nachdrücklich einzufordern.

In dieser Hinsicht gleicht die *Négritude* dem Garveyismus, der »Rassestolz« propagierte und vor allem in der Diaspora auf Zuspruch stieß. Von Marcus Mosiah Garvey Jr. (1887–1940) begründet, einem Jamaikaner, der 1914 im New Yorker Stadtteil Harlem die *Universal Negro Improvement Association* (UNIA) ins Leben rief, wurde daraus die erste organisierte schwarze Massenbewegung mit »messianischen« Zügen.[481] In der Autobiografie Kwame Nkrumahs findet sich eine treffende Einschätzung dieses gleichermaßen schillernden wie problematischen Mannes: Garvey zu lesen habe »wie keine andere [Lektüre] meinen Enthusiasmus befeuert […]. Mit seiner Philosophie ›Afrika für die Afrikaner‹ und seiner ›Back to Africa‹ Bewegung trug Garvey viel dazu bei, die Schwarzen im Amerika der 1920er Jahre zu inspirieren«.[482] Auch andere Afrikanische Nationalisten rezipierten in den 1920er-Jahren mit einigem Enthusiasmus Garveys Hinweise, dass es angebracht sei, stolz auf die dunkle Hautfarbe zu sein. Allerdings wurde vielen bald klar: »Garveys Ideologie befasste sich mit *schwarzem* Nationalismus im Gegensatz zu *Afrikanischem* Nationalismus.«[483] Für diejenigen Afrikaner, die – wie Nkrumah – im Lauf der 1930er-Jahre damit begannen, ihre Kolonialkritik zu einem grundsätzlichen und effektiven Antikolonialismus auszubauen, markierte dieser Gegensatz der Interessen zwischen Afrikanern aus der Diaspora und Afrikanern aus dem immer noch kolonialen Afrika eine essenzielle Scheidelinie. Ihre Ziele waren verschieden, und das erforderte unterschiedliche politische Strategien.

Ein Pionier in dieser Hinsicht war Joseph Ephraim Casely Hayford (1866–1930), der um die Jahrhundertwende an der Goldküste als Rechtsanwalt und Journalist wirkte. In *Ethiopia Unbound: A Study in Race Emancipation* (1911) folgte Casely Hayfords Argumentation für afrikanische Gleichheit, ja afrikanische Höherwertigkeit, weitgehend Blydens Vorstellung von naturgegebenen rassischen Verschiedenheiten.[484] Fakt und Fiktion mischend, versammeln sich in *Ethiopia Unbound* die Götter im Atlasgebirge, beratschlagen über das Geschick der Welt und entsenden einen der ihren in die Menschenwelt, um predigend den rechten Weg zu weisen und die herrschenden Probleme zu lösen.[485] Casely Hayfords Gleichnis ist eine Anspielung auf eine kleine, aber im Wachsen begriffene Gruppe von Westafrikanern, die nationalistisches Gedankengut propagierten und ein nationalistisches Selbstverständnis pflegten. Die durch ihn 1919 erfolgte Gründung des *West African National Congress*, macht die enge Verflechtung zwischen nationalistischem und panafrikanischem Denken deutlich, da er nach regionaler und letztlich kontinentaler Kooperation strebte.[486] In mehreren Werken unterstrich Casely Hayford auch den Wert traditioneller afrikanischer Gesellschaftsordnungen und kultureller Vorstellungen. Daraus bezog er einerseits Argumente für seine prononciert kolonialkritische Haltung, andererseits auch den Stoff für seine Zurückweisung der diasporischen Ansprüche, für Afrika zu sprechen: »Der durchschnittliche afroamerikanische Bürger der Vereinigten Staaten«, schrieb Casely Hayford, »hat seinen absoluten Bezug zur Vergangenheit seiner Rasse verloren. […] Schauen wir die Sache genau an, so werden wir nicht so sehr *Afroamerikaner* [als Agenten des fortschrittlichen Wandels in Afrika] wollen als vielmehr *Afrikaner*, *Äthiopier* […]«.[487] Damit stellte Casely Hayford unmissverständlich – und erstmals – den Führungsanspruch afrikanischer Denker gegenüber jenen aus der Diaspora fest, wenn es um kontinentale, »afrikanische« Angelegenheiten ging.

Im frankofonen Zusammenhang kam diese Konfliktlinie erst nach dem Zweiten Weltkrieg offen zum Ausdruck anlässlich des ersten und zweiten »Kongresses schwarzer Schriftsteller und Künstler« in Paris 1956 und Rom 1959. Deren Akten und Berichte wurden im wichtigsten Organ panafrikanischer Ideen in französischer Sprache publiziert – in der von Alioune Diop (1910–1980) im Jahr 1947 gegründeten *Présence Africaine*. Dort äußerte Aimé Césaire:

> »[…] wir haben uns gefragt, was der gemeinsame Nenner einer Versammlung ist, die so verschiedene Menschen vereinen kann wie Afrikaner aus dem heimischen Afrika und Nordamerikaner, Menschen aus Westindien und von Madagaskar. In meiner Art zu denken, ist die Antwort offenbar. Sie kann in ganz kurzen Worten benannt werden: Koloniale Situation.«[488]

Sein antikolonialer Aufschrei stieß auf massiven Widerspruch seitens der afroamerikanischen Zuhörer. Diese sahen sich nicht als kolonial unterdrückt, und sie verwahrten sich auch dagegen, kulturell auf eine Stufe mit Afrika gestellt zu werden.[489]

Panafrikanische Kongresse, marxistisch inspirierter Panafrikanismus und Afrikanischer Nationalismus

Die Meinungsführerschaft in dem, was seither Panafrikanismus genannt wurde, lag zu Anfang des 20. Jahrhunderts fast ausschließlich in diasporischen Händen. Der afroamerikanische Harvard-Historiker William Edward Burghardt DuBois (1868–1963), der in den 1880er-Jahren auch an der Berliner Universität Geschichte studiert hatte, schrieb 1897 von »Pan-Negroism«. Drei Jahre später fand 1900 in London, auf Initiative von Henry Sylvester Williams (ca. 1869–1911) aus Trinidad, die Erste Panafrikanische Konferenz statt. Nur vier der 32 Teilnehmer an dieser Konferenz waren Afrikaner aus Afrika.[490] Die von DuBois formulierte Konferenzresolution *To the Nations of the World* verkündete prophetisch:

»Das Problem des 20. Jahrhunderts ist das Problem der *color-line*, die Frage also, inwieweit Rasseverschiedenheiten – die sich hauptsächlich in der Hautfarbe und Haartextur zeigen – von jetzt an noch dazu dienen werden, mehr als der Hälfte der Weltbevölkerung das Recht zu bestreiten, die Möglichkeiten und Vorzüge der modernen Zivilisation [...] zu teilen.«[491] Eine weitere Konferenz fand bis auf Weiteres nicht statt. Allerdings organisierte 1911 die internationale Friedensbewegung den *Universal Races Congress* in London, an dem auch Vertreter des Panafrikanismus teilnahmen.[492]

Auch nach dem Ersten Weltkrieg blieb die »Rassenfrage« beherrschendes Thema, doch wurde nun im Rahmen des Ersten Panafrikanischen Kongresses, der – zeitgleich mit den Friedensvertragsverhandlungen – im Februar 1919 in Paris tagte, die Kritik an kolonialer Herrschaft konkretisiert. Die Kongressresolution forderte eine »Gesetzgebung zum internationalen Schutz der Indigenen Afrikas« sowie »die Bildung eines permanenten Amtes mit der besonderen Aufgabe, die Anwendung dieser Gesetze zum politischen, sozialen und ökonomischen Wohle der Einheimischen zu überwachen«.[493] Der Wortlaut zeigt, wie stark die Protagonisten selbst noch im Bann kolonialpaternalistischer Vorstellungen standen. Die Kontrolle der Maßnahmen sollte im Rahmen des in Gründung begriffenen Völkerbunds stattfinden und für eine Verbesserung der Lebensumstände Sorge tragen: durch Abschaffung von Sklaverei, Prügelstrafe und Zwangsarbeit; durch allgemeinen Zugang zu moderner Bildung; durch Schutz vor Landenteignung und wirtschaftlicher Ausbeutung; durch politische Partizipation an der Regierung »nach dem Prinzip, dass die Regierung für die Einheimischen da ist und nicht die Einheimischen für die Regierung [...], und mit dem Ziel, dass mit der Zeit Afrika durch den Konsens der Afrikaner regiert wird«.[494]

Realpolitisch zeitigte dieses Engagement kaum Wirkung. Dasselbe Schicksal teilten auch die folgenden drei Panafrikanischen Kongresse: 1921 in London, Brüssel und Paris; 1923 in London und Lissabon; 1927 in New York. Zudem kamen vermehrt interne Zwistigkeiten an die Oberfläche. Zwischen prokolonialen Teilnehmern wie dem senegalesischen Abgeordneten zur französischen Nationalversammlung, Blaise Diagne (1872–1934), und den kolonialkritischen Fürsprechern einer grundsätzlichen Kolonialreform wie DuBois bestanden grundsätzliche Auffassungsunterschiede.[495] Außerdem verhinderten die Differenzen zwischen den gemäßigt auftretenden und elitär verankerten Kongressorganisatoren und der populären schwarzen Massenbewegung um Marcus Garvey, die nicht direkt vertreten war, ein konzertiertes Auftreten, das die Sache gestärkt hätte.[496] Unter afrikanischen Eliten fand DuBois Programm eines dialogischen Ausgleichs innerhalb der herrschenden Verhältnisse deutlich mehr Anklang als Garveys Separatismus, allerdings blieb es in den 1920er-Jahren ein elitäres Projekt ohne breite Unterstützung: weder in den Amerikas noch unter den Bevölkerungen in den Kolonien. Die Panafrikanischen Kongresse blieben Orte, wo »schwarze« Eliten diskutierten und Pläne schmiedeten. Ihre Petitionen richteten sich nicht an die Bevölkerung Afrikas, sondern an die imperialen Mächte und die internationale Öffentlichkeit, von denen sie postwendend ignoriert wurden.[497]

Unter diasporischen Studierenden in den USA entstand in den 1920er-Jahren ein marxistisch inspirierter, internationalistisch agierender Panafrikanismus. Besonders in Erscheinung traten karibische Intellektuelle. Der aus Trinidad stammende Trotzkist C. L. R. James (1901–1989), Autor des klassischen Werks zur Haitianischen Revolution *The Black Jacobins* (1938), wurde durch seine enttäuschten Hoffnungen in die Oktoberrevolution zu einem Panafrikanisten, »weil er im afrikanischen Sozialismus zunehmend die Avantgarde einer neuen Form von Sozialismus erblickte«.[498] Sein Kamerad George Padmore (ca. 1902–1959), ebenfalls aus Trinidad, trat 1927 in die amerikanische KP ein und leitete in der Folge das *Negroe Bureau* der Komintern. Um für Antikolonialismus zu werben, hielt er sich zwischen 1929 und 1933 in zahlreichen europäischen Städten auf – darunter Moskau, Hamburg, Wien, London und Paris. Als die UdSSR 1933 ihre antiimperialistischen Aktivitäten aufgab und eine antifaschistische Allianz mit den Imperialmächten Frankreich und Großbritannien einging, kehrte sich Padmore von der KP ab.[499] Er knüpfte enge persönliche Beziehungen zu afrikanischen Studierenden in Europa und den USA, suchte und fand aber auch Zugang zum Kreis der afrikanischen Arbeiterschaft. Als talentierter Netzwerker wusste er, auch nach seinem Bruch mit der Partei, weiterhin auf seine Verbindungen und Freundschaften zu »weißen« Linken und zur »weißen« Arbeiterschaft zurückzugreifen. Padmore bemühte sich überaus aktiv um die internationale Solidarisierung über sogenannte Rassenschranken hinweg:

> »Infolge der weitverbreiteten negrophoben Einstellung in Afrika tragen die Schwarzen eine zwiefache Bürde – die der Klasse und der Rasse. Ihre Klassenausbeutung, d. h. ihre Ausbeutung als Arbeiter ist infolge ihrer kolonialen Lage sogar noch brutaler als die des Proletariats in England und anderen europäischen Ländern. [...]. Andererseits nimmt ihre Unterjochung als Rasse die barbarischesten Formen der Unterdrückung an.«[500]

Imperialismus und Kapitalismus sind zwei Seiten derselben Medaille: »Arbeiter Britanniens,« so Padmore in seinem *Manifesto Against War* vom 25. September 1938,

> »die Imperialisten sind unser gemeinsamer Feind. [...] Weiße Brüder, lasst Euch nicht irreführen. Unsere Freiheit ist ein Schritt zu Eurer Freiheit. Im gemeinsamen Bemühen um die Unabhängigkeit der Kolonialvölker und die Emanzipation der europäischen Arbeiter werden schwarze und weiße Arbeiter die Menschheit von der Plage Imperialismus befreien und der Menschheit eine neue Zukunft eröffnen.«[501]

Seit Mitte der 1930er-Jahre versammelte sich in London eine junge Generation von afrikanischen Nationalisten um George Padmore, welche die wachsende allgemeine Unzufriedenheit in den Kolonien zu nutzen wussten, um ihrem zentralen Anliegen – Freiheit und Gleichheit; nun zunehmend artikuliert in der Forderung nach »Unabhängigkeit« – eine solide und breite Unterstützung zu verschaffen.[502] Es ist wichtig, darauf hinzuweisen, dass die Basis ihres Erfolgs jedoch jenseits der Panafrikanischen Kongresse und ohne Zutun der Komintern gelegt worden war. Zu nennen sind insbesondere: die unabhängigen Kirchen; die ländlichen, oft religiös inspirierten Protestbewegungen; die genossenschaftlichen Zusammenschlüsse von landwirtschaftlichen Produzenten und Gewerbetreibenden; die Gewerkschaftsbildungen von Minen- und Dockarbeitern; die städtischen Jugendlichen, Männer und Frauen, deren Leben durch die kolonialen Verhältnisse aus gewohnten Bahnen geworfen worden war, was vielfältige Adaptionen verlangte und zu neuen Formen der Vergemeinschaftung Anlass gab.[503] Hier bildete sich jene Unzufriedenheit heraus, die – noch verstärkt durch die Folgen der Weltwirtschaftskrise – erst den Boden bereitete, auf dem der Afrikanische Nationalismus gedeihen konnte. Zudem waren es häufig die von diesen verschiedenen Gruppen etablierten Netzwerke und Kanäle, durch die die nationalistischen und panafrikanischen Ideen schließlich breites Gehör fanden.

Die Organisationsbemühungen der jungen Nationalisten konzentrierten sich ganz auf die antiimperialistische Propaganda und antikoloniale Praxis. Vermehrt kam es zu Gewerkschaftsbildungen, sodann zum Aufbau von Jugendorganisationen und, unter Einbindung auch von Frauenorganisationen, zu Parteigründungen. Verständlicherweise führte diese Strategie dazu, dass Afrikaner aus Afrika die Führungsrollen übernahmen. George Padmore, der als Patron und graue Eminenz bis in die späten 1950er eine wichtige Rolle als Integrationsfigur spielte, förderte diesen Prozess nachhaltig. Isaac Theophilus Akunna Wallace-Johnson (ca. 1894–1965) aus Sierra Leone war einer von dieser neuen afrikanischen Garde. Aus einfachen Verhältnissen stammend war er weit herumgekommen. Im Ersten Weltkrieg diente er als Soldat in Kamerun, Ostafrika und im Nahen Osten, später arbeitete er auf Schiffen und verkehrte regelmäßig zwischen afrikanischen und amerikanischen Häfen. Überdies schrieb er immer wieder auch für Zeitungen in Nigeria, an der Goldküste und in Sierra Leone. 1930 nahm er in Hamburg an der von Padmore organisierten *International Trade Union Conference of Negro Workers* teil und war auch an der Gründung der ersten Gewerkschaft in Nigeria im selben Jahr beteiligt. Er schrieb regelmäßig für den *Negro Worker*, »eine Zeitschrift, die es sich zur Aufgabe machte, ein Einheitsbewusstsein unter schwarzen Arbeitern überall zu erwecken […] und […] Arbeiter auf[forderte], sich eigenständig daran zu machen, ihre Probleme zu lösen […]«.[504] Zur Fortbildung verbrachte Wallace-Johnson 1932/33 nahezu zwei Jahre in Moskau, bevor er sich in Nigeria niederließ, von wo er aber wieder ausgewiesen wurde. Dann gründete er 1935 an der Goldküste die *West African Youth League* (WAYL), die erste Organisation dieser Art, die eine dezidiert panafrikanische Stoßrichtung verfolgte. Verhaftung und Rechtsstreitigkeiten folgten noch im selben Jahr. Von 1935 bis 1938 lebte Wallace-Johnson darum im Londoner Exil. Schließlich kehrte er nach Freetown, Sierra Leone zurück, wo er einen lokalen Ableger der WAYL gründete.[505]

Nnamdi Azikiwe (1904–1996) trat nach seinem von 1925 bis 1934 dauernden Studienaufenthalt in den USA als kompromissloser Journalist und Zeitungsmacher erst an der Goldküste, dann in Nigeria in Erscheinung, später auch als dezidiert politischer Aktivist. Dabei bemühte er sich, einerseits die indigene koloniale Elite antikolonial zu radikalisieren, andererseits über deren enge Grenzen hinaus zu wirken und insbesondere jüngere Menschen zu mobilisieren.[506] »Die Zeit der *So-war-es-immer* ist vorbei. Dies ist der Tag der *So-wird-es-sein*. Je eher das die fanatischen Kirchgänger der alten Zeit einsehen, desto besser für die Zusammenarbeit zwischen Jungen und Alten.«[507] Azikiwe propagierte »die Wiedergeburt der Afrikaner und die Neuformierung der afrikanischen Gesellschaft«.[508] Für die Regeneration Afrikas, die er im Sinn hatte, brauchte es fünferlei: »1. *Spirituelles Gleichgewicht*«, »2. *Soziale Regeneration*«, »3. *Wirtschaftliche Selbstbestimmung*«, »4. *Mentale Emanzipation*«, »5. *Nationales Risorgimento*«.[509] Auch Azikiwes Programmatik zeigt die typische Verbindung von Nationalismus, Antikolonialismus und panafrikanischem Solidaritätsdenken: »Die westafrikanischen Kolonien haben einen gemeinsamen Feind«, schrieb er etwa im *West African Pilot* am 21. Juli 1938: »Solange wir [...] nicht als ein vereinigtes Westafrika denken, müssen wir mit einer Kolonialdiktatur zufrieden sein, statt einer Regierung des Volkes durch das Volk und für das Volk.«[510] Nur durch überregionale enge Kooperation – durch Einheitsbildung – könne das Teile-und-Herrsche-Prinzip der kolonialen Herrschaft überwunden werden. Diesen panafrikanischen Optimismus sowie das Vertrauen in die Natürlichkeit und Automatik des nationalistischen Projekts teilten die meisten politischen Nationalisten Afrikas seit den 1930er-Jahren, die im Ausland studiert hatten – gleichgültig, ob in den USA, wie Hastings Kamuzu Banda (ca. 1896–1997) aus Njassaland und Kwame Nkrumah (1909–1972) von der Goldküste, oder in Europa, wie Jomo Kenyatta (1893–1978) aus Kenia, Julius Nyerere (1922–1999) aus Tanganjika und Amílcar Cabral (1924–1973) aus Guinea-Bissau.

Politische Sichtbarkeit und erste Erfolge

Im Oktober 1935 startete Italien einen Angriffskrieg gegen das unabhängige Äthiopien. Die internationale Staatenwelt schaute weitgehend billigend zu, während zivilgesellschaftliche Gruppierungen zwar weltweit, aber letztlich erfolglos protestierten. Afrikanische Studenten und karibische Intellektuelle gründeten in London die *International African Friends of Abyssinia* (IAFA). Aus der IAFA entstand im Mai 1937 das *International African Service Bureau* (IASB), dessen Vorsitzender George Padmore wurde. Generalsekretär wurde I. T. A. Wallace-Johnson, und im Vorstandskomitee fanden sich unter anderen Jomo Kenyatta und Nnamdi Azikiwe. Diese afrodiasporische Allianz gab seit 1938 eine eigene Zeitschrift heraus, die *International African Opinion.*[511] Das brückenschlagende Element in dieser Verbindung stellte der gemeinsame Opponent her: die koloniale Herrschaft. Als »die zwei fundamentalen Fragen, vor denen die Arbeiterklasse in der gegenwärtigen Epoche steht«, wurden zum einen das Recht auf politische »Selbstbestimmung der Kolonialvölker«, auf »nationale Freiheit« gesehen, zum anderen die grundsätzliche Absage an »Imperialismus« und »Krieg«.[512]

Das Engagement des IASB erreichte auch einen Schulterschluss zwischen der alten Panafrikanischen Kongressbewegung um W. E. B. DuBois, um die es nach 1927 sehr still geworden war, den internationalistischen Panafrikanisten um George Padmore und der jüngeren Generation afrikanischer Nationalisten. Unter dem Banner sozialistischer Ideen fanden sie sich im englischen Manchester zusammen, wo der Kreis des IASB im Oktober 1945 den Fünften Panafrikanischen Kongress ausrichtete – dort trat das IASB nun offiziell in Gestalt der 1944 gegründeten Dachorganisation *Pan-African Federation* auf, die zahlreiche Organisationen von Afrikanern in England zusammenfasste. Als einer der wenigen afroamerikanischen Teilnehmer war DuBois präsent, am zahlreichsten vertreten waren Teilnehmer aus der karibischen Diaspora und aus Afrika selbst – ein augenfälliger Unterschied zu den früheren Kongressen.[513] An antirassistischer und antikolonialer Deutlichkeit ließ ihre Erklärung nichts zu wünschen übrig: Gefordert wurde die strafrechtliche Ahndung von »Diskriminierung aufgrund von Rasse, Glauben oder Hautfarbe«, außerdem »das Recht aller Kolonialvölker, über ihr eigenes Schicksal zu bestimmen. Alle Kolonien müssen von fremder imperialistischer Kontrolle frei sein, sowohl politisch als auch wirtschaftlich«.[514] Zudem wurde die Androhung von Gewalt offen ausgesprochen:

> »Die Delegierten glauben an den Frieden. […] Aber wenn die westliche Welt weiterhin gewillt bleibt, die Menschheit durch Gewalt zu beherrschen, werden Afrikaner – als letztes Mittel – zur

> Gewalt greifen müssen, um Freiheit zu erlangen [...]. Wir sind entschlossen, frei zu sein.«[515]

In Manchester trat Kwame Nkrumah, die prägendste Figur der folgenden zwei Jahrzehnte, ins Rampenlicht. Nach London war Nkrumah erst kurz vorher gekommen, nachdem er die Jahre 1935 bis 1943 in den USA verbracht hatte, wo er sich arbeitend seine Studien finanzierte. Er hatte sich aber sehr rasch in die politisierte afrikanische Studentenszene eingebracht und Kontakte zu afrikanischen Arbeitern in England geknüpft. Auf ihn aufmerksam geworden, bestellte ihn die Ende Dezember 1947 gegründete *United Gold Coast Convention* (UGCC) zu ihrem Generalsekretär und gab somit Anlass zu seiner Rückkehr an die Goldküste. Die UGCC war, wie Nkrumah rückblickend schrieb, eine aus »Reaktionären, Anwälten und Händler[n] der Mittelschicht« bestehende Partei, die seinem »revolutionären Hintergrund und [seinen revolutionären] Ideen« nicht entsprach.[516] Bald kam es zu offenen Spannungen, schließlich zum Bruch und 1949 zur Gründung einer eigenen Partei durch Nkrumah. Die *Convention People's Party* (CPP) und Nkrumah verstanden es, die urbanen Massen für ihre Sache zu mobilisieren und seit Längerem schwelende Unzufriedenheiten zu kanalisieren.[517] Zudem wurden ländliche Gebiete bereist und propagandistisch bearbeitet: »Großen Anteil an dem Erfolg der CPP hatten die Bemühungen der weiblichen Mitglieder«, erinnerte sich Nkrumah: »Von Anfang an haben Frauen die Außenarbeit organisiert. Als Sprachrohre sind sie durch unzählige Städte und Dörfer gezogen und waren hauptverantwortlich dafür, dass die Solidarität und der Zusammenhalt der Partei hervorgebracht wurden. [...] Wir hatten Erfolg, weil wir mit den Leuten sprachen [...].«[518] Und Erfolg hatte die CPP tatsächlich. Für Streiks und Unruhen verantwortlich gemacht, wurde Nkrumah Ende des Jahres 1949 inhaftiert. Die CPP agitierte indes weiter und ging aus den Legislativwahlen vom Februar 1951 als die stärkste politische Kraft hervor. Daher kam, »daß Nkrumah den Weg aus dem Kerker in das Amt des Regierungschefs nahm, dieses seit März 1952 als ›Premierminister‹ ausübte und aufgrund einer weiteren Änderung im Kolonialstatus, der Einführung der ministeriellen Verantwortlichkeit, die afrikanischen ›Vertretungsminister der Regierung‹ festlegte. Damit war die erste Kabinettsregierung von Afrikanern im kolonialen Afrika überhaupt gebildet.«[519] Im Jahr 1957 folgte die Unabhängigkeit Ghanas.

Infolge der erfolgreichen Dekolonisationsbewegungen in Asien und den erfolgversprechenden Zeichen in Teilen Afrikas südlich der Sahara riefen Afrikanische Nationalisten und Panafrikanisten nach dem Zweiten Weltkrieg vermehrt auch zur Solidarität mit den Völkern Asiens auf: Die Konferenz im indonesischen Bandung von 1955 markierte dafür einen weltweit rezipierten Meilenstein. Doch gleichzeitig waren auch Stimmen präsent, die noch darüber hinausgehende Allianzen zu schmieden versuchten; etwa der Gewerkschaftsführer und erste Präsident des seit 1958 unabhängigen Guinea, Ahmed Sékou Touré (1922–1984), der »die afro-asiatischen Völker, alle unterentwickelten und nichtentwickelten Länder, alle progressiven und demokratischen Kräfte in der Welt« zur Solidarität aufrief und erinnerte: »Triumphieren sollen nicht nur die Völker dieser oder jener Hautfarbe, dieser oder jener Religion, dieses oder jenes Kontinents, sondern die Menschheit als Ganzes, die sich vereint und an einem Strang ziehend an dieser Unternehmung menschlicher Erneuerung beteiligen soll.«[520] Das Alltagsgeschäft der jungen afrikanischen Führer bestand freilich in bodenständigerer politischer Praxis: dem Ausbau und der Sicherung ihrer politischen Basis sowie der Durchsetzung ihrer Forderungen innerhalb der kolonial gesteckten Grenzen, und in der weiteren Vernetzung mit ihren Kollegen in anderen Territorien Afrikas.

Für Nkrumah waren die antikolonialen Aktivitäten mit der Bildung Ghanas – der ersten postkolonialen Eigenstaatlichkeit im Afrika südlich der Sahara – keineswegs abgeschlossen, ebenso wenig wie die Bemühungen, sein panafrikanisches Unionsideal Wirklichkeit werden zu lassen.[521] In Sékou Touré, dessen Guinea 1958 in einem Wahlentscheid seine Unabhängigkeit von Frankreich sicherte, hatte er einen wichtigen Verbündeten. Wie Nkrumah ließ es auch Touré nicht an Deutlichkeit fehlen: »Afrika darf nicht kolonisiert, bevölkert und ausgebeutet werden: weder von den Asiaten, noch den Europäern, noch den Arabern. Afrika gehört den Afrikanern.«[522] Allerdings stießen die damit verknüpften Visionen einer panafrikanischen Unionspolitik auf starken Gegenwind.

»Innerhalb weniger Jahre – in etwa die Zeit zwischen 1956 und 1968 –«, erinnert Walter Schicho, »wurde die Mehrzahl der afrikanischen Territorien unabhängig«.[523] Großbritannien, Frankreich und Belgien beendeten ihre kolonialen »Verpflichtungen«, wenn auch nicht unbedingt ihr koloniales »Abenteuer«, und an die 40 postkoloniale, »neue Staaten«

entstanden. Die Mehrzahl der neuen staatlichen Repräsentanten war freilich – und in vielen Fällen notgedrungen – an der Aufrechterhaltung guter Beziehungen zur nun ehemaligen Kolonialmacht interessiert. Es erwies sich darum rasch, dass die meisten politischen Führungspersonen in Afrika nationalstaatlicher Unabhängigkeit und Souveränität den Vorzug vor einer politischen Union Afrikas gaben, wie sie Kwame Nkrumah und Sékou Touré vorschwebte.[524] Die Gründung der *Organisation of African Unity* (OAU) in Addis Abeba 1963 war ein Erfolg derer, »die an die Priorität von ökonomischer und zweckmäßiger Kooperation gegenüber politischer Einheit glauben«.[525] Von Nkrumahs Ideal eines panafrikanischen Zentralstaats war sie weit entfernt.

Panafrikanismus nach 1960: Streiflichter

Die Geschichte der kontinentalen panafrikanischen Integration der afrikanischen Staatenwelt in der zweiten Jahrhunderthälfte war durchwachsen.[526] Dies lag nicht zuletzt am kolonialen Erbe, welches im nationalstaatlichen Projekt kulminierte, das von Basil Davidson nicht zu Unrecht die »Bürde des schwarzen Mannes« genannt wurde:[527] »Afrikanische Staaten waren in zweierlei Hinsicht Nachfolger«, bestätigt auch Frederick Cooper:

> »Erstens wurden sie auf einer Reihe von Institutionen aufgebaut (Bürokratien, Armeen, Postfilialen und, anfangs, gesetzgebende Körperschaften), die von Kolonialregimen eingerichtet wurden, und sie wurden durch ein Prinzip der staatlichen Souveränität begründet, das von einer Gemeinschaft bereits bestehender Staaten sanktioniert wurde. [...] Zweitens griffen die afrikanischen Staaten eine besondere und rezentere Form des kolonialistischen Staatsprojekts auf: das Projekt der Entwicklung.«[528]

Tatsächlich trägt der postkoloniale afrikanische Staat in vielerlei Hinsicht die Züge des Kolonialstaats. Was Jürgen Osterhammel über die Charakteristika des Kolonialstaats schreibt, trifft in leichter Modifikation auch auf die postkolonialen »neuen Staaten« Afrikas seit den 1960er-Jahren zu:

> »sein Doppelcharakter als gleichzeitig untergeordnet [der Metropole/im Weltsystem] und nahezu allmächtig [in der Kolonie/Postkolonie]; seine autokratische Zentralisierung der Macht an der Spitze bei gleichzeitiger ›Teile-und-herrsche‹-Politik an der Basis; sein Selbstbild als neutrale Instanz über den Parteien; nicht zuletzt auch die Tatsache, daß sich zwischen Herrschern und Beherrschten in der Regel eine unüberbrückbare Kluft öffnete. Was den kolonialen Staat [...] langfristig instabil, wenn nicht gar illegitim machte, war der Umstand, daß seine fundamentale Loyalität *außerhalb* seines Tätigkeitsfeldes lag.«[529]

Der koloniale Verwaltungsapparat fungierte als »Torwächter«, der zwischen Metropole und Kolonie die Ströme an Gütern, Menschen und Ideen zu kontrollieren versuchte. Die »neuen Staaten« erbten diese Rolle, und »[a]frikanische Staaten hatten, wie ihre Vorgänger, große Schwierigkeiten, die Begrenzungen eines Torwächterstaats *[gatekeeper state]* zu überwinden«.[530] Gleichzeitig sind sie »moderne Staaten«, und dementsprechend

> »unterliegen [sie] dem Diktat des Territorialitätsprinzips und konzentrieren Gewaltpotentiale selbst dort, wo die Durchsetzung eines Gewaltmonopols nicht gelingt. Da sie an zentraler Stelle Appropriationschancen vermitteln, wird die Besetzung der Staatsapparate unmittelbar zu einem Instrument der Akkumulation [...]. Dies ermöglicht die Aufrechterhaltung und Ausweitung von persönlichen Abhängigkeiten in der Form von Klientel- und Patronagebeziehungen.«[531]

Daraus erwächst auch das höchst moderne Phänomen des »Tribalismus«, das im allgegenwärtigen Gerede von »ethnischen Konflikten« oder, noch unreflektierter, von »Stammeskriegen« systematisch missrepräsentiert wird.[532] Die asymmetrische Einbindung ins Weltwirtschaftssystem, eine marginale Rolle im globalpolitischen Spiel, mangelnde Legitimität des Staates in den Augen der Bevölkerung – das sind Probleme auch des postkolonialen Afrika.[533] Zieht man dies in Betracht, sollte nicht verwundern, dass die großen Träume von wirtschaftlichen und sozialen Verbesserungen und von afrikanischer Unabhängigkeit, die in der Gründungsakte, der Charta und den Resolutionen der *Organisation of African Unity* nachgelesen werden können,[534] größtenteils nicht verwirklicht werden konnten. Dennoch sind diese Träume keineswegs gestorben. Die Gründung der Afrikanischen Union 2002 ist dafür nur der offensichtlichste Beleg, weil das politisch sichtbarste und am meisten ambitionierte Projekt. Andere politische panafrikanische Projekte wirkten nach 1960 begrenzt innerhalb einzelner territorialer Staatsgrenzen – etwa die Revolution in Burkina Faso 1983 von Thomas Sankara (1949–1987), ihr »Initiator, Ideologe und [ihre] Seele«, der »niemals ein Geheimnis aus seiner tiefen Aversion gegen den Imperialismus und Neokolonialismus gemacht hat […]« und der nur vier Jahre später ermordet wurde.[535] Andererseits wird auch Frantz Fanon (1925–1961), der mehr Theoretiker des antikolonialen Befreiungskampfes im Allgemeinen als einfach Panafrikanist war, heutzutage gerade auch als solcher aktiv erinnert.[536] Nicht ganz zu Unrecht: »Wir Afrikaner«, sagte Fanon auf der Zweiten Afroasiatischen Solidaritätskonferenz in Conakry 1960,

> »sagen: wir wollen alle Ketten des Imperialismus und Kolonialismus brechen, eine nach der anderen. […] Wir Afrikaner sagen: Nationale Unabhängigkeit ist unvereinbar mit dem Fortwirken mehr oder weniger verschleierter Formen ausländischer Unterdrückung. […] Wirtschaftliche Entwicklung, kultureller Austausch und die Verfeinerung des menschlichen Geistes werden erst möglich, wenn die bewussten und gut organisierten Menschen die gesamten nationalen Verantwortlichkeiten übernommen haben.«[537]

Diejenigen, die im aktiven Befreiungskampf standen – gleich ob dieser militärisch ausgetragen wurde wie in Algerien, wodurch Fanon geprägt wurde, oder ob in zivilen Formen –, benutzten häufig panafrikanische Rhetorik; und sei es nur darum, um grenzüberschreitende und internationale Unterstützung für ihre unmittelbaren, häufig territorial begrenzten politischen Ziele zu erlangen.

Ein Beispiel für letzteres, den zivilen antikolonialen Widerstand, bietet Patrice Lumumba (1925–1961), der Führer des *Mouvement National Congolais*, der nach dem erzwungenen, gleichwohl überraschenden Rückzug der belgischen Kolonialmacht aus dem Kongo dort die erste unabhängige Regierung bildete. Lumumba wurde bekanntlich schon kurz darauf zum Opfer einer unheiligen Allianz von belgischen, US-amerikanischen und kongolesischen Akteuren. Seine Ermordung war, in den nach wie vor zutreffenden Worten von Heinrich Loth, »das Ergebnis der [an Lumumbas Politik] gescheiterten Hoffnungen der Kolonialherren auf ›friedliche‹ Verwirklichung des Neokolonialismus«.[538] Dabei war »Lumumbas politische Persönlichkeit kompliziert [...]. Als ein ›liberaler‹ *évolué* und *immatriculé* hoffte er innerhalb des Systems darauf, zunächst seinen Status zu erhalten und dann die koloniale, soziale und wirtschaftliche Ordnung des Kongo zu verbessern«. Freilich hatte er sich im Lauf der 1950er-Jahre »von einem liberalen zu einem radikalen Nationalisten« entwickelt, der für einen starken unabhängigen kongolesischen Staat eintrat.[539] Seine Teilnahme an der *All Africa People's Conference* in Accra 1958 brachte Lumumba in unmittelbaren Kontakt mit deklarierten panafrikanischen Nationalisten, und das bestärkte ihn nicht nur in seiner Forderung nach staatlicher Unabhängigkeit, sondern auch in seiner Meinung, dass Nationalismus selbst dort möglich ist, wo kulturelle, ethnische, religiöse – oder wie auch immer geartete – Vielfalt herrscht.[540] Lumumbas Panafrikanismus war demnach, was seine aktuelle politische Strategie betraf, staatszentriert und auf den Kongo fokussiert, seine Vorstellungen sind aber mit der Idee einer *künftigen* panafrikanischen Einheit durchaus kompatibel. Deshalb war es leicht, den 1961 mit 36 Jahren ermordeten Lumumba posthum zu einer Ikone des Panafrikanismus zu machen. Anders als den überlebenden Figuren der afrikanischen Unabhängigkeitsbewegungen war Lumumba jede Gelegenheit genommen worden, im Angesicht des panafrikanischen Integrationsideals zu versagen. Und Lumumbas Ermordung stellt auch eindrücklich die Kontinuität realer Einmischung von außen unter Beweis.

Freilich blieben selbst direkte Kolonialherrschaften in Teilen Afrikas auch über die 1960er-Jahre hinaus bestehen. In Südrhodesien etwa erklärte ein weißes Siedlerregime 1965 einseitig seine Unabhängigkeit von Großbritannien; erst 1980, nach jahrelangen Kämpfen der ausgebeuteten Bevölkerung, kam es mit der Gründung Simbabwes zu einer allgemein anerkannten Unabhängigkeit. Die Probleme des Landes, allen voran die Frage der Landverteilung (Umverteilung und Enteignung), ließen sich allerdings auch dann nicht befriedigend lösen.[541] Es war schließlich das portugiesische Kolonialreich in Afrika, das am hartnäckigsten an seiner Aufrechterhaltung arbeitete. David Birmingham gibt davon eine gute summarische Skizze:

> »In den 1950er Jahren verdoppelte sich durch eine neue, Frauen und Familien einschließende Siedlergeneration die Siedlerzahl in Portugiesisch-Afrika. […] Die Siedler […] verhielten sich wie Kolonisatoren, reformierten nichts und lösten die afrikanische Rebellion von 1961 in Angola aus. Dann organisierten sie Bürgerwehrkommandos, um afrikanischen Forderungen nach Unabhängigkeit zu widerstehen. Ihre mörderischen Bemühungen reichten jedoch nicht aus, um die verzweifelten antikolonialen Proteste zu brechen. Enorme Expeditionsheere mussten geschickt werden, um das Reich ein weiteres Jahrzehnt zu halten: zuerst nach Angola, und dann nach Guinea und Mozambique.«[542]

Mit Eduardo Mondlane (1920–1969), der kurz in Südafrika, anschließend in den USA studiert hatte und in den 1960ern die *Frente de Libertação de Moçambique* (FRELIMO) anführte, mit Américo Boavida (1923–1968), der aufseiten des *Movimento Popular de Libertação de Angola* (MPLA) kämpfte, und mit Amílcar Cabral (1924–1973), dem Führer des *Partido Africano da Independência da Guiné e Cabo Verde* (PAIGC), fielen auch diesen Unabhängigkeitskriegen, die hunderttausende Menschenleben kosteten, namhafte Panafrikanisten zum Opfer. Nach mehr als einem Jahrzehnt blutiger Kämpfe erkannte eine neue portugiesische Führung die Unabhängigkeit von Guinea-Bissau (1974) an, nachdem Salazars Diktatur 1974 durch die sogenannte »Nelkenrevolution« gestürzt worden war, und willigte 1975 in jene von Mosambik und Angola ein. Der Historiker Basil Davidson, der als Journalist die Befreiungsbewegungen im portugiesischen Afrika mit Sympathie verfolgt und wiederholt vor Ort begleitet hatte,[543] erinnert daran, dass es wesentlich den antikolonialen afrikanischen Kräften und den – für die Portugiesen – zermürbenden und kostspieligen Kämpfen zu verdanken war, dass es zum Aufbegehren der jungen Offiziere in Portugal kam: »Die Friedensschlüsse in Guinea-Bissau und in Portugals übrigen afrikanischen Besitzungen waren ein bemerkenswertes Moment in der europäischen Geschichte […].«[544] So gesehen, hatte Cabral völlig recht mit seiner Ansage: »Der Kampf der Menschen für nationale Befreiung und Unabhängigkeit von imperialistischer Herrschaft ist zu einer Triebkraft des menschlichen Fortschritts geworden […].«[545]

Mit dem Ende der portugiesischen Fremdherrschaft verschwanden die politischen Lichtgestalten des Panafrikanismus weitestgehend von der

Bildfläche. Das lag daran, dass der eine große Feind, in dessen Angesicht Panafrikanisten zur Einigung fanden – der Imperialismus – zumindest in seiner offenherzigen Form verschwunden war. Gleichzeitig schlitterten die meisten Staaten Afrikas, vor allem im Zuge der weltweiten Rezession der 1970er-Jahre, in bleibende politische Krisen, und panafrikanische Ideen erfüllten in innenpolitischen Auseinandersetzungen keine nützliche Funktion mehr. Weiterhin diskreditierte die Enttäuschung über die verfehlten Chancen im *nation building* das nationalstaatliche Paradigma nachhaltig, als realistische Alternative wurde aber nicht das makronationalistische panafrikanische Projekt betrachtet, sondern es wurden vielmehr Mikronationalismen – die berüchtigten »Tribalismen« – verfolgt. Infolge des zunehmenden (wenn auch nicht gänzlichen) Verschwindens des sichtbaren Schwarz-Weiß-Gegensatzes – in ehemaligen Beherrschungskolonien nicht weniger als in Ex-Siedlerkolonien – war zuletzt auch der Antirassismus eine weit weniger klar formulierbare Option als zu Zeiten der Kolonialherrschaft.

In letzterer Hinsicht stellt freilich Südafrika den Ausnahmefall dar, wo das System der Rassentrennung (Apartheid) fest implementiert war, ehe aus den Wahlen von 1994 der *African National Congress* als Sieger hervorging und in der Folge ein neues Südafrika angebahnt wurde. Es ist darum kein Zufall, dass mit Nelson Mandela (1918–2013) und Steve Biko (1946–1977) zwei der Zentralfiguren des neueren Panafrikanismus gerade dort beheimatet waren. Nelson Mandela – von 1962 bis 1990 wegen seines Engagements für den ANC und gegen die Apartheid inhaftiert, Friedensnobelpreisträger 1993, von 1994 bis 1999 erster schwarzer Staatspräsident Südafrikas – wurde auf der US-amerikanischen *Watchlist* bezeichnenderweise bis 2008 als »Terrorist« geführt. Für den vernünftigeren Teil der Beobachter war Mandela freilich schon Jahrzehnte früher ein Symbol für den »langen Weg zur Freiheit«.[546] Steve Bikos Biografie wurde ebenfalls bestimmt vom Bestreben nach Gleichberechtigung und Bürgerrechten für die schwarze südafrikanische Bevölkerung, endete allerdings weniger versöhnlich als diejenige Mandelas. Im September 1977 verstarb er an den Folgen der Folterung durch südafrikanische Polizeikräfte. Der Verfechter der *Black Consciousness*-Bewegung hatte den impliziten und mitunter auch expliziten Gegenrassismus früherer Panafrikanisten, die Solidarität im Zeichen der Hautfarbe forderten, erfolgreich hinter sich gelassen. Ein spezifisch »schwarzes« Bewusstsein zu schaffen, war ihm zufolge reiner Notwendigkeit geschuldet – angesichts einer von außen oktroyierten und im Inneren der südafrikanischen Gesellschaft wirksamen Unterdrückungsmaschinerie: Die Frage, »[...] warum ist es für uns notwendig, kollektiv über ein Problem nachzudenken, das wir niemals geschaffen haben?«, beantwortete Biko in bewundernswerter Klarheit:

> »[...] um zu den richtigen Antworten zu kommen, müssen wir die richtigen Fragen stellen. Wir müssen herausfinden, was falsch lief, wo und wann. Und wir müssen herausfinden, ob unsere Lage eine gottgewollte Schöpfung ist oder ein künstlich fabriziertes Lügenmärchen machthungriger Leute, deren Motiv Herrschaft, Sicherheit, Wohlstand und Behaglichkeit ist. Anders gesagt: Der Black Consciousness-Ansatz wäre irrelevant in einer nicht-ausbeuterischen egalitären Gesellschaft, die ohne Ansicht der Hautfarbe *[colourless]* urteilt. Er ist relevant hier [...].«[547]

Schlussbemerkung

Im Großen und Ganzen verschwand der Panafrikanismus nach 1960 aus dem politischen Rampenlicht Afrikas. Cheikh Anta Diop machte zwar Schlagzeilen, jedoch vor allem in den USA, wo ihn seit den späten 1960er-Jahren afroamerikanische Radikale und Afrozentristen für sich entdeckten und seither als Vorläufer ihrer Sache preisen; unter afrikanischen Kollegen lösten Diops historische und »wissenschaftliche« Ideen hingegen zeitlebens häufig eher Befremden aus.[548]

In studentischen, literarischen und künstlerischen afrikanischen Milieus zog der Panafrikanismus hingegen weiterhin weite Kreise und blieb in vielfältigen Formen bis in die Gegenwart lebendig. Léopold Sédar Senghors Verständnis von Panafrikanismus als einem »Humanismus für das 21. Jahrhundert« und einer *»civilisation de l'universel«* wurde breit und insbesondere von anglophonen Afrikanern sehr kritisch und manchmal erbittert rezipiert. Die Schriften von Frantz Fanon, Amílcar Cabral und anderen erlebten wiederholte, wellenartig auftretende Renaissancen, und gerade Fanon rangiert im Kanon der trendigen *Postcolonial Studies* auf den vorderen Plätzen.

Alles in allem war es die Kunst, in Teilen auch die universitäre Welt, die in der zweiten Jahrhunderthälfte die Fahne des Panafrikanismus hochhielt und seine Ideen bewahrte, sie mitunter auch populär aufbereitete.[549] Das Lied *New Africa*, das der auch international berühmte senegalesische Musiker Youssou N'Dour gleich zweimal, 1992 und 2000, neu einspielte, endet nicht nur mit den englischen Worten »Change your thinking / Work together / Keep on working / Cheikh anta diop, kwame nkrumah, steven biko / Africa / Africa united«, sondern bezeichnenderweise auch ohne Punkt. Die Geschichte geht weiter.

6. AFRIKA, WO GEHT DIE REISE HIN? GEORGE PADMORES VERMÄCHTNIS

Im Jahr 1956 veröffentlichte George Padmore (ca. 1902–1959), einer der inspirierendsten afrikanischen Intellektuellen der damaligen Zeit, sein Buch *Pan-Africanism or Communism? The Coming Struggle for Africa.* Es stellt bereits im Titel die Frage nach den afrikanischen Entwicklungsalternativen in einer in radikaler Veränderung begriffenen Welt. Vor dem zeitgenössischen Hintergrund der in Auflösung befindlichen europäischen Kolonialreiche bemühte sich Padmore darum, ein akkurates Bild der herrschenden weltpolitischen Situation zu zeichnen, Afrikas Position darin zu bestimmen, sowie seinen engagierten Lesern und Leserinnen die politischen Handlungsmöglichkeiten im gegenwärtigen Afrika aufzuzeigen. Zu diesem Zweck steckte er konkrete Eckpunkte ab, auf welche es zu achten gelte, um den laufenden Entkolonisierungsprozess zu unterstützen und vor allem den fortgesetzten »kommenden Kampf um Afrika«, von dem Padmore im Untertitel spricht, zu einem guten Resultat zu bringen. Er widmete dieses Buch »der Jugend Afrikas – den Fackelträgern des Panafrikanismus«.[550] Es sollte seine letzte Buchveröffentlichung sein, denn er verstarb mit nicht einmal 60 Jahren im September 1959. Bis dahin hatte er bereits zwei Jahre lang als Kwame Nkrumahs Berater in Afrika-Angelegenheiten in Ghana gearbeitet, das 1957 seine Unabhängigkeit feiern durfte – und neben dem Sudan die erste subsaharische »Kolonie« (»Gold Coast«) war, in der dieser Schritt getan werden konnte.[551]

Padmore war ein produktiver Schriftsteller, der zwischen 1931 und 1956 zehn Bücher und tausende von journalistischen Artikeln veröffentlichte.[552] »Allein der Umfang des Werks von Padmore muß Respekt abnötigen«, schrieb der deutsche Historiker Imanuel Geiss im Jahr 1968, »zumal er die Bücher nicht in der materiellen Sicherheit und der relativen Ruhe des akademischen Lebens schrieb, sondern unter dem Druck eines aktiven politischen Lebens.«[553] Im Jahr 1902 oder 1903 auf Trinidad geboren, hatte er als junger Mann in den USA studiert, allerdings sein Studium nie abgeschlossen. Stattdessen trat er dort der Kommunistischen Partei bei und machte rasch eine steile Karriere innerhalb ihrer arbeitergewerkschaftlichen Strukturen, die ihn Ende 1929 nach Kontinentaleuropa führte. Er trat allerdings 1933 aus der Partei aus (und wurde 1934 offiziell aus der Partei ausgeschlossen), setzte aber seine Arbeit als »intellektueller Aktivist« und »politischer Organisator« dessen ungeachtet fort.[554] Sein Journalismus und Schreiben zeichnete sich durch Praxisnähe aus, er schrieb, so die Einschätzung seiner Biografin Leslie James,

> »sehr viel mehr forensisch und berichtsbasiert als theoretisch. Padmore arbeitete hart daran, die Beweise beizubringen, auf die ein nachhaltiger Angriff auf die Heuchelei vom wohlwollenden Imperium gebaut werden konnte. Er bemühte sich, die Dinge konkret, verständlich und damit angreifbar zu machen. Doch Padmore entwickelte auch sein eigenes, distinktes politisches Denken, auch wenn er nicht viel vom Intellektualismus hielt und sich über eine derartige Haltung lustig machte«.[555]

Im Jahr 1935 ließ er sich dauerhaft in London nieder. Dort entwickelte er sich fortan zur Schlüsselfigur einer Gruppe von »schwarzen« Aktivisten und Aktivistinnen, die den Panafrikanismus revitalisierten und seine Organisationsform auf neue Fundamente stellten. Sie bauten Netzwerke auf, gründeten Publikationsorgane und Vereinigungen, organisierten Veranstaltungen und Demonstrationen, suchten Verbindungen zur britischen Öffentlichkeit und nach Möglichkeiten der Einflussnahme auf Akteure und Institutionen der britischen Politik.[556] Ganz wesentlich ging es in all ihren Aktivitäten darum, Imperialismus und Kolonialismus anzuklagen sowie rassistischer Diskriminierung entgegenzutreten. Dies wurde nicht nur theoretisch begründet, sondern ganz praktisch umgesetzt und mit großem Engagement gelebt. In London kam Padmore mit einem Großteil der jungen Afrikaner in Kontakt, die in den entstehenden nationalen Bewegungen in den Kolonien bald an Bedeutung gewinnen sollten; für viele fungierte er als geistiger Mentor. Sein Einfluss war beträchtlich, etwa in den frühen 1930er-Jahren auf Jomo Kenyatta, dann auf Kwame Nkrumah.[557] Der Panafrikanismus wurde ab 1935 radikal revitalisiert.[558]

Mit dem Ende des Zweiten Weltkriegs intensivierte Padmore seine antiimperialistischen und panafrikanischen Bemühungen noch mehr.[559] Unter anderem organisierte er den ersten Panafrikanischen Kongress seit 1927, d. h. den Fünften Panafrikanischen Kongress, der im Oktober 1945 in Manchester stattfand. Gemeinsam mit Kwame Nkrumah, der im Frühling desselben Jahres nach London gekommen und rasch zu einem engen Freund von Padmore geworden war, und unterstützt von seinem inzwischen in den USA lebenden Jugendfreund C. L. R. James, gelang es, den großen alten Mann der Panafrikanischen Kongressbewegung W. E. B. DuBois für den Manchester-Kongress zu gewinnen. Während des Krieges und danach veröffentlichte Padmore in rascher Folge mehrere antikoloniale Bücher, darunter *The Gold Coast Revolution* (1953) und schließlich *Pan-Africanism or Communism?* (1956).[560]

Die Wasserscheide des Zweiten Weltkriegs und der Kalte Krieg

Was folgt, ist meine Deutung von Padmores letztem Buch, gelegentlich ergänzt um Bezüge zu seinen früheren Veröffentlichungen. *Pan-Africanism or Communism? The Coming Struggle for Africa* ist in fünf Abschnitte von ungleicher Länge gegliedert. Der erste Teil befasst sich mit der Rückkehr zu den Afrika-Bewegungen des 19. Jahrhunderts, der Geschichte Liberias und der Entstehung der Ideen einer *»Black Nationhood«*, einer »schwarzen Nationalität« bzw. eines »schwarzen Gemeinschaftsbewusstseins«. Im zweiten Teil werden das Gerangel um Afrika und die Auswirkungen der kolonialen Okkupation Afrikas erörtert; er endet mit einer sehr kritischen Polemik gegen Marcus Garvey (1887–1940), dessen Vorstellungen und Organisation Padmore als »Schwarzen Zionismus oder Garveyismus« bezeichnet und negativ beurteilt. Der dritte Teil befasst sich mit dem, was Padmore als Panafrikanismus im eigentlichen Sinne betrachtete. Dort berichtet er von der alten Debatte zwischen Booker T. Washington (1856–1915) und W. E. B. DuBois (1868–1963) darüber, welche Strategien geeignet bzw. ungeeignet sind, um den sozialen und wirtschaftlichen Aufstieg der afroamerikanischen Bevölkerungsteile in den USA zu ermöglichen. Padmore schildert die Gründung der *National Association for the Advancement of Colored People* (NAACP, 1909) und skizziert die Geschichte der Panafrikanischen Kongresse. Dabei hebt

Padmore besonders die Bedeutung des Manchester-Kongresses vom Oktober 1945 hervor und Kwame Nkrumahs antikoloniale panafrikanische Aktivitäten an der Goldküste seit 1947/48.[561]

Im vierten Teil des Buches wird die Funktionsweise der »Kolonialsysteme und Eingeborenenpolitik« nach 1945 erörtert, als erstmals flächendeckend auch Angehörige der modernen afrikanischen Gesellschaftsschicht (der kolonialen *»educated elite«*) gemeinsam mit Vertretern der traditionellen kolonialen afrikanischen Eliten (meist irreführend auf *»traditional African elites«* verkürzt) an der kolonialen Herrschaftsausübung beteiligt wurden. Dort behandelt Padmore die neugeschaffenen Organe und Institutionen der kolonialen Administration, in denen nun »verfassungsgemäß« auch Afrikaner politisch »repräsentiert« und vertreten sein sollten. Er vergleicht das britische und französische Kolonialsystem miteinander, behandelt aber auch die »Eingeborenenmaßnahmen« *(»native policies«)* in den Kolonialgebieten Belgiens, Portugals, Spaniens sowie Südafrikas.[562] Dem folgt der letzte Abschnitt, der bei Weitem der längste ist. Dieser fünfte Teil befasst sich zunächst mit Kenia und Nigeria in den späten 1940er- und frühen 1950er-Jahren. Sie dienen Padmore als paradigmatische Beispiele dafür, zu welchen Spannungen die koloniale Herrschaftspraxis unter spätkolonialen Bedingungen Anlass gibt. Explodierten diese Spannungen in der Siedlerkolonie Kenia bereits Anfang der 1950er-Jahre, wo sie zu offenem Widerstand führten und in langjährige koloniale Repression ausarteten (»Mau-Mau«), so blieben sie in Nigeria vorerst unter Verschluss. Freilich gelang das dadurch, wie Padmore sehr klar sah, dass die »Tribalisierung« der politischen Parteien Nigerias von den Briten aktiv unterstützt wurde; sie waren es, die für die Durchsetzung der »Regionalisierung« in der spätkolonialen nigerianischen Politik sorgten, indem sie die Rahmenbedingungen dafür setzten.[563] Aus der Aufmerksamkeit, die Padmore im fünften Teil seines Buches den Ereignissen der vorangegangenen zehn Jahre schenkte, lässt sich klar ablesen, dass 1945 seiner Ansicht nach eine entscheidende Zäsur darstellte. Der Ausgang des Zweiten Weltkriegs hatte tiefgreifende Veränderungen angestoßen, die für den »kommenden Kampf um Afrika« von entscheidender Relevanz waren.

Der Zweite Weltkrieg signalisierte einen entscheidenden Bruch in mindestens zweifacher Hinsicht. Erstens war eine neue internationale Ordnung eingeführt worden, die von den USA dominiert und durch die

Logik des Kalten Krieges strukturiert war. Wie Noam Chomsky pointiert formulierte: »Am Ende des Zweiten Weltkriegs waren die Vereinigten Staaten absolut auf dem Höhepunkt ihrer Macht. Sie besaßen die Hälfte des Reichtums der Welt, und jeder einzelne ihrer Konkurrenten [d. h. die alten Imperien von Großbritannien und Frankreich, Deutschland und Japan sowie die UdSSR] war schwer beschädigt oder zerstört. Die USA hatten eine Position unvorstellbarer Sicherheit und entwickelten Pläne, um im Wesentlichen die Welt zu beherrschen.«[564] Das führte in der sogenannten »freien Welt« zu der bald typisch werdenden extremistischen Propaganda für den »Antikommunismus« und die globale Politik der »Eindämmung« *(»containment«)*, die so charakteristisch für die seit 1948 fest implementierte Logik des Kalten Krieges war:[565] »In den Vereinigten Staaten war es der Kalte Krieg, der wichtig genommen wurde; und die außen- wie innenpolitischen Prioritätensetzungen und Rhetorik spiegelten das wider.«[566] Dies war der erste Bruchpunkt. Zum Zweiten befanden sich die alten Imperien in einem Prozess des Verschwindens, die Kolonialvölker waren zunehmend erfolgreich in ihren Bemühungen, sich vom kolonialen Joch zu befreien. Die Entkolonialisierung in Asien hatte bereits begonnen, und auch die Afrikaner waren auf dem Weg »raus aus dem Imperium« und auf der Suche nach einer »Neudefinition des Platzes von Afrika in der Welt«.[567] Es war jedoch noch gänzlich unklar, wohin diese Suche führen und was letztlich das Ergebnis dieser Bemühungen sein würde. Es herrschte, so Frederick Cooper, »sowohl in Europa als auch in Afrika die akute Unsicherheit der Nachkriegszeit […], als die Menschen erkannten, dass die Welt sich verändern würde, sie jedoch nicht wussten, in welche Richtung es gehen würde«.[568]

George Padmore war auch in dieser Hinsicht, vor dem Hintergrund einer durch Verunsicherung charakterisierten Zeit, recht untypisch – denn er war sich in der Tat sehr sicher zu wissen, was getan werden sollte. Seiner Ideale gewiss und mit den organisatorischen und geistigen Mitteln, die Gegenwart sozialgeschichtlich zu analysieren und politisch praktisch auf sie einzuwirken, zögerte Padmore keinen Moment damit, strategische Richtlinien zu entwerfen und taktische Anweisungen zu geben, die der »Befreiung« vom »Joch der Weissen« dienlich waren.[569] Tatsächlich steigerte sich sein Elan ab 1945 noch einmal ganz gewaltig. Nach Padmores Analyse hatten der Weltkrieg und sein Ausgang alles verändert: Das globale Machtsystem, wie es bis dahin bestand – aus einer Reihe imperialer

Kolonialreiche, von denen das britische und französische in Afrika am dominantesten waren, wo aber auch andere europäische Mächte (Portugal, Belgien, Italien, Spanien) mitmischten; das Ergebnis der hochimperialistischen Ära der vorigen Jahrhundertwende –, war schwerstens erschüttert worden, ja es begann geradezu in sich zusammenzustürzen. Man war dabei, die Karten im Spiel, so analysierte Padmore, neu zu mischen und auszugeben. Anders als in der Ära des Wettlaufs um Afrika und der Aufteilung des Kontinents unter den europäischen Großmächten am Ende des 19. Jahrhunderts hatten die Afrikaner nun eine Chance, am Spiel selbst als Spieler und nicht nur als Spielfiguren teilzunehmen. Für Padmore ging dies mit einer besonderen Verantwortung einher, denn er hielt es für die unbedingte Pflicht aller verantwortlich handelnden Menschen, sich für eine sozial gerechte Welt einzusetzen. Unter den herrschenden ungleichen Verhältnissen bedeutete das ein aktives Engagement gegen den Status quo. Deshalb forderte Padmore von den progressiven Kräften, an die er sein Schreiben adressierte, ein Bekenntnis zu partizipativer Demokratie und Sozialismus, wonach ein Leben erstrebt wurde, das von wirtschaftlicher und politischer Freiheit, sozialer Gleichheit und gemeinschaftlicher Solidarität geprägt war. Die Menschen Afrikas hatten nun die einzigartige Möglichkeit, so schien es Padmore, zu entscheiden bzw. maßgeblich an der Entscheidung mitzuwirken, welchen Entwicklungsweg sie in weiterer Folge beschreiten würden.

Die Frage, welchen Weg Afrika einschlagen sollte, war darum von zentraler Bedeutung. Padmore behandelt sie ausführlich im Kapitel »Kommunismus und schwarzer Nationalismus«, das sich über weite Strecken des fünften Buchteils erstreckt. Dort diskutiert er insbesondere die Beziehung zwischen dem Panafrikanismus und seinen Alternativen.

Die beiden unbrauchbaren Optionen: Kapitalismus und Nationalismus/Tribalismus

Theoretisch gab es in den 1950er-Jahren vier denkbare Optionen, zu denen sich eine »Kolonie« auf dem Weg zum souveränen »Staat« verpflichten konnte: Erstens »Kapitalismus« nach dem Modell der USA; zweitens »Kommunismus« nach dem Vorbild der UdSSR; drittens »nationalstaatliche Autonomie«, d. h. Unabhängigkeit im kolonialstaatlich gesetzten Rahmen und mit Ausrichtung des bürokratischen und repräsentativ-politischen Systems an der ehemaligen Kolonialmacht; viertens schließlich »Panafrikanismus«.

Praktisch beschäftigte sich Padmore nicht lange mit den Alternativen einer »nationalistischen« und »kapitalistischen« Entwicklung. Bezüglich erfolgreicher langfristiger Entwicklungsperspektiven kamen beide seiner Ansicht nach nicht infrage. Angesichts der kolonialen Situation und des primären imperialen Mechanismus, um die koloniale Fremdherrschaft zu sichern – dem Teile-und-Herrsche-Prinzip *(divide et impera)* unter Ausnutzung ethnischer und regionaler Unterschiede –, erschien Padmore jeder Gedanke an einen nachkolonialen »Nationalstaat«, der sein Volk befreien würde, völlig unrealistisch. Im Gegenteil: Er würde lediglich zu anderen Formen von sozialer Unfreiheit führen, denn ein »nationalstaatliches« System würde seiner eigenen inneren Logik nach – Repräsentation durch Wahlen; Mobilisierung von Unterstützern und Wählerstimmen entlang ethnischer Kategorien – unter den gegebenen heterogenen Bedingungen bestehende gesellschaftliche und kulturelle Unterschiede akzentuieren und vertiefen. Die Parteiengeschichte Nigerias, wie Padmore sie in den zehn Jahren vor Veröffentlichung von *Pan-Africanism or Communism?* beobachten konnte und die er vor dem Hintergrund der kolonialen Verfassungsreformen nachzeichnet, illustriert das überzeugend.[570] Der »Tribalismus«, wie das Phänomen politisierter Ethnizität damals genannt wurde, unterschied sich für Padmore im Wesentlichen nicht von dem, was er selbst in seinen eigenen Texten häufig als »bürgerlichen Nationalismus« bezeichnete, denn diese beiden »-ismen« arbeiteten im Interesse der bereits Mächtigen, gegen die Interessen der Vielen. Es tut dabei wenig zur Sache, ob die bereits an der Macht befindlichen Akteure Angehörige einer modernen, westlich ausgebildeten und geprägten afrikanischen Gesellschaftsschicht waren – also zur *educated elite* zu zählen sind – oder ob sie den arrivierten alten Herrschaften entstammten – den sogenannten »traditionellen Eliten«, die bis zum Zweiten Weltkrieg die wichtigen Stützen der europäischen Kolonialherrschaft waren. Beide vertraten nämlich im Grunde die Interessen einer Minderheit, nicht jene der Bevölkerungsmehrheit.

Padmore erkannte also von Anfang an sehr klar die grundsätzliche Problematik des Nationalstaatsmodells und die sich daraus ergebenden negativen Konsequenzen für die afrikanische Entwicklung in der – wie er sich sehr sicher war – bald anbrechenden nachkolonialen Zeit. Fast vier Jahrzehnte später, nachdem das nationalstaatliche Modell überall in Afrika implementiert worden war, sollte Basil Davidson, als er über die Geschichte des postkolonialen Afrika schrieb, dies als »den Fluch des Nationalstaates« beschwören und in ihm »die Bürde des schwarzen Mannes« erkennen, die dieser sich auftragen ließ bzw. die er leichtfertig übernahm.[571] Padmore hatte 1956 davor gewarnt – nicht ohne Grund.

Anders als den »Nationalstaatismus« *(nation-statism)*,[572] sah Padmore die antikolonialen Bewegungen, die sich in den verschiedenen Kolonien im Zeichen »nationaler Befreiung« versammelten und sich seinerzeit in politischen Parteien organisierten, als positive Erscheinungen. Die Bedeutung der antikolonialen »nationalen« Bewegungen in den Kolonien war groß, und ihre Aktivitäten waren von äußerster Relevanz; ihre Erfolge bei der Beendigung der Kolonialherrschaft in immer mehr Gebieten deutete Padmore als wichtigen strategischen Schritt auf dem Weg zur Freiheit. Doch der politische Erfolg dieser Bewegungen in den einzelnen kolonialen Territorien stellte Padmores Überlegungen zufolge nur einen Schritt in einem größeren Spiel dar, das auf ein größeres Ziel hinauswollte; er war kein Selbstzweck. Würde er zu einem solchen verkommen, dann endete damit auch die emanzipatorische Revolution der Befreiung.[573] Ich werde später auf diesen Punkt zurückkommen.

Die »kapitalistische« Entwicklung konnte in Padmores Lesart ebenso wenig als eine Option angesehen werden, um soziale und politische Verbesserungen zu erzielen – und zwar aus einem ganz einfachen Grund: In einem kapitalistischen Weltsystem gibt es und muss es, durch die systemische Logik bestimmt, sowohl »Habende« als auch »Habenichtse« geben, es muss Zentren und Peripherien gleichzeitig geben, Unterdrücker und Unterdrückte. Im »Krieg« bzw. in der »kapitalistischen Anarchie«, von der Padmore in seinem Buch *Africa and World Peace* (1937) spricht, sieht er eine der Wurzeln des Kapitalismus.[574] Schon damals hatte Padmore energisch vor der Gefahr eines erneuten Imperialismus und eines Weltenbrands gewarnt, wie er sich mehr als deutlich abzeichnete durch die italienische Besetzung Abessiniens (ab 1935), Japans Krieg gegen China (1931 Mandschurei; offiziell ab 1937) und die Expansionspolitik Nazi-Deutschlands (1935 Saarland; 1936 Rheinland; 1938 Österreich, Sudetenland; 1939 Polen). Als hellwacher Beobachter der Weltpolitik formulierte Padmore im Jahr 1937 mit verblüffender Präzision:

> »Das Grundproblem von heute ist, wie gestern, immer noch die Kolonialfrage. Das heißt, der erneute Kampf um eine Neuaufteilung der Welt ist wieder zum wichtigsten politischen Ziel einiger Großmächte geworden, die gegenwärtig mit dem Status quo unzufrieden sind.
> Dieses Problem, die Quintessenz des Kapitalismus in seinem imperialistischen Stadium, beeinflusst mehr als jeder andere Faktor die Frage von Krieg oder Frieden. […]
> Der Weltimperialismus kann in zwei Hauptlager geteilt werden: die ›Habenden‹, diejenigen, die Kolonien besitzen, und die ›Habenichtse‹, diejenigen, die zu besitzen suchen. Diese Unterscheidung ist jedoch keine neue Manifestation des Imperialismus. Sie ist lediglich eine Fortsetzung der Kräfteverhältnisse der Vorkriegszeit und spiegelt die ungleiche Entwicklung des Kapitalismus wider.«[575]

Teilt man diese Einschätzung, dann folgt daraus, dass es in der kapitalistischen Weltordnung keine friedlichen Mittel gibt, um eine gegebene Position innerhalb des Systems zu verändern. Und das galt bereits für einen Teil derjenigen, die auf weltpolitischer Bühne aktiv mitspielten – die »Habenichtse«, die aber gerne etwas mehr vom kolonialen Kuchen haben möchten –, sei es »der Lebensraum im Osten«, den Nazi-Deutschland an sich reißen wollte, oder seien es die imperialen Träume vom *mare nostrum* und vom italienischen Abessinien, die das faschistische Italien hegte. Ohne Gewalt konnten jene nicht hoffen, ihre Ziele zu erreichen. Um wieviel mehr gilt die Ohnmacht, mit friedlichen Mitteln das zu erlangen, wonach einem der Sinn steht, dann für diejenigen, die erst gar nicht zu dem Spiel zugelassen sind, das auf der Bühne der Weltpolitik geboten wird?

Den »Kolonisierten«, den Ausgebeuteten und Unterdrückten, bleibt gar nichts anderes übrig, als sich für den Kampf zu rüsten. In Padmores Perspektive der 1930er-Jahre war dieser Kampf vor allem einer gegen den »Kolonialfaschismus« – gegen die Herrschaft der europäischen Imperien in den Kolonien.[576] Zwischen den Herrschaftsmodi der Briten und Franzosen, der Portugiesen, der Belgier und Spanier in ihren afrikanischen Kolonialgebieten und den repressiven Systemen, wie sie unter den autoritären Regimen quer über den europäischen Kontinent eingerichtet wurden, erkannte Padmore wesensmäßige Parallelen. Deshalb war er bekennender Antifaschist und kommentierte die Entwicklungen in Italien, Deutschland und anderswo mit unbestechlichem Auge. Der Antikolonialismus war jedoch das Feld, das es primär zu beackern und kritisch durchzupflügen galt. Padmore folgte im Wesentlichen Lenins Argument, dass der Imperialismus »die höchste Stufe des Kapitalismus« sei,[577] bereicherte dessen Analyse allerdings um einige Facetten.

In der Zwischenkriegszeit entwickelt, legte Padmore mit seinem Buch *Africa and World Peace* (1937) eine historisch informierte Analyse des Kapitalismus im Weltmaßstab vor, und in einer anderen Veröffentlichung aus der Zeit, *How Britain Rules Africa* (1936), lieferte er die kritische und detaillierte Bestandsaufnahme der kolonialen Situation in den britisch beherrschten Kolonien Afrikas gleich dazu. Darin nimmt er bereits zahlreiche Ideen über »die moderne Weltwirtschaft« und »das moderne Weltsystem« vorweg, die heute eher mit Autoren wie Fernand Braudel und Immanuel Wallerstein identifiziert werden.[578] Auf der Grundlage seiner jahrelangen intensiven Beschäftigung mit verschiedenen Formen weltweiter Ungleichheiten konnte Padmore Mitte der 1950er-Jahre in *Pan-Africanism or Communism?* (1956) selbstbewusst und mit Nachdruck kurz und bündig erklären, dass »der Imperialismus ein diskreditiertes System ist, das von den Afrikanern völlig abgelehnt wird«.[579] Der Imperialismus – die gewaltsam herbeigeführte Herrschaft über kolonial annektierte Räume und Bevölkerungen – war, ebenso wie der Faschismus, nur eine weitere Maske, in welcher der »historische Kapitalismus« auftrat.[580] Deshalb musste er, einmal demaskiert, ohne weitere Umschweife bekämpft werden.

Padmores Haltung zum Nationalismus ist im Vergleich zu seiner radikalen Ablehnung des Kapitalismus, der für ihn in der kolonialen Gestalt des Imperialismus ebenso wesensmäßig durchscheint wie in der des autoritären Faschismus (und vielleicht sogar in jener des diktatorischen Staatssozialismus?), nuancierter. Das liegt darin begründet, dass er in dem »nationalen Erwachen«, zu dem die antikolonialen Bewegungen aufforderten, den ersten Schritt auf dem Weg zu Unabhängigkeit und Befreiung sah – der »bürgerlichen nationalen Revolution« musste aber eine »sozialistische«, soziale Revolution folgen. Um den antikolonialen Widerstand zu einen, brauchte es eine einheitsstiftende Idee; und eine solche stellte der Nationalismus im Sinn einer »eingebildeten Gemeinschaft« *(imagined community)* bereit.[581] Ein weiterer Grund mag darin gesehen werden, dass Padmore in einer derartigen »nationalen Erweckung« bis zu einem gewissen Grad auch die Voraussetzung für einen neuen »Internationalismus« erblickte, der ihm vorschwebte. Auf der anderen Seite wurde Padmore jedoch nicht müde, auf die im Nationalismus verborgenen Gefahren hinzuweisen: Manchmal schlummerten sie, aber immer seien sie vorhanden; jederzeit konnten sie, falls man nicht genügend aufpasste, zum Ausbruch kommen und zerstören, was in mühevoller Aufbauarbeit an Gutem geschaffen worden war. Angesichts der in den 1950er-Jahren noch immer vielerorts sichtbaren katastrophalen Folgen des Zweiten Weltkriegs – jener »Beinahe-Verwirklichung« der »Hölle auf Erden«, wie Ian Kershaw es nannte –,[582] schien Padmores Ansicht vielen noch immer evident; doch es zeichnete sich bereits ab, dass immer mehr Menschen zu vergessen begannen, dass es der Ungeist des chauvinistischen Nationalismus gewesen war, der in den Krieg hineingeführt hatte. Unter der Schirmherrschaft der USA im westlichen Lager, aber auch im Ostblock unter Führung der UdSSR (sowie in den bald »blockfreien« Ländern Jugoslawien, Indonesien, Ägypten, China etc.) waren pronationale Stimmungen weltweit und auch in Europa wieder im Aufschwung.[583] Im Grunde hielt Padmore die nationalistische Denkart für reaktionär, egoistisch und opportunistisch – deshalb für gefährlich und für eine Kraft, die unbedingt unter Kontrolle zu halten war. Traf er unter Angehörigen der afrikanischen Mittelschichten auf derartige Haltungen, was nicht selten geschah, so klagte er darüber. Mitunter erging er sich auch in spöttisch beißendem Ton über ihren Opportunismus und Egoismus:

> »Es ist die Mode unter farbigen Studenten, ›links‹ zu sein. Aber sie sind nie so ›links‹, dass sie sich verweigern, wenn ihnen amtierende Politiker Arbeitsplätze anbieten! Tatsächlich legen die meisten von ihnen bei ihrer Rückkehr nach Hause ihre marxistischen Kleider ab und kehren zu dem zurück, was sie schon immer im Herzen waren – bürgerliche Nationalisten. Einige degenerieren sogar zu regelrechten Tribalisten […]. Bei diesen professionellen Afrikanern geht es weitgehend darum, mit zwanzig ›revolutionär‹, mit dreißig moderat, mit vierzig konservativ und mit fünfzig reaktionär zu sein.«[584]

In der damaligen Situation des Spätkolonialismus – einer absehbar in Auflösung bzw. Umwandlung begriffenen kolonialen Weltordnung – und nach der Katastrophe des Zweiten Weltkriegs, zu der nationalistische Chauvinismen maßgeblich beigetragen hatten, war Nationalismus ganz offensichtlich ein zweischneidiges Schwert. Die Janusköpfigkeit des Phänomens wurde vielfach bemerkt, ja fast sprichwörtlich: Nationalismus ist ein Mobilisator – seine Wirkungen können verschiedenartig sein, positive wie negative Effekte zeitigen. »Nationalismus hat in letzter Zeit eine schlechte Presse gehabt – und mit gutem Grund«, schrieb etwa Basil Davidson 1957;[585] und auch für Padmore überwogen die negativen Aspekte – ganz besonders im Hinblick auf die kommenden Zeiten. Für eine zukunftsorientierte Politik, deren Ziel die Herstellung einer gerechten Welt ist – partizipatorisch demokratisch und sozial verträglich –, taugte der Nationalismus nicht. Würde man ihn als Selbstzweck betrachten, führte er zwangsläufig zu einer von zwei Entwicklungen: Entweder würden Kapitalismus und Imperialismus gestärkt werden, weil der »Nationalstaatismus« die Illusion einer Welt »nominell äquivalenter Nationalstaaten, die realiter jedoch extrem ungleich sind«, befördert und dadurch die globalen Ungleichheitsstrukturen vernebelt.[586] Oder der Nationalismus äußerte sich auf substaatlicher Ebene in Formen des tribalistischen Chauvinismus, ethnischen Separatismus und der inneren Konflikte und Kriege.[587] In beiden Fällen führt nationalistische Denkart, also die Politisierung der »Nation« und/oder der Ethnizität, zur Absicherung einer Herrschaft einiger weniger gegen die Interessen der vielen – nämlich jener, die in der Lage sind, sich als Repräsentanten der »Nation/Ethnie« zu inszenieren.

Aufgrund von Erwägungen wie diesen konnte Padmore es nicht zulassen, den Nationalismus als einen Zweck an und für sich zu sehen, sondern nur als ein Mittel, um den Boden für einen zukünftigen Internationalismus vorzubereiten. Dies entsprach weitgehend der von Lenin während des Ersten Weltkriegs vorgeschlagenen Strategie für eine sozialistische »Weltrevolution«:

> »Nachdem die Bolschewiki zu dem Schluss gekommen waren, dass der bürgerliche Nationalismus eine revolutionäre Reserve darstellt, die sie zu ihrem Vorteil nutzen könnten, setzten sie alles daran, die farbigen Rassen des Orients zum Aufstand anzuregen.

> Als daher [1919] die Dritte (Kommunistische) Internationale gegründet wurde, im Volksmund Komintern genannt, wurde es für alle neugegründeten kommunistischen Parteien in der westlichen Welt, die sich ihr anschließen wollten, verpflichtend, das leninistische Programm zur nationalen und kolonialen Frage zu akzeptieren.«[588]

Während die Kommunistische Partei unter Stalin – und infolge dessen auch die Komintern – in der Frage der »Weltrevolution« ab Mitte der 1920er-Jahre wiederholt die Richtung wechselte und schließlich 1943 die Komintern ganz auflöste, hielt Padmore selbst zeitlebens an diesem anfänglichen Programm fest: die nationale Selbsterweckung und Selbstbestimmung als erster Schritt, die Verwirklichung sozialistischer Ideale als zweiter. Padmore zufolge musste es einen grundlegenden Bruch mit dem bürgerlich-kapitalistischen System geben. Und damit kommen wir zu den beiden Optionen, die er in seinem letzten Buch als die einzigen ernstzunehmenden Alternativen für eine progressive Entwicklung Afrikas diskutiert: Panafrikanismus oder Kommunismus?

Die beiden diskussionswürdigen Optionen für eine künftig kommende soziale und demokratische Entwicklung Afrikas: Kommunismus und Panafrikanismus

In Padmores Denken konnten weder Kapitalismus noch Nationalstaatismus (einschließlich Tribalismus) zu einer fortschrittlichen Entwicklung führen. Da sie durch den Imperialismus nach Afrika getragen und verankert wurden, eigneten sie sich nicht als Lösung der Probleme Afrikas. Vielmehr sah er in ihnen deren Verursacher.

Der Staatssozialismus, wie er im Anschluss an die Umwälzungen der Oktoberrevolution 1917 in Gestalt der 1923 begründeten Sowjetunion etabliert wurde, war Padmore hingegen eine Überlegung wert. Konnte Russland ein Vorbild und ein Modell für Afrika sein? Im Jahr 1946 hatte er in *How Russia Transformed her Colonial Empire* sich diesbezüglich noch einigermaßen zuversichtlich geäußert und an der UdSSR die »Herausforderung« begrüßt, die sie für »die imperialistischen Mächte« darstelle (so schon im Untertitel zu diesem Buch, das er gemeinsam mit seiner Lebensgefährtin Dorothy Pizer geschrieben hatte).[589] Doch als sich die Fronten im Kalten Krieg zwischen den USA und der UdSSR verhärteten und die weltweite Blockbildung einsetzte, verschob sich Padmores Einschätzung der Rolle der Sowjetunion für Afrika noch einmal. Als treibende Kraft der »Weltrevolution« hatte die UdSSR in Padmores eigener Wahrnehmung bereits Ende der 1920er- / Anfang der 1930er-Jahre aufgehört zu wirken. Insofern überrascht es nicht, dass Padmore im Jahr 1956 dem staatssozialistischen Modell, dem Kommunismus in Gestalt des »real existierenden Sozialismus« eine Absage erteilte.

Während seine Antwort ein bedingungsloses »Ja« zum Panafrikanismus war, formulierte er hinsichtlich des staatssozialistischen Kommunismus ein qualifiziertes »Nein«. In *Pan-Africanism or Communism?* argumentiert er ausführlich gegen den Kommunismus als einen geeigneten Weg für Afrika. Da er nach wie vor bekennender Marxist war, mag dies manchen vielleicht als eine seltsame Haltung erscheinen. Aber in Wirklichkeit war sie angesichts seines undogmatischen Verständnisses des Marxismus und seines ausgeprägten Geschichtsbewusstseins überhaupt nicht seltsam, denn »der Panafrikanismus erkennt vieles an, was in der marxistischen Interpretation der Geschichte wahr ist, da er [der Marxismus] eine rationale Erklärung für vieles liefert, das sonst unverständlich wäre«.[590] Was war nun seine Haltung zum Kommunismus, und was die Gründe, ihn abzulehnen? – Im Jahr 1956 bezeichnete er sich selbst als »einen Sozialisten und Demokraten«.[591] Dieses Selbstbild bezieht sich auf eine bestimmte Reihe von Ideen und Haltungen, die er als Ideale hochhielt und anstrebte: Selbstverwaltung und Selbstbestimmung, Solidarität und Zusammenarbeit, individuelle und kollektive Freiheit, Chancengleichheit und das Recht auf ein menschenwürdiges Leben. Diese Selbstbeschreibung als »Sozialist und Demokrat« – und nicht als »Kommunist«, als der er sich lange Zeit bis zu seinem Bruch mit der Partei 1933/34 verstanden hatte – folgte aus den politischen Erfahrungen, die er seit seiner permanenten Niederlassung in London im Jahr 1935 gemacht hatte. Dort arbeitete er nicht nur tatkräftig am Aufbau von panafrikanischen Netzwerken und Organisationsstrukturen mit, sondern auch mit zahlreichen progressiven Akteuren aus dem britischen politischen Establishment und der »linken« politischen Öffentlichkeit zusammen.[592] Sein festes Vertrauen in die marxistische sozialgeschichtliche Analyse hatte er ohnehin nie verworfen.

Da er in kommunistischen Organisationen gearbeitet hatte und sie von innen her kannte, kommt Padmores Kritik am Kommunismus keineswegs aus dem verständnislosen Blickwinkel des ideologisch verblendeten Antikommunisten – der vorherrschenden Position damaliger politischer Kommentatoren im »Westen«. Wohl deshalb ist sie schärfer und stimmiger (und auf alle Fälle vertrauenswürdiger) als die der glühenden Antikommunisten und die der damals die Schreibstuben der Massenmedien bevölkernden »Kommunistenfresser«. Padmores Kritik am Kommunismus gründete in seiner Erfahrung aus erster Hand, wie er sie zu Beginn der 1930er-Jahre erleben musste. Sie gründet im Stalin'schen Verrat an der »Weltrevolution« und in der Vernachlässigung der »kolonialen Frage«, im unverzeihlichen Bündnis Stalins mit den imperialistischen Mächten sowie im autoritären Gestus der Komintern, antiimperiale Bündnisse über Parteigrenzen hinweg weltweit und unter allen Umständen verbieten zu wollen.[593] Padmores Desillusionierung gegenüber dem »Imperialismus der UdSSR«, wenn ich das so nennen darf, trat also früh in seinem Leben auf. Allerdings äußerte er sich erst in *Pan-Africanism or Communism?* so deutlich ablehnend wie nie zuvor.

In Bezug auf die sowjetische Parteilinie und ihre Satelliten schrieb er über deren »doktrinären Kommunismus«, der »eine kurzsichtige pseudomarxistische Doktrinärpolitik« predige.[594] Padmore behauptete auch, dass »der Dogmatismus die Krankheit der Parvenu-Kommunisten ist«.[595] Dies war einer der Gründe für seine Ablehnung des Kommunismus. Dementsprechend »weigert[e er] sich, die anmaßenden Behauptungen des doktrinären Kommunismus zu akzeptieren, dass er allein die Lösung für all die komplexen Rassen-, Stammes- und sozioökonomischen Probleme Afrikas hat«.[596] Ein zweiter Grund war der unmenschliche Umgang der kommunistischen Führung mit ihren kritischen Parteimitgliedern – »die kommunistische Intoleranz gegenüber jenen, die sich der ständig wechselnden Parteilinie nicht anschließen; die sogar soweit geht, sie zu liquidieren […]. Demokratie und Brüderlichkeit können nicht auf Intoleranz und Gewalt aufgebaut werden«.[597]

Indem Padmore die Geschichte der antikolonialen Kämpfe in ganz Afrika resümiert,[598] zeigt er auf, wie unzuverlässig sich die Kommunisten bisher immer als Verbündete in Fragen der afrikanischen Selbstbestimmung erwiesen hatten. Das lag daran, dass die Kommunisten weltweit Spielfiguren der sowjetischen Außenpolitik waren – einer Außenpolitik, die sich je nach den nationalen Interessen Russlands ständig änderte. Die genuinen Interessen der Akteure in der kolonialen Welt spielten hier keine entscheidende Rolle, nicht einmal die der zweiten Geige. Eine solche Haltung war nie nach Padmores Geschmack, im Gegenteil: Für ihn war die »koloniale Frage« entscheidend, für ihn war der Imperialismus das Grundübel der Gegenwart. Darüber hinaus berichtete Padmore über die Geschichte erfolgloser Versuche der kommunistischen Infiltration afrikanischer antikolonialer Kreise, um der antikommunistischen Propaganda der »Kapitalisten-Kolonialisten« entgegenzuwirken. Nicht einmal in dieser Hinsicht, so Padmore, hätte der sowjetische Kommunismus in Afrika Erfolg gehabt. Dieser Befund stimmt mit allen bekannten Tatsachen überein, wenn man einmal von Südafrika absieht, wo es infolge des Verbots der Kommunistischen Partei (CPSA, 1950) zu einer engen Kooperation der neugegründeten *South African Communist Party* (SACP) mit dem Afrikanischen Nationalkongress (ANC) kam, der zehn Jahre später (1960) ebenfalls verboten wurde.[599] Padmore versicherte 1956 seinen Lesern und Leserinnen, dass es in Afrika unter Afrikanern keine kommunistische Bedrohung gebe: »Gegenwärtig ist keine der afrikanischen Unabhängigkeitsbewegungen vom Kommunismus beeinflusst.«[600]

> »Ich wiederhole nochmals: Der Kommunismus ist keine unmittelbare Bedrohung für Afrika. […] Was die Mehrheit der Afrikaner über den Kommunismus weiß, ist das, was ihre imperialistischen Herrscher ihnen über den roten Teufel erzählt haben. Sogar die Handvoll westafrikanischer Intellektueller, die behaupten, Kommunisten zu sein, sind von einer Art, die orthodoxe Marxisten nur schwer als wahre Jünger von Marx, Lenin und Stalin erkennen würden. Der Begriff ›Kommunist‹ ist nur ein Schimpfwort, das lose und willkürlich von Europäern und reaktionären schwarzen Politikern benutzt wird, um militante Nationalisten zu verleumden, deren Ansichten sie nicht mögen. Es gibt kaum einen Kolonialführer, der sein Salz wert ist, der nicht irgendwann einmal als ›gefährlicher kommunistischer Agitator‹ gebrandmarkt wurde. […] Solange die afrikanischen Führer dem Volk treu bleiben, haben sie nichts zu befürchten, außer Angst. Das Schicksal liegt in ihren eigenen Händen.«[601]

Von einer kommunistischen Bedrohung Afrikas zu sprechen, war daher Humbug. Es entsprach nicht den damaligen afrikanischen Realitäten:

> »Denn wenn es eines gibt, was die Ereignisse in Afrika, nicht weniger als in Asien, in den Nachkriegsjahren gezeigt haben, dann ist es die Tatsache, dass die Kolonialvölker die anmaßende Haltung der Europäer übel nehmen, dass sie allein über das Wissen und die Erfahrung verfügten, die notwendig sind, um den Aufstieg der abhängigen Völker zu lenken. Dies gilt für Europäer mit kommunistischen und antikommunistischen Überzeugungen gleichermaßen.«[602]

Unter den Bedingungen des Kalten Krieges gab es jedoch sowohl kommunistische als auch westliche Propaganda, mit der man sich in Afrika auseinandersetzen musste.[603] Padmores Buch, das in London erschien und sich an ein internationales Publikum wandte, war sich dieser Tatsache sehr bewusst. Auf seiner eigenen panafrikanischen Agenda navigierend, versuchte Padmore seine westliche Leserschaft, die durch die allseits geschürte antikommunistische Propaganda und Paranoia der frühen 1950er-Jahre in ängstliche Erregung versetzt war, mit der Versicherung zu beruhigen, dass »Afrikaner der kommunistischen Propaganda nur dann Gehör schenken, wenn sie sich verraten und frustriert fühlen«.[604] Und daran knüpfte er eine Aufforderung zu sozialer und wirtschaftlicher Entwicklungsunterstützung sowie zur baldmöglichsten Übergabe der politischen Verantwortung – und der dazu nötigen Mittel – an afrikanische Akteure:

> »Wenn die Westmächte wirklich Angst vor dem Kommunismus haben und ihn besiegen wollen, liegt das Heilmittel in ihren eigenen Händen. Erstens ist es notwendig, den Kommunisten einen Schritt voraus zu sein, indem man die Missstände der so genannten rückständigen Völker beseitigt, die die Kommunisten überall für ihre eigenen Zwecke auszunutzen suchen. Zweitens muss es einen revolutionären Wandel in der Sichtweise der kolonisierenden Mächte geben, die bereit sein müssen, ein Datum für die vollständige Machtübergabe festzulegen […] und den aufstrebenden Kolonialnationen in der Zeit des Übergangs von der inneren Selbstverwaltung zur vollständigen Selbstbestimmung jede technische und administrative Unterstützung zu gewähren.«[605]

Kurzum, seine Wegskizze zur Erlangung der afrikanischen Unabhängigkeit im Afrika der 1950er-Jahre verfolgte zwei Zielvorstellungen: Erstens, die Beendigung oder zumindest den Abbau des Imperialismus, wie er nicht nur von den alten Imperien repräsentiert wurde, die sich damals in Auflösung befanden, sondern auch vom US-Kapitalismus, dessen Ausgreifen auf Afrika Padmore zufolge unbedingt verhindert werden sollte; zweitens, die Eindämmung des Kommunismus in Gestalt des Sowjetmodells, weil er den lokalen Bedürfnissen nicht gerecht werden könne. Progressive Entwicklung konnte Padmores Ansicht nach nicht von einem Ort zum anderen exportiert und von oben herab verordnet werden, sondern sie musste von den Menschen selbst in ihrer handelnden Praxis verwirklicht werden. Diese Einsicht lag Padmore sehr am Herzen: »Entwicklungspläne können nicht im luftleeren Raum erstellt werden, sondern müssen die konkrete Situation und die Bedürfnisse in jedem Gebiet widerspiegeln – und Afrika ist ein riesiger Kontinent«; deshalb sollte man »nicht versuchen, irgendwelche wirtschaftlichen und sozialen Blaupausen zu skizzieren«.[606]

Padmore brachte ein wesentliches Argument für Konkretheit und Flexibilität vor. Zustimmend zitierte er in diesem Sinne den Begründer der Volksrepublik China (1949), Mao Tse-tung, dessen Ideen einer »bäuerlichen Revolution« – einer in Land und Leuten verwurzelten Umgestaltung – ihm anschlussfähiger für eine Entwicklung Afrikas erschienen: »[D]ogmen sind nutzloser als Kuhdung. Dung kann als Dünger verwendet werden.«[607] Flexibilität im Denken und Handeln sowie beständige Anpassung der Taktiken an die Erfordernisse veränderter Bedingungen, daran lag ihm. Eine neue Welt war im Entstehen, das war für Padmore gewiss – und nun lag es an »uns«, an jedem und jeder einzelnen, sie so auszugestalten, wie »wir« das wollten. Nachdem er argumentiert hatte, weshalb weder Kapitalismus noch Nationalstaatismus noch Tribalismus und Kommunismus erstrebenswerte Optionen für die Welt von morgen waren, zeichnete sich für ihn eine einzige zukunftsträchtige Alternative, die eine Verbesserung Afrikas ermöglichen könnte, am Horizont ab: der Panafrikanismus. In ihm sah er die Möglichkeit, soziale und demokratische Verhältnisse – Gleichheit, Freiheit und Solidarität – zu kreieren:

> »In unserem Kampf für nationale Freiheit, Menschenwürde und soziale Erlösung bietet der Panafrikanismus eine ideologische Alternative zum Kommunismus auf der einen Seite und zum Tribalismus auf der anderen. Er lehnt sowohl den weißen Rassismus als auch den schwarzen Chauvinismus ab. Er steht für eine rassische Koexistenz auf der Grundlage der absoluten Gleichheit und der Achtung der menschlichen Persönlichkeit.
> Der Panafrikanismus blickt über die engen Grenzen von Klasse, Rasse, Stamm und Religion hinaus. Mit anderen Worten, er will Chancengleichheit für alle. Talent soll auf der Grundlage von Verdiensten belohnt werden. Seine Vision reicht über die begrenzten Grenzen des Nationalstaates hinaus. Seine Perspektive umfasst die Föderation regionaler, selbstverwalteter Länder und deren letztendliche Verschmelzung zu den Vereinigten Staaten von Afrika.«[608]

Schlussfolgerung

Die »Vereinigten Staaten von Afrika« sind in der von Padmore anvisierten (und von Kwame Nkrumah später projektierten) Form, wie man weiß, nie verwirklicht worden. Die 1963 gegründete Organisation für Afrikanische Einheit (OAU) hatte den nationalstaatlichen Charakter seiner Mitgliedsstaaten bestätigt und für sakrosankt erklärt – und daran hält auch ihre Nachfolgeorganisation seit 2002, die Afrikanische Union (AU), im Wesentlichen fest.

Die politischen Führungen hatten in den meisten afrikanischen Ländern bereits mit ihrer »Unabhängigkeit« ohne viel Aufheben jene Optionen gewählt, die Padmore aus Prinzip ausgeschlossen hatte. Jene, die versuchten, der drohenden und absehbaren »Balkanisierung« Afrikas (wie das Léopold Sédar Senghor so treffend bezeichnete[609]) zumindest durch überregionale Föderationen entgegenzuwirken, mussten bald ihr Scheitern eingestehen – und lenkten sodann ebenfalls auf den Machterhalt in ihrem kolonial ererbten Hoheitsgebiet ein. Jene Regierungen, die versuchten, politisch unabhängige und wirtschaftlich autarke Wege einzuschlagen, dabei auch auf panafrikanische Solidarität bauend – etwa Nkrumahs Ghana oder Sékou Tourés Guinea – taten dies um den Preis, partizipative Demokratie einzuschränken und in Autoritarismus abzugleiten. Ob sie sich an (vermeintlich) landeseigenen Traditionen von Kommunalität (und *leadership*) orientierten – wie Julius Nyereres *Ujamaa* in Tansania oder Kenneth Kaundas *Humanism* in Sambia – oder aber am sowjetischen Zentralismus (wie in den vormaligen portugiesischen Kolonien Angola und Mosambik), war in dieser Hinsicht nebensächlich.[610] Sie alle gaben dem nationalen (ehemals kolonialen, nun nach- oder neokolonialen) Container den Vorrang vor der Herausforderung, eine größere und stärkere, weltpolitisch relevante und schlagkräftige Einheit aufzubauen. Das enge Nationalstaatsmodell und Entwicklungsbemühungen entlang kapitalistischer Linien, d. h. nach den vorgegebenen internationalen neokolonialen Regeln, waren die Wege, die von allen afrikanischen Ländern nach der Unabhängigkeit mehr oder weniger bald eingeschlagen wurden.

Dass George Padmore Mitte des 20. Jahrhunderts so klar erkennen konnte, dass die letztendlich tatsächlich beschrittenen Wege überhaupt keine zukunftsträchtigen Optionen waren – und es auch gar nicht sein konnten –, lag in erster Linie an seinem kritischen Verständnis von Kapitalismus, Imperialismus und Kolonialismus einerseits, an seinem klaren Bewusstsein hinsichtlich der Fallstricke von Nationalismus und Rassismus andererseits. Das erlaubte ihm, eine vernünftige Perspektive auf evidente Problemlagen der Gegenwart zu entwickeln und sie einer klugen Analyse zu unterziehen. Darin besteht sein Vermächtnis. Aufgrund der Qualität seiner sozialgeschichtlichen Analysen und seines Kenntnisreichtums über die Verhältnisse in den kolonialen Territorien Afrikas, von denen seine Bücher zeugen (aber auch viele seiner mehr als 1000 Zeitschriftenbeiträge weit über Afrika hinaus), konnte Padmore die laufenden Entwicklungen folgerichtig interpretieren.

Er stützte sich auf ein breites Wissen und auf weitverzweigte Netzwerke von Informanten und Freunden in aller Welt. Er glaubte fest an die Pflicht der Menschen, die Welt zu einem besseren Ort für alle zu machen. Seine praktische Solidaritätsarbeit, die sich sowohl in seiner unermüdlichen Organisations- und Vernetzungsarbeit niederschlug als auch in seinen Veröffentlichungen, macht Padmore zum Paradebeispiel eines »engagierten Intellektuellen«. Kritisch und rational bis in die Knochen, war er zutiefst menschlich und humanistisch gesinnt. Darüber hinaus hat Padmore eine Menge historischer Einsichten zu bieten. Dass seine Warnungen und seine Handlungsanweisungen wenig beachtet wurden, dass seine Vision nicht verwirklicht wurde – dass sie damals nicht verwirklicht werden konnte –, ändert nichts daran, wie zutreffend er die Probleme des zeitgenössischen Afrika diagnostiziert und seine Zukunftsaussichten prognostiziert hatte. Im Rückblick erscheint dieses Maß an Einsicht – und weiser Voraussicht – umso verblüffender. Wenn wir ihn wieder lesen, werden wir bemerken, dass er mit einer noch immer starken Stimme zu uns spricht. Die Frage, die Padmore in seinem letzten Buch von 1956 stellte, hat nichts von ihrer Bedeutung, Dringlichkeit und Aktualität verloren: Afrika, wo geht die Reise hin?

7. DIE VERGEGENWÄRTIGUNG AFRIKAS

> »Eines der großen Probleme besteht darin, dass die Polemiken auf beiden Seiten in dieser dummen Debatte […] über Kultur […] derart grundlegend schlecht informiert sind. Erstens: Sie versuchen gar nicht erst viel über die historische Erfahrung herauszufinden – weder des Westens noch des Ostens. Zweitens: Sie sind so armselige Leser, dass sie glauben, ganze Traditionen könnten auf Karikaturen reduziert werden – nach dem Muster: ›Das alles ist rassistisch‹ oder ›Es ist dieses, jenes oder das andere Ding.‹ […] Es wird dumm und verkürzt.«[611]

Als Edward Said in einem Interview im Jahr 1993 diese Äußerung tätigte, tobte in der US-amerikanischen akademischen Welt, flankiert von regem Interesse in der sogenannten Qualitätspresse, schon seit einigen Jahren eine sonderbare Form von »Kultur- bzw. Wissenschaftskrieg«. Nicht nur in wirtschaftlicher und politischer Hinsicht stellte der Zusammenbruch der Sowjetunion und die Auflösung des Ostblocks eine einschneidende Zäsur in der jüngeren Geschichte der USA dar, sondern auch im Hinblick darauf, wie die anbrechende neue Ära »wissenschaftlich« zu charakterisieren, zu deuten und zu behandeln sei. Schon seit den 1960er-Jahren hatten sich an US-amerikanischen Universitäten Räume eröffnet, in denen junge, politisch bewusste und engagierte Kräfte versuchten, relevante gesellschaftskritische Forschung und gesellschaftsverändernde Aktivität miteinander zu verbinden – im Umkreis der amerikanischen Bürgerrechtsbewegung und Black Power, des Widerstands gegen den Vietnamkrieg und Imperialismus, des Kampfes um Geschlechtergerechtigkeit und Schutz von Minderheiten, für Feminismus und gegen Rassismus. Mit ihnen gewann die wichtige Frage an zentraler Relevanz, wer und wessen Interessen im institutionellen Feld der Wissenschaft vertreten sind, wer repräsentiert wird, und wer nicht. Damit wurde auch die Frage diskutiert, was »Wissenschaft« eigentlich ist, bzw. wie es sein kann, dass sie partikulare Interessen vertritt oder vertreten kann. Während diese zweite Frage nach dem Wesen der Wissenschaft eine erkenntnistheoretische ist, handelt es sich bei der ersten um eine Frage der Praxis nach den sozialen Bedingungen und Möglichkeiten, aber auch nach der Durchführung und Ausübung von »Wissenschaft«. Dies ist also eine soziale Angelegenheit und damit auch eine Frage der gesellschaftlichen Machtverhältnisse.

Dass die Wissenschaftspraxis von ideologischen und insbesondere ideologisch-hegemonialen Fehlleistungen (»Bias«) nur so strotzt, ist keinem Wissenschaftshistoriker unbekannt und wurde, seit Karl Mannheim (1893–1947) die wissenssoziologische Ideologiekritik begründete, in unzähligen Studien wiederholt, wenngleich verschieden systematisch demonstriert. Edward Said selbst hat sich in seiner berühmten Untersuchung von »westlichen Vorstellungen vom Morgenland« in seinem Buch *Orientalism* (1978) besonders auf Antonio Gramsci und Michel Foucault bezogen, also jüngere gesellschafts- und ideologiekritische Autoren. Erkenntnistheoretisch hätte er sich aber fast ebenso gut auf Mannheim beziehen können oder auf Kulturanthropologen wie Franz Boas (1858–1942), Edward Sapir (1884–1939) oder Melville Herskovits (1895–1963), die ähnlich »relationale« und gesellschafts- und ideologiekritische Ansätze pflegten. Wissenschaften weisen immer dreierlei verschiedene Züge auf: 1. Sie sind geistige Erkenntnisprojekte, formulieren Fragen, auf die sie Antworten zu geben suchen; 2. ihre Proponenten agieren in auf bestimmte Weise institutionalisierten und spezifisch strukturierten Rahmen räumlicher Art (Universitäten, Akademien, Forschungseinrichtungen; Think Tanks; Fakultäten, Institute, Abteilungen; Bibliotheken, Archive, Konferenzen; Verlage, Zeitschriften usw.); 3. sie bilden über die Zeit hinweg eine spezifische Überlieferungs- und (Aus-)Bildungskette aus, sie begründen »Fachtraditionen« und, seit dem 19. Jahrhundert, uns vertraute und fast natürlich erscheinende »Disziplinen«. Doch Wissenschaften ändern sich, auf jeder dieser drei Ebenen, das Denken hingegen, die Denkoperationen, bleiben gleich: »Der moderne Mensch« denkt, um Claude Lévi-Strauss zu paraphrasieren, nicht weniger »wild« als »der Primitive«; er denkt nur im Hinblick und im Rückgriff auf andere Materialien, weil seine Umgebung eine andere ist und ihn mit anderen Dingen, dem Futter des Denkens, konfrontiert.[612] Dass die modernen Wissenschaften kumulativ sind, ist eine der verbreiteten Mythen. Richtig ist: Sie könnten es sein. Doch dazu bedürfte es einer Verkehrung der vorherrschenden Tendenz in den modernen Natur- und Sozialwissenschaften in ihr Gegenteil – einer ernsthaften Beschäftigung mit den zuvor zusammengetragenen Wissensbeständen. Da das kaum geschieht, leidet die Wissensakkumulation und genauso, über kurz oder lang, die Wissensvermittlung und -verbreitung. Dummheit und Verkürzung, wie Said sagt, drohen um sich zu greifen, und der historische Sinn verkümmert mehr und mehr. Said hatte recht damit, sich über diese *culture wars* zu wundern und sie als störendes Hindernis für die Wissenschaft als fortschrittliches Erkenntnisprojekt zu begreifen.

Medien-Klischees: Vereinzelung und Verallgemeinerung, vorschnell und voreingenommen

Der öffentliche Diskurs über Afrika, der die internationale Medienlandschaft dominiert und allgemein verbreitete, populäre, oft unzutreffende und irreführende Vorstellungen über Afrika prägt, läuft verkürzt und verkürzend, oft einseitig und meist eindimensional. Die stereotypen Klischees sind unzählig: Manche sind ausgesprochen negativ – »Armut«, »Kriege, Krisen, Katastrophen, Korruption, Kriminalität, Kapitalflucht, Krankheit«;[613] andere explizit positiv besetzt – die Schönheit und Idylle afrikanischer Landschaft, afrikanische Menschen im »harmonischen Einklang mit der Natur«, mit Musik und Rhythmus und wer weiß noch was für anderen Eigenschaften »im Blut«. Wieder andere Stereotypen spiegeln die potenziell positiv gefassten Zuschreibungen in ihr Gegenteil und betonen stattdessen die Lebensfeindlichkeit und Widrigkeit »afrikanischer Natur« und schwelgen in Vorstellungen »afrikanischer Wildheit und Bestialität«, wobei die Grenzen zwischen Tier- und Menschenwelt häufig fließend gezeichnet werden.[614] Ob negativ oder positiv, in Ausdruck oder Intention ist allen stereotypen Auffassungen gemeinsam, dass »ihr Afrika« *eines* und *nur eines* ist, eine einzige Singularität: »*ein* Land«, »*eine* Art«, »*ein* Problem«. Die tatsächliche Vielfalt wird zum Verschwinden gebracht. Dasselbe geschieht auf den Ebenen der attributiven Zuschreibungen, mit denen der Kontinent, seine Bewohnerinnen und Bewohner gekennzeichnet werden: Afrika ist gut *oder* böse, gesund *oder* krank, schön *oder* hässlich, rational *oder* emotional, kreativ *oder* imitativ, aktiv *oder* passiv, menschlich *oder* tierisch, human *oder* unmenschlich. Afrika hat entweder das eine *oder* das andere zu sein. Für Mehrdeutigkeiten und Zwischentöne herrscht kein Sinn, am realen Leben und Alltag afrikanischer Menschen, ihrem Handeln, Denken und Fühlen besteht kein Interesse, die Menschen Afrikas verschwinden hinter seinen Landschaften und Wildtieren.[615] All das und mehr begegnet einem auch heute noch auf Schritt und Tritt, wenn man Medien unterschiedlicher Gattungen konsumiert: In Radio, Fernsehen und Kino, in Presse und auf Social-Media-Kanälen. Von dort – aus der »Gesellschaft« also, vereinfacht gesagt – nehmen sie Einfluss auch auf andere Bereiche, in denen weitreichende Entscheidungen getroffen werden bzw. wo Wissen produziert wird, auf – immer noch vereinfacht gesprochen – Politik und Wissenschaft. In der internationalen Politik und Wissenschaft sind analoge Stereotypen vorhanden und am Werk. Der Zusammenhang funktioniert auch *vice versa*. Dominante stereotype Vorstellungen beeinflussen und verstärken sich also wechselweise. So charakteristisch und virulent die klischeehaften Zeichnungen gegenwärtig (wieder) sind, so wenig sind sie neu. Ihre Wurzeln reichen mehrere Jahrhunderte zurück und sind fest in der globalen kolonialen Geschichte verankert. Sie liegen der verbreiteten Ignoranz, aber auch der oft unbewussten, »ungewussten« Unkenntnis zugrunde, mit der über Afrika gesprochen, geschrieben und, allzu häufig auch, entschieden wird.[616]

Eindimensionalität der Auffassung, Unkenntnis afrikanischer Geschichte, Desinteresse an und Blindheit gegenüber den vielfältigen und sehr verschiedenartigen realen Verhältnissen, unter denen afrikanische Menschen ihre Leben bestreiten, sind in den Ländern des Globalen Nordens allzu sehr verbreitet – und viel zu allgemein akzeptiert. Deswegen verlaufen die Diskussionen über Afrika in den öffentlichen Kanälen, die im Wettbewerb untereinander um die Aufmerksamkeit ihres Publikums buhlen, meist ausgesprochen provinziell. In einer Hinsicht ist es beinahe logisch, dass es so ist, denn »[d]ieser Kontinent ist zu groß, als daß man ihn beschreiben könnte. Er ist ein regelrechter Ozean, ein eigener Planet, ein vielfältiger, reicher Kosmos. Wir sprechen nur der Einfachheit, der Bequemlichkeit halber, von Afrika. In Wirklichkeit gibt es dieses Afrika gar nicht, außer als geographischen Begriff«.[617] So der polnische Schriftsteller Ryszard Kapuściński, Autor einprägsamer, gründlich recherchierter

Reportagen über konkrete Orte, Geschehnisse und Menschen, verlässlicher Chronist seiner Begegnungen, Beobachtungen und Reflexionen. Da Afrika so riesig und die dort beheimateten Kulturen so vielfältig sind, ist es verlockend, sich nach dem einen oder dem anderen Extrempol auszurichten und Afrika entweder als Totalität an und für sich zu »vereinzeln« oder aber nicht-afrikanische Entwicklungswege zu verallgemeinern und als nachzuahmende Entwicklungsmodelle vorschreiben zu wollen. Gleich, ob Afrikas Einzigartigkeit beschwört und zum undurchdringlichen Mysterium verklärt wird oder ob man eine untauglich verallgemeinerte Ad-hoc-Erklärung, die keine Rücksicht auf lokale Faktoren nimmt (und jede Erklärungskraft verliert, sobald jene zur Kenntnis genommen sind), ins Spiel bringt; die Reden von der Art »typisch Afrika« führen zu nichts – zumindest zu keinem tieferen Verständnis der Geschichte Afrikas und der Welt. Gleichwohl sind sie ubiquitär, denn sie erfüllen die eine Aufgabe nur allzu gründlich, die in einer medialen Aufmerksamkeitsökonomie von entscheidender Bedeutung ist: Sie vermitteln ein einfaches, eindeutiges Bild.

Beide skizzierten Verlockungen – völlige Vereinzelung und vorschnelle Verallgemeinerung – sind nicht nur in medialen, sondern auch in gesamtgesellschaftlichen Sphären virulent. Wie der Islamwissenschaftler Thomas Bauer unlängst schön argumentiert hat, tut sich die moderne Welt schwer damit, Mehrdeutigkeit und Vielfalt zu akzeptieren; er vermutet gar »eine moderne Disposition zur Vernichtung von Vielfalt«.[618] Auf alle Fälle weist die moderne Staatlichkeit eine Tendenz zu umfänglicher Kontrolle und eine Neigung zum Autoritarismus auf; die Geschichte des 20. Jahrhunderts und seiner Totalitarismen lässt diesbezüglich keinen Raum für ernsthaften Zweifel, und die neuen Imperialismen seit Mitte der 1990er-Jahre und besonders seit den Terroranschlägen vom 11. September legen nahe, dass wir weit davon entfernt sind, die Moderne hinter uns gelassen zu haben.[619] Die europäische Geistesgeschichte bietet eine Fülle an Beispielen, die zeigen, wie anfällig das westliche Denken schon früh für diese geistigen Fehlleistungen war; darin könnte man einen Hinweis darauf sehen, dass Selbstzuschreibungen immer auch fragwürdige Elemente aufweisen. Anders gesagt: In gewisser Hinsicht sieht »die Moderne«, sehen »wir Moderne« ganz schön alt aus.[620] Ein Beispiel soll genügen: Wenn es um Erkenntnisfortschritt geht, ist Alexanders »Lösung«, den gordischen Knoten durch einen Schwerthieb zu zerschneiden – durch einen Gewaltstreich, der die Aufgabe zerstört, die ihm durch die verknoteten Seile am Streitwagen des Phryger-Königs gestellt wurde –, nicht weniger illusorisch (wenngleich in ihrer Konsequenz sehr viel tragischer) als die Herangehensweise, das Rätsel Stück für Stück lösen zu wollen, Knoten um Knoten zu entwirren, einfach zu kapitulieren und sich ins Mystische zu verlieren. Weder die gewaltsame Herbeiführung und Durchsetzung *einer* willkürlichen »Lösung« noch der Verzicht, nach ihr zu suchen, sind hilfreiche Methoden, wenn man über etwas Bescheid wissen, etwas in Erfahrung bringen möchte. Stattdessen braucht es: Schauen, Beobachten, Sehen und Erkennen; Einfühlen, Nachdenken, Verstehen und Erklären; Fragen, Zuhören, miteinander Reden und Argumentieren. Das wichtigste: Zuhören.

In einem viel beachteten TED-Talk hat die nigerianische Schriftstellerin Chimamanda Ngozi Adichie vor den »Gefahren einer eindimensionalen Erzählung« gewarnt und in ihre Warnung auch historische Erzählungen und Vorstellungen über Afrika eingeschlossen. Sie warnt vor den Vereinfachungen und Glättungen, die *single stories* vornehmen, vor ihrer Lebensferne und ihrem Klischeecharakter. Adichie macht auch darauf aufmerksam, dass eindimensionalen Erzählungen (bewusst oder unbewusst) immer eine Rechtfertigungsfunktion eingeschrieben ist, was sie zwangsläufig fragwürdig macht: Sie bestätigen vorgefertigte Meinungen.[621] Damit bestärken sie geteilte Vorurteile, unterdrücken Neugierde und Offenheit gegenüber dem Unbekannten bis hin zu dessen Leugnung: Aus dem Unbekanntem – dem Noch-nicht-Bekannten – wird etwas, das es vermeintlich gar nicht gibt. Totale Vereinnahmung oder totale Ausschließung, beides sind keine probaten Zugänge, um sich Afrika und seine Vergangenheit zu vergegenwärtigen. Die beiden Strategien der apodiktischen Ausschließung oder Vereinnahmung erlauben freilich, sich im eurozentrischen Diskurs bequem einzurichten und sich im Bewusstsein der eigenen zentralen Stellung sowie der beanspruchten Höherwertigkeit, Beispielhaftigkeit und Modellhaftigkeit für das Weltgeschehen insgesamt zu sonnen.[622] Dass eurozentrische Denkfiguren, Wahrnehmungs- und Begriffskategorien allgegenwärtig sind, dass derart »falsches Bewusstsein« oft unwidersprochen bleibt, ja mehr noch: in Schlüsselzusammenhängen sogar als »echtes Tatsachenwissen« ausgegeben werden kann, liegt an der Entwicklung, die die moderne Welt genommen hat.

Eine aufschlussreiche kritische Diskussion von Schlüsselbegriffen der Sozialwissenschaften (einschließlich der historischen Sozialwissenschaften), um die sich eurozentrische (Geschichts-)Darstellungen gerne ranken, liefert Immanuel Wallerstein in einem Text, in dem er den »Eurozentrismus und seine Avatare« behandelt. Die vielen Verkörperungen, in denen er immer wieder sein Unwesen treibt, kleidet er in das schöne Bild vom »hydraköpfigen Monster«, dessen Köpfe nachwachsen, kaum dass man sie abgeschlagen hat, und die immer ein wenig anders aussehen.[623] Beispielhaft führt er dort die Kategorien »Fortschritt« (als unterstellte allgemeine Gesetzmäßigkeit), »(westliche) Zivilisation« und »Orientalismus« (verstanden als eine essenzialistische Vereinnahmung einerseits, eine essenzialistische Verfremdung andererseits) vor und weist ihren irreführenden Charakter und ihre Unbrauchbarkeit als analytische Kategorien auf. Außerdem thematisiert Wallerstein teleologische Formen westlicher Historiografie im Sinn eines »engstirnigen Universalismus«, den er auch für große Teile der synchron orientierten Sozialwissenschaften für konstitutiv hält.[624]

Die letzten sechs Jahrhunderte stehen ganz im Zeichen nicht nur einer, sondern zahlreicher miteinander verwobener und ineinander verschachtelter Geschichten. Geschichten der kulturellen Begegnung und des Austauschs, von dauerhaftem Kulturkontakt und wechselseitiger Interaktion, von punktuellem Kulturzusammenstoß, Krieg und Gewalt, von imperialer Reichsausdehnung, Handelskapitalismus und Kolonialismus.[625]

Afrikaforschung und ihre gesellschaftliche Nicht-/Wirkung: Provinzialität des Denkens

Obwohl die Afrikaforschung, die im 19. Jahrhundert ihren Anfang genommen und besonders ab Mitte des 20. Jahrhunderts einen großen Schub bekommen hat, reichhaltige Wissensschätze über afrikanische Verhältnisse in Vergangenheit und Gegenwart angehäuft hat, blieb ihre Außenwirkung recht begrenzt.[626] Aber auch nach innen haben besonders seit dem letzten Viertel des 20. Jahrhunderts starke Tendenzen zur Spezialisierung dahin gewirkt, dass ein einigermaßen klares Bild »afrikanistischer Identität« verlorengegangen ist. Zersplitterung, Fragmentarisierungsprozesse und Neuausrichtungsversuche haben eingesetzt – mancherorts früher, andernorts später. Afrikanistische Studiengänge wurden ab den 1960er-Jahren in Großbritannien und Frankreich, wo es wie in deutschsprachigen

Ländern länger zurückreichende akademische Traditionen der Afrikaforschung gab, sowie in den USA fest etabliert und expandierten in den folgenden eineinhalb bis zwei Jahrzehnten. Wie an den Forschungs- und Lehrstätten der Universitäten in den neuen Staaten Afrikas lag auch hier ein Schwerpunkt darauf, bisher dominierende Erzählungen über Afrikas Vergangenheit, Gegenwart und künftige Entwicklungsmöglichkeiten aus ihren imperialen, kolonialrassistischen Bezügen zu befreien. In der »Afrikanisierung« der Lehrpläne, aber auch des Lehrkörpers wurden geeignete Mittel gesehen, dies zu erreichen, sowohl an westlichen als auch an afrikanischen Universitäten.

Dann kamen die 1980er-Jahre, und mit ihnen der Triumph neoliberaler Ideologie und Wirtschaftspolitik, die global durchgesetzt wurde. Ihre Maßnahmen, wie die berüchtigten »Strukturanpassungsprogramme«, die Entwicklungsländern aufgezwungen wurden, »höhlten den Sozialvertrag zwischen dem postkolonialen Entwicklungsstaat im globalen Süden und dem Wohlfahrtsstaat im globalen Norden aus«.[627] Die Expansion am tertiären Bildungssektor kam zum Halt, stattdessen wurden Stellenabbau und Stellenrückbau, Verkleinerung bis hin zur (drohenden) Auflösung von ganzen Einheiten mehr und mehr zur Realität. Afrikawissenschaftler in den USA fanden eine Möglichkeit zu überleben darin, sich mit den *Black (American) Studies* enger zu verflechten; in Großbritannien, Frankreich, aber auch in Deutschland und Österreich, suchten viele von ihnen die Nähe zum Feld der Entwicklungsstudien bzw. der Entwicklungszusammenarbeit. Doch überall wurde es aufgrund nachlassender und mangelnder Finanzierung nötig, die Afrika-Programme in Forschung und Lehre zurückzuschrauben oder sie neu und anders auszurichten, um »African Studies-Zentren« überhaupt zu erhalten.

In den USA hat besonders 9/11 zu einer finanziellen Stärkung einer politisierten Spielart von Afrikaforschung geführt, die sich als ein nützlicher Zuarbeiter für die neuerlich imperial agierende »Weltpolitik« der großen Weltmächte in Afrika gebrauchen lässt.[628] Nicht nur bringt diese überwunden geglaubte eurozentrische Perspektiven zurück und macht sie aufs Neue salonfähig, sie untergräbt auch die Möglichkeiten zu einem produktiven Gespräch über afrikanische Bedürfnisse zwischen Forschern und Forscherinnen inner- und außerhalb Afrikas. Adebayo Olukoshi stellt darum bedauernd fest:

»Die Historisierung von Fragen, die man stellt, fehlt in afrikanistischen Diskursen über Afrika zunehmend; und der Versuchung, falsche Probleme zu erfinden, zu einfachen Antworten zu greifen und afrikanische Erfahrungen um weitere adjektivische Kennzeichnungen zu vermehren, wird nur allzu regelmäßig nachgegeben.«[629]

Der frappierende Graben, der sich schon ab den 1980er-Jahren zwischen »afrikanistischer Wissensproduktion« in den wohlhabenden Ländern des Globalen Nordens und Afrikaforschung auf dem Kontinent selbst geöffnet hat, hat sich im letzten Vierteljahrhundert eher noch vergrößert:

»[…] viele Afrikanisten haben sich gezwungen gesehen, zu angewandter Forschung zu wechseln, treten nun als Berater auf, bedienen sich und richten sich nach einer *Policy*-Sprache. […] Zugleich und in einer radikalen, unglücklichen Abwendung von einer Tradition, die einmal bestand, gibt es heute nur mehr wenige Afrikanisten, die eine organische Beziehung mit der afrikanischen Sozialforschungsgemeinschaft unterhalten; und noch geringer ist die Zahl derer, die die Netzwerke dieser lokalen Forscher für zitierwürdig halten und sie in ihren Referenzen ausweisen.«[630]

Auch Paul Tiyambe Zeleza betont diese wachsende Kluft zwischen westlichen afrikanistischen und afrikanischen Forschenden, akzentuiert aber stärker als Olukoshi die bedauerlichen diskursiven Folgen, die dies zeitigt. So kritisierte er schon 1997 mit Heftigkeit westliche Forschung, die Afrika lediglich als Hintergrundfolie und Testfall eurozentrischer Theoriemodelle missbraucht und Afrika zu diesem Zweck einerseits »verfremdet«, andererseits »pathologisiert« – die afrikanische Verhältnisse also nur in Begriffen der »Andersheit« und als »Krankheitsfall« wahrzunehmen bereit ist, und sich gar nicht erst die Mühe macht, afrikanische Wissensbestände zu konsultieren und mit deren Kennern in Dialog zu treten.[631] Während Olukoshi die in den globalen Zentren der Wissensproduktion konzentrierten Zitationskartelle und ihre zunehmende Selbstbezüglichkeit kritisiert, durch die »[…] Gurus und Hohepriester der Afrikastudien erzeugt und reproduziert werden, die sich gegenseitig auf die Schultern klopfen, wodurch sie zur Verarmung des Faches als Feld ernsthafter Wissensproduktion beitragen«,[632] erinnert Henning Melber daran, »dass es zugleich […] auch afrikanische Gelehrte gibt, die ihre selbsternannte Authentizität ausschlachten und in ihren Bemühungen, Hegemonie in Debatten zu erringen, selbst den Status eines ›Hohepriesters‹ annehmen und als Waffe verwenden«.[633] Es handelt sich also, was Zeleza nicht müde wird zu betonen, um ein strukturelles Problem, weniger um eines, das auf der Ebene der handelnden Personen allein produktiv gelöst werden kann – und gewiss handeln und denken weder alle afrikanischen noch alle westlichen »afrikanistischen« Akteure auf dieselbe Weise.

Allen Schwierigkeiten zum Trotz lebt gleichwohl auch im Globalen Norden nach wie vor eine andere, eine afrikaperspektivische Afrikaforschung fort. Allerdings findet sich diese innerhalb der neoliberal geprägten Forschungslandschaft der Gegenwart an den Rändern, nicht länger, wie es im kurzen Zeitfenster der 1960er- bis 80er-Jahre war, im Zentrum der Afrikawissenschaften. Und hier wird ordentliche Arbeit geleistet. Die Vermittlung ihrer Erkenntnisse bleibt, so ist anzunehmen, auf einen überschaubaren Kreis von Regionalspezialisten und -spezialistinnen limitiert; innerhalb wohletablierter Wissenschaftsdisziplinen wie der Geschichte, der Soziologie und Politikwissenschaft haben arealwissenschaftlich versierte Fachleute dieser Professionen es schwer, Gehör zu finden, geschweige denn, dass sie wirksame Meinungsführerschaft erringen könnten. In ihrer marginalen Rolle im jeweiligen Fach spiegelt sich die »subalterne« Position Afrikas in der Sphäre der Wissensproduktion, und diese spiegelt ihrerseits die global herrschenden realpolitischen Machtverhältnisse wider.[634] Die Geschichte Afrikas im Rahmen der modernen Welt bzw. ein Bewusstsein der Rollen und Bedeutung afrikanischer Akteure in der Herausbildung der modernen Welt sind deswegen schon auf dem Feld der Wissenschaft allzu wenig präsent, noch mehr fehlt ein solches Wissen in der breiten interessierten Öffentlichkeit.

»Vorstellungen eines ökonomisch abgehängten Afrikas, eines kaum entwicklungsfähigen und ›problematischen‹ Kontinents« sind, so die Afrikahistorikerin Gesine Krüger, »in populärwissenschaftlichen Diskursen und der Medienberichterstattung weiterhin virulent und schleichen sich auch in universitäre Texte. Diese [Afrika, Afrikanern und Afrikanerinnen unterstellte] ›Zukunftsunfähigkeit‹ korrespondiert mit der ›Geschichtslosigkeit‹ früherer Wahrnehmungen […]«.[635] Die Unterstellung von Geschichtslosigkeit – die Ansage, Afrika hätte keine Vergangenheit, keine Geschichte von irgendwelcher Relevanz – ist eine Redefigur, die seit dem Deutschen Idealismus mit Hegel sprichwörtlich geworden ist und heute genauso falsch ist, wie sie es schon damals war.[636] Allerdings wurde damit eine erfolgreiche »koloniale« Denktradition gestiftet, in welcher der eigene Überlegenheitsanspruch und die Unterlegenheit der anderen als Naturgegebenheiten behauptet und außer Frage gestellt wurden. Da dies zu Zeiten einer »Aufklärung« einsetzte, als Rassentheorien zum letzten Schrei einer »Gelehrtenrepublik« wurden, die sich anschickte, den etablierten christlichen Kirchen die ideologische Führungsrolle abzulaufen, und die den Hautfarbenrassismus zur privilegierten Weltanschauung erklärte, kamen die selbsternannten Überlegenen als »Weiße« daher, die Unterlegenen und Unterworfenen hingegen wurden eingefärbt und verdunkelt. Unter den »farbigen Rassen« galt »der Neger« als die dunkelste, schwarz wie die Nacht, und der Erleuchtung durch die europäische Intervention bedürftig.[637] Am Ende des 19. Jahrhunderts trat diese Intervention bekanntlich in Form der erzwungenen Eingliederung afrikanischer Territorien in die europäischen Reiche ein. Der Rückzug der europäischen Kolonialmächte aus Afrika führte nicht zum Ende der kolonialen Denktradition: »Unabhängig davon, ob positiv oder negativ über Afrika geschrieben wird, finden sich in unzähligen Texten über den Kontinent«, so noch einmal Gesine Krüger,

> »immer wieder bemerkenswerte Gemeinsamkeiten, die sich über 150 Jahre ziehen [wenn nicht sogar 200 Jahre oder mehr] und die mit ihren diskursiven Mustern die Kolonialzeit und die Zeit nach der Dekolonisierung verbinden. An Afrika kleben Begriffe wie ›Stamm‹, ›Häuptling‹, ›Eingeborene‹, und zudem bestimmte, immer wiederkehrende rhetorische Figuren. Dazu gehören Vereinfachung, Mangel und fehlende Normalität.«[638]

Die genannten Begriffe und ihre Perpetuierung sind problematisch, weil sie nicht als unschuldige Beschreibungsbegriffe taugen, sondern klassische »asymmetrische Gegenbegriffe« sind, die dadurch bestimmt werden, dass sie ohne ihr vorgestelltes (aber ungenannt bleibendes) Gegenüber keinen Sinn hätten und diesem gegenüber in eine (unhintergehbare) Position der Unterlegenheit gerückt sind.[639] »Asymmetrische Gegenbegriffe« kennzeichnen also zugleich ein Abhängigkeits- und ein Hierarchieverhältnis – und ihr Gebrauch versperrt jeden denkbaren Ausweg. Das macht sie zu nützlichen Werkzeugen der Macht, der etablierten Herrschaftsstrukturen und des Erhalts des Status quo. Die Rede vom »afrikanischen Stamm« gewinnt ihre Bedeutung in dieser Hinsicht allein dadurch, dass sie der Vorstellung einer vermeintlich echten, »europäischen Nation« bzw. einer voll entfalteten »modernen Staatlichkeit« (Einheit von Staatsterritorium, Staatsvolk und staatlichem Gewaltmonopol) entgegengesetzt ist. Die Entsprechung des verkindlichten »schwarzen Häuptlings« wäre der erwachsene, reife »weiße« oder zumindest »helle Herrscher«. Die »Eingeborenen«-Kategorie schließlich war in kolonialherrschaftlichen Kontexten jener Begriff, mit dem die Kolonisatoren die Einheimischen bezeichneten, von denen sie sich scharf abgrenzten: Afrikanische Menschen wurden durch diese Zuschreibung außerhalb der für sich selbst in Anspruch genommenen Attribute (»zivilisiert«, »bürgerlich-zivil«, »kultiviert«, »entwickelt«) situiert.[640] Dementsprechend wurden ihnen jene Rechte vorenthalten, die im kolonialrassistischen Denken nur ausgewählten Gruppen vorbehalten waren – den »Zivilisierten«, »Entwickelten«, den »Trägern der Kultur«, den »weißen Herrenvölkern«.

In der unreflektierten Anwendung solch untauglicher Begriffe und im fortgesetzten Gebrauch derartiger rhetorischer Strategien zeigt sich ein provinzieller Zugang zur Welt. Der scheint sich in den vergangenen 30 Jahren nicht abgenutzt zu haben, eher im Gegenteil. Der Universalitätsanspruch, den sich Europa und seine Ableger in der Neuen Welt ab dem Zeitalter der Aufklärung auf ihre Fahnen geheftet haben – als erste die aus antikolonialen Revolutionen entstandenen USA seit 1776, die lateinamerikanischen Republiken ab dem frühen 19. Jahrhundert, schließlich Australien und Südafrika ab der Jahrhundertwende 1900 –, ist im Zuge der imperialistischen Reichsausdehnungen und kolonialen Unterwerfung fast aller Gegenden des Planeten mehr und mehr zum festen Glaubenssatz geronnen. Damit markiert er in gewisser Hinsicht den höchsten Ausdruck an Provinzialität. Die Überzeugung von der Zentralität und Besonderheit, wie sie jedes partikulare Gruppenbewusstsein kennzeichnet (das Phänomen des »Ethnozentrismus«), wurde durch einen spezifischen Auftrag, die Gesellschaften der Welt nach eigenem Beispiel zu verändern, ergänzt und damit übersteigert; Beispielhaftigkeit für andere wurde beansprucht, und ein Projekt der Modellierung fremder Kulturen nach eigenem Gutdünken begründet. Die kulturellen Vorurteile herrschender Schichten in Europa paarten sich mit den verhältnismäßig neuen naturgeschichtlichen Vorstellungen von »rassischen« Unterschieden und einer Evolution, die man sich naturgemäß in fortschrittlicher Bewegung vorstellen wollte. Daraus entwickelte sich der besondere »*europäische* Universalismus«, mitsamt seiner Sendungsideologie und Vormundschaftspflicht, seinem manchmal biologisch, immer kulturalistisch auftretenden Rassismus und übersteigertem Selbstvertrauen und selbstverliebter Arroganz, der im 19. und 20. Jahrhundert als dominanter Zugang zur Welterfassung durchgesetzt worden ist.[641] Es handelt sich dabei natürlich um keinen *wirklich* »universellen Universalismus«, sondern dieser europäisch-west-lich-weiße Universalanspruch besitzt seine eigene historische Partikularität – auch wenn er diese nicht zugestehen mag und obwohl er sie, solange die westliche Hegemonie in Weltpolitik und Weltwirtschaft Bestand hat, auch recht wirkungsvoll verleugnen kann. Der europäische Universalismus ist partikular und, solange er unfähig ist das einzusehen, provinziell.

»Provinziell ist jemand, dessen Denken sich auf ein marginales Gebiet beschränkt, dem er eine übermäßige, universelle Bedeutung zumißt.«[642] Provinzialität bringt ein Gefühl der Sicherheit mit sich, weil sie ein Mittel der Selbstvergewisserung und der Selbstversicherung ist. Darin besteht ein Gutteil ihrer Attraktivität. Sicherheit braucht der Mensch. Doch sich in falscher Sicherheit zu wiegen, ist gefährlich – gefährdet einen selbst und andere. »Europa zu provinzialisieren«, wie das der indische Historiker Dipesh Chakrabarty fordert, analog dazu, wie es der westliche Diskurs mit außereuropäischen Gesellschaften und Kulturen seit Langem macht,[643] ist deshalb zwar eine dringliche Sache, aber damit ist die Kritik am Eurozentrismus noch lange nicht zu Ende: Die bloße Spiegelung einer herrschaftlichen Anschauungsweise ist bei Weitem nicht genug, um die Gefahr, die vom provinziellen Denken ausgeht, zu bannen und eine tatsächlich kosmopolitische, eine wirklich universale Anschauung zu ermöglichen.[644]

Der unbedachte Sprung vom punktuellen Wissen zum Anspruch auf Allwissenheit ist Ausdruck der Provinzialität. Vorschnelle Schlüsse vom Vertrauten auf das Unvertraute sind deshalb zu vermeiden, auch wenn (oder gerade weil) sie naheliegend erscheinen, die fortgesetzt praktizierte Horizonterweiterung und Hinterfragung sind zwei aneinander gekoppelte, unaufhörliche Aufgaben. Die Universalität der eigenen Anschauungen anzunehmen – ihre Gültigkeit unabhängig von Zeit und Raum – ist Ausdruck der Provinzialität und eines unkritischen Denkens, einer passiven Verankerung im ethnozentrischen Modus. »Die Gefahr, dass unsere Wahrnehmungen verkümmern und unser Denken begrenzt wird, dass unsere Fähigkeiten zur Empathie sich durch die übertriebene, überbordende Wertschätzung, die wir unserer eigenen Gesellschaft entgegenbringen, verengen – mit einem Wort: Provinzialität – diese Gefahr droht tatsächlich«, stellte der US-amerikanische Kulturanthropologe Clifford Geertz einmal unmissverständlich fest.[645] Seit den 1980er-Jahren, als er diese Warnung aussprach, ist provinzielles Denken auf der weltpolitischen Bühne wieder angekommen. Zeichneten sich die Jahre nach Ende des Zweiten Weltkriegs bis zum Zusammenbruch der Sowjetunion – also die Ära des Kalten Kriegs und der Auflösung der Kolonialreiche – durch einen verblüffend weitreichenden internationalen Konsens darüber aus, dass Imperialismus und koloniale Beherrschung diskreditiert und jede Form von Rassismus bzw. Rassendiskriminierung abzulehnen sei, so änderte sich seither ganz offensichtlich vieles – und nicht zum Besseren.[646] In Europa ist da etwa an die fortgesetzte Krise der politischen Linken und die dahinsiechende Sozialdemokratie zu denken, an die Rechtswenden quasi aller in europäischen Parlamenten noch vertretenen Parteien (die bemüht sind, das euphemistisch als Orientierung an der gesellschaftlichen »Mitte« darzustellen), oder an die Renationalisierungsprozesse in den meisten europäischen Ländern durch Kräfte, die mancherorts gar nicht mehr groß zu verbergen suchen, dass sie neofaschistisch agieren. Ähnliche Tendenzen gibt es weltweit. Auf die weltpolitische Bühne ist im vergangenen Vierteljahrhundert mehr und mehr ein Denken in Blöcken zurückgekehrt, die vermeintlich klar voneinander abgegrenzt vorgestellt werden und sich miteinander in unvermeidlich konfliktreicher Konkurrenz und Wettbewerb befänden.[647] Nun tragen die Blöcke andere Namen – USA, China, Europäische Union, vielleicht auch ASEAN *(Association of South East Asian Nations)* und die Afrikanische Union – oder sie werden in (an)griffigen Kürzeln präsentiert, um die Gefahr durch die »aufholenden Schwellenländer« und die erfolgreich wirtschaftenden jüngeren »Industriestaaten« zu signalisieren und zu bannen – die BRICs (Brasilien, Russland, Indien, China) oder BRICCs (plus Südkorea). Die unterstellte Alternativlosigkeit von Handelskriegen und militanten Auseinandersetzungen in den Szenarios erinnert frappant an die klassische imperiale Ära.

Auch damals äußerten sich ohne Ende arrogante Rechthaberei und ignorante Besserwisserei, Befehl, Vorschrift und Maßregelung. Damals wie heute sind das Zeichen und Ausdrucksformen der Provinzialität, des fehlenden Mitgefühls und des schlechten Benehmens, aber auch des Ungeists und der Denkfaulheit. »Die Banalität des Bösen«, könnte man vielleicht auch hier mit Hannah Arendt sagen.[648] Der ghanaische Schriftsteller Ayi Kwei Armah klagte einmal jene »Blindheit« an, die in »der Unfähigkeit zu sehen [bestehe], dass es andere Wahlmöglichkeiten gibt als nur jene zwischen Raubtier-Werden oder Beute-Bleiben, zwischen den Rollen des Jägers oder des Gejagten, der Zerstörer oder der Zerstörten«.[649] Damit zeichnete er ein plastisches Bild einer kapitalistischen Gesellschaftsordnung, deren wildes Konkurrenzgebaren und brutal reduzierte Menschlichkeit nichts anders als ruinöse Konsequenzen haben können. Die Alternative dazu heißt Neugier, Wissbegierde, Mitmenschlichkeit: »Der Mensch, der nicht mehr staunen kann«, so Kapuściński in einer poetischen Formulierung, »ist verbraucht, hat ein ausgebranntes Herz. In dem Menschen, der meint, alles sei schon dagewesen, der über nichts mehr zu staunen vermag, ist das Schönste abgestorben – der Reiz des Lebens.«[650] Dazu gehört auch, Differenz, Mehrdeutigkeit und Ambivalenz auszuhalten. Vor allem hat ein solcher Mensch, der bereits alles Wissenswerte zu wissen wähnt, weil er gelernt hat, die Welt durch die Brille binärer Oppositionen zu betrachten, die in unentwegter Konkurrenz zueinander stünden und vom Einzelnen eine eindeutige Positionierung verlangen würden, nicht einmal die geringste Ahnung davon, was ihm alles entgeht; seine Menschlichkeit ist amputiert. Provinziell ist unsere Gegenwart.

Fragwürdiges »Afrika-Expertentum« und »Afrikanische Geschichte« an akademischen Einrichtungen

Doch muss das so sein? Muss eine bequeme Vereinfachung wie die Rede von »Afrika« zwingend zu verkürzten, einseitigen oder undifferenzierten Einschätzungen oder zu irreführenden Darstellungen führen? In vielen der gängigen und prominenten Afrikadiskursen sind Undifferenziertheit, einseitige Verkürzung und ideologisch bedingte Irreführung beinahe programmatisch gegeben. Davon kann man auch nicht jene »Afrikaexperten« ausnehmen, die sich auf dem Parkett internationaler (und nationaler) Foren tummeln und die Aufmerksamkeit der Global Player in Politik und Wirtschaft erheischen. Nicht nur vor Ratgeberliteratur ist zu warnen – und vor jenen, die sie in Auftrag geben –, auch vor jenen, die sie schreiben. Waren es früher in Bezug auf Afrika vornehmlich Journalisten, die sich im Wirtschaftsjournalismus verdingten oder als politische Kommentatoren über Ereignisse berichteten, die berichtenswert erschienen (meist nach dem Grundsatz »only bad news are good news«), so hat sich diese Art der Öffentlichkeitsarbeit im letzten halben Jahrhundert massiv ausgeweitet. Dabei wurde ein institutionelles Paralleluniversum geschaffen, dessen akademische Zubringer sich aus den Feldern sogenannter »angewandter Forschung« rekrutieren. Weltbank und Internationaler Währungsfonds halten sich ihre eigenen »Experten«, die UNO und ihre Unterorganisationen die ihren, und die Industriestaaten schließlich haben ihre eigenen »Afrikabeauftragten«, sei es auf nationaler Ebene oder auch im Rahmen eines supranationalen Zusammenschlusses wie der Europäischen Union. Häufig rekrutieren sie sich aus dem Kreis von Juristen, Ökonomen und Politologen, die stromlinienförmig für die Systemerhaltung diszipliniert wurden. Nur in manchen seltenen Fällen passen angemaßte und zugebilligte Expertise mit tatsächlicher Kenntnis afrikanischer Verhältnisse in Gegenwart und Geschichte zusammen; ihre Afrikaaufenthalte finden vorwiegend in gut abgekapselten Blasen statt – auf Flughäfen, in Luxushotels und Bürogebäuden, in abgesonderten Stadtteilen, den geschützten Werkstätten der globalen Entwicklungsagenturen und den abgeschotteten Inseln der Expatriates.[651]

Dort pflegen sie den von Felwine Sarr so genannten »*Ökomythos*, der den Erhalt der industriellen Gesellschaftsordnung garantieren soll«, eine »westliche Kosmologie, […] die sie anderen Völkern durch das Mythem ›Entwicklung‹ verordnet«.[652] Dieser Ökomythos besteht unter anderem in einer sehr spezifischen Obsession, der sich die westlichen Gesellschaften im 20. und 21. Jahrhundert immer augenfälliger ergeben, nämlich in einem »Zwang, alles zu zählen, zu bewerten, zu quantifizieren und in Gleichungen einzufügen«. Im unaufhörlichen Bemühen, selbst noch das zu messen, was per definitionem nicht messbar sein kann (die Qualität im Unterschied zur Quantität), produziert der Ökomythos Sarr zufolge eine

»quantophrenische Schieflage«:[653] Die Obsession schreckt nicht einmal mehr vor der Verkündung eines BNG-Indikators, eines »Bruttonationalglücks« zurück. Weit davon entfernt, die inhärenten Zusammensetzungs- und Erklärungsschwächen des BIP oder des *Human Development Index* (HDI) zu beheben, schafft sie ein neues Instrument der Vernebelung, das es erschwert, nicht erleichtert, sich um Einsicht in die tatsächlichen Verhältnisse zu kümmern.

Der Soziologe Gerhard Hauck sieht darin »die verkehrte Welt des Entwicklungsdiskurses«: Unter immer neuen Namen – »Strukturanpassungsprogramme«, »Neopatrimonialismus«, *»Good Governance«*, *»Millennium Development Goals«* und so weiter und so fort – wird das im Wesentlichen immer gleiche paternalistisch-eigennützige Denken in Anschlag gebracht. Hauck umreißt die typische Verfahrensweise pointiert so:

> »Zuerst wird – durchaus gutgläubig – ein die Realität stark verzerrendes Bild von der ›zu entwickelnden‹ Gesellschaft entworfen, aus dem im zweiten Schritt schließlich genau die Maßnahmen als notwendig abgeleitet werden, die man von Beginn an zu ergreifen gedachte. Die Ergebnisse verfehlen dann zwar die proklamierten Ziele stets bei weitem; aber dennoch bleiben die Maßnahmen für die betroffenen Gesellschaften nicht ohne Wirkung – dank unintendierter aber auf Seiten der Geber wie der Empfängerregimes keineswegs unerwünschter Nebenwirkungen.«[654]

Diese Verkürzung auf willkürlich abstrahierte Modelle und idealerweise quantifizierende Indikatoren herrscht nicht immer vor; ebenso wenig das Desinteresse an tatsächlichen Geschehnissen und Vorgängen, an deren Kenntnisnahme, Beobachtung und Beschreibung, schließlich ihrer verständigen Erklärung. Ein Blick in die Geschichte der historischen Afrikaforschung seit spätkolonialer Zeit liefert eine aufschlussreiche Antwort darauf, wie es dazu gekommen ist.

Nach dem Zweiten Weltkrieg begann eine Generation europäischer und afrikanischer Historiker damit, Afrikas Geschichtlichkeit und Geschichtsmächtigkeit wiederzuentdecken. Bis dahin hatte die akademische Fachhistorie Afrika als geschichtslos betrachtet und links liegen gelassen; auch die klassischen Sozialwissenschaften – die Soziologie und

Politikwissenschaft – würdigten Afrika keines Blickes und begannen sich für Entwicklungen auf dem Kontinent erst langsam zu interessieren, als die neue nachkoloniale Ordnung im Rahmen der Nationalstaatsidee absehbar wurde. In der universitären Welt Europas hatten sich bis dahin nur Ethnologen, Archäologen, Orientalisten und Afrikanisten für die afrikanische Vergangenheit – und Gegenwart – interessiert.[655] Die afrikanischen Gelehrten und Historiker, von denen manche ab dem ausgehenden 19. Jahrhundert ihre Arbeit in westlichen Sprachen veröffentlichten, wurden allerdings auch in diesem akademischen Milieu kaum wahrgenommen und auf alle Fälle nicht akzeptiert; in akademisch-geschichtswissenschaftlichen Kreisen blieben sie bis in jüngste Zeit nahezu völlig unbekannt.[656] »Afrika« fand in der klassischen europäischen Historiografie nur in Form von Missions- und Kolonialgeschichtsschreibung statt, als eine Geschichte von Europäern und europäischem Handeln in Afrika; Afrikaner und Afrikanerinnen galten als »ungeschichtlich«, und sie galten den im Eurozentrismus und kolonialen Denken befangenen Kolonialhistorikern nicht als aktive Gestalter der Geschichte, nicht als historische Akteure. Für vorgeschichtliche Zusammenhänge behaupteten Autoren wie Harry Hamlin Johnston (Soldat, Gelehrter und erster Gouverneur des Protektorats Uganda) eine »Kolonisierung Afrikas durch fremdstämmige Rassen«, die aufgrund ihrer vorgestellten Hellhäutigkeit als naturgegebene Kulturvölker und Zivilisationsbringer imaginiert wurden.[657] Die Oxforder Kolonialhistorikerin Margery Perham meinte noch 1961, »daß nur wenige Afrikaner […] bisher Gelegenheit gehabt haben, einen Sinn für Geschichte, für die Relation von Zeit, Ereignis und Idee zu entwickeln. Dieser ist ja bekanntlich ein ziemlich spätes Produkt der abendländischen Kulturentwicklung«.[658] Als Bewunderin und Biografin von Lord Lugard glaubte sie zu wissen, wovon sie sprach.

Gegen solche kolonialapologetischen, paternalistischen und rassistischen Sichtweisen begann sich in den Jahren nach 1945 Opposition zu formieren. Mit ihr begann die Herausbildung einer Afrikanischen Geschichte im eigentlichen Sinn. Einer dieser oppositionellen Akteure war ein junger französischer Geograf und Historiker, Jean Suret-Canale (1921–2007), der von den 1940er- bis in die 60er-Jahre als Lehrer und Forscher praktische Dienste im kolonialen und nachkolonialen Afrika, in Guinea und im Senegal, verrichtete. Er hat die Bestimmung der Aufgabe des Historikers sehr schön ausgedrückt:

> »Seit ihren Anfängen hat sich die Geschichtsschreibung in der Spannung zwischen zwei Berufungen vorgefunden. Diese sind komplementär, mag es auch scheinen, sie befänden sich im Widerspruch zueinander. Die erste Berufung ist Objektivität: die Wahrheit jenseits der Subjektivität der Evidenz zu rekonstruieren [...]. Die zweite Berufung ist die Aufgabe, den Geist zu bilden, und – weshalb sollte man es nicht geradeheraus sagen – die moralische Verpflichtung: die Lehren zu verstehen, welche die Ereignisse bereithalten; Fehler zu bemerken, sodass man sie nicht wieder begeht; und menschliche Leistungen darzustellen, damit sie als Inspiration dienen. Diese Berufungen ergänzen einander. Denn, ob man will oder nicht, jedes objektive Rekonstruieren der Vergangenheit basiert in einem Werturteil hinsichtlich der Tatsachen, und sei es nur durch die Entscheidung darüber, welche Fakten für wesentlich erklärt werden; dabei ist dieser wertende Prozess von größerem Wert, wenn er bewusst gesetzt ist. Freilich gibt es keine körperlose Geschichte; und jene, die sich dagegen sträuben, Urteile abzugeben, tun das, ohne es zu bemerken, ohne Unterlass. [...] Es wird immer Lücken in unseren Quellen geben, und wir laufen immer Gefahr, uns in unseren Urteilen zu irren. Trotzdem: Dieses Bemühen ist nicht nur möglich, sondern es ist unbedingt nötig.«[659]

Ein anderer wichtiger Pionier der Afrikanischen Geschichte war Basil Davidson (1914–2010), der seit seinem *Report on South Africa* von 1952, in dem er das im Aufbau befindliche Apartheid-System beschrieb und kritisierte, unaufhörlich Afrika bereiste und studierte. Er trug das verstreute Wissen zusammen und packte es in fesselnd erzählte Darstellungen: Bücher wie *Old Africa Rediscovered* (1959) oder *The African Genius* (1969) setzten den kolonialen Einwanderungsmythen rund um prähistorische, hellhäutige »Herrenvölker«, die »Kultur« in Afrika eingeführt hätten, ein Narrativ von handlungsmächtigen und kreativen afrikanischen Menschen entgegen. Die Befreiungsbewegungen in Portugiesisch-Afrika, die ab den frühen 1960er-Jahren bis Mitte der 70er in blutige Kämpfe mit der Kolonisationsmacht (und in Angola und Mosambik auch untereinander) verwickelt waren, begleitete er vor Ort in Reportagen und in Büchern, die sich um die Porträtierung der Geschichte von unten bemühten. Noch in den 1980ern brach er nach Eritrea auf, um sich ein unmittelbares Bild vom eritreischen Unabhängigkeitskampf gegen Äthiopien machen zu können.

Lehrstühle in Afrikanischer Geschichte an westlichen Universitäten wurden seit Beginn der 1960er-Jahre eingerichtet – als Begleiterscheinung der Entkolonisierungsprozesse. Auf sie berufen wurden »studierte« Historiker: In Großbritannien Roland Oliver (1923–2014), der mit einer missionsgeschichtlichen Arbeit zu Ostafrika promoviert und 1948 die weltweit erste Anstellung an einer Universität mit der Denomination »Afrikanische Geschichte« angetreten hatte, und John D. Fage (1921–2002), dessen Dissertation kolonialgeschichtlich und auf Südrhodesien (das heutige Simbabwe) bezogen war. Der Kolonialhistoriker Henri Brunschwig (1904–1989) vertrat die erste Professur, die der Afrikanischen Geschichte in Frankreich gewidmet war. In den USA bekleideten die ersten Professuren für Afrikanische Geschichte mit Philip D. Curtin (1922–2009) und Jan Vansina (1929–2017) zum einen ein »Historiker der westlichen Zivilisation«, der zur Karibik promoviert hatte, und zum anderen ein belgischer Historiker, der Mediävist war, aber auch mehrere Jahre »ethnohistorische« Forschung im Kongo betrieben hatte. Auch wenn diese Afrikahistoriker der ersten Stunde weniger radikal waren als Jean Suret-Canale oder Basil Davidson, positionierten auch sie sich durchaus entschieden gegen Kolonialismus, Imperialismus und Rassismus.[660] Diese Orientierung am Antikolonialismus und Antirassismus ist neben der betonten Afrika-Zentrierung ein kleiner gemeinsamer Nenner, unter dem sich die vielfältigen und breit gefächerten Interessen der ersten Generation von Afrikahistorikern bündeln lassen.

Zu dieser ersten Generation zählten auch Historiker aus Afrika, welche dieselben drei Grundsatzpositionen teilten. Nach dem Zweiten Weltkrieg wurden im Zuge der Entwicklungspläne und Investitionen in die Zukunft auch Ausbildungsstätten im tertiären Sektor angestoßen. Im britischen Afrika wurden bestehende Schulen an vier Standorten in sogenannte *University Colleges* umgeformt, an denen universitäre Bildung vermittelt wurde: in Ibadan in Nigeria, in Legon an der Goldküste, in Khartum im Sudan und in Makerere in Uganda. Die Verleihung akademischer Grade blieb allerdings den sogenannten »Mutteruniversitäten« in der kolonialen Metropole vorbehalten; auch Doktoratsstudien konnten nur im »Mutterland« absolviert werden. Im frankofonen Afrika wurde erst 1957 eine Universität in Dakar gegründet. Rasch wurden diese Orte zu Keimzellen origineller Forschung und eindrücklicher Bemühungen um Wiederaneignung der eigenen Geschichte.[661]

In Nigeria kristallisierte sich schon bald um Kenneth Onwuka Dike (1917–1983), Saburi Biobaku (1918–2001) und Jacob F. Ade Ajayi (1929–2014) die *Ibadan School* heraus, die versuchte, für den Vielvölkerstaat Nigeria eine einende »nationale« Geschichte zu konstituieren. In Ghana setzte sich Albert Adu Boahen (1932–2006) für die doppelte Bestrebung einer seriösen Geschichtsforschung und zugleich gesellschaftlich »nützlichen« Geschichtsschreibung ein. Während ein Teil von Boahens Arbeiten ebenfalls dem nationalgeschichtlichen Genre zugeordnet werden kann, ging es ihm zum überwiegenden Teil allerdings um Regionen übergreifende Darstellungen der westafrikanischen Geschichte, gewissermaßen um Transnationalität *avant la lettre*.

Im frankofonen Afrika beschäftigten sich zunächst Außenseiter mit der afrikanischen Geschichte, so der Ethnologe Amadou Hampâté Bâ (1900/01–1991), der schon Anfang der 1950er-Jahre mündliche Traditionen intensiv als historische Quellen nutzte, und Cheikh Anta Diop (1923–1986), der mit einer Arbeit zum Alten Ägypten im Paris der späten 1950er promovierte. Erst seit Ende der 1960er-Jahre schrieben historisch ausgebildete Afrikaner in französischer Sprache an der Geschichte Afrikas mit. Neben Joseph Ki-Zerbo (1922–2006), der in Obervolta, dem heutigen Burkina Faso, wirkte und in enger Kooperation mit der UNESCO stand, entwickelte sich besonders im Senegal eine namhafte Schule historischer Forschung und Lehre, die *École de Dakar*. Deren Erbe ist in Gestalt von Historikern wie Boubacar Barry (* 1943) und Ibrahima Thioub (* 1955) bis in die Gegenwart überaus lebendig. Barry formulierte die Ziele der europäischen Kolonialmächte in Afrika mit Präzision und für diese Schule charakteristischer Verve folgendermaßen:

> »1. Frieden und Ordnung in ihrem Sinne herzustellen und zu wahren; 2. die entscheidenden Produktionsmittel wie landwirtschaftliche Nutzflächen, Bergwerke, Arbeitskräftepotential und Kommunikationsmittel zu kontrollieren, sowie 3. die Afrikaner selbst an ihrer eigenen Ausbeutung und Unterdrückung mitwirken zu lassen, um die Kosten für europäische Arbeitskräfte zu sparen, und zwar, indem man eine mit den Kolonisatoren solidarische Eingeborenenelite ausbildet.«[662]

Obwohl die Kolonialgeschichte Afrikas im Zentrum der Aufmerksamkeit vieler dieser Afrikahistoriker stand, schrieben sie jene nicht einfach fort, sondern positionierten sich kritisch zu ihr. Denn ihnen ging es nun um die »afrikanischen Perspektiven auf den Kolonialismus«, wie es in Boahens wunderbarer Formulierung heißt, und um die afrikanischen Perspektiven, Initiativen und Handlungen im kolonialen Gefüge.[663] Die mitreißende Rede vom »Widerstand« und von »afrikanischer Initiative«, die Anklage von »Kollaborateuren« und die Verklärung vorkolonialer »Heroen«, wie sie sich seit Mitte der 1960er-Jahre rund um die *School of Dar es Salaam* und Terence Ranger (1929–2015) in Tansania konstituierten, auch international Gehör verschafften, erklären sich nicht zuletzt aus dem Bewusstsein der afrikanischen Historiker, eine gesellschaftlich wichtige und nützliche Rolle zu spielen. Sie nahmen Verantwortung wahr und bemühten sich, am *nation building* aktiv mitzuwirken und konstruktive, »nützliche« historische Erzählungen zu stiften.

Mit dem Scheitern der Hoffnungen auf eine progressive Entwicklung der afrikanischen neuen Staaten kamen auch die nationalgeschichtlichen Ansätze in Afrika selbst mehr und mehr in Verruf. Eine jüngere Genration afrikanischer und afroamerikanischer Historiker – allen voran die »radikale«, sozialistische zweite *School of Dar es Salaam*, die lose um Walter Rodney (1942–1980) gruppiert war – kritisierte die nationalistische Inanspruchnahme der Geschichte in den 1970er-Jahren heftig.[664] An den westlichen Universitäten verankerten sich in den 1980er- und 90er-Jahren die *Postcolonial Studies*, die sowohl den Nationalismus als auch den Sozialismus verwarfen, während die indischen (marxistischen) *Subaltern Studies* mit ihrer Kritik am nationalstaatlichen Paradigma, in dem die indische Kolonialgeschichte erzählt wurde, intensiv geführte Debatten um Rolle, Bedeutung und Relevanz des kolonialen Impact überhaupt auslösten. Vor allem über die Vermittlung durch den US-amerikanischen Afrikahistoriker Frederick Cooper haben diese Fragen auch Eingang in die afrikahistorischen Zirkel gefunden.[665] Eine Folge dieser unübersichtlich gewordenen Situation war, dass die Grenze zwischen Kolonialhistorikern Afrikas und Afrikahistorikern, wie sie zwischen etwa 1955 und 1985 sehr klar gezogen werden konnte, nun trübe wurde und seither nur mehr verschwommene Konturen aufweist.

Die Folgen dieser Durchmischung sind ambivalent. Zum einen ist es begrüßenswert, dass klassisch ausgebildete Historiker und Historikerinnen die Kolonialgeschichte Afrikas für sich neu entdeckt haben, zum anderen leidet ihre Themenbehandlung jedoch mitunter an einem doppelten Mangel. Der erste Mangel ist darin zu sehen, dass nur noch wenige der jüngeren Kolonialhistoriker die in den Arealwissenschaften verankerten historischen Arbeiten zur Geschichte Afrikas mit ihrer jahrzehntelangen Tradition rezipieren. Auch ist die praktizierte Interdisziplinarität, die für die Pioniere der afrikanischen Geschichtsforschung eine Notwendigkeit und Selbstverständlichkeit war (Archäologie, historische Linguistik, Ethnologie, um nur die prominentesten Disziplinen zu nennen), selten geworden. Dass »Afrikawissenschaften spezialisiertes Wissen und [...] Interdisziplinarität verlangen; und das heißt zwangsläufig: Arealwissenschaften«, wird nicht mehr beherzigt.[666] Das leitet zum zweiten Mangel in der gegenwärtigen Kolonialgeschichtsschreibung über: Es werden nicht nur regionalwissenschaftliche Expertisen ignoriert, auch zentrale Beiträge afrikanischer Historiker aus der zweiten Hälfte des 20. Jahrhunderts werden einfach übergangen. Inzwischen bezeichnen sich manchmal selbst hartgesottene Kolonialhistoriker, die sich nur für die exogenen Einwirkungen auf Afrika interessieren, genauso als »Afrikahistoriker« wie manch andere, die sich nur für die Rückwirkungen »kolonialer« Aspekte in die kolonialen Metropolen begeistern, aber nicht für die Vorgänge in den Kolonien selbst interessieren.[667] Die »echte« Afrikahistorikerin Catherine Coquery-Vidrovitch hat ihr Bedauern über diese Entwicklung folgendermaßen ausgedrückt: »Westliche Spezialisten, egal welcher sozialwissenschaftlichen Disziplin der westlichen Welt sie angehören (Geschichte, Politikwissenschaft, Soziologie, etc.), leiden an der betrüblichen Tendenz zu glauben, ein europäisches (oder amerikanisches [...]) Verständnis sei mit Universalität gleichzusetzen.«[668] Und jüngere Historiker und Historikerinnen behandeln ihre Themen allzu oft so, als entstammten sie abgeschlossenen Vergangenheiten, als hätten sie nichts mit der Gegenwart zu tun.

Das war noch anders in den 1950er-, 60er- und 70er-Jahren, als die besten Afrikakenner – egal welcher Disziplin – die jungen Unabhängigkeiten (nach Abwicklung des britischen, französischen und belgischen Kolonialreichs), aber auch die immer noch laufenden Unabhängigkeitskriege in mehreren Teilen Afrikas (Angola, Mosambik, Guinea-Bissau, Nordrhodesien/Simbabwe, Südwestafrika/Namibia, Eritrea) mit Interesse und Sympathie verfolgten. Ihre Unterstützung und ihr Bemühen um eine nützliche, gesellschaftsrelevante Forschung für die afrikanischen Selbstbestimmungsbestrebungen haben ihnen später Spott eingetragen – John Lonsdale beschrieb die erste Generation der postkolonialen Afrikawissenschaften im Rückblick gar als »a Committee of Concerned Scholars for a Free Africa«.[669] Beunruhigt und besorgt waren sie tatsächlich, doch ihre Sorgen richteten sich auf die Menschen Afrikas, orientierten sich an deren Bedürfnissen, soweit sie sie erkennen konnten, und gebrauchten alle verfügbaren Mittel, um Methoden zu entwickeln, diese noch besser in Erfahrung zu bringen. Ohne diese »Besorgnis« und die unglaubliche Bereitschaft zur engen interdisziplinären Zusammenarbeit, die daraus erwuchs (und von der die Afrikawissenschaften heute größtenteils meilenweit entfernt ist), wäre das verfügbare Wissen über Geschichte und Gesellschaften Afrikas nicht annähernd, was es heute ist. Tatsächlich besteht kein Grund zur Arroganz im Blick auf die Altvorderen des Fachs. Gerade wenn es um ein Verständnis für das Heute geht, wäre es höchste Zeit, ihre Überlegungen mit frischem Blick und offenem Ohr neuerlich anzuschauen und anzuhören, in ihren Schriften nachzulesen und nachzudenken. Sie hatten ein klares Bewusstsein davon, wie politisch ihre Forschungsarbeit war – und dass es deswegen von zentraler Bedeutung war, sie möglichst verantwortungsvoll zu praktizieren. Der Kolonialismus ist eine unabgeschlossene Sache, er liegt wie ein Schatten über der nachkolonialen Zeit und der Gegenwart – und über all unseren Bemühungen, sie zu begreifen und zu schildern. Dies ist nicht erst eine Einsicht der postkolonialen Theorie der 1980er- und 90er-Jahre, wie das heutzutage von allzu vielen irrtümlich angenommen und verbreitet wird.

Ein historisierender kritischer Blick auf gegenwärtige Afrikadiskurse

»Betroffenheit« gibt es freilich auch heute in und außerhalb der akademischen Welt. Sie ist sogar überaus verbreitet. An ihr herrscht kein Mangel. Woran es hingegen nur allzu oft mangelt, nicht zuletzt unter Sozialwissenschaftlern, ist »Gelehrtheit« und »Gelehrsamkeit«. Dieser Mangel verdankt sich der Geschichtsvergessenheit, die im Lauf des 20. Jahrhunderts in den sozialwissenschaftlichen Fächern (analog zu den naturwissenschaftlichen) um sich gegriffen hat: Der präferierte Blick ist auf den

Augenblick gerichtet, die Methoden verstehen sich als synchron; beide sind aus der Zeit heraus vorgestellt. Synchrone Perspektiven können als analytische Verfahrensweise extrem fruchtbar sein, führen aber völlig in die Irre, wenn man die so gewonnenen Erkenntnisse mit der Realität schlechthin gleichsetzt. Wird die Realität auf den Augenblick reduziert, bleibt nur eine reduzierte Auffassung der Realität übrig. Eine derart verengte Auffassung hat aber auch gesamtgesellschaftlich relevante Folgen. Sie lädt zu einer willkürlichen Beschneidung der Möglichkeiten ein, sich Veränderungen vorzustellen, und sie erschwert es, alternative Realitäten – die es ja ganz offensichtlich gibt, erinnert man sich an die kulturelle Vielfalt der Menschheit – in ihrem Sein und ihrer Gleichwertigkeit anzuerkennen. Zu viele Faktoren bleiben unberücksichtigt, und in keinem Untersuchungsfeld, das den Menschen betrifft, lässt sich die beobachtende, beschreibende, analysierende oder interpretierende Person sauber von dem trennen, was beobachtet, beschrieben, analysiert oder interpretiert wird.[670]

Beunruhigt und besorgt sind also auch jene, die über Themen der afrikanischen Gegenwart in Perspektiven forschen und schreiben, die auf jeden Fall von der Zeit abstrahieren und in manchen Fällen auch von räumlichen Parametern. Der Fokus, den die Soziologie, die Ökonomie und die Politikwissenschaft bevorzugt setzen, ist ein national*staatlicher*; ihre Vergleichsstudienobjekte sind vorwiegend »international(*staatlich*) er« Art. Darum wird ihnen zurecht seit mehreren Jahrzehnten der Vorwurf gemacht, einem »methodologischen Nationalismus« zu frönen, mit dem man den politischen, gesellschaftlichen und wirtschaftlichen Realitäten jener »komplizierten Orte«, die die »neuen Staaten« der ehemaligen kolonisierten Weltregionen beheimaten, weder gerecht wird noch einem Verständnis dafür nahekommt, was dort eigentlich wirklich passiert, wie und warum es geschieht.[671] Regionale und lokale Verhältnisse bleiben unberücksichtigt, ja geradezu unbemerkt; doch die Fokussierung des Blickes auf die nationalstaatliche Ebene führt auch zu riesigen Blindstellen in der Anschauung globaler Verhältnisse, die alles andere als nur »inter*national*« und »zwischen*staatlich*« strukturiert sind. Beides Versagen ergänzt und verstärkt sich wechselseitig.

Es fehlt nicht nur an lokalem oder globalem Wissen. Es fehlt vor allem an Interesse an lokalen Sichtweisen, die von den Rändern des Weltsystems aus auf das Zentrum blicken. Nützlichkeit wird mehrheitlich nicht mehr darin gesehen und dort gesucht, worüber afrikanische Perspektiven Auskunft geben könnten – Ansichten und Einsichten, die aus intimer Kenntnis und Vertrautheit mit (wiewohl immer partikularen) afrikanischen Traditionen, Verhältnissen und Weltauffassungen stammen –, sondern in der gedankenlosen Anwendung eurozentrischer Erklärungsmodelle. Deren Gültigkeit und Vorrang wird unbesehen vorausgesetzt. Dies stellt eine bedauernswerte Rückkehr zu Ansätzen dar, wie sie während der Kolonialzeit konstitutiv gewesen waren, aber im Zuge der Dekolonisation intellektuell desavouiert worden sind. Ousmane Sembène (1923–2007), der senegalesische Schriftsteller und große Filmemacher, erinnerte sich 2004:

> »Was mein Schreiben betrifft, das begann im Feld der politischen Aktion. Denn damals, als ich jung war, sprachen die Bücher von einem Afrika der Bananenbäume, von einem exotischen Afrika, von guten kleinen Negern: vom Negerkind, dem Kind, das nie ein Erwachsener ist. Ich, auf der anderen Seite, kannte die Geschichten von Leuten, die kämpften, die sich selbst behaupteten. Darum sagte ich: Nein. In meiner Welt war es nicht so [wie in den Büchern]. Natürlich gibt es in Afrika auch Kokospalmen, Bananenbäume – aber vor allem einmal gibt es dort menschliche Wesen. Wir sind keine Ameisen.«[672]

Ousmane Sembènes erste Romane und Erzählungen erschienen ab Mitte der 1950er-Jahre, seine filmisch-cineastische Arbeit, die ihm den Ruf einbrachte, Vater des afrikanischen Kinos zu sein, war dadurch motiviert, dass er ein breiteres, ein afrikanisches Publikum ansprechen wollte – eine Hörer- und Seherschaft, die er mit geschriebener Literatur nicht erreichen hätte können, auf deren Lust und Kenntnis an Oralität er jedoch anknüpfen konnte und wollte. Zwischen 1963 und 2004 schuf Sembène mehr als ein Dutzend Filme, in denen er alltägliche Geschichten erzählte, oft kunstvoll verstrickt in große (zeit-)geschichtliche Brüche und Wenden. Dabei schimmert im Alltäglichen immer wieder auch das Außeralltägliche durch – teils in Gestalt »heroischen« Handelns, teils in »religiös-magischen« Formen. Mit letzteren spielte Sembène auf, seinem afrikanischen Publikum wohlvertraute, kulturelle Überlieferungen an; sich mit den »widerständigen Heroen« zu identifizieren fiel hingegen auch einem westlichen Kinogänger nicht schwer. Inzwischen scheint selbst dieses Identifikationspotenzial arg gelitten zu haben.

Die gedankenlose Anwendung eurozentrischer »wissenschaftlicher« Denkmodelle, die man wider besseres Wissen als universell ausgibt, wird auch belohnt: in Form von Anstellungsverhältnissen in internationalen Organisationen, deren Ziel es ist, die herrschenden Verhältnisse zu stabilisieren; in journalistischen Schreibwerkstätten, die Unterhaltung unterrichten, nicht Aufklärung; und ja, auch an Universitäten, die ihre Rekrutierungsstrategien seit den 1980er-Jahren mehr und mehr nach neoliberalen Parametern ausgerichtet haben. Da diese technokratisch im Sinne von Management ausgerichtet sind – also auf vordergründigen, schnellstmöglich profitablen Nutzen abzielen, der zudem aber einem bürokratischen Kontrollregime unterliegen soll –, läuft der Motor von Felwine Sarrs »Ökomythos« inzwischen auch auf akademischen Feldern auf Hochtouren. Als zu universalisierendes Modell gilt dabei nur allzu oft eine reduktiv verstandene und automatisiert-statistisch betriebene Naturwissenschaft; die sozialwissenschaftlichen Disziplinen haben dem schon in großem Maße nachgegeben. Wie in den Naturwissenschaften herrschen auch in den Sozialwissenschaften im Zeitalter des Neoliberalismus beschreibungs- und reflexionsarme, um nicht zu sagen: gedankenlose Ansatzweisen vor.[673] Studierende und wissenschaftliche Nachwuchskräfte, die sich diesem Diktat nicht beugen, verlieren jede Chance auf Anstellung im, wie es inzwischen allzu oft ganz ernsthaft heißt, »Wissenschaftsbetrieb«. Diese desaströse Tendenz reicht inzwischen selbst in die noch marginalsten Ecken und Enden der Universitäten hinein, in die sogenannten »Orchideenfächer«, zu denen auch die Afrikaforschung zu zählen ist. In der Sorgenhierarchie jüngerer Afrikawissenschaftler und Afrikawissenschaftlerinnen, die einen arealwissenschaftlichen Studiengang absolviert haben, spielt immer mehr – und immer früher – die Aussicht auf Karriere eine zentrale Rolle, an vorderster Stelle rangiert nicht mehr unbedingtes Erkenntnisinteresse, sondern Karrierechancenmaximierung. Dabei stört Afrika-Perspektivierung im gegenwärtigen Wissenschaftsbetrieb zunehmend; gefragt ist vielmehr die Anbindung an die USA, die euphemistisch »international« genannte Forschung, und die Übernahme US-amerikanischer Frage- und Problemstellungen: Statt Afrika nun »Schwarz«, statt differenzierter Wirklichkeitsuntersuchungen – unterschiedlicher Räume, differierender Kontexte, verschiedener Geschichten – nun Universalisierung und »Dominanz des Afro-Atlantischen Modells und der Afroamerikanisierung eines Afro-Europa und Afro-Asiens«.[674]

Dabei geht Wissen über und aus Afrika verloren. Umso mehr trifft das auf all die vielen anderen zu, die sich nicht oder nur am Rande »professionell« mit Afrika beschäftigen, aber sich dazu berufen fühlen, davon zu reden oder zu schreiben. Leider trügt der Eindruck Ilija Trojanows nicht, wenn er schreibt: »Aus Afrika kommen nur Versatzstücke für unsere übersättigte und gelangweilt dahinplätschernde Kultur. Afrika ist ein Selbstbedienungsladen für jeden, dem gerade die Ideen ausgegangen sind und der sich einiges verspricht von ein wenig tropischer Würze.«[675]

Gar nicht mal selten klafft eine große Lücke zwischen von Amtswegen beglaubigter Expertise (manchmal fehlt auch diese: die amtliche Beglaubigung) und tatsächlicher Kenntnis. Doch da ist die Macht der Position, die Autorität, die dank der eingenommenen Stellung Wirksamkeit erlangt. Was die Mächtigen und ihre Experten und Expertinnen sagen und tun, wird von journalistischer Begleitmusik verstärkt – und zieht Konsequenzen nach sich in Form von vorgeschriebenen Maßnahmenpaketen, sogenannten Strukturanpassungsprogrammen, an deren Befolgung die Gewährung von Kreditvergaben gebunden war. Die desaströsen Entwicklungen in den meisten Ländern Afrikas ab den 1980er-Jahren lassen keinen Zweifel daran, dass diese Konsequenzen des internationalen Expertentums in Wirtschafts- und politischen Fragen, aber auch hinsichtlich sozialer Aspekte für die Mehrheit afrikanischer Menschen negative Folgen zeitigten. Ihre »Antworten« auf »Probleme« und ihre »Lösungen« haben nicht dazu beigetragen, die existenzielle Lage zu bessern. Sie können das auch gar nicht, weil sie sich keinen rechten Begriff der Existenz machen und keine adäquate Einschätzung der Lage treffen.[676] Und diese Verkennung hat System. Ein seriöser Blick zurück auf die Wissenschaftsgeschichte der Afrikawissenschaften würde helfen, manche Fehler der Vergangenheit nicht in derselben stupiden Weise zu wiederholen. Deswegen muss man sich damit beschäftigen. Man muss aufs Neue lernen zuzuhören. Und durch das Zuhören lernen, die eigene Anmaßung zu minimieren, einsehen, dass man nicht in der Position ist, anderen Anweisungen zu erteilen, lernen, dass man gemeinsam noch viel und immerzu zu lernen hat. Deswegen die klare Ansage: Im beschriebenen »Afrikaexpertentum« von heute, das Maßnahmen empfiehlt oder getroffene Maßnahmen gutheißt, ohne Kenntnis und Rücksicht auf räumliche, kulturelle und zeitliche Faktoren, in blinder (oder verblendeter) Anwendung von nur vermeintlich universell gültigen, tatsächlich eurozentrischen Modellen, besteht ein ganz wesentliches Hindernis für eine angemessene Vergegenwärtigung Afrikas.

»Postkoloniale« Fragwürdigkeiten und Streit um die Bedeutungen des Kolonialismus

Unhistorische Sozialwissenschaften sind jedoch nicht das einzige Hindernis. Auch in den Kulturwissenschaften haben sich ahistorische Zugänge verbreitet – bzw. Perspektiven, die zwar Vergangenheitsbezüge herstellen, aber dies mehr in der Absicht tun, bestimmte »kollektive Gedächtnisse« zu befriedigen. Damit stellen sie historische Narrative her, mit denen bestimmte partikulare Gruppenidentitäten gestärkt, andere herausgefordert werden können und sollen. Da sie sich der historischen Methodenkritik verweigern, sind sie nicht einfach nur standortgebunden wie jede geschichtswissenschaftliche (oder wissenschaftliche Tätigkeit überhaupt), auch nicht bloß dezidiert parteiisch, sondern sie nehmen für sich auch in Anspruch, gegenüber Kritik immun zu sein. »Eine auf Fragen der Herkunft ausgerichtete Geschichtswissenschaft« hat schon Marc Bloch kritisiert, weil sie allzu leicht »in den Dienst von Werturteilen gestellt« wird:

> »[…] die Vergangenheit wurde nur deshalb so eifrig zur Erklärung der Gegenwart herangezogen, um diese umso besser rechtfertigen oder verurteilen zu können. In vielen Fällen war der Dämon Ursprung also wohl nur eine Erscheinungsform jenes anderen teuflischen Feindes der wahren Geschichtsschreibung: der Manie des Urteilens.«[677]

Sich aufgrund seiner Herkunft gegen Kritik zu immunisieren ist freilich eine intolerable Haltung innerhalb eines Feldes, in dem »wissenschaftlich« gearbeitet wird (wo also die Qualität und Güte des Arguments entscheidet), während sie selbstverständlich im Rahmen bestimmter universitärer Communities (und ihren medialen, sozialen Echokammern) blühen kann. Auf dem Feld der »postkolonialen Studien« wird diese Grenze im Urteilen, der Unterschied zwischen Vorurteil und Sachurteil, nicht immer ausreichend beachtet und manchmal überschritten.

Im Frühling 2020 rauschte große Erregung durch den Blätterwald des deutschsprachigen Feuilletons. Diese wurde durch die auf politischen Druck hin getroffene Absage der Eröffnungsrede des kamerunischen politischen Schriftstellers Achille Mbembe auf der Ruhrtriennale ausgelöst, einem internationalen Kunstfestival. Mbembe gilt seit der Veröffentlichung seines *De la postcolonie: Essai sur l'imagination politique dans l'Afrique contemporaine* (2000) international als afrikanisches Aushängeschild des »postkolonialen Denkens«. Nun wurde ihm öffentlichkeitswirksam Antisemitismus vorgeworfen. Er hat diesen Vorwurf zurückgewiesen, zugleich jedoch am Vergleich zwischen Südafrikas kolonial-rassistischem Apartheid-Regime und der von der israelischen Regierung forcierten »kolonialen« Siedlungs- und »kulturrassistisch motivierten« Verdrängungspolitik in den besetzten Palästinensergebieten festgehalten. Dieser Vergleich war neben seiner Sympathie für die antiimperialistische BDS-Bewegung *(Boycott, Divestment and Sanctions)* der Anlass für die Skandalisierung und politisch-medial bespielte Empörung. Jene, die – in Übereinstimmung mit den bekannten Tatsachen – den israelischen Staat dafür kritisieren, dass er im Westjordanland und Gazastreifen, die er im Sechstagekrieg von 1967 erobert hat und seither besetzt, ein siedlerkoloniales Projekt betreibt, haben Mbembe gegen diesen undifferenzierten Vorwurf des Antisemitismus verteidigt. Jene hingegen, die nicht gewillt sind, Unterscheidungen zwischen Antisemitismus, Antijudaismus, Antizionismus, Israelkritik, Kritik am Handeln des Staates oder der Regierung Israels zuzulassen, ließen sich keines Besseren belehren. Leider sind die Letzteren lautstark in ihrem Auftreten und politisch überaus gut vernetzt.[678] Das Ergebnis war zunächst, dass sich zwei Positionen – von denen man die eine tatsachenbasiert *und* ideologisch, die andere hingegen nur ideologisch (und den Tatsachen gegenüber ignorant) nennen kann – herausschälten, die diametral gegensätzliche Stellungen bezogen, sich in frisch ausgehobene Schützengräben zurückzogen und von dort aus die Empörungswelle befeuerten. Es scheint, der allzu früh verstorbene »anarchistische Anthropologe« David Graeber (1961–2020) hatte Recht mit seiner Idee:

> »Wenn man darüber nachdenkt […] ist Terrorismus nichts anderes als das Mobbing der Schwachen, und Mobbing ist der Terrorismus der Starken. Beides ist ein Versuch, eine Reaktion zu provozieren, die man dann der Zielscheibe der Aktion vorwerfen kann. Das ist selbst in der subtilsten Form des alltäglichen Umgangs wirksam.«[679]

Und nicht weniger wirksam ist es in den selten besonders subtil ausgetragenen Medienschlachten. Wie in politischen und medialen Inszenierungen üblich, ebbte diese Empörungswelle nach einigen Wochen ab. Die aufgerissenen Gräben bleiben allerdings offen, die zugrundeliegenden Problematiken bestehen unangetastet weiter: das praktizierte Unrecht, die herrschende Ungleichheit; die Unwilligkeit, einen offenen Dialog sachlich zu führen.[680] Interessanter als die Episode um Mbembe scheint mir ein Blick in die Geschichte des »postkolonialistischen« Studienfeldes, dem Achille Mbembe oft zugeordnet wird und mit dem er durchaus kokettiert, auch wenn er sich gelegentlich »von dieser Denkrichtung distanziert« hat, wie Andreas Eckert meint.[681] Werfen wir einen Blick auf seine Herausbildung im Zusammenhang mit früheren – sowohl post- als auch antikolonialen – afrikanischen Positionen. Als akademische Denkschule hatte sich, was bald *Postcolonial Studies* genannt wurde, nämlich erst im Anschluss an die Orientalismus-Kritik des palästinensisch-US-amerikanischen Literaturwissenschaftlers Edward Said im Verlauf der 1980er-Jahre formiert. Man beachte jedoch, dass sich Said wiederholt öffentlich dagegen ausgesprochen hat, einer »postkolonialen Denkschule« (im Sinn von »Postmoderne«) anzugehören, dass er sich von manchen ihrer prominenten Vertreter ganz dezidiert distanziert und vor »PC« *(Political Correctness)* und »Identitätspolitik« gewarnt hat, weil sie »Chauvinismen« befördern und Machtmittel sind.[682] Sie können also nicht nur dazu genutzt werden, bestehende Herrschaftsverhältnisse herauszufordern, sondern sie dienen auch deren Stützung. Sie sind ebenso die Mittel der Mächtigen. Sein Argument scheint mir überzeugend:

> »Identitätspolitiken werden zu separatistischen Politiken, und die Menschen ziehen sich dann in ihre jeweils eigenen Enklaven zurück. […] Gewöhnlich gefällt es den Leuten an der Spitze, verschiedene Gemeinschaften gegeneinander auszuspielen. Das war

> eine klassische Säule der imperialen Herrschaft. [...] Das alles ist Teil eines nationalistischen Vorgangs. In der Hinsicht bin ich darüber sehr unglücklich.«[683]

Zwei Jahrzehnte lang dominierten das »postkolonialistische« Feld fast unumschränkt indische Intellektuelle aus dem literaturwissenschaftlich-philosophischen Feld wie Homi Bhabha oder Gayatri Chakravorty Spivak, die an renommierten US-amerikanischen Universitäten lehrten, afrikanische Autoren und Autorinnen spielten darin keine Rolle. Der kongolesische Intellektuelle Valentin-Yves Mudimbe legte allerdings bereits 1988 und neuerlich 1994 ähnlich gestimmte Interventionen vor – mit seinen Büchern *The Invention of Africa* und *The Idea of Africa.*[684] Für Mudimbe gilt meiner Einschätzung nach jedoch ähnliches wie für Edward Said. Beide gehören einer älteren Generation geschichtlich interessierter und historisch arbeitender Gelehrter an, auch wenn der eine als Literaturwissenschaftler Karriere machte, während der andere Wirtschaftswissenschaften, Soziologie, Linguistik und Romanistik studiert hatte und auch literarisch produktiv war. Die breite historische Bildung und interkulturelle Erfahrung, ihre Gelehrsamkeit, vor allem aber ihre historische Neigung, gepaart mit einem kritischen Verständnis des historischen Handwerkszeugs, unterscheidet sie sehr von den jüngeren erklärten *»postcolonials«*.

Der oft wolkige Diskurs, der in den literaturwissenschaftlich-philosophischen Zirkeln gepflegt wurde, von wo aus er auch in die jungen *Cultural Studies* ausstrahlte, fand in jenen Disziplinen wenig Anklang, die sich seit Jahrzehnten intensiv um die Erforschung anderer Gesellschaften und Kulturen – ihrer Geschichte und Gegenwart – bemüht hatten, also in den philologisch geschulten »orientalistischen« Fächern (deren Traditionen ins lange 19. Jahrhundert zurückreichen) und in jüngeren »Arealwissenschaften« wie den Afrikawissenschaften (die ab den 1950er-Jahren als Konglomerate unterschiedlicher Einzelfachdisziplinen institutionalisiert wurden). Dort regte er eher zum Widerspruch und zur Richtigstellung an: Zu deutlich äußerten sich in den »postkolonialistischen«, theoretischen Interventionen Unkenntnis realgeschichtlicher Verhältnisse, Ignoranz der Fachgeschichten (und deren kolonialkritischen Schlagseiten), voreilige Verallgemeinerungen und Kurzschlüsse, sodass selbst diejenigen in den etablierten Arealwissenschaften, denen der herrschaftskritische Impuls dieser »postkolonialen«

Attacken durchaus gefallen hatte, nicht bereit waren überzulaufen.[685] Dennoch gelang die universitäre Verankerung vor dem Hintergrund lebhaft geführter gesellschaftspolitischer Debatten und »Identitätspolitiken«; zuerst in den USA, später auch an Universitäten quer über den Globus.

Außerhalb der universitären Landschaft spielten die *Postcolonial Studies*, wenigstens im deutschsprachigen Raum, allerdings bis vor Kurzem kaum eine Rolle. Sie waren ein Elfenbeinturm-Phänomen. Umso interessanter, dass sie gerade jetzt, in Zeiten der Krise, medial aufgegriffen und breitenwirksam öffentlich ausgetragen werden. Damit werden vorhandene Spannungen angeheizt, aber durch die ständige Befeuerung wird auch sichergestellt, dass nichts geschieht, was zu ihrer Auflösung dienlich wäre. Denn sowenig man guten Gewissens manche der postkolonialistischen Grundpositionen akzeptieren kann, sowenig kann man jenen Glauben schenken, die so tun, als ob das postkolonialistische Denken das dominante Denken über Afrika wäre. Das ist nicht der Fall: Die meisten Menschen im Westen, aber auch in Afrika machen sich ganz andere Vorstellungen. Es handelt sich hier um Strohfeuer und Ablenkungsmanöver von den eigentlich wichtigen Punkten, die diskutiert werden sollten.

So treffen einige Punkte, welche auch die »Postkolonialisten« machen, die allerdings wenig angenehme Wahrheiten enthalten, völlig zu; sie halten genauen historischen und empirischen Prüfungen stand. Mit seiner unermüdlichen Bemühung, eurozentrische Sichtweisen, die nach wie vor nicht überwunden sind – ja, vielerorts noch nicht einmal zur Kenntnis genommen werden – aufzuzeigen und zu kritisieren, hat der Postkolonialismus völlig Recht. Richtig und wichtig ist auch sein Ansinnen, das Koloniale in der Gegenwart aufzuspüren und kenntlich zu machen. Beides ist freilich auch ohne die essenzialistischen Komponenten des postkolonialistischen Denkens zu haben. Dessen Perspektive ist oft undifferenziert und ergeht sich in einer simplen Abwehrreaktion: »Der postkoloniale Diskurs sperrt Afrika in einen identitären Käfig ein. Mit derselben Geste, mit der er das europäische Joch abschütteln will, fixiert er es.«[686] Dies schreibt der Journalist David Signer über Achille Mbembe, wenn dieser in reduktiver Art über »[…] ›den Neger‹, wie er ihn durchgängig nennt, [schreibt und spricht,] wohl um zu signalisieren, dass er bis heute lediglich als Verachteter, als Opfer, als Sklave vorkommt. Das ist afrozentrisch. Er pflegt in umgekehrter Form jenen blinden Ethnozentrismus, den er den Europäern vorwirft«.[687]

Kolonial grundgelegte Strukturen durchziehen die gegenwärtige Welt. Daran ist alles wahr, und daran ist nichts Schönes, weil diese Strukturen asymmetrisch sind und ungleiche Verhältnisse geschaffen haben – denn, wie Ayi Kwei Armah im Jahr 1973 so treffend schrieb: »Schönheit gibt es nur in Beziehungen. Nichts, das abgeschnitten ist, ist schön. In destruktiven Beziehungen können Dinge niemals schön sein.«[688] In seinem Roman *Two Thousand Seasons* behandelt Armah auf originelle Weise die Ausbeutungsgeschichte auf dem afrikanischen Kontinent durch »die Räuber aus der Wüste« (womit er auf den Transsaharahandel anspielt) und die »weißen Zerstörer vom Meer« (wodurch der transatlantische Menschenhandel angesprochen ist). Armah klagt die »weiße Todesherrschaft« an, die von diesen beiden Meeren aus – dem Sandmeer der Sahara und dem Atlantik – über Afrika gespült wurde, aber vor allem besingt er »der Schöpfung Leben« und die unerschütterliche Lebenskraft und Energie der Menschen des afrikanischen Kontinents. Über die »weißen« Akteure des orientalischen und atlantischen Sklavenhandels, die kolonial-imperialen Eindringlinge schreibt Armah: »Deren Profitgier ist weit gestreut, sie reicht weit über unser Land hinaus. Andere Länder haben wegen ihrer unersättlichen Habgier gebrannt, andere Völker sind an der Blässe ihrer Geldgier zugrunde gegangen.«[689] Offensichtlich ist es schwierig, die Kritik am rassistisch legitimierten Unrecht der Vergangenheit – am Menschenhandel, am Kolonialismus und an Fremdherrschaft, an Ausbeutung und Unterdrückung – oder an ungerechten Verhältnissen der Gegenwart, an denen der globale Kapitalismus Anteil hat, zu formulieren, ohne simple Dichotomien aufzuspannen, die ihrerseits prekär sind. Das tut der Rechtmäßigkeit der Kritik jedoch keinen Abbruch.

Die kolonial grundgelegten asymmetrischen, ungleichen Beziehungen sind noch allzu allgegenwärtig wirksam. Man ändert an der fortgesetzten wirtschaftlichen Ausbeutung und den politischen Abhängigkeiten jedoch nichts, wenn man sich in abgehobenen Sphären von Gleichgesinnten feiern lässt, die sich gemeinsam im Gestus geteilter Leiderfahrung mit den »Verdammten dieser Erde« ergehen,[690] zu denen sie de facto gar nicht gehören. Das scheint mir eine umso weniger akzeptable Anmaßung, wenn es um äußert privilegierte Gestalten geht, um die es sich bei den Vertreter:innen der *Postcolonial Studies* fast durch die Bank handelt. Nur die Beschwörung der Hautfarbe, des alten rassistischen Markers, der noch nie eine sachlich gefestigte Grundlage hatte, erlaubt es, darüber hinwegzutäuschen – bzw. erlaubt es, den »postkolonialistischen« Akteuren und Akteurinnen, sich selbst zu betrügen. Verantwortlich für die Attraktivität dieses intellektuellen Selbstbetrugs ist, was der malawische Denker Paul Tiyambe Zeleza »das afro-atlantische Modell und die Afroamerikanisierung [the African Americanization] von Afro-Europa und Afro-Asien« nennt.[691] Die Berufung auf »›Schwarze‹ Identitäten [»Black« identities]« (oder »Weißsein« [»Whiteness«], um die spiegelbildliche Konzeption ebenfalls US-amerikanischer Provenienz zu nennen, die aktuell auch global beworben wird) ist aus den Umständen der US-amerikanischen Geschichte verständlich erklärbar; sie war und ist für dortige emanzipatorische Kämpfe nützlich, sie hat an anderen Orten der Welt jedoch nicht dieselbe Bedeutung und nicht denselben Nutzen. »Es fällt schwer,« schreibt Zeleza, »aber wir müssen die historische Einbildungskraft entwickeln, um zu verstehen, dass die Konstruktionen rassischer Identitäten in den Amerikas bzw. genauer: in den USA nicht universell angewandt werden können und keine universale Bedeutung haben.«[692] Der forcierte Rückgriff auf Schwarz/Weiß als Kategorien des Identitätsverständnisses verstärkt die Verbreitung des Hautfarbenrassismus als intellektuelles Projekt noch dort, wo er, wie in weiten Teilen der ehemals kolonisierten Welt, mehrheitlich ohnehin nie besonders ernstgenommen wurde, und macht ihn, wie etwa in Europa, wo der Rassismus nach dem Zweiten Weltkrieg zumindest für einige Jahrzehnte völlig diskreditiert wurde, neuerlich legitim.

In Europa hatten den Hautfarbenrassismus nur die »Rechten« nie aufgegeben, inzwischen wird er leider von Leuten öffentlichkeitswirksam zur Schau getragen, die sich als »Linke« sehen oder in der zeitgenössischen Medienkultur als solche identifiziert werden. »Die Gefahr«, so Jean-François Bayart, einer »postkolonialen« Position, die darauf »insistiert, die Indigenen in einer fantasierten kolonialen Situation festzuschreiben«, bestehe darin, zu einem »›anderen Konservativismus‹ zu werden«.[693] Demgegenüber muss die Ambivalenz und Vielgestaltigkeit kolonialer Situationen und Verhältnisse in Erinnerung behalten werden. Der Kolonialismus war nie eine klare, eindeutige Sache: »Das Vermächtnis der Kolonisation – zugleich sozial, wirtschaftlich, politisch und erinnerungstechnisch bzw. gedächtnisförmig – ist deshalb ein Gewirr.«[694] Und diese Ambivalenzen und Mehrdeutigkeiten zu entwirren, ist nach wie vor eine lohnende Aufgabe für die Humanwissenschaften. Das Phänomen des Kolonialismus in seinen historisch wirklichen und vielfältigen Manifestationen ist keineswegs bereits ausreichend oder befriedigend erklärt oder verstanden.

Kein Wunder, dass Afrika-Stereotype fröhliche Urstände feiern – sowohl unter jenen, die als Wasserträger des »weißen« herrschenden Systems dienen, das im strukturellen Rassismus fest verankert ist, als auch unter den postkolonialistischen Parteigängern, die mehr und mehr dahin tendieren, einer kulturrassistisch grundierten Vorstellung von »schwarzer« Einheit zu frönen. Beide Seiten fühlen sich moralisch im Recht, beide machen sich jedoch keinen rechten Begriff von der Sache – von den komplexen, vielschichtigen, verschieden kontextualisierten Wirklichkeiten, deren Teil sie sind. Damit passen beide Protagonisten im gegenwärtigen Kulturkampfszenario in einen Rahmen, der so gar nicht neu ist, und sie erweisen sich als wenig originell. Sie beziehen Positionen, denen schon vor Jahrzehnten ihre sachliche Grundlage entzogen wurde; und sie können das unbesehen und ungestraft tun, weil sich an den realpolitischen und realwirtschaftlichen Missverhältnissen zwischen verschiedenen Teilen der Welt strukturell außerordentlich wenig geändert hat. Die Sichtbarkeit von afrikanischen Autoren in den Debatten, die ab den 1950er-Jahren (auch) im Westen geführt wurden, war gewiss früher schon einmal sehr viel größer: Afrikanische Intellektuelle – Historiker wie Joseph Ki-Zerbo (1922–2006), Kenneth O. Dike (1917–1983) oder Jacob F. Ade Ajayi (1929–2014), Schriftsteller wie Chinua Achebe (1930–2013), Wole Soyinka (* 1934), Ngũgĩ wa Thiong'o (* 1938), und viele andere mehr – fanden in der europäischen und amerikanischen Öffentlichkeit mithin Gehör. Ihre antikolonialen, progressiven Positionen stießen ebenso wie ihre Kritik an nachkolonialen Entwicklungen und an den afrikanischen politischen Führern der neuen Staaten auf Interesse und offene Ohren.[695]

Die Frage, die den ivorischen Schriftsteller Ahmadou Kourouma (1927–2003) umgetrieben hat – »[...] wie afrikanische Kultur definieren? Dieser riesige Kontinent beinhaltet mehrere Afrikas und hunderte Kulturen« –, beantwortete er 1992 für die UNESCO, »der Einfachheit halber« mit der Unterscheidung in »ein muslimisch-arabisches Gebiet und Schwarzafrika«.[696] Dieselbe Trennlinie zog 1975 der nigerianische Bürgerschreck Chinweizu (* 1943) in seinem berühmt-berüchtigten Buch *The West and the Rest of Us: White Predators, Black Slavers and the Afri-*

can Elite.[697] Während Kourouma und Chinweizu, die, aufgewachsen unter klassischen kolonialherrschaftlichen Bedingungen, ein gutes Verständnis von Kolonialismus in Afrika hatten (und um die nur allzu realen Gräben wussten, die quer durch afrikanische Gesellschaften verlaufen, nicht nur zwischen verschiedenen Gesellschaften Afrikas), sich nicht der Illusion hingaben, es gebe eine vorauszusetzende Einheit aller »schwarzen« Menschen, liegt dieser rassistische Grundsatz dem »Postkolonialismus« zugrunde. Jener Grundsatz wird in seinen rezenten afrikanischen Varianten, unter Berufung auf die klassischen Denker der Négritude, Léopold Sédar Senghor (1906–2001) und Aimé Césaire (1913–2008) sowie den frühen Frantz Fanon (1925–1961) legitimiert.[698] Nicht zufällig ist es die Négritude, auf die sich der »schwarze« postkolonialistische Rückbezug fokussiert,[699] denn es handelt sich hier um ein afro-diasporisches Denken, das auf Erfahrungen in der Karibik und in der Kolonialmetropole Paris zurückgeht. Es wurde aus der Erfahrung einer besonderen »Entfremdung« geboren – besser gesagt: aus den historisch spezifischen und konkreten, nicht verallgemeinerbaren Entfremdungserfahrungen einer ausgesuchten Gruppe von Menschen. Die Erfahrungen dieser schwarzen Studenten in Paris sind alles andere als repräsentativ für die kolonialen Erfahrungen der meisten Afrikaner und Afrikanerinnen in den Kolonialterritorien auf dem Kontinent. Kein Wunder, dass die radikale Kritik an der Négritude gerade von kontinentalafrikanischer Seite ab den 1960er-Jahren mit großem Elan vorgetragen wurde, während sie in Europa willkommen geheißen und ihr Aushängeschild Senghor hofiert wurde von europäischer Politik, Kunst und Kultur.[700] Die Négritude bestätigte nicht nur die Vorherrschaft der westlichen Zivilisation, sondern auch die im älteren Kolonialdiskurs fest etablierten Vorstellungen der rassischen Differenz zwischen »Schwarz« und »Weiß«.

Für die Gegner im Kulturkampf hatte »Afrika« – »Schwarzafrika« – ohnehin nie aufgehört, als das völlig Andere zu fungieren. Belegt mit Begriffen wie »geheimnisvoll«, »mysteriös«, »barbarisch« und »wild«, »animalisch« »triebgesteuert«, »kindlich« und »zurückgeblieben«, »Afrika, das Herz der Dunkelheit: Trommeln, Hexerei, unsägliche Riten.«[701] Oder: »Traditionell«, »rückständig«, »unentwickelt«; »arm«, »krank«, »leidend«; ein »Opfer« – kurz: »typisch Afrika« halt.[702] Ansichten wie diese sind nach wie vor virulent. In der überzeichnet geschilderten Form scheinen sie in die hinteren Winkel der »kolonialen Bibliothek«, in den Versatzkasten des kolonialrassistisch geprägten Denkens, verbannt worden zu sein, aber dennoch lugen sie von dort mit großer Reichweite und schädlicher Wirkung hervor.[703] Es können mindestens drei distinkte Herangehensweisen unterschieden und auch für die Gegenwart konstatiert werden, sich »Afrika« vorzustellen und zu imaginieren, auf die man während der letzten 250 Jahre wiederkehrend trifft: Die einen stellen sich Afrika, wie der nigerianische Literaturnobelpreisträger Wole Soyinka schreibt, als »Wunschbild« vor, als ein aus der Zeit gefallenes Idyll, den anderen ist es hingegen »ein Alptraum, aus dem sie beten, erweckt zu werden«.[704] Für nochmals andere »bleibt Afrika ein Raum der unendlichen Möglichkeiten – ein Ort, der nur noch auf seinen Tag der Erfüllung wartet«.[705]

»Afrika« ist, kurz gesagt, eine kognitive Leerstelle und dient als Projektionsfläche, die für jeden etwas bereitzuhalten scheint. Für neoliberale Glücksritter auf der Suche nach nichts als dem eigenen Vorteil stellt Afrika eine zeitlose Option dar. Unter diesen Erben des klassischen imperialistischen Denkens finden sich gegenwärtig wohl die meisten »Afrooptimisten«, wenngleich sie das Etikett womöglich mit manchen wohlmeinenden Gesinnungsgenossen aus der »Helferszene« teilen müssen, die sich für Afrika und in Afrika aus humanitären Motiven heraus engagieren.[706] Demgegenüber stehen die Projektionen der Schwarzseher und Schwarzmaler – die eurozentrischen »Afropessimisten« –, von denen schon in den 1980er-Jahren so viel die Rede war, und die jetzt wieder Oberwasser bekommen: »Der Glaube an die afrikanische Zukunft ist vielen Bewohnern des Kontinents abhandengekommen«, behauptet etwa der Journalist der NZZ und zitiert einen Soziologen aus Gabun, um seine verallgemeinernde Behauptung abzusichern: »Subsaharische Alternativlosigkeit. […] ›Unsere Länder sind unfähig zur Utopie‹, sagt [Joseph] Tonda, ›Wenn wir uns ein perfektes Leben vorstellen, denken wir an Europa.‹«[707] Ein Afrikaner spricht, was der Europäer hören will, und er fühlt sich bestätigt in seiner »ernüchternde[n] Gegenwartsdiagnose«.[708]

Afrika war und ist freilich auch eine bevorzugte Projektionsfläche für idealistische Weltverbesserer und romantische Träumer, deren Gegenwartsdiagnosen oder Vorstellungen der afrikanischen Vergangenheit allerdings diametral verschieden sind; romantisierend, idyllisierend, jedenfalls essenzialisierend. Achille Mbembes »Afropolitanismus«, mit seiner Schwärmerei über die Dynamik und Pulsation afrikanischer Groß-

und Megastädte, scheint mir nur die jüngste urbane Fassung davon darzustellen, während sich andere Verbündete im Geiste, wie etwa Felwine Sarr, zusätzlich mehr Anknüpfung auch an ländliche Traditionen Afrikas erhoffen, um ein »Afrotopia«, den »Afrotopos« zu schaffen.[709] Deren Ernüchterung hat ganz andere Gründe als die der »Afropessimisten«; und es sind sehr viel bessere Gründe. Für sie ist die bisherige »ungute« Entwicklung Afrikas, die sie nicht in Abrede stellen, nicht (primär) das Resultat afrikanischen Fehlhandelns oder ein Ergebnis der (unterstellten) Unfähigkeit bzw. begrenzten Fähigkeiten afrikanischer Menschen, ihre Angelegenheiten verantwortlich und selbständig zu regeln, sondern die Folge einer traumatisierenden Erfahrung und eines historischen Bruchs, die eigenständige Entwicklungen abgerissen haben. Deswegen spielen die Erinnerung an den Sklavenhandel und die Sklaverei im Rahmen des »atlantischen Modells«, dessen Hegemonialanspruch Paul Tiyambe Zeleza so kritisch reflektiert hat,[710] und die spätere europäische Kolonialherrschaft in Afrika eine derart zentrale Rolle im Verständnis der »Postkolonialisten«.

Es ist allerdings nicht so sehr deren echte Geschichte, die für die Verfechter des Postkolonialismus zählt, sondern die Erinnerungspflege einer bestimmten eindimensionalen Sicht auf diese Vergangenheit.[711] Jean-François Bayart formuliert den zentralen kritischen Punkt, der dagegen gesetzt werden muss, in aller Kürze: »Die Kolonisation ist ein Moment der ›Verbindung‹ gewesen – gewaltsam, höchst ungerecht und traumatisch. *Dennoch:* Sie hat weder die moralische und politische Ökonomie der Gesellschaften, die sie unterworfen hat, annulliert noch hat sie jene vollständig absorbiert.«[712] Es bleibt zu wünschen, dass deren Untersuchung weiterhin – und noch mehr – Aufmerksamkeit gewidmet wird und dass wir lernen, der Vielfalt afrikanischer kolonialer Erfahrungen, aber auch den vielfältigen afrikanischen Perspektiven und Weltverständnissen mit mehr Respekt zu begegnen. Elitismus und Intellektualismus, auch in postkolonialistischer Ummantelung, tun dabei ebenso wenig gut wie partikularistisch-nativistische Parteilichkeit.

Sich Afrika mit Neugier und in genuin historischer Perspektive zuzuwenden ist eine lohnendere Unternehmung: »Menschen […] versucht die Geschichtswissenschaft zu verstehen«, so die Bestimmung durch Marc Bloch, die weiterhin als fruchtbare Maxime dienen kann: »Menschen in der Zeit, und sie [die Geschichtswissenschaft] muß ständig die Erforschung der Toten mit der der Lebenden verbinden.«[713] Zukunft, Gegenwart und Vergangenheit sind aufs Innigste ineinander verwoben, und das sind auch die Schicksale der Verstorbenen und der Lebenden. Aus dem reichen Arsenal der »afrikanischen Religionen« und sozial integrierten Weltanschauungen könnten wir zudem lernen, dass diese Verwobenheit auch die (noch) Ungeborenen miteinschließt und menschlich-ethisches Verhalten nur unter der Prämisse zu verwirklichen ist, dass man sich in der gelebten Gegenwart gleichermaßen mit Vergangenem und Künftigen in Verbindung zu setzen hat.[714] Das Verständnis des französischen Historikers von der Geschichte und der Aufgabe der Geschichtswissenschaft weist verblüffende Übereinstimmungen mit Verständnisweisen auf, die sich auch in Vorstellungswelten Afrikas und unter afrikanischen Denkern finden. »Die Lehre, die aus der Geschichte gezogen werden muss«, hat der ivorische Schriftsteller Ahmadou Kourouma einmal sehr schön gesagt, »ist die, dass politische Situationen und Satzungen immer Schwierigkeiten verbergen.«[715] Das bedeutet unter anderem auch, dass sie immer wieder sichtbar werden. Dieselben Schwierigkeiten tauchen aus dem Strom der Geschichte immer wieder einmal auf, dann auch wieder unter, doch niemals kehren sie in derselben Form wieder, immer stellen sie (neue) Anforderungen an die Lebenden. Beispielhaft fügt Kourouma hinzu:

> »Als wir unter dem Zwangsarbeitsregime standen [das an der Elfenbeinküste erst 1946 aufgehoben wurde], als wir damals lebten, glaubten wir, wir würden sehr glücklich sein, sobald die Zwangsarbeit abgeschafft wäre; [wir glaubten,] dass alles überstanden wäre, all unser Unglück, alle Schwierigkeiten, die uns begegneten, wurzelten ja in dieser Situation. Als die Zwangsarbeit verboten wurde, stellten wir fest, dass unsere Probleme blieben, dass die Kolonisation blieb – und andere Probleme erschienen an der Oberfläche. Als wir die Unabhängigkeit erlangten, herrschte ein Mehrparteiensystem, doch dann, plötzlich, wurde die Einparteienherrschaft eingeführt. […] Auch das verbarg einige Wahrheiten. Ich glaube, die Probleme liegen sehr viel tiefer als wir uns eingestehen … […] Ich glaube, dass man, als Schriftsteller, nicht über die Unzulänglichkeiten der Gesellschaft schweigen sollte.«[716]

Die objektiven Schwierigkeiten und die subjektiven Unzulänglichkeiten zu erkennen – mitsamt ihren Ursachen und Auswirkungen – dazu braucht es den historischen Sinn, und es braucht vertiefte Auseinandersetzung mit den tatsächlichen afrikanischen Vergangenheiten – sowohl im Sinn der historischen Ereignisse als auch der Interpretationen und Bedeutungen, die Menschen in Afrika ihnen zubilligen. Dabei können westliche Historiker und Historikerinnen viel von afrikanischen Schriftstellern und Autorinnen lernen, denn, wie Kourouma einmal sagte: »Ich bin Schriftsteller. Aber eigentlich ist der Unterschied zwischen einem Schriftsteller und einem Historiker in Afrika gar nicht so groß. Denn die afrikanischen Schriftsteller sprechen immer von dem, was geschehen ist.«[717] Dementsprechend ähnlich lautet auch die Aufforderung des belgisch-stämmigen Afrikahistorikers Jan Vansina, die Aufgabe von Afrikahistorikern sollte es sein, nicht so sehr über Afrika, sondern vielmehr für Afrika – und für afrikanische Menschen – zu schreiben, den Dialog mit ihnen zu suchen und zu führen – eine Aufforderung, die dieser Pionier der Afrikanischen Geschichte noch in seiner letzten Publikation zu Lebzeiten wiederholte.[718]

Die internationalisierte Provinzialität des Westens: Von Menschen, »Rassen« und »Stämmen«

Dieses Buch ist nur ein kleiner Mosaikstein im Rahmen einer so verstandenen Aufgabe: Aufzuzeigen, dass simplifizierende Afrika-Vorstellungen selbst dort noch zu kurz greifen, wo sie nicht völlig illusorisch sind, und dass solche »Einbildungen« Afrikas seit Langem die mentale Karte der Moderne bevölkern. Sie sind Schöpfung und Resultat jenes kolonialen Denkens, wie es ab dem Zeitalter der Aufklärung gehegt und gepflegt wurde. Verblüffend ist, wie sehr die Afrika-Illusionen der Gegenwart ihren Vorläufern aus dem langen 19. Jahrhundert und der Kolonialzeit im 20. Jahrhundert ähneln – und wie wenig gebrochen sie überdauert haben.

Eingangs wurden Verleugnung und Ignoranz als Ausdruck eurozentrischer Provinzialität angesprochen. Ihre Dauerhaftigkeit und Virulenz rührt daher, dass die weltweiten Machtverhältnisse immer noch von extremer Ungleichheit geprägt sind und es im Interesse derer ist, die davon profitieren, blind auf jenem Auge zu sein, das ein Eingeständnis dieser Tatsache verlangte. Die Ungleichheit ist besonders ausgeprägt in politischer und wirtschaftlicher Hinsicht. Dazu kam es im Zuge von sowohl lang- als auch mittelfristigen realhistorischen Prozessen, die im Verlauf dieses Buches zum Thema wurden, die aber auch ganz wesentliche ideologischen Komponenten aufweisen. Den historischen Beziehungen zwischen europäischen, afrikanischen und amerikanisch-karibischen Akteuren im atlantischen Raum kommt bei der Behandlung dieser Zusammenhänge die zentrale Rolle zu, weil sie sich über mehrere Jahrhunderte hinweg erstreckten, allerdings sind auch Einbindungen über die anderen Afrika umschließenden Ozeane (das Mittelmeer, das Rote Meer und der Indische Ozean) von Bedeutung. Die Geschichte Afrikas ist im Globalen Norden viel zu wenig bekannt, und dort, wo historische Bücher geschrieben und gelesen werden, geschieht dies allzu oft in einer Tendenz, die Vergangenheit als ein fremdes Land und ein abgeschlossenes Kapitel aufzufassen. Die Vorstellung, alles nötige über die Geschichte Afrikas zu wissen, ist hingegen sehr, sehr weit verbreitet – insbesondere unter Repräsentanten jener beiden Sphären, die in den wohlhabenden Ländern des Globalen Nordens, aber auch in den internationalen Foren den öffentlichen Diskurs dominieren: Wirtschaft und Politik – das heißt unter Ökonomen und Politikwissenschaftlern. Erinnern wir uns darum mit Chinua Achebe, dem »Vater der afrikanischen Literatur«, an seine aufgewühlte Wortmeldung vor OECD-Granden anlässlich einer Konferenz im Jahr 1989, als er sich daranmachte, die versammelten Fachleute zu kommentieren:

> »Was da vor mir ablief, war ein Fiction Workshop, nichts sonst! Hier seid ihr, spinnt eure feinen Theorien, um sie in euren vorgestellten Laboratorien auszuprobieren. Ihr entwickelt neue Medikamente, verfüttert sie an ein paar Meerschweinchen im Labor – und hofft das Beste. Ich habe Neuigkeiten für euch: Afrika ist nicht fiktiv. Afrika ist Menschen, echte Menschen. Habt ihr daran schon einmal gedacht? Ihr seid brillante Leute, Experten von Weltrang; ihr habt vielleicht sogar die besten Absichten. Doch habt ihr jemals wirklich über Afrika als Menschen nachgedacht?«[719]

Die Verwunderung und das Unverständnis bei weiten Teilen der Zuhörerschaft waren groß. Ökonomen und Banker, aber auch die meisten Politologen und Soziologen sind gewohnt, regelhaft auf der Basis verallgemeinerter Modelle und Zahlen zu operieren, von denen durchweg bekannt ist, dass sie afrikanische Lebensrealitäten nicht annähernd adäquat beschreiben. Dies ist ein Wissen, das jedoch geflissentlich ignoriert wird. Gerade die »Experten« sind gut darin, tatsächlich »evidenzbasiertes« Wissen so weit wie möglich zu ignorieren: Einen Teil für das Ganze nehmend, Teile mit dem Ganzen verwechselnd, bewegen sie sich – selbstbewusst und mit Präzision – in die falsche Richtung. Wo käme man hin, würde man sich die Mühe machen, die universelle Gültigkeit der Modelle nicht einfach vorauszusetzen, sondern sie zu überprüfen? Wo würde man landen, begänne man damit, vorhandene Indikatoren und Zahlen, auf deren Grundlage Maßnahmenpakete geschnürt werden, deren Umsetzung empfohlen, wenn nicht gleich vorgeschrieben wird, kritisch in ihrer Bedeutung einzuschätzen? – Man käme dorthin, andere Modelle entwerfen zu müssen, andere Perspektiven zu entwickeln, andere Projekte zu verfolgen, andere Formen des Wissenserwerbs zu forcieren. Man müsste *Menschen* zur Kenntnis nehmen, ihnen zuhören, mit ihnen Dialog führen, interagieren. Man müsste die Denkfaulheit abstreifen, Verantwortung übernehmen. Täte man das, ließe sich auch eine alternative Zukunft vorstellen, und die Gegenwart ließe sich anders gestalten. Das aber liegt ganz offenbar nicht in jedermanns Interesse. Medial präsent wie kein anderer, ist es der eurozentrische Blick der Wirtschafts- und Politik-»Wissenschaften« – »ideologische Staatsapparate«, wie sie im Buche stehen[720] –, der allgegenwärtig in Szene gesetzt wird; breitenwirksam verbreiten seine Parteigänger verfälschende Vorstellungen von Afrika und forcieren eine zeitlose, geistlose Schau.[721] Man erkennt ihren Einfluss besonders gut an der Hartnäckigkeit, mit der an gängigen stereotypen Vorstellungen in Bezug auf afrikanische Verhältnisse festgehalten wird.

Es beginnt mit dem verbreiteten Irrtum, Afrika als ein »Land« aufzufassen: eine singuläre, gleichförmige Größe. Dabei bemühen Europäer, aber auch manche Afrikaner mitunter immer noch rassistische Vorstellungen von »Rasse« und »Schwarzafrika«, um eine solche inexistente Einheit zu beschwören – ignorant gegenüber der Tatsache, dass »Rasse« keinerlei biologische Realität wiederspiegelt, sondern eine sozial konstruierte Idee ist, konzipiert, um Menschen zu klassifizieren und zwischen ihnen zu hierarchisieren.[722] Sehr viel häufiger wird allerdings das eine oder andere punktuelle Problem – etwa Krankheit, Krieg, Korruption, Hungerkatastrophe, Armut – selektiert und als Grundkonstitution Afrikas verallgemeinert, quasi zur Natur des Kontinents erklärt. Typisch Afrika ist allerdings keines davon. Auf der anderen Seite des politischen Spektrums werden gegenläufige Verallgemeinerungen postuliert – zum Beispiel »bestimmte afrikanische Werte [...]: *jom* (Würde), Gemeinschaftlichkeit, *téraanga* (Gastfreundschaft), *kersa* (Bescheidenheit, Gründlichkeit), *ngor* (Ehrgefühl)«[723] –, die genauso wenig »typisch afrikanisch« sind. Was Felwine Sarr hier anführt, sind *universale*, menschliche, *ethische* Werte, nicht mehr und nicht weniger, und als solche sollten sie – gegen staatliche und kapitalistische Unternehmen, die regelhaft gegen sie verstoßen – verteidigt und gestärkt werden. Doch dabei hilft kein partikularer Vereinnahmungsversuch. Sarr beginnt mit einer korrekten Überlegung, biegt dann aber falsch ab, weil er dem, was er zu Recht kritisiert, eine rein afrikanische Opposition entgegenstellt:

> »Die Akteure sind nicht notwendig bemüht, ihren Nutzen oder Gewinn zu optimieren; vielmehr sind bei der Entscheidungsfindung ganz unterschiedliche Rationalitäten am Werk [soweit, so richtig]. Der *Homo africanus* [sic!] ist kein *Homo oeconomicus* [sic!] im strengen Sinn [als ob es einen solchen außerhalb der Modellvorstellungen der Ökonomie geben würde]. Die Motive seiner Entscheidungen sind geprägt von Logiken der Ehre, der Umverteilung, der Subsistenz und der Gabe beziehungsweise Gegengabe.«[724]

Eine derart krude Ontologisierung vermeintlicher »afrikanischer« Differenz hält nicht nur keiner ernsthaften Prüfung stand, sie hilft auch niemandem. Außerdem gibt es unter dem Stichwort des »Afrikanischen Kommunalismus« weitaus stimmiger argumentierende Versionen zu finden, die ab den 1950er- und 60er-Jahren konzipiert wurden, um die kolonialrassistischen Vorurteile zu kontern[725] – ohne dass diese freilich in der Sache einer besonderen und typisch »afrikanischen« Differenzsetzung widerspruchsfrei wären oder nachhaltig überzeugen könnten.[726] Afrika als »ein Land«, »eine Rasse«, als Heimat eines »Homo africanus« bestimmen zu wollen, steht ungebrochen in der Kontinuität des modernen Rassismus. Es taugt nicht dazu, einen Bruch herbeizuführen, egal wie sehr oder wie laut beschwörend man diesen herbeizureden sucht.

Ein anderes Beispiel für die weite Verbreitung unreflektierter, falscher und darum irreführender Afrikavorstellungen: Kaum ein Zeitungsartikel, keine Dokumentation, die auf den unsäglichen Tropus von urtümlichen afrikanischen »Stämmen« und tiefverwurzelten »ethnischen Konflikten« verzichten würde – und kein Verzicht auf die Suggestion, damit sei alles Berichtete, seien die zugrundeliegenden Geschehnisse und deren Ursachen auch schon hinreichend befriedigend geklärt. Der kenianische Schriftsteller Ngũgĩ wa Thiong'o hat dazu einmal folgendermaßen Stellung bezogen:

> »Die Analyse von Geschehnissen in Afrika in den westlichen Medien offenbart das Wort [gemeint ist das Wort Stamm/*tribe*] als das Haupthindernis für eine bedeutungsvolle Erläuterung der Dynamiken im modernen Afrika. *Stamm* – mitsamt seiner offenkundig abwertenden Konnotation des Primitiven und Vormodernen – wird mit *Nation* kontrastiert, in der eine positivere Bedeutung im Sinn der Ankunft in der Moderne mitschwingt. Jede afrikanische Gemeinschaft ist sodann ein *Stamm [tribe]*, und jeder Afrikaner ein *Stammesmann [tribesman]*. Wir können die Absurdität des gegenwärtigen Sprachgebrauchs leicht erkennen, wenn wir uns vor Augen halten, dass 30 Millionen Yoruba als ein *Stamm*, aber 4 Millionen Dänen als eine *Nation* bezeichnet werden. Eine Gruppe von 250.000 Isländern konstituiert eine Nation, während aus 10 Millionen Igbo ein Stamm gemacht wird. […]«[727]

Ngũgĩ wa Thiong'o sieht hier eine Naturalisierung, eine Biologisierung am Werk, die zu einer verzerrten, um nicht zu sagen: zu einer völlig illusionären Grenzsetzung führt – und daraus leiten sich Missverständnis und in endloser Wiederholungsschleife ablaufende Miss-Repräsentation her:

> »[…] Dem Analysten erscheint *Stamm* wie ein genetischer Stempel für jede afrikanische Person, der jede seiner Äußerungen und alle seine Handlungen erklärt – insbesondere die, die an/gegen andere afrikanische Gemeinschaften gerichtet sind. Printmedien und elektronische Medien und sogar progressive Denker verwenden dieselbe Schablone – *Stamm X* versus *Stamm Y* –, schauen auf die ethnische Herkunft der Führungspersonen in einem Konflikt und platzieren diese sofort in die Kategorie X oder Y. Ganz egal also, worin die Krise besteht, egal wo in Afrika und wann, die

> Analysten gelangen zu *einer* Erklärung: Alles liegt an der traditionellen Feindschaft zwischen Stamm X und Stamm Y. Das ist, wie wenn wir erst John McCain betrachten würden, sehen, dass er in Panama geboren ist, dann bei Barack Obama bemerken, dass er auf Hawaii geboren wurde, und schließlich daraus den Schluss zögen, deren politische Differenzen würden sich aus ihren Geburtsorten erklären oder wurzelten in einer unterstellten traditionellen Feindseligkeit zwischen Panamaern und Hawaiianern.«[728]

An der Hartnäckigkeit, mit der an abstrusen Vorstellungen wie dieser – im Hinblick auf Afrika und afrikanische Verhältnisse – festgehalten wird, und an der Beharrlichkeit, mit der sie medial kolportiert und damit immerzu verstärkt werden, zeigt sich, wie sehr eurozentrisch-koloniale Denktraditionen auf die zeitgenössische Mentalität eingewirkt haben. Das hat eine Reihe von Gründen. »Stämme« erlauben nicht nur, Bezüge zur biblisch-christlichen Überlieferung herzustellen, sondern evozieren auch Assoziationen zu einstmals wichtigen, aber höchst fragwürdigen säkularen Traditionen der europäischen Geistesgeschichte: So steht die Fixierung auf Abstammung im modernen Nationalismus (vor allem der kontinentaleuropäischen Prägung, die auf »Blut« mehr noch als auf »Boden«, auf Herkunft Wert legt) im Zusammenhang mit dem europäischen Stammesdenken. Und im sozialevolutionistischen Gelehrtendiskurs diente der Begriff »Stamm« dazu, bestimmte Gesellschaften in einer fortschrittlichen Entwicklungsreihe einzuordnen und sie als »zurückgebliebene« Stufe zu kennzeichnen.[729] An derartige Überlieferungsketten – mitunter durchaus altehrwürdiger Herkunft – können die Klischees andocken und darum manchem akzeptabel erscheinen.

Dazu tritt die soziologische Funktion, gruppendynamisch und identitätsstiftend nützlich zugleich, welche die Anwendung unterschiedlicher Maßstäbe auf Ingroups und Outgroups erlaubt. Andere mit dem Stammesbegriff zu identifizieren, erlaubt es, sich selbst über jene zu erheben. All dies hat nichts mit Afrika zu tun, erhellt nicht, was Afrika war oder ist. Eine Gruppe von Afrikanisten und Afrikanistinnen hat vor fast einem Vierteljahrhundert, im Jahr 1997, die Gründe in ein paar knappen Punkten zusammengetragen, weshalb man das Gerede von »Stämmen in Afrika« lassen sollte:

> »Stamm hat keine kohärente Bedeutung. […] Stamm fördert den Mythos von der afrikanischen Zeitlosigkeit, einem Ort ohne Geschichte und ohne Wandel. […] Im modernen Westen impliziert Stamm oft primitive Wildheit. […] Vorstellungen von Geschichtslosigkeit und Wildheit verbergen den modernen Charakter der afrikanischen Ethnizität. […] Stamm ersetzt die detaillierte Analyse partikularer Situationen durch eine verallgemeinerte Illusion.«[730]

Mit ihrem letzten Punkt haben sie auch schon die halbe Antwort darauf gegeben, weshalb der Stammesbegriff nach wie vor allgegenwärtig geblieben ist. Die andere Hälfte der Antwort liegt im Folgenden. »Stämme« sind in Afrika unter kolonialen Herrschafts- und Verwaltungsbedingungen geschaffen worden – in Koproduktion von Missionaren, Kolonialbeamten und Afrikanern. Erst damals wurde Ethnizität, ein an und für sich höchst fluider und frei einsetzbarer Mechanismus, um Gruppen zu konsolidieren und »Wir-Bewusstsein« herzustellen,[731] fixiert und an ein bestimmtes, klar abgegrenztes Territorium gebunden. Selbstverständlich lebten Afrikaner und Afrikanerinnen – wie Menschen immer und überall – in Gesellschaften, deren Mitglieder sich als Angehörige dieser oder jener Gruppe identifizierten, doch die Gruppenidentität war keineswegs eine des »Stammes«, sondern ergab sich aus einer bunten Mischung vielfältigster Faktoren: Geschlecht, Alter, Verwandtschaft in all ihren Formen (Deszendenz, Allianz: Ehe, Freundschaft, Bündnis),[732] Herkunftsort, Wohnort, Lebensweise (Sesshaftigkeit: permanent, sporadisch; Nomadismus), soziale Position (Klasse, Schicht, Rang), Beruf bzw. Tätigkeitsfeld (Bauern, Handwerker, Händler, Krieger, Priester) und aus anderem mehr.[733]

Ethnizität war ein Faktor unter vielen, der zur kollektiven Identitätsstiftung herangezogen werden konnte. Unter den Herrschaftsbedingungen des europäischen Kolonialismus wurde dieser Faktor zum bevorzugten und bestimmenden Mittel der administrativen Kontrolle. Stämme wurden etabliert bzw. zum vorgeschriebenen Ordnungsprinzip für Menschen in den neuen, als Kolonien verstandenen Territorialräumen. Afrikaner nahmen an diesem Imaginationsprozess aktiv teil – zwar in untergeordneter Stellung, aber dennoch gemeinsam mit europäischen Missionaren und Kolonialbeamten. Kein Wunder, dass sich nachfolgende

Generationen von Afrikanern und Afrikanerinnen seither daran gewöhnt haben, sich auch selbst in tribalen, ethnischen Begriffen zu verorten: Über mehrere Jahrzehnte war das die politische und rechtliche Realität, mit der sie konfrontiert waren, in deren Rahmen sich ihr Leben organisieren und bewegen musste.[734] Für viele von ihnen hat sich daran auch in nachkolonialen Zeiten nichts geändert.

Die internationalisierte Provinzialität Europas: »Migration« und »Sicherheit«

Zu den rezentesten thematischen Verkürzungen im europäischen Afrika-Diskurs der Gegenwart gehören die Fokussierung auf »Migration« (im Sinn von »Fluchtmigration«) und »Sicherheit«. Beide zeichnen sich dadurch aus, dass sie in eurozentrischer Manier nur von »uns« ausgehen und »unsere« Bedürfnisse für zentral halten. Dabei verkennen sie völlig die Dimensionen. So wird eine Einwandererflut aus Afrika an die Wand gemalt, die zu Überfremdungsfantasien und -befürchtungen Anlass gibt, wie sie noch vor 25 Jahren nur in rechtsradikalen Kreisen zu finden waren. Inzwischen sind sie in der Mitte der europäischen Gesellschaft angekommen, wie es so schön heißt, obwohl es zutreffender heißen müsste: in den Köpfen der politischen Entscheidungsträger und Meinungsmacher. »Festhalten lässt sich«, so der Migrationsforscher Jochen Oltmer im Jahr 2020,

> »dass der Umfang der Zuwanderungen aus dem ärmeren Süden der Welt nach Europa in den vergangenen Jahrzehnten relativ gering war und Prognosen der Vereinten Nationen zufolge in den kommenden Jahren auch nicht signifikant ansteigen wird […]. Verantwortlich für das relativ niedrige Niveau globaler Süd-Nord-Migrationen sind vornehmlich drei Aspekte: Mangelnde Ressourcen, fehlende Netzwerke und restriktive Migrationspolitiken.«[735]

Dass Warnungen vor Massenzuwanderung und Bedrohungsszenarien falsch und völlig haltlos sind, ändert allerdings nichts an ihrer mantramäßigen Wiederholung in Politik und Medien. Hören wir dagegen die evidenzbasierte Einschätzung des Afrikahistorikers Joël Glasman: »Was sagen die Statistiker? Zunächst, dass Afrikaner nicht mehr, sondern eher weniger als die Bewohner anderer Kontinente migrieren. Obwohl Afrika 16 Prozent der Weltbevölkerung aufweist, bringt der Kontinent nur 14 Prozent der Migranten hervor. Der Grund: Armut verhindert Mobilität.«[736] Der Anteil von Menschen mit Herkunftswurzeln in Afrika südlich der Sahara an der europäischen Gesamtbevölkerung in 30 Jahren wird dementsprechend von seriösen Demografen mit drei bis vier Prozent prognostiziert.

Tatsache ist, es zieht nur einen Bruchteil der afrikanischen Menschen, die sich auf der Flucht befinden, nach Europa: »Die Mehrzahl, rund 90 Prozent, bleibt im eigenen Land oder flieht in Nachbarländer, nicht in die reichen Industrieländer Europas.«[737] Oltmer ergänzt im Hinblick auf die globalen Verhältnisse: »Staaten des globalen Südens beherbergten 2018 nicht weniger als 84 Prozent aller weltweit registrierten ›Flüchtlinge‹ und beinahe alle ›Binnenvertriebenen‹.«[738] Millionen von ihnen leben – manche seit Jahrzehnten – in Flüchtlingslagern auf dem Kontinent. Wenn es ein nennenswertes Flüchtlingsproblem gibt, dann dort, nicht hier.[739] In Europa gibt es hingegen ein anderes, ein uneingestandenes Problem: Xenophobe Grundhaltungen und rassistische Ignoranz, wie man sie vor 50 Jahren für überwunden glaubte, und eine im Steigen begriffene chauvinistische »Festung Europa«-Mentalität, die heutzutage von einer breiten Allianz der politischen Klasse in Europa geteilt wird, haben im vergangenen Vierteljahrhundert in den europäischen Gesellschaften an Boden gewonnen.

Dass die Metapher von der »Festung Europa«, die schon in den 1990er-Jahren in aller Munde war, in Policy-Zirkeln mehr und mehr durch das Bild »konzentrischer migrationspolitischer Kreise« ersetzt wurde, kann nicht verschleiern, dass es darum geht, »ein Vorfeld der Flüchtlingsabwehr zu schaffen«.[740] Dass das neue Kreismodell zum ersten Mal in einem Strategiepapier der österreichischen Regierung für die Europäische Union 1998 formuliert worden sein soll, kann auch nur den borniertesten Österreicher mit Stolz erfüllen. Karl-Heinz Meier-Braun umreißt die Problematik in wohltuend klarer Sprache:

> »Mit ›Zuckerbrot und Peitsche‹ ein Bollwerk in unserem Vorfeld zu errichten, diese damals entwickelte Idee bestimmt bis heute die

> europäische Migrationspolitik. Seit Jahrzehnten prägt ein sicherheitspolitisches Denken die Diskussion in der EU, werden unter dem merkwürdigen Begriff ›Südbedrohung‹ die unterschiedlichsten Probleme wie Drogenhandel, Terrorismus und steigende Migrantenzahlen vermischt.«[741]

Unfassbar scheint es angesichts der Überalterung des europäischen Kontinents, dass sich europäische politische Verantwortungsträger nicht um eine rationale Lenkung der Einwanderung junger Menschen aus Afrika bemühen; stattdessen sehen sie »unsere« Sicherheit bedroht.[742]

Im letzten Jahrzehnt hat die Europäische Union zudem den fatalen Schritt gemacht, die weltpolizeiliche Rolle, die sich die USA seit Jahrzehnten anmaßen, imitieren zu wollen, und engagiert sich seither in mehreren Regionen Afrikas militärisch – so etwa in der Demokratischen Republik Kongo, in der Zentralafrikanischen Union, in Guinea-Bissau, im Tschad, in Mali, im Niger, im Sudan und Südsudan, in Somalia und in Libyen. Auch hier ist »Sicherheit« das Schlagwort, das zur Rechtfertigung derartiger Aktivitäten herangezogen wird – sei es durch Beschwörung des Kampfes gegen den »islamischen Terrorismus« oder den internationalen Drogenhandel, sei es durch die fragwürdige Behauptung, durch Kriegseinsätze in fremden Landen würden Bedingungen geschaffen, welche die dort ansässigen Menschen abhielten, nach Europa zu strömen. Primär sind es die eigenen Sicherheitsagenden, die zu diesen Aktivitäten Anlass geben – und das bedeutet im Wesentlichen die Sicherung und Gewährleistungen der europäischen Eigeninteressen in der Region. Die Bezeichnung »humanitäre Intervention« ist in all diesen Fällen von »Hilfe«, wo militärische Mittel mit im Spiel sind, ein purer Euphemismus.

Es stimmt schon, auch Afrika bietet immer wieder Schauplätze für xenophobe Haltungen und fremdenfeindliche Politik, bei denen man – als Außenbetrachter, der nicht involviert ist und auch nichts von den Folgen der Intervention verspüren muss – verlockt sein könnte, gewaltsame Eingriffe von außen gutzuheißen. Das ist eine teuflische Versuchung, der nachzugeben man sich besser hüten sollte. Vor bald 30 Jahren, 1993, hat Edward Said, gebürtiger palästinensischer Christ und Professor für Literaturwissenschaft an der Columbia University in New York, einmal folgendes gesagt:

> »Insbesondere [US-]amerikanische Akademiker besitzen eine einzigartige Form von Arroganz – eine anmaßende Überzeugung, er oder sie könne über diese allgemeinen [weltpolitischen] Themen reden, ohne irgendeine Verpflichtung gegenüber irgendeiner sozialen oder politischen Institution zu haben, abgesehen von der Universität und der Arbeit am eigenen Karrierefortschritt. […]
> Ich denke, es liegt auch an der Stellung Amerikas [der USA] in der Welt, wo die meisten von uns so agieren können, weil wir eigentümlich unberührt sind. […] es ist der höchste Luxus der großen Imperialmacht, Geschehnissen gegenüber ungerührt zu bleiben […].
> Dann auch noch […] diese Idee der akademischen Spezialisierung. Akademiker haben den Kontakt zur, sagen wir, existentiellen Härte des wirklichen menschlichen Lebens verloren – und sie reden in diesen Jargons.«[743]

Inzwischen, fürchte ich, reden nicht nur US-amerikanische Akademiker und Policy-Experten ungerührt so, als ob ihnen die ganze Welt gehören würde – eine Welt, die sie nicht verstehen und an deren Verständnis sie auch kein Interesse zeigen –, sondern alle, die sich an den Höfen der Macht (oder ihren Vorhöfen) tummeln, befleißigen sich derselben Ungerührtheit und pflegen dieselbe Arroganz gegenüber kulturell Anderen und Andersdenkenden. Woher die Anmaßung, über andere richten zu können? Woher die Anmaßung, es für andere richten zu können? – Man kann auch hier, wie ich finde, die Tiefenwirkung des modernen kolonialen Denkens erkennen: Die eigene Stellung nicht zu reflektieren und das eigene Tun als apolitisch, natürlich und selbstverständlich aufzufassen (»Utopie der Nichtpolitik«), sich für überlegen zu halten (»Konstruktion inferiorer Andersartigkeit«), auserwählt und mit besonderer Mission befasst (»Sendungsideologie und Vormundschaftspflicht«) – all das findet sich auch in gegenwärtigen politischen, medialen und auch wissenschaftlichen Diskurszusammenhängen.[744] Dem entgegenzutreten ist eine nach wie vor dringliche Angelegenheit, denn die Welt ist nicht so gut, wie sie sein könnte, und sie wird nicht von alleine besser. Dazu Ngũgĩ wa Thiong'o:

»Die heutige Welt ist durch zwei Gräben gekennzeichnet, die sich täglich vertiefen und verbreitern. Der eine Graben verläuft zwischen dem Wohlstand einer Gruppe hauptsächlich westlicher Nationen und der Mehrheit an armen Nationen, vornehmlich in Afrika, Asien und Lateinamerika. [...] Das ist die Kluft zwischen den Gebern und den Empfängern von Wohlfahrt, zwischen Kreditgeberländern und den schuldenbelasteten Bettelstaaten. Und doch sind es die natürlichen Ressourcen der Schuldnernationen, die die Gläubigerstaaten füttern. Den anderen Graben findet man innerhalb jeder Nation der Welt, wo eine schmale soziale Schicht auf der Massenarmut unter ihr besteht. Innerhalb dieser Nationen vervielfachen sich die Bettler und die Obdachlosen; Gefängnisse beherbergen Millionen [...].
Ich behaupte, diese beiden tiefen Gräben – zwischen Nationen und innerhalb ihrer eigenen Grenzen – bilden die Wurzeln der außerordentlichen Instabilität in der heutigen Welt. [...] Was wir brauchen, ist weniger Mystizismus und mehr rationale Analyse gesellschaftlicher Situationen – in Afrika und überall. Fortschritt und Entwicklung müssen am Standpunkt jener bemessen werden, die am Fuß des Berges stehen, nicht an jenen auf dem Gipfel. Nur wenn das geschieht, werden Vernunft, Gesetz und demokratische Ideale in Übereinstimmung mit sozialer Gerechtigkeit sein können.«[745]

Historisches Wissen, gepaart mit Sorge um das Leben von Menschen in verschiedenen Regionen und zu verschiedenen Zeiten sowie Sinn für die Geschichte sind, so will mir scheinen, ein geeignetes Serum, das gegen die Vergiftungen des Eurozentrismus und der Provinzialität helfen kann. Die »Entweder-Sie-Oder-Wir-Mentalität«, die global neuerlich um sich gegriffen hat, zurückzudrängen; den »Anstieg des extremen Nationalismus, der häufig in unverhohlene Fremdenfeindlichkeit umschlägt,« zu bekämpfen; das »Problem der Exklusivität«, von Ungleichheit und Diskriminierung offen, ehrlich und direkt anzugehen – das sind, wie Wole Soyinka meint, die dringlichsten Aufgaben der Zeit.[746] Zu beherzigen sind nach wie vor Zelezas kritische Überlegungen, die er vor beinahe einem Vierteljahrhundert angestellt hat, denn sie haben nichts von ihrer Dringlichkeit verloren und treffen nach wie vor zu:

> »Die systemisch eurozentrischen Perspektiven und Theorien auszurangieren, sollte uns nicht in die postmoderne politische Unterwelt versetzen – mit ihren zungenfertigen kulturellen Hybriditäten und wurzellosen Subjektivitäten, ihrem Jubel über Zwiespältigkeit, Unbestimmtheit und Zufälligkeit –, denn die strukturellen Klauen des Imperialismus bleiben real. Tatsächlich sind sie mächtiger als je zuvor und im Begriff, nach allen verfügbaren globalen Räumen zu schnappen und sie zu durchdringen.«[747]

Globale Ungleichheiten, wie sie heute herrschen, haben eine Geschichte. Wenn sie keine Zukunft haben sollen, dann braucht es gegenwärtig reflektiertes Handeln. Dies hat den Blick in die Vergangenheit zur Voraussetzung. In den vorliegenden Erörterungen und Betrachtungen wurden Spuren in die afrikanische Globalgeschichte der Neuzeit verfolgt, derer es noch sehr viel mehr gibt. Es ist an der Zeit, ihnen weiter zu folgen und dabei Wege zu erschließen, die, gerade auch abseits ausgetretener Pfade, frische Perspektiven und neue Horizonte eröffnen. Wir sollten damit anfangen, die künstlichen eurozentrischen Hürden aus dem Weg zu räumen – unabhängig davon, wer als deren Hüter und Wächter auftritt.

LITERATURVERZEICHNIS

A Commitee appointed by The Religious Society of Friends, to aid in Promoting the Total Abolition of the Slave-Trade (1824): Statements illustrative of the Nature of the Slave-Trade. To which are subjoined, some Particulars respecting the Colony at Sierra Leone. London.

Achebe, Chinua (1984): *The Trouble with Nigeria.* Harlow.

– (1991 [1987]): *Termitenhügel der Savanne.* Roman. Frankfurt am Main.

– (2011 [1998]): Africa is People. In: *The Education of a British-Protected Child: Essays.* London, 155–166.

– (2012): *There was a Country: A Personal History of Biafra.* London.

Adams, John (1823): *Remarks on the Country extending from Cape Palmas to the River Congo, including Observations on the Manners and Customs of the Inhabitants. With an Appendix containing an Account of the European Trade with the West Coast of Africa.* London.

Adas, Michael ([2]2014 [1989]): *Machines as the Measure of Men: Science, Technology, and Ideologies of Western Dominance.* Ithaka.

Adeleke, Tunde (1998): *UnAfrican Americans: Nineteenth-Century Black Nationalists and the Civilizing Mission.* Lexington.

Adeloye, Adelola (1974): Some Early Nigerian Doctors and their Contribution to Modern Medicine in West Africa. In: *Medical History* 18, 275–293.

– (1992): *A Biography of James Africanus Beale Horton, MD.* Pittsburgh.

Adi, Hakim (2018): *Pan-Africanism: A History.* London.

Adichie, Chimamanda Ngozi (2009): The Danger of a Single Story. https://www.ted.com/talks/chimamanda_ngozi_adichie_the_danger_of_a_single_story [17.02.2021].

Adick, Christel (1989a): Afrikanisierung oder Modernisierung der höheren Bildung? Historische Wurzeln moderner akademischer Bildungsinitiativen in afrikanischer Hand. In: Küper, Wolfgang (Hg.): *Gegenwartsbewältigung und Zukunftsperspektiven in Afrika. Bd. 1. Die Lage der Universitäten.* Frankfurt am Main, 1–27.

– (1989b): Africanization or Modernization? Historical Origins of Modern Academical Education in African Initiative. In: *Liberia-Forum* 5/8, 50–62.

– (2020): An African Contribution to the Constitutional Right to Modern Schooling 150 Years ago. In: *International Review of Education*, 19.10.2020, doi.org/10.1007/s11159-020-09862-x [28.07.2021].

Adigwe, Hypolite A. / Grau, Ingeborg (2007): When God Says Yes – Who Can Say No? Religion as a Factor in Political Discourse in Nigeria since the 1960s. In: *Stichproben, Vienna Journal of African Studies* 13, 79–110.

Afigbo, A. E. (1986): West Africa. In: Afigbo, A. E. et al.: *The Making of Modern Africa. Volume 1: The Nineteenth Century.* New York, 33–128.

Aguigah, René (2020): The conviction and conscience of Achille Mbembe. In: *New Frame*, 23.04.2020, https://www.newframe.com/the-conviction-and-conscience-of-achille

-mbembe/?fbclid=IwAR1mPD3QJeOCSKz9N-jeACzbHsOyw0Mwkh3gI8NWCiHKb5SIumyNzjF-dfE [24.04.2020].
Allen, Robert C. (2011): *Global Economic History: A Very Short Introduction*. Oxford.
Althusser, Louis (2010): *Ideologie und ideologische Staatsapparate*. Hamburg.
Amin, Samir (1994): *Re-Reading the Postwar Period: An Intellectual Itinerary*. New York.
– (2006): *A Life Looking Forward: Memoirs of an Independent Marxist*. London, New York.
– (2011): *Maldevelopment: Anatomy of a Global Failure*. Capetown u. a.
– (2015 [2010]): Long Road to Socialism. In: Shivji, Issa (Hg.): *Reimagining Pan-Africanism: Distinguished Mwalimu Nyerere Lecture Series 2009–2013*. Dar-es-Salaam, 60–108.
Anderson, Benedict (2016a [1983]): *Imagined Communities: Reflections on the Origin and Spread of Nationalism*. London, New York.
– (2016b): *A Life beyond Boundaries*. London, New York.
Anderson, Perry (1992): The Ends of History. In: *A Zone of Engagement*. London, New York, 279–375.
– (2017 [2015]): *American Foreign Policy and its Thinkers*. London, New York.
Angelo, Anaïs (2020): *Power and the Presidency in Kenya: The Jomo Kenyatta Years*. Cambridge.
Ansprenger, Franz (²2004): *Geschichte Afrikas*. München.
Appiah, Kwame Anthony (1993 [1992]): *In My Father's House: Africa in the Philosophy of Culture*. Oxford.
– (2007 [2006]): *Der Kosmopolit: Philosophie des Weltbürgertums*. München.
– (2018): *The Lies That Bind: Rethinking Identity*. London.
Arendt, Hannah (1963): *Eichmann in Jerusalem: A Report on the Banality of Evil*. New York.
Aristoteles (1989): *Politik. Schriften zur Staatstheorie*. Hg. v. Franz F. Schwarz. Stuttgart.
Armitage, David / Subrahmanyam, Sanjay (Hg., 2010): *The Age of Revolutions in Global Context, c. 1760–1840*. Basingstoke, New York.
Asante, S. K. B. (1972): The Impact of the Italo-Ethiopian Crisis of 1935–36 on the Pan-African Movement in Britain. In: *Transactions of the Historical Society of Ghana* XIII/2: 217–227.
Ayandele, Emmanuel A. (1970): Introduction to the Second Edition. In: James Africanus Beale Horton, *Letters on the Political Condition of the Gold Coast*. London, 5–35.
– (1971): James Africanus Beale Horton, 1835–1883. Prophet of Modernization in Africa. In: *African Historical Studies* 4/3, 691–707. [= in: E. A. Ayandele: *African Historical Studies*. London 1979 und 2005, 161–192.]
– (1972): James Africanus Beale Horton. Pioneer Philosopher of Western Education in West Africa. In: *West African Journal of Education* 16/2, 115–121.
Azikiwe, Nnamdi (³1968 [1937]): *Renascent Africa*. London.
Balandier, Georges (1957): *Afrique ambiguë*. Paris.
– (1970 [1952]): Die koloniale Situation: Ein theoretischer Ansatz. In: Albertini, Rudolf von (Hg.): *Moderne Kolonialgeschichte*. Köln, 105–124.
– (1971 [1955]): *Sociologie actuelle de l'Afrique noire*. Paris.
Baller, Susan (2011): Urbanisierung und Migration in Afrika. In: Sonderegger, Arno / Grau, Ingeborg / Englert, Birgit (Hg.): *Afrika im 20. Jahrhundert: Geschichte und Gesellschaft*. Wien, 194–215.
Banning, Émile (²1878): *L'Afrique et la Conférence géographique de Bruxelles*. Brüssel.
Baptiste, Fitzroy / Lewis, Rupert (Hg., 2009): *George Padmore: Pan-African Revolutionary*. Kingston, Miami.
Barry, Boubacar (1996): Die politische Entwicklung Schwarzafrikas im 20. Jahrhundert. In: Pleticha, Heinrich (Hg.): *Weltgeschichte. Band 12*. Gütersloh, 189–203.
Basedau, Matthias (2020): Rethinking African Studies: Four Challenges and the Case for Comparative African Studies. In: *Africa Spectrum* 2, 194–206.

Bat, Jean-Pierre (2012): *Le syndrome Foccart: La politique française en Afrique, de 1959 à nos jours.* Paris.
Bauer, Thomas (2018): *Die Vereindeutigung der Welt: Über den Verlust an Mehrdeutigkeit und Vielfalt.* Ditzingen.
Bax, Daniel (2020): Die Logik des Verdachts. In: *TAZ*, 18.05.2020, https://taz.de/Debatte-um-Historiker-Achille-Mbembe/!5683957/ [19.05.2020].
Bayart, Jean-François ([2]2009 [1989]): *The State in Africa: The Politics of the Belly.* Cambridge/Malden.
– (2010): *Les études postcoloniales: un carnaval académique.* Paris.
Bayly, C. A. (2004): *The Birth of the Modern World, 1780–1914. Global Connections and Comparisons.* Malden.
BPB (2017): Armut: Personen mit weniger als 1,90 US-Dollar (Kaufkraft) pro Tag, in absoluten Zahlen und in Prozent, 1990 bis 2012. In: *Bundeszentrale für politische Bildung*, 01.07.2017, https://www.bpb.de/nachschlagen/zahlen-und-fakten/globalisierung/52680/armut?zahlenfakten=detail [31.12.2020].
Becker, Felicitas / Beez, Jigal (Hg., 2005): *Der Maji-Maji-Krieg in Deutsch-Ostafrika 1904–1907.* Berlin.
Beckert, Sven / Sachsenmaier, Dominic (Hg., 2018): *Global History, Globally: Research and Practice around the World.* London.
Belloc, Hilaire (1898): *The Modern Traveller.* London.
Biddis, Michael D. (1971): The Universal Race Congress of 1911. In: *Race* XIII/July, 37–46.
Biko, Steve (1987 [1973]): Black Consciousness and the Quest for a True Humanity. In: *I Write What I Like.* Oxford, 87–98.
Birmingham, David (1993): *A Concise History of Portugal.* Cambridge, New York, Melbourne.
– (1995): *The Decolonization in Africa.* London.
Bitterli, Urs ([2]1991 [1976]): *Die »Wilden« und die »Zivilisierten«: Grundzüge einer Geistes- und Kulturgeschichte der europäisch-überseeischen Begegnung.* München.
Bley, Helmuth (2005): Künstliche Grenze, natürliches Afrika? Um die Berliner Kongokonferenz von 1884–1885 ranken sich allerhand Mythen. In: *Iz3w/Informationszentrum 3. Welt* 282, 14–17; https://www.freiburg-postkolonial.de/Seiten/Bley-Kongokonferenz.htm [01.01.2021].
Bloch, Marc (2002 [1949]): *Apologie der Geschichtswissenschaft oder Der Beruf des Historikers.* Stuttgart.
Boahen, A. Adu (1966): *Topics in West African History.* London.
– (1985): Africa and the Colonial Challenge. In: Boahen, A. Adu (Hg.): *Africa under Colonial Domination 1880–1935.* General History of Africa VII. Paris, 1–18.
– (1987): *African Perspectives on Colonialism.* Baltimore.
– (1989): New Trends and Processes in Africa in the Nineteenth Century. In: Ajayi, J. F. Ade (Hg.): *Africa in the Nineteenth Century until the 1880s.* General History of Africa VI. Paris, 40–63.
– (Hg., 1985): *Africa under Colonial Domination 1880–1935.* General History of Africa VII. Paris.
Boele van Hensbroek, Pieter (1999): *Political Discourses in African Thought: 1860 to the Present.* Westport.
Bonschab, Thomas / Kappel, Robert (2020): Europas Wirtschaftsbeziehungen mit Afrika: Zu wenig und zu asymmetrisch, aber bedeutsamer. In: *Weltneuvermessung*, 07.09.2020, https://weltneuvermessung.wordpress.com [14.03.2021].
Brattain, Michelle (2007): Race, Racism, and Antiracism: UNESCO and the Politics of Presenting Science to the Postwar Public. In: *The American Historical Review* 112/5, 1386–1413.
Braudel, Fernand (1992 [1958]): Geschichte und Sozialwissenschaften: Die lange Dauer. In: *Schriften zur Geschichte 1: Gesellschaften und Zeitstrukturen.* Stuttgart, 49–87.
– (1997 [1985]): *Die Dynamik des Kapitalismus.* Stuttgart.

British Parliamentary Papers (1971): *Papers concerning the Gold Coast and Surrounding Districts 1850–73.* Shannon/Ireland u. a.

Brown, Robert (1892): *The Story of Africa and its Explorers. Vol. I.* London, Paris, Melbourne.

Brownlow, W. R. (1890): *Memoir of Sir James Marshall, C.M.G., Knight Commander of the Order of St. Gregory the Great. Taken chiefly from his own Letters.* London, New York.

Brubaker, Rogers (2002): Ethnicity without Groups. In: *Archives Européennes de Sociologie* 43/2, 163–189.

Brunschwig, Henri (1971): *Le partage de l'afrique noire.* Paris.

BTI (Bertelsmann-Transformationsindex) (2020): *Mehr Ungleichheit und Repression.* https://www.bti-project.org/de/berichte/global-dashboard.html?&cb=00000 [02.12.2020].

Burbank, Jane / Cooper, Frederick (2010): *Empires in World History: Power and the Politics of Difference.* Princeton.

Burton, Eric (2021a): Antikoloniale Solidaritäten im Konflikt: Panafrikanismus, Panarabismus und afroasiatische Beziehungen in Kairo, 1956–1963. In: *Stichproben, Wiener Zeitschrift für kritische Afrikastudien* 40, 43–80.

– (2021b): *In Diensten des afrikanischen Sozialismus: Tansania, globale Entwicklungsarbeit und die beiden deutschen Staaten, 1961–1990.* Berlin, Boston.

Buxton, Thomas Fowell (1841 [1840]): *Der afrikanische Sklavenhandel und seine Abhülfe.* Leipzig.

BzwwU (2018): *Kurzfassung: Bericht zur weltweiten Ungleichheit 2018.* Berlin, https://wir2018.wid.world/files/download/wir2018-summary-german.pdf [31.12.2020]; *Langfassung: World Inequality Report 2018*, https://wir2018.wid.world/files/download/wir2018-full-report-english.pdf [31.12.2020].

Cabral, Amílcar (1982 [1972]): Culture, Colonization, and National Liberation. In: de Braganca, Aquino / Wallerstein, Immanuel (Hg.): *The African Liberation Reader, Volume 1: The Anatomy of Colonialism.* London, 157–166.

Campbell, Gwyn (2019): *Africa and the Indian Ocean World from Early Times to circa 1900.* Cambridge.

Carretta, Vincent (2007): Response to Paul Lovejoy's »Autobiography and Memory: Gustavus Vassa, alias Olaudah Equiano, the African«. In: *Slavery and Abolition* 28/1, 115–119.

Casely Hayford, Joseph Ephraim ([2]1969 [1911]): *Ethiopia Unbound: Studies in Race Emancipation.* London.

Césaire, Aimé (1965 [1956]): Culture and Colonisation, 1956. In: Kohn, Hans / Sokolsky, Wallace: *African Nationalism in the Twentieth Century.* New York u. a., 148–153.

– (2000 [1955]): *Discourse on Colonialism.* New York.

Chabal, Patrick (2009): *Africa: The Politics of Suffering and Smiling.* London, New York, Pietermaritzburg.

– et al. (2002): *A History of Postcolonial Lusophone Africa.* London.

Chakrabarty, Dipesh (2000): *Provincializing Europe: Postcolonial Thought and Historical Difference.* Princeton.

Chinweizu (1975): *The West and the Rest of Us: White Predators, Black Slavers and the African Elite.* New York.

Chomsky, Noam (2013): *Power Systems: Conversations on Global Democratic Uprisings and the New Challenges to U.S. Empire: Interviews with David Barsamian.* New York.

Cell, John W. (1989): Lord Hailey and the Making of the African Survey. In: *African Affairs* 88/353, 481–505.

Clarkson, Thomas (1778): *An Essay on the Impolicy of the African Slave Trade: In Two Parts.* Second Edition. London.

Cooper, Frederick (1994): Conflict and Connection: Rethinking Colonial African History. In: *The American Historical Review* 99/5, 1516–1545.
– (1996): *Decolonization and African Society: The Labor Question in French and British Africa.* Cambridge.
– (2001): Networks, Moral Discourse, and History. In: Callaghy, Thomas M. / Kassimir, Ronald / Latham, Robert (Hg.): *Intervention and Transnationalism in Africa: Global-Local Networks of Power.* Cambridge, 23–46.
– (2002): *Africa since 1940: The Past of the Present.* Cambridge.
– (2004): Empire Multiplied: A Review Essay. In: *Comparative Study of Society and History* 46, 247–272.
– (2005): *Colonialism in Question: Theory, Knowledge, History.* Berkeley, Los Angeles, London.
– (2005): Modernity. In: *Colonialism in Question. Knowledge, Theory, History.* Berkeley, 113–150.
– (2010): Writing the History of Development. In: *Journal of Modern European History* 8, 5–23.
– (2013): *Out of Empire: Redefining Africa's Place in the World.* Göttingen.
– (2014a): *Africa in the World: Capitalism, Empire, Nation-State.* Cambridge, London.
– (2014b): *Citizenship between Empire and Nation: Remaking France and French Africa, 1945–60.* Princeton.
– (2015): Africa in World History. In: McNeill, J. R./ Pomeranz, Kenneth (Hg.): *The Cambridge World History.* Cambridge, 556–584.
– (^{2}2019): *Africa since 1940: The Past of the Present.* Cambridge.
Coquery-Vidrovitch, Catherine (1985): *Afrique noire: Permanences et ruptures.* Paris.
– (2006): French historiography on Africa: A historical and personal contextualisation. In: *Afrika Spectrum* 41/1, 107–126.
– (2011): *Petite histoire de l'Afrique: L'Afrique au sud du Sahara de la préhistoire à nos jours.* Paris.
Crowder, Michael (1968): *West Africa under Colonial Rule.* London, Benin City.
– (Hg., 1984): The Cambridge History of Africa, Volume 8: From c.1940 to c.1975. Cambridge.
Cruickshank, Brodie (1853): *Eighteen Years on the Gold Coast of Africa, including an Account of the Native Tribes, and their Intercourse with Europeans.* 2 Vols. London.
Crummell, Alexander (^{2}1862): *The Future of Africa: Being Adresses, Sermons, etc., etc., delivered in the Republic of Liberia.* New York.
Cunard, Nancy / Padmore, George (2002 [1943]): The White Man's Duty: An Analysis of the Colonial Question in Light of the Atlantic Charter [1943]. In: Moynagh, Maureen (Hg.): *Essays on Race and Empire.* Ormskirk, 127–177.
Curtin, Philip D. (1964): *The Image of Africa. British Ideas and Action, 1780–1850.* Madison, London.
– (1969): *The Atlantic Slave Trade: A Census.* Madison.
– (1984): *Cross-Cultural Trade in World History.* Cambridge, London, New York.
– (^{2}1998): *The Rise and the Fall of the Plantation Complex: Essays in Atlantic History.* Cambridge.
– (2005): *On the Fringes of History: A Memoir.* Athens.
Dalzel, Archibald (1793): *The History of Dahomy, an Inland Kingdom of Africa; compiled from Authentic Memoirs; with an Introduction and Notes.* London.
Davidson, Basil (1957): Nationalism in Colonial Africa [Review von Thomas Hodgkin]. In: *Universities & Left Review* 1/1, 71–72, http://banmarchive.org.uk/collections/ulr/1_review.pdf [19.11.2020].
– (1974 [1972]): *In the Eye of the Storm: Angola's People.* London u. a.
– (1974): *Can Africa Survive? Arguments against Growth without Development.* London.

– (1978): *Africa in Modern History: The Search for a New Society.* London.
– (1981 [1969]): *No Fist is Big Enough to Hide the Sky: The Liberation of Guinea-Bissau and Cape Verde.* London.
– (1984): *Modern Africa.* London, New York.
– (1991): *African Civilization Revisited: From Antiquity to Modern Times.* Trenton, New Jersey.
– (1992): *The Black Man's Burden: Africa and the Curse of the Nation-State.* London.
– (1994 [1987]): Africa and the Invention of Racism. In: *The Search for Africa: A History in the Making.* London, 42–64, 344–345.
– (1994b): On Rwanda. In: *London Review of Books* 16/6 (18.08.1994): https://www.lrb.co.uk/the-paper/v16/n16/basil-davidson/on-rwanda [15.02.2021].
– (1999): African History Without Africans. In: *London Review of Books* 21/4 (18.02.1999). https://www.lrb.co.uk/the-paper/v21/n04/basil-davidson/african-history-without-africans [15.02.2021].
– (2007 [1973]): *Black Star: A View of the Life and Times of Kwame Nkrumah.* Oxford.
Davidson, John (2010): Horton, James Africanus. In: Irele, F. Abiola / Jeyifo, Biodun (Hg.): *The Oxford Encyclopedia of African Thought. Volume 1. Abolitionism – Imperialism.* Oxford, 458–460.
de Brazza, Pierre Savorgnan (2016 [1887]): *Expeditionen nach Westafrika: Vom Ogowé zum Kongo: 1875–1886.* Wiesbaden.
Declaration (1945): The Pan-African Congress. Manchester, 1945. In: Legum, Colin (Hg.): *Panafricanism: A Short Political Guide.* New York, Washington, London, 153–155.
Decraene, Philippe ([3]1964): *Le Panafricanisme.* Paris.
Derrick, Jonathan (2008): *Africa's ›Agitators‹: Militant Anti-Colonialism in Africa and the West, 1918–1939.* London.
Dikötter, Frank (2008): The Racialization of the Globe: An Interactive Interpretation. In: *Ethnic and Racial Studies* 31/8, 1478–1496.
– (2019): *How to Be a Dictator: The Cult of Personality in the Twentieth Century.* London u. a.
Drescher, Seymour (1986): *Capitalism and Antislavery: British Mobilization in Comparative Perspective.* Basingstoke, London.
– (1992): The Ending of the Slave Trade and the Evolution of European Scientific Racism. In: Inikori, Joseph E. / Engerman, Stanley L. (Hg.): *The Atlantic Slave Trade: Effects on Economies, Societies, and Peoples in Africa, the Americas, and Europe.* Durham, London, 361–396.
– (2009): *Abolition: A History of Slavery and Antislavery.* Cambridge.
Driver, Felix (2001): *Geography Militant: Cultures of Exploration and Empire.* Oxford.
DuBois, W. E. B. (1963): *An A.B.C. of Color: Selections from over a half century of the writings of W.E.B. Du Bois.* Berlin.
Easterley, William (2006): *The White Man's Burden: Why the West's Efforts to Aid the Rest Have Done so much Ill and so little Good.* New York.
Eckart, Wolfgang (1997): *Medizin und Kolonialimperialismus: Deutschland 1884–1945.* Paderborn.
Eckert, Andreas (1995): Wem gehört das Alte Ägypten? Die Geschichtsschreibung zu Afrika und das Werk Cheikh Anta Diops. In: Reinhard, Wolfgang (Hg.): *Die fundamentalistische Revolution. Partikularistische Bewegungen der Gegenwart und ihr Umgang mit der Geschichte.* Freiburg im Breisgau, 189–214.
– (1999): Historiker, »nation building« und die Rehabilitierung der afrikanischen Vergangenheit: Aspekte der Geschichtsschreibung in Afrika nach 1945. In: Rüsen, Jörn et al. (Hg.): *Geschichtsdiskurs V: Globale Konflikte, Erinnerungsarbeit und Neuorientierungen nach 1945.* Frankfurt am Main, 162–187.
– (2000): Widerstand, Kooperation, Nationalismus: Afrikanische Politik in der Kolonialzeit zwischen den 1880er und 1950er Jahren. In: Schicho, Walter / Grau, Inge / Mährdel,

Christian (Hg.): *Afrika: Geschichte und Gesellschaft im 19. und 20. Jahrhundert.* Wien, 177–193.
– (2006): Panafrikanismus, afrikanische Intellektuelle und Europa im 19. und 20. Jahrhundert. In: *Journal of Modern European History* 4/2, 189–214.
– (2008): Reflecting Colonialism. In: *Social Anthropology* 16/3, 356–359.
– (2015): Afrika. In: Jaeger, Friedrich / Knöbl, Wolfgang / Schneider, Ute (Hg.): *Handbuch Moderneforschung.* Stuttgart, 17–26.
– (2016): Der kurze Sommer des Wohlfahrtsstaates: Wohlfahrt, Arbeit und Informalität in Afrika seit dem Ersten Weltkrieg. In: *Geschichte in Wissenschaft und Unterricht* 7/8, 408–421.
– (2020a): Antisemitismus-Vorwürfe gegen Achille Mbembe: »Anzeichen einer Hexenjagd«. In: *SWR 2, Kultur aktuell,* (22.04.2020), https://www.swr.de/swr2/leben-und-gesellschaft/antisemitismus-vorwuerfe-gegen-achille-mbembe-anzeichen-einer-hexenjagd-104.html [24.02.2021].
– (2020b): Postkoloniale Zeitgeschichte? In: *Zeithistorische Forschungen* 17/3, 530–543, https://zeithistorische-forschungen.de/3-2020/5881 [19.03.2021].
– (2021): *Geschichte der Sklaverei: Von der Antike bis ins 21. Jahrhundert.* München.
– / Grau, Ingeborg / Sonderegger, Arno (2010, Hg.): *Afrika 1500–1900: Geschichte und Gesellschaft.* Wien.
Edelmayer, Friedrich (2015): Betrachtungen zu Australien im Rahmen einer Globalgeschichte. In: Grandner, Margarete / Sonderegger, Arno (Hg.): *Nord-Süd-Ost-West-Beziehungen: Eine Einführung in die Globalgeschichte.* Wien, 212–254.
Ellis, Stephen (1999): *The Mask of Anarchy: The Destruction of Liberia and the Religious Dimension of an African Civil War.* London.
– (2006 [1999]): *The Mask of Anarchy: The Destruction of Liberia and the Religious Dimensions of an African Civil War.* New York.
– (2011): *Season of Rains: Africa in the World.* London.
– (2012): *External Mission: The ANC in Exile, 1960–1990.* London.
– (2016): Africa: New Hopes and Old Illusions. In: Hirsbrunner, Stefanie / Walther, Christian (Hg.): *Afrika: Radikal neu denken? Alternative Pfade für Politik in Afrika.* Frankfurt am Main, 165–177.
Ellis, Stephen / Ter Haar, Gerrie (2004): *World of Power: Religious Thought and Political Practice in Africa.* Oxford.
Engel, Ulf (2019): A View From Addis Ababa: From »1989« to Today's Revolutions in Africa. In: *Comparativ, Zeitschrift für Globalgeschichte und Vergleichende Gesellschaftsforschung* 29/5, 27–44.
Englert, Birgit (2001): *Die Geschichte der Enteignungen. Landpolitik und Landreform in Zimbabwe 1890–2000.* Münster, Hamburg, London.
– / Gärber, Barbara (Hg., 2014): *Landgrabbing: Landnahmen in historischer und globaler Perspektive.* Wien.
Equiano, Olaudah (1789): *The Interesting Narrative of the Life of Olaudah Equiano, or Gustavus Vassa, the African: Written by Himself.* London. (Online-Edition, 2001: https://docsouth.unc.edu/neh/equiano1/equiano1.html [26.02.2021]).
Evans, Richard J. (2017 [2016]): *The Pursuit of Power: Europe 1815–1914.* London.
Everill, Bronwen (2020): *Not Made by Slaves: Ethical Capitalism in the Age of Abolition.* Cambridge/Mass., London.
Fage, John D. (1969): *A History of West Africa: An Introductory Survey.* London, New York.
– (2002): *To Africa and Back.* Birmingham.
– / Tordoff, William ([4]2002): *A History of Africa.* New York, London.
Falola, Toyin (2001): Kolonialismus. In: Mabe, Jacob E. (Hg.): *Das Afrika Lexikon: Ein Kontinent in 1000 Stichwörtern.* Wuppertal, Stuttgart, Weimar, 301–306.
– / Zeleza, Paul Tiyambe (2021): The Toyin Falola Interviews: A Conversation with Professor Paul Zeleza, Part III. In: *H-Africa,* 24.03.2021, https://networks.h-net.org/

node/28765/discussions/7471108/toyin-falola-interviews-conversation-professor-paul-zeleza-part-3 [25.03.2021].
Fanon, Frantz (1960): Speech delivered by Dr. Fanon in the Name of Africa. In: Permanent Secretariat of the Organization for the Afro-Asian Peoples' Solidarity (Hg.): *IInd Afro-Asian Peoples Solidarity Conference, Conakry, 11–15 April, 1960.* Kairo, 121–122.
– (1981 [1961]): *Die Verdammten dieser Erde.* Frankfurt am Main.
Febvre, Lucien (1988 [1930]): Zur Entwicklung des Wortes und der Vorstellung von »Zivilisation«. In: *Das Gewissen des Historikers.* Berlin, 39–77.
Ferguson, James (2006): *Global Shadows: Africa in the Neoliberal World Order.* Durham, London.
Ferguson, Niall (2004 [2003]): *Empire: How Britain made the Modern World.* London u. a.
Foucault, Michel (2003 [1966]): *Die Ordnung der Dinge: Eine Archäologie der Humanwissenschaften.* Frankfurt am Main.
Fox, William (1851): *A Brief History of the Wesleyan Missions on the Western Coast of Africa: Including Biographical Sketches of all the Missionaries who have died in that important Field of Labour. With some Account of the European Settlements, and of the Slave Trade.* London.
Fraiture, Pierre-Philippe (2013): *V.Y. Mudimbe: Undisciplined Africanism.* Liverpool.
Fraiture, Pierre-Philippe / Orrells, Daniel (Hg., 2016): *The Mudimbe Reader.* Charlottesville, London.
Franklin, John Hope / Moss, Jr., Alfred A. (1999 [1947–94]): *Von der Sklaverei zur Freiheit: Die Geschichte der Schwarzen in den USA.* Berlin.
Frossard, Benjamin-Sigismond (1789): La cause des esclaves nègres et des habitants de la Guinée portée au tribunal de la Justice, de la Religion, de la Politique; ou histoire de la Traite et de l'esclavage des nègres; Preuves de leur illégitimité; Moyens de les abolir sans nuire, ni aux Colonies, ni aux Colons. 2 Tomes. Lyon.
Füllberg-Stolberg, Claus (2010): Transatlantischer Sklavenhandel und Sklaverei in den Amerikas. In: Schmieder, Ulrike / Nolte, Hans-Heinrich (Hg.): *Atlantik: Sozial- und Kulturgeschichte in der Neuzeit.* Wien, 86–115.
Fukuyama, Francis (1992): *The End of History and the Last Man.* New York.
Fyfe, Christopher (1988): Africanus Horton as a Constitution-Maker. In: *Journal of Commonwealth and Comparative Politics* 26/2, 173–184.
– (1990): Africanus Horton (1835–1883). Avocat de la dignité africaine. In: Julien, Charles André / Morsy, Magali / Coquery-Vidrovitch, Catherine / Person, Yves (Hg.): *Les Africains. Bd. III. Nouvelle edition.* Paris, 13–41.
– (1992 [1972]): *Africanus Horton 1835–1883: West African Scientist and Patriot.* Hampshire.
– (1993 [1962]): *A History of Sierra Leone.* Oxford.
– (2004): Horton, (James) Africanus Beale (1835–1883). In: *Oxford Dictionary of National Biography*, 23.09.2004, https://doi.org/10.1093/ref:odnb/61022 [29.07.2021].
Gainot, Bernard (2002): Robert Blanc: Un pasteur du temps des Lumières, Benjamin-Sigismond Frossard, 1754–1830. In: *Annales historiques de la Révolution francaise* 327, 140–142, https://doi.org/10.4000/ahrf.1219 [14.03.2021].
Geertz, Clifford (1993 [1988]): *Die künstlichen Wilden: Der Anthropologe als Schriftsteller.* Frankfurt am Main.
– (1995): *After the Fact: Two Countries, Four Decades, One Anthropologist.* Cambridge, London.
– (2000 [1984]): Anti Anti-Relativism. In: *Available Light: Anthropological Reflections on Philosophical Topics.* Princeton, 42–67.
– (2001 [2000]): *Available Light: Anthropological Reflections on Philosophical Topics.* Princeton.

– (2004): What is a State if it's not a Sovereign: Reflections on Politics in Complicated Places. In: *Current Anthropology* 45/5, 577–585 und 591–593.
Geggus, David (1985): Haiti and the Abolitionists: Opinion, Propaganda and International Politics in Britain and France, 1804–1838. In: Richardson, David (Hg.): *Abolition and its Aftermath: The Historical Context, 1790–1916.* London, 113–140.
Geiss, Imanuel (1968): *Panafrikanismus: Zur Geschichte der Dekolonisation.* Frankfurt am Main.
Gellner, Ernest (1983): *Nations and Nationalism.* Oxford.
General-Akte (1890/92): General-Akte der Brüsseler Antisklaverei-Konferenz nebst Deklaration. In: *Deutsches Reichsgesetzblatt* 1892/29, 605–660, https://de.wikisource.org/wiki/General-Akte_der_Br%C3%BCsseler_Antisklaverei-Konferenz [21.11.2020].
Gershenhorn, Jerry (2004): *Melville J. Herskovits and the Racial Politics of Knowledge.* Lincoln, London.
Gilroy, Paul (1993): *The Black Atlantic: Modernity and Double Consciousness.* London.
Glasman, Joël (2018): Gefährliches Hirngespinst [zu Stephen Smith: Nach Europa! Das junge Afrika auf dem Weg zum alten Kontinent]. In: *Der Spiegel*, Kultur, 22.10.2018, https://www.spiegel.de/kultur/literatur/nach-europa-von-stephen-smith-gefaehrliches-hirngespinst-a-1234057.html [26.11.2020].
– (2020a): *Humanitarianism and the Quantification of Human Needs: Minimal Humanity.* London.
– (2020b): Welche Zahlen, harte Maßnahmen? Warum wir eine Debatte über den Wert von Statistiken brauchen. In: *Soziopolis, Gesellschaft beobachten*, 26.05.2020, https://www.soziopolis.de/beobachten/gesellschaft/artikel/weiche-zahlen-harte-massnahmen/ [16.02.2021].
Glass, Bentley / Temkin, Owsei / Straus Jr., William L. (Hg., 1959): *Forerunners of Darwin: 1745–1859.* Baltimore.
Goerg, Odile (2020): A Reconsideration of James Africanus Beale Horton of Sierra Leone (1835–1883) and His Legacy. In: Vallet, Guillaume (Hg.): *Inequalities and the Progressive Era.* Cheltenham, 238–253.
Gomes, Bea / Schicho, Walter / Sonderegger, Arno (Hg., 2008): *Rassismus: Beiträge zu einem vielgesichtigen Phänomen.* Wien.
Gondermann, Thomas (2007): *Evolution und Rasse: Theoretischer und institutioneller Wandel in der viktorianischen Anthropologie.* Bielefeld.
Goodwin, Craufurd D. (1967): Economic Analysis and Development in British West Africa. In: *Economic Development and Cultural Change* 15/4, 438–451.
Goody, Jack (1995): *The Expansive Moment: The Rise of Social Anthropology in Britain and Africa.* Cambridge.
– (2007): *The Theft of History.* Cambridge.
Gopal, Priyamvada (2020 [2019]): *Insurgent Empire: Anticolonial Resistance and British Dissent.* London, New York.
Gordimer, Nadine (1998 [1995]): *Schreiben und Sein.* Frankfurt am Main.
Gordon, Robert J. (2018): *The Enigma of Max Gluckman: The Ethnographic Life of a »Luckyman« in Africa.* Lincoln.
Gould, Stephen Jay (1999 [1981]): *Der falsch vermessene Mensch.* Frankfurt am Main.
Graeber, David (2011): *Debt: The First 5.000 Years.* New York.
– (2012 [2001]): *Die falsche Münze unserer Träume: Wert, Tausch und menschliches Handeln.* Zürich.
– (2020): *Anarchie – oder was? Gespräche …* Zürich.
Grandner, Margarete (2015): Nordamerika: Die historische »Entwicklung« eines Hegemons. In: Grandner, Margarete / Sonderegger, Arno (Hg., 2015): *Nord-Süd-Ost-West-Beziehungen: Eine Einführung in die Globalgeschichte.* Wien, 66–92.
– / Sonderegger, Arno (Hg., 2015): *Nord-Süd-Ost-West-Beziehungen: Eine Einführung in die Globalgeschichte.* Wien.

Grau, Ingeborg (1989): Frauen in Geschichte und Geschichtsschreibung Afrikas: Zur historischen Aufarbeitung früher antikolonialer Bewegungen nigerianischer Frauen als Beitrag zur Frauenforschung. In: *ZAST, Zeitschrift für Afrikastudien* 4, 9–23.
– (2000): Arbeit und Wandel der Geschlechterverhältnisse in der Kolonialzeit. In: Grau, Inge / Mährdel, Christian / Schicho, Walter (Hg.): *Afrika: Geschichte und Gesellschaft im 19. und 20. Jahrhundert.* Wien, 137–156.
– (2008): Das Entstehen einer missionarischen »Weltkirche« und die Verbreitung »westlicher« Werte in Westafrika im langen 19. Jahrhundert. In: Fischer, Karin / Zimmermann, Susan (Hg.): *Internationalismen: Transformation weltweiter Ungleichheit im 19. und 20. Jahrhundert.* Wien, 61–83.
Grohs, Gerhard (1967): Westafrikanische Nationalisten – Der Weg zur politischen Unabhängigkeit. In: *Stufen afrikanischer Emanzipation: Studien zum Selbstverständnis westafrikanischer Eliten.* Stuttgart, Berlin, Köln, Mainz, 138–195.
Gütl, Clemens (2015): Das Institut für Ägyptologie und Afrikanistik im Schnittfeld von Wissenschaft und Politik (1923–1953). In: Fröschl, Karl Anton et al. (Hg.): *Reflexive Innenansichten aus der Universität Wien: Disziplinengeschichten zwischen Wissenschaft, Gesellschaft und Politik.* Göttingen, 501–512.
Gwam, Lloyd Chike (1964): The Social and Political Ideas of Dr James Africanus Beale Horton. In: *Ibadan* 19, 10–18.
Gwassa, Gilbert Klement Kamana (2005 [1973]): *The Outbreak and Development of the Maji Maji War 1905–1907.* Köln.
Haggman, Bertil (1997): Abolition, Scandinavia. In: Rodriguez, Junius P. (Hg.): *The Historical Encyclopedia of World Slavery. Volume I.* Santa Barbara, Denver, Oxford, 8–9.
Hailey, Lord [William Malcolm Hailey] (1938): *An African Survey: A Study of Problems arising in Africa south of the Sahara.* Oxford.
Hall, Stuart (1994): Der Westen und der Rest: Diskurs und Macht. In: *Rassismus und kulturelle Identität: Ausgewählte Schriften.* Band 2. Hamburg, 137–179.
Hamm, Simone (2005): Die Kaimane werden ihm schon nichts tun … [zu Ahmadou Kourouma: Der letzte Fürst]. In: *Deutschlandfunk*, 02.03.2005, https://www.deutschlandfunk.de/die-kaimane-werden-ihm-schon-nichts-tun.700.de.html?dram:article_id=82203 [27.11.2020].
Harding, Leonhard (1999): *Geschichte Afrikas im 19. und 20. Jahrhundert.* München.
Hargreaves, John (1996): *Decolonization in Africa.* London.
Harisch, Immanuel (2018a): *Handel und Solidarität: Die Beziehungen zwischen der DDR mit Angola und São Tomé und Príncipe unter besonderer Berücksichtigung des Austauschs »Ware-gegen-Ware«, ca. 1975–1990.* Universität Wien: Masterarbeit (Internationale Entwicklung).
– (2018b): *Walter Rodney's Dar es Salaam Years, 1966–1974: How Europe Underdeveloped Africa, Tanzania's Ujamaa, and Student Radicalism at »the Hill«.* Wien: Masterarbeit (Afrikawissenschaften).
– (2020): Facets of Walter Rodney's Pan-African Intellectual Activism during his Dar es Salaam Years, 1966–1974. In: *Stichproben, Vienna Journal of African Studies* 38, 101–129.
Hauck, Gerhard (2001): *Staat und Gesellschaft in Afrika.* Frankfurt am Main.
– (2003): *Die Gesellschaftstheorie und ihr Anderes: Wider den Eurozentrismus der Sozialwissenschaften.* Münster.
– (2006): *Kultur: Zur Karriere eines sozialwissenschaftlichen Begriffs.* Münster.
– (2012): *Globale Vergesellschaftung und koloniale Differenz.* Münster.
Heerten, Lasse (2008): Léopold Sédar Senghor als Subjekt der »Dialektik des Kolonialismus«: Ein Denker Afrikas und die imperiale Metropole. In: *Stichproben, Wiener Zeitschrift für kritische Afrikastudien* 15, 87–116.
Hegel, Georg Wilhelm Friedrich (1989 [^{2}1840/^{3}48/Ausgabe von Karl Hegel]): *Vorlesungen über die Philosophie der Geschichte.* Stuttgart.

Herder, Johann Gottfried (1966 [1784–91]): *Ideen zur Philosophie der Geschichte der Menschheit.* Darmstadt.
– (1997 [1774]): *Auch eine Philosophie der Geschichte zur Bildung der Menschheit. Beytrag zu vielen Beyträgen des Jahrhunderts.* Hg. v. Hans Dietrich Irmscher. Stuttgart.
Herskovits, Melville Jean (1952): *Economic Anthropology: A Study in Comparative Economics.* New York.
– (1953): *Franz Boas: The Science of Man in the Making.* New York, London.
– (1964): *Cultural Dynamics.* New York.
Heß, Julius / Lutz, Karl-Heinz / Konopka, Torsten (Hg., 2021): *Mali und westlicher Sahel.* Wegweiser zur Geschichte. Paderborn.
Hessel, Stéphane (2011 [1997]): Tanz mit dem Jahrhundert: Erinnerungen. Berlin.
HIIC / Heidelberg Institute for International Conflict Research (2020): *Conflict Barometer.* Heidelberg, https://hiik.de/konfliktbarometer/aktuelle-ausgabe/ [20.12.2020].
historicum.net (o. J.): *Geschichtswissenschaften im Internet. Französische Revolution. Biographien.* http://www.historicum.net/themen/franzoesische-revolution/biographien [08.01.2021].
Hobsbawm, Eric (1992): *Nations and Nationalism since 1780: Programme, Myth, Reality.* Cambridge.
– (1995 [1994]): *The Age of Extremes, 1914–1991.* London.
– (1996 [1975]): *The Age of Capital, 1848–1875.* London.
– (^{3}1999 [1987]): *Das imperiale Zeitalter 1875–1914.* Frankfurt am Main.
– (2002 [1962]): *The Age of Revolution, 1789–1848.* London.
– (^{6}2003 [1994]): *Das Zeitalter der Extreme: Weltgeschichte des 20. Jahrhunderts.* München.
– (2007): *Globalisation, Democracy and Terrorism.* London.
Hodge, Joseph M. / Hödl, Gerald / Kopf, Martina (Hg., 2014): *Developing Africa: Concepts and Practices in Twentieth Century Colonialism.* Manchester.
Hooker, James R. (1967): *Black Revolutionary: George Padmore's Path from Communism to Pan-Africanism.* New York.
Hoppel, Lisa (2021): Die beiden Afrikanischen Konferenzen in Accra 1958: Ghana und Algerien zwischen Annäherung und Differenz. In: *Stichproben, Wiener Zeitschrift für kritische Afrikastudien* 40, 81–114.
Horton, James Africanus B. (1859): *The Medical Topography of the West Coast of Africa. With Sketches of its Botany.* London.
– (1862): Geological Constitution of Ahanta, Gold Coast. Freetown 1862. = Geographical Treatise by a Native African. In: *The African Repository* XLVII (1871), 18–22.
– (1865a): *Political Economy of British Western Africa. With the Requirements of the Several Colonies and Settlements (the African view on the Negro's Place in Nature). Being an Address to the African Aid Society.* London.
– (1865b): Black, the Original Colour of the White Race. The African Idea. In: *The African Times*, 23.09.1865, 29.
– (1867): *Physical and Medical Climate and Meteorology of the West Coast of Africa. With Valuable Hints to Europeans for the Preservation of Health in the Tropics.* London.
– (1868): *Guinea Worm, or Dracunculus, its Symptoms and Progress, Causes, Pathological Anatomy, Results and Radical Cure.* London.
– (1874): *The Diseases of Tropical Climate and their Treatment. With Hints for the Preservation of Health in the Tropics.* London.
– (1969 [1868]): *West African Countries and Peoples. British and Native. With the Requirements Necessary for Establishing that Self Government Recommended by the Committee of the House of Commons, 1865. And a Vindication of the African Race.* Edinburgh.
– (1970 [1870]): *Letters on the Political Condition of the Gold Coast. Since the Exchange of the Territory between the English and Dutch Governments, on January 1, 1868. Together with a Short Account of the Ashantee War, 1862–4, and the Awoohna War, 1866.* London.

Howell, Jessica (2014): Africanus Horton and the Climate of African Nationalism. In: *Exploring Victorian Travel Literature: Disease, Race and Climate*. Edinburgh, 83–108.
Hund, Wulf D. (1999): *Rassismus: Die soziale Konstruktion natürlicher Ungleichheit*. Münster.
– (2006): *Negative Vergesellschaftung: Dimensionen der Rassismusanalyse*. Münster.
– (2007): *Rassismus*. Bielefeld.
– (2016): Rassismusanalyse in der Rassenfalle: Zwischen »raison nègre« und »racialization«. In: *Archiv für Sozialgeschichte* 56, 511–548.
– (2017): *Wie die Deutschen weiss wurden: Kleine (Heimat)Geschichte des Rassismus*. Stuttgart.
Iliffe, John (1979): The Creation of Tribes. In: *A Modern History of Tanganjika*. Cambridge, 318–341.
– (1995): *Africans: The History of a Continent*. Cambridge, New York, Melbourne.
Inikori, Joseph E. (1982): Introduction. In: Inikori, J. E. (Hg.): *Forced Migration: The Impact of the Export Slave Trade on African Societies*. London u. a., 13–60, 275–286.
– (2004): Book Review. In: *Journal of World History* 14/4, 571–575.
Isichei, Elizabeth (1977): *History of West Africa since 1800*. London, Basingstoke.
James, C. L. R. [Cyril Lionel Robert] (1982 [1977]): *Nkrumah and the Ghana Revolution*. London.
James, Leslie Elaine (2012): *»What we put in black and white«: George Padmore and the Practice of Anti-Imperial Politics*. PhD-Thesis (LSE), London.
– (2015): *George Padmore and Decolonization from Below: Pan-Africanism, the Cold War, and the End of Empire*. Basingstoke.
Jenkins, Paul (Hg., 2000): *The Recovery of the West African Past: African Pastors and African History in the Nineteenth Century: C.C. Reindorf & Samuel Johnson*. Basel.
Johnston, Harry H. ([2]1913 [1899]): *A History of the Colonization of Africa by Alien Races*. Cambridge.
Jones, Adam (2016): *Afrika bis 1850*. Frankfurt am Main.
Judt, Tony (2010 [2005]): *Postwar: A History of Europe since 1945*. London.
– (2016 [1997]): Why the Cold War Worked. In: *When the Facts Change: Essays 1995–2010*. New York, 65–84.
July, Robert W. (1966): Africanus Horton and the Idea of Independence in West Africa. In: *Sierra Leone Studies* 18, 2–17.
– (1968): *The Origins of Modern African Thought*. London.
– (1987): *An African Voice: The Role of the Humanities in African Independence*. Durham.
Kaunda, Kenneth D. (1969 [1966]): *A Humanist in Africa*. London, Harlow.
– (1971 [1962]): *Zambia Shall Be Free: An Autobiography*. London, Ibadan, Nairobi.
Kaplan, Robert D. (1994): The Coming Anarchy: How Scarcity, Crime, Overpopulation, Tribalism, and Crime are rapidly destroying the Social Fabric of Our Planet. In: *The Atlantic* 2 (Februar 1994), https://www.theatlantic.com/magazine/archive/1994/02/the-coming-anarchy/304670/ [01.12.2020].
Kapuściński, Ryszard ([13]2009 [1998]): *Afrikanisches Fieber: Erfahrungen aus vierzig Jahren*. München.
– ([5]2011 [2005]): *Meine Reisen mit Herodot: Reportagen aus aller Welt*. München.
Keck, Margaret E. / Sikkink, Kathryn (1998): *Activists beyond Borders. Advocacy Networks in International Politics*. Ithaca, London.
Keese, Alexander (2015): Das subsaharische Afrika als globalgeschichtlicher Raum. In: Grandner, Margarete / Sonderegger, Arno (Hg.): *Nord-Süd-Ost-West-Beziehungen: Eine Einführung in die Globalgeschichte*. Wien, 93–120.
Kershaw, Ian (2016 [2015]): *To Hell and Back: Europe 1914–1949*. London.
Kielstra, Paul Michael (2000): *The Politics of Slave Trade Suppression in Britain and France, 1814–48: Diplomacy, Morality and Economics*. Houndmills, New York u. a.

Kimmerle, Heinz (2002): *Interkulturelle Philosophie: Zur Einführung.* Hamburg.

Kipling, Rudyard (2009 [1899]): The White Man's Burden (Poem). In: *Kipling Society*, 18.10.2009, http://www.kiplingsociety.co.uk/poems_burden.htm [21.11.2020].

Kirk-Greene, Anthony (Hg., 1995): *The Emergence of African History at British Universities: An Autobiographical Approach.* Oxford.

Kleinschmidt, Harald (1998): *Geschichte der internationalen Beziehungen: Ein systemgeschichtlicher Abriß.* Stuttgart.

Kößler, Reinhart (2011): Koloniale und postkoloniale Staatsbildungsprozesse. In: Ataç, Ilker / Kraler, Albert / Ziai, Aram (Hg.): *Politik und Peripherie: Eine politikwissenschaftliche Einführung.* Wien, 72–88.

Kohn, Hans / Sokolsky, Wallace (1965): *African Nationalism in the Twentieth Century.* New York u. a.

Koller, Christian (2001): *»Von Wilden aller Rassen niedergemetzelt«: Die Diskussion um die Verwendung von Kolonialtruppen in Europa zwischen Rassismus, Kolonial- und Militärpolitik (1914–1930).* Stuttgart.

– (2009): *Rassismus.* Paderborn.

Komlosy, Andrea (2014): *Arbeit: Eine globalhistorische Perspektive, 13. bis 21. Jahrhundert.* Wien.

Kopytoff, Igor / Miers, Suzanne (1977): »Slavery« as an Institution of Marginality. In: Miers, Suzanne / Kopytoff, Igor (Hg.): *Slavery in Africa: Historical and Anthropological Perspectives.* Madison, 1–81.

Koselleck, Reinhart (1989): Zur historisch-politischen Semantik asymmetrischer Gegenbegriffe. In: *Vergangene Zukunft. Zur Semantik geschichtlicher Zeiten.* Frankfurt am Main, 211–259.

Kourouma, Ahmadou (1992): Africa's Long March. In: *UNESCO Courier* 45/7, 31.

– (2004 [1968]): *Der letzte Fürst.* Roman. Wuppertal.

Kraler, Albert (2004): Re-imagining the Great Lakes? Überlegungen zur Geschichte einer krisengeschüttelten Region. In: *Stichproben, Wiener Zeitschrift für kritische Afrikastudien* 6, 101–130.

– (2009): Migration und die Universalisierung der Nationalstaatsform am Beispiel Ruanda. In: *Stichproben, Wiener Zeitschrift für kritische Afrikastudien* 16, 107–142.

– (2010): Globale Migrationen. In: Sieder, Reinhard / Langthaler, Ernst (Hg.): *Globalgeschichte 1800–2010.* Wien, Köln, Weimar, 97–134.

– / Sonderegger, Arno (2009): On »Race« and Related Categories of Dubious Value. In: *Stichproben, Vienna Journal of African Studies* 16, 3–15.

Kropotkin, Peter (2019): *Anarchism, Anarchist Communism, and the State: Three Essays.* Oakland.

Küster, Thomas (1994): Zwischen Reform und Emanzipation – Englische und französische Kolonialkritik im 18. und frühen 19. Jahrhundert. In: Gründer, Horst (Hg.): *Geschichte und Humanität.* Münster, Hamburg, 35–47.

Kuper, Adam (1988): *The Invention of Primitive Society: Transformations of an Illusion.* London, New York.

Law, Robin (2001): The Transition from the Slave Trade to »Legitimate« Commerce. In: Diène, Doudou (Hg.): *From Chains to Bonds: The Slave Trade Revisited.* New York, Oxford, 22–35.

Laye, Camara ([5]1974 [1966]): *A Dream of Africa.* Roman. Glasgow.

Legum, Colin ([2]1965): *Panafricanism: A Short Political Guide.* New York, Washington, London.

Lenin, Vladimir Ilyich (1974 [1951]): *Critical Remarks on the National Question* [1913]. *The Right of Nations to Self-Determination* [1914]. Moskau.

– (1987 [1916–17]): Der Imperialismus als höchstes Stadium des Kapitalismus: Gemeinverständlicher Abriss. In: *Ausgewählte Werke.* Moskau, 164–257.

Leonard, Peter (1833): *Records of a Voyage to the Western Coast of Africa, in His Majesty's Ship Dryad, and of the Service on that Station for the Suppression of the Slave Trade, in the Years 1830, 1831, and 1832.* Edinburgh, London, Dublin.

Lévi-Strauss, Claude (1992 [1952]): Rasse und Geschichte. In: *Strukturale Anthropologie II.* Frankfurt am Main, 363–407.

– ([10]1997 [1962]): *Das wilde Denken.* Frankfurt am Main.

Liessmann, Konrad Paul ([2]2009 [2006]): Theorie der Unbildung: Die Irrtümer der Wissensgesellschaft. Zürich.

– (2016 [2014]): Geisterstunde: Die Praxis der Unbildung: Eine Streitschrift. München, Berlin, Zürich.

– (2019 [2017]): Bildung als Provokation. München.

Locke, John (2003 [1690]): *Über die Regierung.* [The Second Treatise of Government] Stuttgart.

Lonsdale, John (1981): States and Social Processes in Africa: A Historiographical Survey. In: *African Studies Review* 24/2–3, 139–225.

– (2005): African Studies, Europe and Africa. In: *Afrika Spectrum* 40/3, 377–402.

Loth, Heinrich (1975): *Propheten, Partisanen, Präsidenten: Afrikanische Volksführer und ihre Widersacher.* Berlin (Ost).

Lovejoy, Arthur O. (1993 [1936]): *Die große Kette der Wesen: Geschichte eines Gedankens.* Frankfurt am Main.

Lovejoy, Paul E. (1983): *Transformations in Slavery: A History of Slavery in Africa.* Cambridge.

– (2006): Autobiography and Memory: Gustavus Vassa, alias Olaudah Equiano, the African. In: *Slavery and Abolition* 27/3, 317–347.

– (2016): *Jihad in West Africa during the Age of Revolutions.* Athens.

Lowe, Chris / Brimah, Tunde / Marsh, Pearls-Alice / Minter, William / Muyangwa, Monde (1997): Talking About Tribe: Moving from Stereotypes to Analysis. In: *Africa Policy Information Center*, Background Paper 10, November, 1–8.

Lugard, Sir Frederick D. (1922): *The Dual Mandate in British Tropical Africa.* Edinburgh, London.

Lundberg, Victor (2019): Review [Fascism without Borders]. In: *Comparativ* 29/3, 135–138.

Lynch, Hollis R. (Hg., 1971): *Black Spokesman: Selected Published Writings of Edward Wilmot Blyden.* London.

M'Leod, John (1820): *A Voyage to Africa: With some Account of the Manners and Customs of the Dahomian People.* London.

Mahoney, Asi Florence (2017 [2006]): Horton, James Africanus B. In: *Creole Saga. The Gambia's Liberated African Community in the Nineteenth Century.* Banjul 2006, Kap. 5, Online-Version, *Dictionary of African Christian Biography* 2017, dacb.org/stories/gambia/Horton-jamesa/ [16.02.2021].

Mährdel, Christian (1983): *Afrika, Teil III. Afrika vom zweiten Weltkrieg bis zum Zusammenbruch des imperialistischen Kolonialsystems.* Köln.

– (1994): Afrika südlich der Sahara: Vom selbstbestimmt-visionären Afrikanismus zum antikolonial-emanzipatorischen Nationalismus. In: Bruckmüller, Ernst / Linhart, Sepp / Mährdel, Christian (Hg.): *Nationalismus: Wege der Staatenbildung in der außereuropäischen Welt.* Wien, 177–200.

Mamdani, Mahmood (1996): *Citizen and Subject: Contemporary Africa and the Legacy of Late Colonialism.* Princeton, Oxford.

– (2001): *When Victims Become Killers: Colonialism, Nativism and Genocide in Rwanda.* Princeton.

– (2009): *Saviors and Survivors: Darfur, Politics, and the War on Terror.* New York u. a.

Mandela, Nelson (1990 [1965]): *No Easy Walk to Freedom.* Harlow.

– (1994): *The Long Walk to Freedom.* London.

Manji, Firoze (2016): African Awakenings and Silences of the Media, in: Hirsbrunner, Stephanie / Walther, Christian (Hg.): *Afrika: Radikal neu denken? Alternative Pfade für Politik in Afrika.* Frankfurt am Main, 185–200.
Mann, Kristin / Bay, Edna G. (Hg., 2001): *Rethinking the African Diaspora. The Making of a Black Atlantic World in the Bight of Benin and Brazil.* London, Portland, Oregon.
Manning, Patrick (1990): *Slavery and African Life: Occidental, Oriental and African Slave Trades.* Cambridge.
Martin, Guy (1987): Actualité de Fanon: Convergences dans la pensée politique de Frantz Fanon et de Thomas Sankara. In: *Genève-Afrique* XXV/2, 103–122.
– (2012): *African Political Thought.* New York.
Martin, Peter (2008): George Padmore. In: van der Heyden, Ulrich (Hg.): *Unbekannte Biographien: Afrikaner im deutschsprachigen Raum vom 18. Jahrhundert bis zum Ende des Zweiten Weltkriegs.* Berlin, 266–273.
Marx, Christoph (1997): Rassismus in Afrika. In: *Asien Afrika Lateinamerika* 25, 609–627.
Marzagora, Sara (2016): The Humanism of Reconstruction: African Intellectuals, Decolonial Critical Theory and the Opposition to the »posts« (Postmodernism, Poststructuralism, Postcolonialism). In: *Journal of African Cultural Studies* 28/2, 161–178.
Masolo, Dismas A. (2004): Die Konstruktion einer Tradition: Afrikanische Philosophie im neuen Jahrtausend. In: *Polylog, Zeitschrift für interkulturelles Philosophieren* 10–11, 122–145.
Mazrui, Ali (Hg., 1993): *Africa since 1935.* General History of Africa VIII. Paris.
Mbembe, Achille (2000): *De la postcolonie: Essai sur l'imagination politique dans l'Afrique contemporaine.* Paris.
– (2008 [2006]): What Is Postcolonial Thinking? An Interview with Achille Mbembe. In: *Esprit*, 09.01.2008, https://www.eurozine.com/what-is-postcolonial-thinking/ [19.03.2021].
– (2010 [2008]): Das Afrika des Nicolas Sarkozy. In: Cichon, Peter / Hosch, Reinhart / Kirsch, Fritz Peter (Hg.): *Der undankbare Kontinent? Afrikanische Antworten auf europäische Bevormundung.* Hamburg, 57–72.
– (2014 [2013]): *Kritik der schwarzen Vernunft.* Berlin: Suhrkamp.
– (2015 [2006]): Afropolitanismus. In: Dübgen, Franziska / Skupien, Stefan (Hg.): *Afrikanische politische Philosophie: Postkoloniale Positionen.* Berlin, 330–337.
– (2020): Leben in den Mythen anderer: Brief an die Deutschen. In: *TAZ*, 11.05.2020, https://taz.de/Leben-in-den-Mythen-anderer/!5681758/ [12.05.2020].
McGowan, Patrick J. (2003): African Military Coups d'état, 1956–2001: Frequency, Trends and Distribution. In: *The Journal of Modern African Studies* 41/3, 339–370.
Meier-Braun (2018): Schwarzbuch Migration: Die dunkle Seite unserer Flüchtlingspolitik. Bonn.
Meillassoux, Claude (1989 [1986]): *Anthropologie der Sklaverei.* Frankfurt, New York, Paris.
Melber, Henning (2009): The Relevance of African Studies. In: *Stichproben, Vienna Journal of African Studies* 16, 183–200.
– (2015): *Namibia: Gesellschaftspolitische Erkundungen seit der Unabhängigkeit.* Frankfurt am Main.
– (2019): *Dag Hammarskjöld, the United Nations and the Decolonisation of Africa.* London.
Memmi, Albert (1994 [1966 (1955/56)]): *Der Kolonisator und der Kolonisierte: Zwei Porträts.* Hamburg.
Meredith, Henry (1812): *An Account of the Gold Coast of Africa: with a Brief History of the African Company.* London.
Middell, Matthias (2019): 1989 – From the Global Moment to its Regional and National Memories. In: *Comparativ, Zeitschrift für Globalgeschichte und Vergleichende Gesellschaftsforschung* 29/5, 9–26.

Miers, Suzanne (1999): Slavery and the Slave Trade as International Issues, 1890–1939. In: Miers, Suzanne / Klein, Martin A. (Hg.): *Slavery and Colonial Rule in Africa.* London, Portland, 16–37.
– (2003): *Slavery in the Twentieth Century: The Evolution of a Global Problem.* Walnut Creek, Lanham, Oxford.
Miller, Joseph C. (1999): Presidential Address: History and Africa / Africa and History. In: *The American Historical Review* 104/1, 1–32.
– (2001): The Abolition of the Slave Trade and Slavery: Historical Foundations. In: Diène, Doudou (Hg.): *From Chains to Bonds: The Slave Tade Revisited.* New York, Oxford, 159–193.
Mintz, Sidney (1985): *Sweetness and Power: The Place of Sugar in Modern History.* New York u. a.
Minutes of Evidence (1865): *Minutes of Evidence taken before the Select Committee of the House of Commons to consider the State of the British Settlements on the Western Coast of Africa.* PRAAD / Public Records and Archives Administration Department, Accra/ Ghana, File ADM.5/3/5.
Mkandawire, Thandika (2014): The Spread of Economic Doctrines and Policymaking in Postcolonial Africa. In: *African Studies Review* 57/1, 171–198.
– (2015a [2013]): Fifty Years of African Independence: Personal Reflections. In: Shivji, Issa (Hg.): *Reimagining Pan-Africanism: Distinguished Mwalimu Nyerere Lecture Series 2009–2013.* Dar-es-Salaam, 205–256.
– (2015b): Neopatrimonialism and the Political Economy of Economic Performance in Africa: Critical Reflections. In: *World Politics* 67/3, 563–612.
Moore, Sally Falk (1994): *Anthropology and Africa: Changing Perspectives on a Changing Scene.* Charlottesville.
Mosse, George L. (1990 [1985]): *Die Geschichte des Rassismus in Europa.* Frankfurt am Main.
Moyo, Dambisa (2009): *Dead Aid: Why Aid isn't Working and how there is Another Way for Africa.* London.
Mückler, Hermann (2020): *Australien, Ozeanien, Neuseeland.* Frankfurt am Main.
Mudimbe, V. Y. (1988): *The Invention of Africa: Gnosis, Philosophy, and the Order of Knowledge.* Bloomington.
– (1994): *The Idea of Africa: African Systems of Thought.* Bloomington.
– (2016a [1968]): Western Legacy and Negro Consciousness: An Introductory Study of the Sources of African Ideology. In: Fraiture, Pierre-Philippe / Orrells, Daniel (Hg.): *The Mudimbe Reader.* Charlottesville, London, 13–24.
– (2016b [1976]): A Meeting with L.G. Damas. In: Fraiture, Pierre-Philippe / Orrells, Daniel (Hg.): *The Mudimbe Reader.* Charlottesville, London, 36–45.
Musambachime, Mwelwa C. (1987): The Changing Personality of an African Politician: The Case of Patrice Emery Lumumba, 1956–1961. In: *Genève-Afrique* XXV/2, 61–78.
N'Dour, Youssou (1992): [Lieder] New Africa. Country Boy. Africa Remembers. In: *Eyes Open.* Sony Music Entertainment, Columbia CD 471186-2.
– (2000): [Lied] New Africa. In: *Joko: From Village to Town.* Sony Music Entertainment, Columbia CD 489718-2.
Namikas, Lise (2013): *Battleground Africa: Cold War in the Congo, 1960–1965.* Stanford.
Ndibe, Okey (2019): *The Man Lives: A Conversation with Wole Soyinka on Life, Literature and Politics.* Ibadan.
Ngalasso-Mwatha, Musanji (2010 [2008]): Ich bin gekommen, um euch zu sagen … Anatomie einer Rede in der Kautschuk-Sprache. In: Cichon, Peter / Hosch, Reinhart / Kirsch, Fritz Peter (Hg.): *Der undankbare Kontinent? Afrikanische Antworten auf europäische Bevormundung.* Hamburg, 101–137.
Niane, Djibril Tamsir (2010 [2008]): Der Afrikaner soll sich schuldig fühlen. In: Cichon, Peter / Hosch, Reinhart / Kirsch, Fritz Peter (Hg.): *Der undankbare Kontinent? Afrikanische Antworten auf europäische Bevormundung.* Hamburg, 251–273.

Nicol, Davidson (1969): Introduction: African Self-Government 1865 – The Dawn of Nationalism. In: Nicol, Davidson (Hg.): *Africanus Horton: The Dawn of Nationalism in Modern Africa. Extracts from the Political, Educational, Scientific and Medical Writings of J.A.B. Horton MD 1835–1883*. London, 1–15.

Nkrumah, Kwame (1957): *Ghana: The Autobiography of Kwame Nkrumah*. Edinburgh.

– (1971 [1965]): *Neo-Colonialism: The Last Stage of Imperialism*. London.

– (1979 [1962 (1945)]): *Towards Colonial Freedom: Africa in the Struggle against World Imperialism*. London.

Norris, Robert (1789): *Memoirs of the Reign of Bossa Ahadee, King of Dahomy, an Inland Country of Guiney; to which are added the Author's Journey to Abomey, the Capital; and a Short Account of the African Slave Trade*. London.

Nosbers, Max Armin (2021): Zwischen Entzeitlichung und Historisierung: Zur Rezeption von Frantz Fanon. In: *Stichproben, Wiener Zeitschrift für kritische Afrikastudien* 40, 143–184.

Nugent, Paul (^{2}2012): *Africa since Independence*. Basingstoke.

Nwachukwu, John Uzoma (2019): The Contributions of Dr. James Africanus Beale Horton to the Ideals of Pan-Africanism. In: *International Journal of History and Cultural Studies* 5/1, 65–69.

Nwauwa, Apollos O. (1999): Far Ahead of His Times: James Africanus Horton's Initiatives for a West African University and His Frustrations, 1862–1871. In: *Cahiers d'Études Africaines* 39/153, 107–121.

OAU (1963a): Charter of the Organisation of African Unity. In: Sékou Touré: *Guinean Revolution and Social Progress*. Kairo, 413–424.

– (1963b): Resolutions. In: Sékou Touré: *Guinean Revolution and Social Progress*. Kairo, 425–436.

Obenga, Théophile (2010 [2008]): Ein Hauptgrund für die Leiden Afrikas: Die eurozentrischen Afrikadeutungen. In: Cichon, Peter / Hosch, Reinhart / Kirsch, Fritz Peter (Hg.): *Der undankbare Kontinent? Afrikanische Antworten auf europäische Bevormundung*. Hamburg, 233–249.

Oliver, Roland (1997): *In the Realms of Gold: Pioneering in African History*. Madison.

– (2000 [1991]): *The African Experience: From Olduvai Gorge to the 21st Century*. Boulder.

– / Fage, J. D. (^{3}1970 [1962]): *A Short History of Africa*. Harmondsworth.

– / Sanderson, G. N. (1985): The Cambridge History of Africa, Volume 6: From 1870 to 1905. Cambridge.

Oloruntimehin, B. O. (1985): African Politics and Nationalism, 1919–35. In: Boahen, A. Adu (Hg.): *General History of Africa, VII. Africa under Colonial Domination 1880–1935*. London, 565–579.

Oltmer, Jochen (2020): Migration: Geschichte und Zukunft der Gegenwart. Bonn.

Olukoshi, Adebayo (2007): African Scholars and African Studies. In: Melber, Henning (Hg.): *On Africa: Scholars and African Studies*. Uppsala, 7–22.

Olusoga, David (2015 [2014]): *The World's War: Forgotten Soldiers of Empire*. London.

Osterhammel, Jürgen (1995a): *Kolonialismus: Geschichte, Formen, Folgen*. München.

– (1995b): Kulturelle Grenzen in der Expansion Europas. In: *Saeculum, Jahrbuch für Universalgeschichte* 46, 101–138.

– (^{2}2009): *Die Verwandlung der Welt*. München.

– / Petersson, Niels P. (2003): *Geschichte der Globalisierung: Dimensionen, Prozesse, Epochen*. München.

OUA (1963): *Organisation de l'Unité Africaine: Resolutions adoptées par la Première Conférence de Chefs d'Etat et de Gouvernement des pays Indépendants Africains. Apercu Général* ... Addis Abeba.

Ouédraogo, Jean / Kourouma, Ahmadou (2000): An Interview with Ahmadou Kourouma (November 24, 1997). In: *Callaloo* 23/4, 1338–1348.

Padmore, George (1931): *The Life and Struggles of Negro Toilers.* London. https://www.marxists.org/archive/padmore/1931/negro-toilers/index.htm [22.02.2021].
– (1936): *Afrika unter dem Joch der Weissen.* Erlenbach-Zürich, Leipzig.
– (1938a): Hands Off the Colonies! In: *New Leader*, 25.02.1938, https://www.marxists.org/archive/padmore/1938/hands-off.htm [22.02.2021].
– (1938b): Manifesto Against War (25 September 1938). In: *International African Opinion* 1/4, 04.10.1938, https://www.marxists.org/archive/padmore/1938/manifesto-iasb.htm [22.02.2021].
– (1949): *Africa: Britain's Third Empire.* London.
– (1953): *The Gold Coast Revolution: The Struggle of an African People from Slavery to Freedom.* London.
– (1956): *Pan-Africanism or Communism? The Coming Struggle for Africa.* London.
– (1969 [1936]): *How Britain Rules Africa.* New York.
– (1969 [1949]): *Africa: Britain's Third Empire.* New York.
– (1972 [1937]): *Africa and World Peace.* London.
– (1972 [1956]): *Pan-Africanism or Communism.* Garden City, New York.
– / Dorothy Pizer (1946): *How Russia Transformed Her Colonial Empire: A Challenge to the Imperialist Powers.* London.
– (Hg., 1945): *Voice of Coloured Labour.* Manchester.
– (Hg., 1963 [1947]): *Colonial and … Coloured Unity: A Programme of Action: History of the Pan-African Congress.* London.
Pakenham, Thomas (1992): *The Scramble for Africa.* London.
Patterson, Orlando (1982): *Slavery and Social Death: A Comparative Study.* Cambridge, London.
Pennybacker, Susan D. (2009): *From Scottsboro to Munich: Race and Political Culture in 1930s Britain.* Princeton, Oxford.
Perham, Margery (1963 [1961]): *Bilanz des Kolonialismus.* Stuttgart.
Pickel, Gert (2019): Rezension [Populists, and the Crisis of Political Parties]. In: *Comparativ* 29/4, 125–127.
Popper, Karl R. ([7]1992 [1945]): *Die offene Gesellschaft und ihre Feinde. Band 1: Der Zauber Platons; Band 2: Falsche Propheten: Hegel, Marx und die Folgen.* Tübingen.
– (2003 [1994]): *Alles Leben ist Problemlösen: Über Erkenntnis, Geschichte und Politik.* München, Zürich.
Porter, Roy / Teich, Mikuláš (Hg., 1998): *Die Industrielle Revolution in England, Deutschland, Italien.* Berlin.
Powell, Jonathan / Lasley, Trace / Schiel, Rebecca (2016): Combating Coups d'état in Africa, 1950–2014. In: *Studies in Comparative International Development* 51, 482–502.
Pratt, Mary Louise (1992): *Imperial Eyes: Travel Writing and Transculturation.* London, New York.
Ranger, Terence O. (1985): African Initiatives and African Resistance in the Face of Partition and Conquest. In: Boahen, A. Adu (Hg.): *Africa under Colonial Domination 1880–1935.* General History of Africa VII. Paris, 45–62.
– (1993) The Invention of Tradition Revisited: The Case of Colonial Africa. In: Ranger, Terence / Vaughan, Olufemi (Hg.): *Legitimacy and the State in Twentieth-Century Africa.* London, 62–111.
Reiman, Richard A. (1997): Abolition, United States. In: Rodriguez, Junius P. (Hg.): *The Historical Encyclopedia of World Slavery. Volume I.* Santa Barbara, Denver, Oxford, 9–10.
Reinhard, Wolfgang (1996): *Kleine Geschichte des Kolonialismus.* Stuttgart.
Reinhardt, Thomas (2007): *Geschichte des Afrozentrismus.* Stuttgart.
Resolution (1919): The Pan-African Congress, Paris, 1919, Resolution. In: Legum, Colin (Hg.): *Panafricanism: A Short Political Guide.* New York, Washington, London, 151/152.

Roberts, Andrew D. (Hg., 1986): The Cambridge History of Africa, Volume 7: From 1905 to 1940. Cambridge.
Rodney, Walter (2009 [1973]): *How Europe Underdeveloped Africa.* Abuja, Lagos, Pretoria.
Rodriguez, Junius P. (1997): Slavery in Human History. In: Rodriguez, Junius P. (Hg.): *The Historical Encyclopedia of World Slavery. Volume I.* Santa Barbara, Denver, Oxford, xiii–xxiii.
Rousseau, Jean-Jacques (1998 [1755]): *Abhandlung über den Ursprung und die Grundlagen der Ungleichheit unter den Menschen.* Hg. v. Philipp Rippel. Stuttgart.
Rüther, Kirsten (2017): *Afrika: genauer betrachtet: Perspektiven aus einem Kontinent im Umbruch.* Wien, Hamburg.
Runkel, Steffen (2019): *Von Sklaverei und Freiheit. Afrikanische Initiativen zur Abolition an der Goldküste (1841–1897).* Frankfurt am Main.
Russell, Bertrand ([8]1999 [1950]): *Philosophie des Abendlandes: Ihr Zusammenhang mit der politischen und der sozialen Entwicklung.* München, Wien.
Sahlins, Marshall (1994 [1976]): *Kultur und praktische Vernunft.* Frankfurt am Main.
– (2008): *The Western Illusion of Human Nature.* Chicago.
– (2013): *What Kinship Is … and Is Not.* Chicago.
Said, Edward W. (1994 [1993]): *Kultur und Imperialismus: Einbildungskraft und Politik im Zeitalter der Macht.* Frankfurt am Main.
– (1995 [1978): *Orientalism: Western Conceptions of the Orient.* London.
– (2005): *Power, Politics and Culture: Interviews with Edward W. Said.* London.
Sapir, Edward (1999, 1924 [und] 1925): Racial Superiority [und] Let Race Alone. In: Sapir, Philip et al. (Hg.): *The Collected Works of Edward Sapir, III: Culture.* Berlin, New York, 770–783 [und] 787–793.
Sarr, Felwine (2020 [2016]): *Afrotopia.* Bonn.
– / Bloch, Werner (2019): »Geschehen ist fast nichts.« In: *Die Zeit*, 25.07.2019, https://www.zeit.de/2019/31/felwine-sarr-raubkunst-kolonialismus-museen-europa/komplettansicht [01.12.2020].
Schicho, Walter (1999a): Afrikanistik: Zu Diensten ja, aber … (oder eine nur wenig kolonisierte Kolonialwissenschaft). In: Dressel, Gert / Rathmayr, Bernhard (Hg.): *Mensch – Gesellschaft – Wissenschaft: Versuche einer Reflexiven Historischen Anthropologie.* Innsbruck, 75–88.
– (1999b): *Handbuch Afrika, Band 1: Zentralafrika, Südliches Afrika und die Staaten im Indischen Ozean.* Frankfurt am Main, Wien.
– (2001): *Handbuch Afrika, Band 2: Westafrika und die Inseln im Atlantik.* Frankfurt am Main, Wien.
– (2004): *Handbuch Afrika, Band 3: Nord- und Ostafrika.* Frankfurt am Main, Wien.
– (2005): Armut, Afrika und Entwicklung. In: Sedmak, Clemens (Hg.): *Option für die Armen: Die Entmarginalisierung des Armutsbegriffs in den Wissenschaften.* Freiburg, 347–363.
– ([2]2009): Vom Atlantic Charter zu den Millennium Development Goals: Afrika und das Aid Business seit dem Zweiten Weltkrieg. In: Englert, Birgit / Grau, Ingeborg / Komlosy, Andrea (Hg.): *Nord-Süd-Beziehungen: Kolonialismen und Ansätze zu ihrer Überwindung.* Wien, 99–121.
– (2010): *Geschichte Afrikas.* Stuttgart.
– (2012): L'idée de cooperation, d'association et de développement dans les années 1960. In: Dumoulin, Michel et al. (Hg.): *Du Congo belge à la République de Congo, 1955–1965.* Brüssel, 265–281.
– (2014): Wirtschaftliche Inwertsetzung – la mise en valeur – und soziale Entwicklung: Der Entwicklungsdiskurs der kolonialen Verwaltung von Französisch Westafrika (AOF) zwischen 1920 und 1960. In: *Stichproben, Wiener Zeitschrift für kritische Afrikastudien* 26, 49–105.

Schmidt, Elizabeth (2013): *Foreign Intervention in Africa: From the Cold War to the War on Terror.* Cambridge.
– (2018): *Foreign Intervention in Africa after the Cold War: Sovereignty, Responsibility, and the War on Terror.* Athens.
Schmieder, Ulrike / Nolte, Hans-Heinrich (Hg., 2010): *Atlantik: Sozial- und Kulturgeschichte in der Neuzeit.* Wien.
Sembène, Ousmane / Gadjigo, Samba (2010 [2004]): The Problem is More Mental than Economic: Ousmane Sembène in Conversation with Samba Gadjigo. In: *Journal of Contemporary African Art* 27, 23–27.
Sen, Amartya (2007 [2006]): *Identitätsfalle: Warum es keinen Krieg der Kulturen gibt.* München.
Senghor, Léopold Sedar (1970): Negritude: A Humanism of the Twentieth Century. In: Cartey, Wilfred / Kilson, Martin (Hg.): *The Africa Reader: Independent Africa.* New York, 179–192.
– (1971 [1956]): Balkanisation ou fédération. In: *Liberté II: Nation et voie africaine du socialisme.* Paris, 180–183.
– (1977 [1967]): L'Africanisme. In: *Liberté III. Négritude et civilisation de l'universel.* Paris, 163–173.
Shepperson, George (1962): An Early African Graduate. In: *University of Edinburgh Gazette* 32, 23–26.
– (1969): Introduction. In: James Africanus Horton: *West African Countries and Peoples.* Edinburgh, [vii]–[xxiv].
Shohat, Gil (2019): Rethinking Anti-Colonial Activism through London's Surveillance Material. In: *Imperial & Global Forum*, 28.10.2019, https://imperialglobalexeter.com/2019/10/28/rethinking-anti-colonial-activism-through-londons-surveillance-material/#more-6625 [20.11.2020].
Signer, David (2017): Der postkoloniale Diskurs sperrt Afrika in einen identitären Käfig ein [zu Achille Mbembe: Kritik der Schwarzen Vernunft und zum zweiten Treffen der »Ateliers de la pensée« in Dakar]. In: *Neue Zürcher Zeitung*, 15.11.2017, 1–10 (Online-Druckseiten), https://www.nzz.ch/meinung/postkoloniales-schwarz-weiss-denken-ld.1328681 [26.11.2020].
– (2019): Afrika soll seine eigene Zukunft finden [zu Felwine Sarr: Afrotopia]. In: *Neue Zürcher Zeitung*, 10.05.2019, 1–6 (Online-Druckseiten), https://www.nzz.ch/feuilleton/felwine-sarr-entwirft-in-afrotopia-zukunftsszenarien-fuer-afrika-ld.1476393?reduced=true [26.11.2020].
Skinner, Elliott P. (1999): In Defense of Africanity. In: Martin, William G. / West, Michael O. (Hg.): *Out of One, Many Africas.* Urbana, Chicago, 62–82.
Sommerauer, Erich (1993): Die Afrikanistik in Österreich, 1824–1992. In: *Journal für Entwicklungspolitik* IX/1, 87–103.
Sonderegger, Arno (2002a): *Jenseits der rassistischen Grenze: Die Wahrnehmung Afrikas bei J.G. Herder im Spiegel seiner Philosophie der Geschichte (und der Geschichten anderer Philosophen).* Frankfurt am Main u. a.
– (2002b): J. Africanus B. Hortons »The Negro's Place in Nature« (1868). Eine frühe Antwort auf den wissenschaftlichen Rassismus des 19. Jahrhunderts. In: *Stichproben, Wiener Zeitschrift für kritische Afrikastudien* 4, 55–80.
– (2004): Eine Intellektualisierung des Ekels? Funktionen der außereuropäischen Welt in Hegels Geschichtsphilosophie. In: *Acta Germanica, German Studies in Africa* 32, 9–26.
– (2007): Kumasi, eine Stadt des Todes? »Stadtansichten« in Westafrika im 19. Jahrhundert. In: Capresi, Vittoria (Hg.): *Aspekte des Kolonialismus: Architektur, Städtebau, Kultur.* Wien, Graz, 13–31.
– (2008a): *Die Dämonisierung Afrikas: Zum Despotiebegriff und zur Geschichte der Afrikanischen Despotie.* Saarbrücken.

– (2008b): Antisklaverei und Afrika: Zur Geschichte einer Bewegung im langen 19. Jahrhundert. In: Zimmermann, Susan / Fischer, Karin (Hg.): *Internationalismen: Transformation weltweiter Ungleichheit im 19. und 20. Jahrhundert.* Wien, 85–105.
– (2008c): Geschichte und Gedenken im Banne des Eurozentrismus. In: Gomes, Bea / Schicho, Walter / Sonderegger, Arno (Hg.): *Rassismus: Beiträge zu einem vielgesichtigen Phänomen.* Wien, 45–72.
– (2008d): Vom Guten, Wahren und Schönen am Ende des 19. Jahrhunderts: Edward Wilmot Blyden, Africanus Horton, Joseph Renner Maxwell. In: Gomes, Bea / Schicho, Walter / Sonderegger, Arno (Hg.): *Rassismus: Beiträge zu einem vielgesichtigen Phänomen.* Wien, 150–175.
– ([2]2009a): Sklaverei und Sklavenhandel: Zum Beziehungswandel zwischen Europa und Afrika im 18. und 19. Jahrhundert. In: Englert, Birgit / Grau, Ingeborg / Komlosy, Andrea (Hg.): *Nord-Süd-Beziehungen: Kolonialismen und Ansätze zu ihrer Überwindung.* Wien, 29–50.
– (2009b): Anglophone Discourses on Race in the 19th Century. In: *Stichproben, Vienna Journal of African Studies* 16, 45–85.
– (2009c): A One-Sided Controversy. James Hunt and Africanus Horton on »The Negro's Place in Nature«. In: Pallua, Ulrich / Knapp, Adrian / Exenberger, Andreas (Hg.): *(Re)Figuring Human Enslavement: Images of Power, Violence and Resistance.* Innsbruck, 193–222.
– (2009d): Der Mensch – ein Mängelwesen? Reflexionen zur Geschichte der Kulturanthropologie. In: Schmidinger, Heinrich / Sedmak, Clemens (Hg.): *Der Mensch – ein Mängelwesen? Endlichkeit, Kompensation, Entwicklung.* Darmstadt, 65–79.
– (2010a): Abolitionismus in Afrika: Zwischen Zivilisierungsmission und Rassismus. In: Eckert, Andreas / Grau, Ingeborg / Sonderegger, Arno (Hg.): *Afrika 1500–1900: Geschichte und Gesellschaft.* Wien, 218–234.
– (2010b): Atlantische Wellen – afrikanische Positionen: Zur panafrikanischen Idee bis 1945. In: Schmieder, Ulrike / Nolte, Hans-Heinrich (Hg.): *Atlantik: Sozial- und Kulturgeschichte in der frühen Neuzeit.* Wien, 172–192.
– (2011a): Racist Fantasies: »Africa« in Austrian and German African Studies. In: Hund, Wulf D. / Koller, Christian / Zimmermann, Moshe (Hg.): *Racisms Made in Germany.* Münster, 123–143.
– (2011b): Nachbetrachtung zur Kolonialgeschichte und Historiographie Afrikas: Periodisierung der Geschichte Afrikas im 20. Jahrhundert. In: Sonderegger, Arno / Grau, Ingeborg / Englert, Birgit (Hg.): *Afrika im 20. Jahrhundert: Geschichte und Gesellschaft.* Wien, 228–254.
– (2013): Rezension zu »Dekolonisation: Das Ende der Imperien« von Jan C. Jansen und Jürgen Osterhammel. In: *Stichproben, Wiener Zeitschrift für kritische Afrikastudien* 25, 100–107.
– (2015): Aspekte einer Globalgeschichte der Neuzeit. In: Grandner, Margarete / Sonderegger, Arno (Hg.): *Nord-Süd-Ost-West-Beziehungen: Eine Einführung in die Globalgeschichte.* Wien, 6–37.
– (2016a): How the Empire Wrote Back: Notes on the Struggle of George Padmore and Kwame Nkrumah. In: Lundt, Bea / Marx, Christoph (Hg.): *Kwame Nkrumah 1909–1972: A Controversial African Visionary.* Stuttgart, 19–38.
– (2016b): The Modernity of Pan-Africanism: From History and Politics to Popular Culture. In: Exenberger, Andreas / Pallua, Ulrich (Hg.): *Africa Research in Austria: Approaches and Perspectives.* Innsbruck, 13–42.
– (2017): *Kurze Geschichte des Alten Afrika: Von den Anfängen bis 1600.* Wiesbaden.
– (2018a): Thoughts on Two Late 18th Century Histories of Dahomey Relating to the Anti-Slavery Debate. In: *Stichproben, Vienna Journal of African Studies* 35, 83–93.
– (2018b): Mandelas Hunderter. In: *Journal für Entwicklungspolitik* 3/4, 173–183.
– (2019): Afrika. In: *Enzyklopädie der Neuzeit Online*, 19.11.2019, http://dx.doi.org/10.1163/2352-0248_edn_COM_399426 [01.12.2020].

– (2020): Ideas Matter: Framing Pan-Africanism, its Concept and History. In: *Stichproben, Vienna Journal of African Studies* 38 (= Histories of Pan-African Intellectual Activism), 5–31.
– / Grau, Ingeborg / Eckert, Andreas (2010): Einleitung: Afrika 1500–1900. In: Eckert, Andreas / Grau, Ingeborg / Sonderegger, Arno (Hg.): *Afrika 1500–1900: Geschichte und Gesellschaft.* Wien, 9–22.
– (Hg., 2015): *African Thoughts on Colonial and Neo-Colonial Worlds: Facets of an Intellectual History of Africa.* Berlin.
– / Grau, Ingeborg / Englert, Birgit (Hg., 2011): *Afrika im 20. Jahrhundert: Geschichte und Gesellschaft.* Wien.
Southall, Roger / Melber, Henning (Hg., 2009): *A New Scramble for Africa? Imperialism, Investment and Development.* Scottsville.
Soyinka, Wole (1967): Does a Tiger feel its Tigritude? In: *Time Magazine*, 17.11.1967.
– (2007 [2006]): *You Must Set Forth at Dawn.* New York.
– (2012): *Of Africa.* New Haven, London.
– (2014): Of Power, Freedom and Terror. In: *Presence Africaine* 190/2, 7–13.
– (2015 [2009]): New Imperialisms. In: Shivji, Issa (Hg.): *Reimagining Pan-Africanism: Distinguished Mwalimu Nyerere Lecture Series 2009–2013.* Dar-es-Salaam, 5–50.
Spielbüchler, Thomas (2011): Afrikanische Integration. In: Sonderegger, Arno / Grau, Ingeborg / Englert, Birgit (Hg.): *Afrika im 20. Jahrhundert: Geschichte und Gesellschaft.* Wien, 81–97.
Spitzer, Leo / Denzer, LaRay (1971): I.T.A. Wallace-Johnson and the West African Youth League. In: *The International Journal of African Historical Studies* VI/3, 413–452.
Stanley, Henry Morton (2011 [1885]): *The Founding of the Congo and its Free State: A Story of Work and Exploration.* Cambridge.
– (2021 [1872]): *Wie ich Livingstone fand: Reisen und Entdeckungen in Zentralafrika: 1871.* Wiesbaden.
Stern, Philip J. (2004): Rescuing the Age from a Charge of Ignorance: Gentility, Knowledge, and the British Exploration of Africa in the Later Eighteenth Century. In: Wilson, Kathleen (Hg.): *A New Imperial History: Culture, Identity and Modernity in Britain and the Empire 1660–1840.* Cambridge, 115–135.
Stocking, Jr., George W. (1987): *Victorian Anthropology.* New York.
– (1995): *After Tylor: British Social Anthropology 1888–1951.* Madison.
Stoler, Anne Laura / Cooper, Frederick (1997): Between Metropole and Colony: Rethinking a Research Agenda. In: Cooper, Frederick / Stoler, Anne Laura (Hg.): *Tensions of Empire: Colonial Cultures in a Bourgeois World.* Berkeley, Los Angeles, London, 1–56.
Suret-Canale, Jean (1988): *Essays on African History: From the Slave Trade to Neocolonialism.* Trenton.
Táíwò, Olúfẹ́mi (2010): Prophets Without Honor: Apostles of Modernity in the Nineteenth Century. In: *How Colonialism Preempted Modernity in Africa.* Bloomington, 98–127.
– (2012): What Is »African Studies«? African Scholars, Africanist Scholars, and the Production of Knowledge. In: Lauer, Helen / Anyidoho, Kofi (Hg.): *Reclaiming the Human Sciences and Humanities through African Perspectives, Volume II.* Legon, Accra, 966–981.
– (2015[2004]): Afrikanische Politische Philosophie in der Post-Unabhängigkeitsära. In: Dübgen, Franziska / Skupien, Stefan (Hg.): *Afrikanische politische Philosophie: Postkoloniale Positionen.* Berlin, 85–111.
– (2016): Against African Communalism. In: *Journal of French and Francophone Philosophy* XXIV/1, 81–100.
– (2018): Excluded Moderns and Race/Racism in Euro-American Philosophy: James Africanus Beale Horton. In: *The CLR James Journal* 24/1–2, 177–203.
Tegnerowicz, Joanna (2015): Rebel Against Colonial Ties: Chinweizu, Radical Interpreter of Black Condition and Liberation. In: Sonderegger, Arno (Hg.): *African Thoughts on*

Colonial and Neo-Colonial Worlds: Facets of an Intellectual History of Africa. Berlin, 171–190.
Tetzlaff, Rainer (2018): *Afrika: Eine Einführung in Geschichte, Politik und Gesellschaft.* Wiesbaden.
Thompson, Peter S. (2002): Negritude and a New Africa: An Update. In: *Research in African Literatures* 33/4, 143–153.
Touré, Sékou (o. J. [1960]): Afro-Asian Fraternity. In: *The International Policy of the Democratic Party of Guinea, Bd. VII.* [o. O.], 111–123.
Trojanow, Ilija (2010 [2008]): *Der entfesselte Globus: Reportagen.* München.
Trouillot, Michel-Rolph (2002): Undenkbare Geschichte: Zur Bagatellisierung der haitianischen Revolution. In: Conrad, Sebastian / Randeria, Shalini (Hg.): *Jenseits des Eurozentrismus: Postkoloniale Perspektiven in den Geschichts- und Kulturwissenschaften.* Frankfurt, New York, 85–115.
UNAIDS (2020): *New modelling shows COVID-19 should not be a reason for delaying the 2030 deadline for ending AIDS as a public health threat,* 14.12.2020, https://www.unaids.org/en/resources/presscentre/featurestories/2020/december/20201214_covid19-2030-deadline-for-ending-aids [30.12.2020].
Vanderploeg, Arie J. (1978): Africanus Horton and the Idea of a University for Western Africa. In: *Journal of African Studies* 5/2, 185–204.
Vanhee, Hein (2019): »This Guy has become a Complete Savage« – A Last Interview with Jan Vansina. In: *African Studies Quarterly* 18/2, 1–16.
Vansina, Jan (1994): *Living with Africa.* Madison.
– (2010): *Being Colonized: The Kuba Experience in Rural Congo, 1880–1960.* Madison.
– (2016): De vita sua. In: *Society* 53/3, 240–245.
Wainaina, Binyavanga (2005): How to Write about Africa. In: *Granta* 92, https://granta.com/how-to-write-about-africa/ [17.02.2021].
wa Thiong'o, Ngũgĩ (2009): *Something Torn and New: An African Renaissance.* New York.
– (2009b): The Myth of Tribe in African Politics. In: *Transition* 101, 16–23.
– (2011 [2006]): *Herr der Krähen.* Roman. Frankfurt am Main.
– (2013 [2012]): *Im Haus des Hüters: Jugendjahre.* München.
Wallerstein, Immanuel (1998–2012 [1974–2011]): *Das moderne Weltsystem.* 4 Bände. Wien.
– (1999): Eurocentrism and its Avatars: The Dilemmas of Social Science. In: *The End of the World as we know It: Social Science for the Twenty-First Century.* Minneapolis, 168–184.
– (2003): Anthropology, Sociology, and Other Dubious Disciplines. In: *Current Anthropology* 44/4, 453–465.
– (2006): *European Universalism: The Rhetoric of Power.* New York.
– (2011 [1983]): *Historical Capitalism [1983] with Capitalist Civilization.* London, New York.
– (2011): *The Modern World-System IV: Centrist Liberalism Triumphant, 1789–1914.* Berkeley.
Walvin, James (2006): *Atlas of Slavery.* Edinburgh.
Weber, Max (1992 [1916]): Einleitung in die Wirtschaftsethik der Weltreligionen. In: *Soziologie, Universalgeschichtliche Analysen, Politik.* Stuttgart, 398–440.
Webster, J. B. / Boahen, A. A. (1980): *The Revolutionary Years: West Africa since 1800.* London.
Weiler, Bernd (2006): *Die Ordnung des Fortschritts: Zum Aufstieg und Fall der Fortschrittsidee in der »jungen« Anthropologie.* Bielefeld.
Weiss, Holger (2014): *Framing a Radical African Atlantic: African American Agency, West African Intellectuals and the International Trade Union Committee of Negro Workers.* Leiden.
Westad, Odd Arne (2018): *The Cold War: A World History.* New York u. a.

Wiedemann, Charlotte (2020): Privileg und Gedenken: Zwischen 8. Mai und Mbembe. Es ist Zeit, eurozentrische Geschichtsbilder zu überwinden – gerade in Deutschland. In: *TAZ*, 13.05.2020, https://taz.de/Deutsche-Gedenkkultur/!5681887/ [14.04.2021].

Wilson, Henry S. (1969): James Africanus Horton and the Fanti Confederation. In: *Origins of West African Nationalism*. London, 153–225.

Wilson, Kathleen (Hg., 2004): *A New Imperial History: Culture, Identity and Modernity in Britain and the Empire 1660–1840.* Cambridge.

Wimmer, Franz Martin (2004): *Interkulturelle Philosophie.* Wien.

Wiredu, Kwasi (1996): *Cultural Universals and Particulars: An African Perspective.* Bloomington.

– (2015): Demokratie und Konsensus in traditioneller afrikanischer Politik. In: Dübgen, Franziska / Skupien, Stefan (Hg.): *Afrikanische politische Philosophie: Postkoloniale Positionen.* Berlin, 168–181.

Wirz, Albert (1984): *Sklaverei und kapitalistisches Weltsystem.* Frankfurt am Main.

– (2000): Sklavenhandel, Sklaverei und legitimer Handel. In: Grau, Inge / Mährdel, Christian / Schicho, Walter (Hg.): *Afrika: Geschichte und Gesellschaft im 19. und 20. Jahrhundert.* Wien, 75–91.

Wolf, Eric ([2]1997 [1982]): *Europe and the People without History.* Berkeley.

Worger, William H. / Clark, Nancy L. / Alpers, Edward A. (Hg., 2010): *Africa and the West: A Documentary History.* Band 2. Oxford.

Wright, Donald R. (1999): »What Do You Mean There Were No Tribes in Africa?« Thoughts on Boundaries and Related Matters in Precolonial Africa. In: *History in Africa, A Journal of Method* 26, 409–426.

Young, Robert J. C. (2001): *Postcolonialism: An Historical Introduction.* Malden, Oxford, Victoria.

Zeleza, Paul Tiyambe (1997): *Manufacturing African Studies and Crisis.* Dakar.

– (2007): Introduction: The Internationalisation of African Knowledges. In: Zeleza, Paul Tiyambe (Hg.): *The Study of Africa, Volume 2: Global and Transnational Engagements.* Dakar, 1–24.

– (2010): African Diasporas: Toward a Global History. In: *African Studies Review* 53/1, 1–19.

– (2016): *The Transformation of Global Higher Education, 1945–2015.* New York.

– (Hg., 2006): *The Study of Africa, Volume 1: Disciplinary and Interdisciplinary Encounters.* Dakar.

– (Hg., 2007): *The Study of Africa, Volume 2: Global and Transnational Engagements.* Dakar.

Ziai, Aram (2008): Rassismus und Entwicklungszusammenarbeit. In: Gomes, Bea / Schicho, Walter / Sonderegger, Arno (Hg.): *Rassismus: Beiträge zu einem vielgesichtigen Phänomen.* Wien, 191–213.

Zimmerer, Jürgen / Zeller, Joachim (Hg., 2003): *Völkermord in Deutsch-Südwestafrika: Der Kolonialkrieg (1904–1908) in Namibia und seine Folgen.* Berlin.

Zimmermann, Susan (2010): *GrenzÜberschreitungen: Internationale Netzwerke, Organisationen, Bewegungen und die Politik der globalen Ungleichheit vom 17. bis zum 21. Jahrhundert.* Wien.

ANMERKUNGEN

1 Achebe 1991 [1987]: 140.
2 Braudel 1992 [1958]: 61–62.
3 Vgl. Bloch 2002 [1949]: 30, 32.
4 Appiah 2007 [2006]: 204.
5 Appiah 2018: 223.
6 Laye 1974 [1966]: 7–8.
7 Appiah 2018: 223.
8 Erkenntnistheoretisch folge ich hier im Wesentlichen der Argumentation Karl Poppers 2003 [1994]: 275 ff. Auch wenn ich Felwine Sarrs Kritik an eurozentrischen Formen der wissenschaftlichen Praxis und der »westlichen Wissensproduktion« manches abgewinnen kann, halte ich seine Hoffnung auf das kommende »Afrotopia« – »jenes andere Afrika, dessen Ankunft beschleunigt werden muss, damit seine günstigen Potenziale verwirklicht werden können« – für verfehlt; Sarr 2020 [2016]: 14. Vgl. auch Kapitel 7.
9 Vgl. hierzu sehr explizit Kapitel 7, doch das Thema zieht sich implizit durch das ganze Buch.
10 Vgl. Sonderegger 2015 und die Beiträge in Grandner/Sonderegger 2015.
11 Vgl. Campbell 2019 zur Welt des Indischen Ozeans (WIO); darüber hinaus vgl. Mückler 2020: 163 ff.; Edelmayer 2015: 211–218.
12 Braudel 1997 [1985].
13 Vgl. Wolf 1997 [1982]; Hauck 2001: 53 ff.
14 Vgl. Eckert/Grau/Sonderegger 2010; Sonderegger 2019. Zum »Alten« Afrika vgl. Sonderegger 2017; Jones 2016.
15 Dazu grundlegend die vier Bände von Wallerstein 1998–2012. Vgl. Hauck 2001: 109 ff.
16 Wallerstein 2011: 77.
17 Wulf Hund 1999 bestimmt Rassismus darum ganz kurz und bündig als »die soziale Konstruktion natürlicher Ungleichheit«.
18 Zur Geschichte des Rassismus vgl. Mosse 1990 [1985]; Hund 1999, 2006 und 2007; Gomes/Schicho/Sonderegger 2008; Sonderegger 2009b.
19 Vgl. Sonderegger 2009a: 29–50; Füllberg-Stolberg 2010.
20 Berühmt wurde diese Formulierung von »the West and the Rest« mit Stuart Hall 1994, allerdings veröffentlichte der nigerianische Autor Chinweizu 1975, also bereits zwei Jahrzehnte früher, sein Buch *The West and the Rest of Us*.
21 Bayly 2004. Vgl. Cooper 2014a: 36. Eine nähere Bestimmung des Begriffs »Moderne« erfolgt in Kapitel 4.
22 Curtin 1998. Die Zusammenhänge zwischen diesem durch unfreie Arbeit und inhumane Ausbeutung charakterisierten »Plantagenkomplex« in den karibischen und amerikanischen Räumen und den Entwicklungen am afrikanischen Kontinent, die durch den transatlantischen Menschenhandel miteinander verflochten waren, sind Thema in Kapitel 2.

23 Bayly 2004: 55.
24 Vgl. Adas 2014 [1989].
25 Cooper 2014a: 18–19.
26 Vgl. Mintz 1985.
27 Cooper 2001: 28.
28 Vgl. Sonderegger 2008b: 94–95. Die klassische Arbeit dazu, die den konventionellen kolonialrassistischen Darstellungen entgegentrat, ist 1938 unter dem Titel *The Black Jacobins* erschienen und stammt von C. L. R. James (1901–1989), dem berühmten »schwarzen« Historiker und (trotzkistischen) politischen Denker aus Trinidad. Er und George Padmore, der in Kapitel 6 behandelt wird, waren Jugendfreunde, die sich aus den Augen verloren hatten, aber sich in den 1930er-Jahren zufällig in London wiederbegegneten, wo sie ihre Freundschaft erneuerten und gemeinsam an der Organisation der panafrikanischen und antiimperialen Protestaktivitäten arbeiteten; vgl. Kapitel 5.
29 Vgl. Drescher 2009; Wirz 2000.
30 Vgl. Sonderegger 2008a und 2010a. Eine eingehende Behandlung geschieht im Kapitel 3.
31 Vgl. Zimmermann 2010; Komlosy 2014.
32 Vgl. Lovejoy 1983 und 2016; Manning 1990.
33 Vgl. Sonderegger/Grau/Eckert 2010: 15 ff. sowie die Beiträge in Eckert/Grau/Sonderegger 2010.
34 Lugard 1922: 616.
35 Osterhammel 2009: 577.
36 Vgl. Stanley 2011 [1885]. Die Schilderung seiner Suche nach Livingstone enthält Stanley 2021 [1872], ein anderer Bestseller der Reiseliteratur des 19. Jahrhunderts. Sehr fragwürde und problematische Afrikabilder wurden im Rahmen dieses Textgenres massenwirksam gestreut. Vgl. Driver 2001.
37 Vgl. De Brazza 2016 [1887].
38 Banning 1878: 137–139.
39 Banning 1878: 176.
40 Vgl. Osterhammel 1995a: 112 ff. In Kapitel 3 wird die Problematik des kolonialen Denkens in ihrem Zusammenhang mit Rassismus näher behandelt.
41 Adu Boahen 1985: 17 unterschied, in einer geglückten Wendung, zwischen dieser *»partition on paper«* und den späteren Aktionen, die zur *»partition on the ground«* führten; der Sache nach gleich Oliver 2000 [1991]: 211; und auch bereits Oliver/Fage 1970 [1962]: 194 f.
42 Vgl. Pakenham 1992; Boahen 1987; die Beiträge in Boahen 1985; Bley 2005: 14–17.
43 Vgl. zu Kolonialkriegen Koller 2001; Olusoga 2015. Eine frühe und immer noch mit Gewinn zu lesende Darstellung und Analyse der Vorgänge um die Aufteilung des Kontinents gibt Padmore 1972 [1937]: 157–172.
44 Belloc 1898: 41.
45 Vgl. für beispielhafte Widerstandsgeschichten in Westafrika Isichei 1977; Crowder 1968; außerdem die Beiträge in Boahen 1985 und Oliver/Sanderson 1985, in denen sich Beispiele aus allen afrikanischen Großregionen behandelt finden. Zur Konzeptualisierung von »Widerstand« vgl. Ranger 1985.
46 Lugard 1922: 5. »I am a profound believer in the British Empire« heißt es am Ende des Zitats im englischen Original, das die religiös bedeutungsschwangere Aufladung noch verinnerlichter zum Ausdruck bringt. Eine informative Skizze zu Lugard in Nigeria findet sich in deutscher Sprache bei Smith 2015: 54–72.
47 Zur Figur des »Kolonisators« vgl. die klassischen Arbeiten von Aimée Césaire 2000 [1955]; Albert Memmi 1994 [1966].
48 Hobsbawm 1993 [1987]: 82.

49 Vgl. Allen 2011: 7–8.
50 Vgl. Burbank/Cooper 2010: 369 ff.
51 Vom Raubkolonialismus sprechen Schicho 2010: 62–63 und Hauck 2012: 130–131, von der Ausbeutungsmodernisierung Coquery-Vidrovitch 2011: 177 ff.
52 Vgl. Cooper 2019; Schicho 2014.
53 Vgl. Osterhammel 1995a: 16 ff.; Reinhard 1996: 2 f.
54 Vgl. Boahen 1987; Hauck 2001: 119–173; Boahen 1985; Mazrui 1993; Oliver/Sanderson 1985; Roberts 1986; Crowder 1984; Cooper 2005 und 2015.
55 Iliffe 1979: 324. Vgl. Ranger 2004 [1993]; Wright 1999; Wa Thiong'o 2009: 20–22.
56 Wa Thiong'o 2009: 20, Hervorh. im Orig.
57 Chabal 2009: 33.
58 Vgl. Curtin 1984.
59 Zur kulturellen Vielfalt (auch) marktförmiger Ökonomien vgl. Herskovits 1952, zum kulturübergreifenden Fernhandel Curtin 1984. Zur kulturanthropologischen Kritik an herkömmlichen Vorstellungen von Wirtschaft vgl. Graeber 2011 und 2012 [2001] sowie Sahlins 1994 [1976]. Es kann nicht oft genug wiederholt werden – worauf Braudel 1997 [1985]: 36 f., 41–69 hinweist –, dass Marktwirtschaft und Kapitalismus keine Synonyme sind, dass sie nicht dieselben Phänomene bezeichnen – weder auf der Ebene »materieller Tauschbeziehungen« noch hinsichtlich der damit einhergehenden Ideen, Sitten und Gebräuche, in die Gütertransaktionen eingebettet sind und gemäß derer sie von konkreten, konkret handelnden Menschen vollzogen werden.
60 Hauck 2001: 115.
61 Vgl. Fage/Tordoff 2002: 426.
62 Vgl. Mamdani 1996; Cooper 2019: 127.
63 Cooper 2001: 54. Zu den Kolonialstädten vgl. Baller 2011: 196–2005.
64 Vgl. Rodney 2009 [1973]: 247 und Boahen 1987: 95–112. Zur Diskussion um Kolonialismus bzw. Postkolonialismus vgl. auch Kapitel 7.
65 Falola 2001: 305–306. Anstelle der im Original (einem Lexikonbeitrag) gesetzten Abkürzungen habe ich hier im Sinne der Lesefreundlichkeit den Wortlaut ergänzt, ohne dies eigens anzuzeigen.
66 Vgl. Derrick 2008.
67 E. D. Morel, *The Black Man's Burden*, 1920, zit. nach Padmore 1972 [1937]: 176.
68 Padmore 1972 [1937]: 206. Vgl. ebd.: 176–206.
69 Padmore 1949: 67.
70 Eine nähere Behandlung der antikolonialen afrikanischen Aktivitäten erfolgt in den Kapiteln 5 und 6.
71 Vansina, zit. nach Vanhee 2019: 9. Vgl. auch die Studie zum Kuba-Land im kolonialen Kongo von Vansina 2010.
72 Vgl. Crowder 1968: 165 ff.
73 Lugard 1922: 617.
74 Vgl. Crowder 1968: 144 ff.; Sonderegger 2008a: 393 ff.
75 Zu dem Genozid an den Herero und Nama vgl. die Beiträge in Zimmerer/Zeller 2003 sowie Melber 2015; zu Maji-Maji vgl. die Beiträge in Becker/Beez 2005 und die klassische Arbeit von Gwassa 2005 [1973].
76 Vgl. Davidson 1978: 148–164 und Eckert 2000, die einige ausgesuchte Beispiele anführen, und Balandier 1971 [1955]: 417 ff. für eine Pionierstudie sogenannter millenarischer Bewegungen unter den Bakongo. Für die Frühphase vgl. auch Ranger 1985.
77 Vgl. Eckart 1997.
78 Schicho 2014: 49.
79 Ebd.
80 Vgl. Fage/Tordoff 2002: 421 f. Die Finanzmittel waren extrem bescheiden, aber prinzipiell stellte diese Verordnung einen Dammbruch dar. Zur Ausgabenpolitik kolonialer Verwaltungen vgl. Davidson 1984: 48 ff.

81 Vgl. Coquery-Vidrovitch 2011 und 1985; Schicho 2014. Manche Autoren sprechen hinsichtlich dieser Prozesse, die sich ab dem Zweiten Weltkrieg beschleunigten, im Gefolge von Anthony Low und John Lonsdale von einer »zweiten kolonialen Okkupation« Afrikas. Frederick Cooper 2002 und 2019 setzt damit den Beginn einer »Entwicklungsära« an, die bis in die frühen 1970er-Jahre andauert.
82 Balandier 1970 [1952] und 1957. Vgl. zu Balandiers Konzeption der »kolonialen Situation« auch Cooper 2005. Zur sozialanthropologischen Infragestellung der Kategorie »Stamm« und zu den frühen Forschungen zu Afrikanern und Afrikanerinnen in dezidiert modernen Arbeitsverhältnissen im südlichen Afrika, einschließlich ihrer Auswirkungen auf das Landleben vgl. Moore 1994; Gordon 2018.
83 Vgl. dazu Padmore 1949: 191–261.
84 Vgl. Fage/Tordoff 2002: 422 und Beiträge in Hodge/Hödl/Kopf 2014. Dies geschah auf der Grundlage einer groß und breit angelegten Untersuchung, um die »Potenziale« der verschiedenen britischen Kolonialterritorien in Afrika zu erkunden – Lord Haileys 1938 veröffentlichter *African Survey* belief sich auf mehr als 1800 Seiten. Vgl. Cell 1989: 481 ff.
85 Vgl. Schicho 2014: 59 f. Auch in Belgisch-Kongo gab es analoge Initiativen, vgl. Schicho 2012.
86 Vgl. Cooper 1996 und 2014b.
87 Padmore 1963 [1947]. Vgl. dazu Sonderegger 2010b und 2020, sowie die Kapitel 5 und 6.
88 Padmore 1949: 10.
89 Burbank/Cooper 2010: 370.
90 Fage/Tordoff 2002: 425.
91 Beispielhafte ländergeschichtliche Darstellungen dieser Prozesse in verschiedenen afrikanischen Staaten liefern, um nur Bücher mit Überblickscharakter zu nennen, etwa Cooper 2013 und 2019; Birmingham 1995; Nugent 2012; Schicho 1999b, 2001 und 2004; Hauck 2001 und viele andere mehr.
92 Publiziert wurde sie allerdings erstmals 1962, vgl. Nkrumah 1979 [1962 (1945)]. Zu Nkrumah und seinen Aktivitäten an der Goldküste bzw. in Ghana vgl. Davidson 2007 [1973] und Sonderegger 2016a, außerdem seine Autobiografie: Nkrumah 1957.
93 Sonderegger 2017: 140–147.
94 Vgl. die Beiträge in Lundt/Marx 2016; Adeleke 2020.
95 Vgl. Schicho 2004: 84–94.
96 Angelo 2020: 11.
97 Wa Thiong'o 2013 [2012]: 43.
98 Ebd.: 44–45.
99 Ebd.: 46.
100 Zu Kenyatta als »Präsident« und Meister familiär-klientelistischer Politik, die die staatspolitische Szene in Kenia bis heute prägt, vgl. Angelo 2020.
101 Vgl. zum »globalen Kalten Krieg« im Allgemeinen Westad 2018 und Burton 2021a, für eine imponierend detailreiche Fallstudie, in deren Zentrum Tansania steht, vgl. Burton 2021b.
102 Namikas 2013: 21; zur Suez-Krise vgl. Melber 2019: 70–73.
103 So der Telegrammtext, zit. nach Melber 2019: 74.
104 Vgl. Schicho 1999b: 220 ff.; Melber 2019: 77–80.
105 Melber 2019: 84–85.
106 Vgl. Schicho 1999b: 223 ff.
107 Vgl. dazu allgemein Birmingham 1995. Hervorragende Einblicke in die antikolonialen Kämpfe im lusofonen Afrika vermittelt für Angola Davidson 1974 [1972] und für Guinea-Bissau Davidson 1981 [1969].
108 Nugent 2012: 242; vgl. ebd.: 235–242.
109 Achebe 2011 [1998]: 163.

110 Cooper 2019: 159.
111 Davidson 1992. Vgl. Soyinka 2012: 10–18. Ich halte es auch deshalb für irreführend, den Prozess der Auflösung der europäischen Kolonialreiche mit »Dekolonisation« überhaupt gleichzusetzen, wie das in jüngerer Zeit manchen westlichen Historikern wieder opportun scheint; vgl. Sonderegger 2013: 100–107.
112 Vgl. Nugent 2012: 102–108; Cooper 2019: 154–158.
113 Soyinka 2012: 13.
114 Bayart 2009 [1989].
115 Eckert 2016: 417.
116 Mamdani 1996: 16 ff., 25–26. Ähnlich auch Davidson 1978: 214 ff.
117 Soyinka 2007 [2006]: 42.
118 Vgl. Cooper 2002 und 2019: 162–174; Nugent 2012: 205–206.
119 Nugent 2012: 203–204.
120 Vgl. Mamdani 1996: 25 f. Zur Tiefengeschichte des Tropus vom »Despotismus« vgl. Sonderegger 2008a.
121 Schicho 2010: 140–141, vgl. 123–127. Der Zug zur Diktatur und zum Personenkult ist freilich kein Spezifikum der afrikanischen politischen Szene, sondern ein durchaus weltumspannendes Phänomen; von den acht Beispielfällen, die Dikötter 2019 in seinem *How to Be a Dictator* erzählt, kommt mit Haile Mariam Mengistu, der nach dem Sturz des Kaisers bis 1991 Äthiopien vorstand, nur einer aus Afrika, vier hingegen aus Europa, zwei aus Ostasien und einer aus der Karibik (Haiti); zudem behandelt er Mengistu zuletzt. Das hat selbstverständlich mit der eurozentrischen Selektion des Autors zu tun, es demonstriert aber dennoch deutlich, dass derartige Entwicklungen in Afrika nicht als »abweichend« klassifiziert werden können, sondern konstitutiv für das globale 20. Jahrhundert stehen.
122 N'Dour 1992: *Africa remembers*. Er singt das Lied in Wolof.
123 Vgl. Mamdani 1996; Cooper 2002. Eine ausführliche vergleichende Diskussion zu Entwicklungen in Tansania und Kenia, an der Elfenbeinküste und in Ghana, in Guinea und im Senegal im Zeitraum 1960 bis 1985 bietet Nugent 2012: 141–206; im Hintergrund seines sozialgeschichtlichen und politökonomischen Vergleichs stehen die unterschiedlichen ideologischen Ausrichtungen der herrschenden Regime in den genannten Staaten.
124 Ein Beispiel für einen analogen Diskreditierungsversuch, die Geschichte Südafrikas und die Person Nelson Mandela betreffend, behandle ich in Sonderegger 2018b.
125 Vgl. Nugent 2012: 109 ff.
126 Appiah 1993: 167.
127 Vgl. Hauck 2012: 170, 178–186.
128 Niane 2010 [2008]: 267.
129 Ebd.: 259.
130 Ngalasso-Mwatha 2010 [2008]: 102. Ähnlich auch Mbembe 2010 [2008]: 58–59.
131 Ngalasso-Mwatha 2010 [2008]: 103. Das Pariser Museum für außereuropäische Kunst ist auch als *Musée du quai Branly – Jacques Chirac* bekannt. Ab 1995/96 in Planung, wurde es 2006 eröffnet.
132 Niane 2010 [2008]: 251.
133 Obenga 2010 [2008]: 236. Vgl. Mbembe 2010 [2008]: 59–72.
134 Mbembe 2010 [2008]: 60.
135 Zur »African Renaissance« vgl. wa Thiong'o 2009.
136 Schicho 2010: 125.
137 Vgl. Cooper 2014a: 91 ff.; Hauck 2012; Schlauß/Schicho 2014; Burgis 2017 [2015].
138 Cooper 2019: 127.
139 Nkrumah 1971 [1965]. Vgl. dazu auch die Beiträge in Sonderegger 2015. Basil Davidson billigt Nkrumah zu, den Begriff »Neokolonialismus« »popularisiert« zu haben, er erinnert jedoch daran, dass der marxistische Gelehrte Rajani Palme Dutt (1896–

1974) schon 1957 vorgeschlagen hat, die neuen im Entstehen begriffenen ungleichen Beziehungen als »new colonialism« zu beschreiben; Davidson 1978: 411 f. / En. 11.
140 Ellis 2016: 72. Vgl. Bayart 2009 [1989]; Birmingham 1995; Hargreaves 1996.
141 Vgl. Schicho 2009; Easterly 2006; Moyo 2009.
142 Vgl. Harisch 2018a; Chabal et al. 2002.
143 Cooper 2019: 155–156, 161–162.
144 Sembène 2010 [2004]: 27.
145 N'Dour 1992: *New Africa*. Im Jahr 2012 wollte der Musiker für das Präsidentenamt kandidieren, wurde jedoch nicht zur Kandidatur zugelassen. Nach dem Wahlsieg des Oppositionskandidaten berief dieser ihn zum Kulturminister.
146 Vgl. Burgis 2017 [2015]: 18–19. (Er bezieht sich auf Zahlen der Weltbank von 2010.)
147 Ellis 2011: 106.
148 Vgl. Easterley 2006; Sonderegger/Grau/Englert 2011; Schicho 1999b, 2001 und 2004.
149 Ellis 2016: 72.
150 Vgl. Schicho 2010: 145–164; Cooper 2002; Nugent 2012; Fage/Tordoff 2002: 504–533. Schicho 2010 spricht im Zusammenhang mit den oktroyierten Strukturanpassungsprogrammen von einer »dritten Kolonisierung« Afrikas – in Anspielung an die »zweite koloniale Okkupation« der Entwicklungsära und in Fortsetzung der Etablierung kolonialer Fremdherrschaft infolge des *»Scramble for Africa«*.
151 Vgl. Southall/Melber 2009; Ellis 2011: 119, 155 ff.
152 Sarr/Bloch 2019: o. S.
153 Vgl. dazu die immer noch erhellenden Darstellungen von Crowder 1968: 165–173.
154 Den Begriff »Postkolonie« hat Achille Mbembe, Politikwissenschaftler aus Kamerun und namhaftes Sprachrohr der jüngeren »Postcolonial Studies«, wesentlich geprägt; vgl. Mbembe 2000. Eine kritische Überblicksdiskussion gibt Marzagora 2016. Siehe hierzu auch Kapitel 7.
155 Schicho 2010: 147. Im Jahr 2018 lagen die Anteilswerte am afrikanischen Außenhandelsvolumen für die EU bei 32 %, für China bei 17 % und die USA bei 6 %; vgl. Bonschab/Kappel 2020: o. S.
156 Vgl. Engel 2019: 36–43.
157 Siehe die ländergeschichtlichen Studien in Schicho 1999b, 2001 und 2004.
158 Nugent 2012: 207 ff. Coquery-Vidrovitch 2011: 201 f. charakterisiert die Jahre zwischen etwa 1968 und 1989 dementsprechend durch »gewaltsame Repression« vonseiten »diktatorischer Regime« bzw. »Militärherrschaft«.
159 Achebe 1984: 5.
160 Ebd.: 7
161 Ellis 2016: 57.
162 Chabal 2009: 33.
163 Vgl. Adigwe/Grau 2007: 83–87.
164 Vgl. Adigwe/Grau 2007: 88; Soyinka 2007: 53–62, 99–122, 123–142; Achebe 2012: 74–83, 209–239.
165 Ein eindrücklicheres Bild zu den unabgeschlossenen Nachwirkungen des Biafra-Konflikts, als es die Fachliteratur zeichnet, vermitteln die autobiografischen Reflexionen der großen nigerianischen Schriftsteller Chinua Achebe 2012: 74–83, 209–239 und Wole Soyinka 2007: 53–62, 99–122, 123–142.
166 Vgl. Schicho 2001: 86–101; Ellis 2016.
167 Zum ruandischen Genozid und seiner Vorgeschichte empfehle ich Mamdani 2001; Davidson 1994; sowie Kraler 2009 und 2004.
168 So der Titel und Untertitel von Kaplan 1994. Seine Dystopie wurde ernster genommen als sie es verdient. Das gleiche lässt sich auch über zwei annähernd zeitgleich veröffentlichte herrschaftsdienliche Propagandawerke sagen, die dem Westen nach dem Zusammenbruch der UdSSR eine neue hegemoniale Aufgabe vermitteln wollten.

Das eine ist die Behauptung des US-amerikanischen Politologen Samuel Huntington, der welthistorische Prozess werde gleichsam naturgesetzlich durch unvermeidbaren Kulturkampf zwischen verschiedenen Gesellschaften ausgetragen. In *Foreign Affairs*, dem außenpolitischen Organ der USA, erschien sein *The Clash of Civilizations* 1993, später auch aufgebauscht in Buchform. Huntingtons französisches Pendant heißt Jean-Christophe Rufin. Er warnte 1991, »die westliche Zivilisation sei einmal mehr von kriegerischen und aggressiven Barbaren bedroht, die an ihren Toren rütteln« (Ellis 1999: 20). Die Tore also galt es zu sichern, Europa zur Festung auszubauen und den Anderen zurückzuschlagen.

169 Appiah 1993: 164–165.

170 Vgl. dazu Richards 1996; Ellis 1999: 20 ff., 43–74.

171 Ellis 1999: 33.

172 Zu einem nicht geringen Teil scheint mir das der forcierten »Internationalisierung« der Wissenschaftsproduktion geschuldet zu sein, die eine Ausrichtung am US-amerikanischen Hegemon verlangt. Damit kehrten eurozentrische Positionen und Perspektiven auf das Feld der Afrikawissenschaften zurück, die man in den 1960er- und 70er-Jahren für überwunden geglaubt hatte. Für die politiknahen Disziplinen vgl. Perry Anderson 2017 [2015], für die Arealwissenschaften vgl. Benedict Anderson 2016, zur »Afrikanischen Geschichte« vgl. Miller 1999; Vansina 1994 und 2016; sowie Sonderegger 2011b: 229–237. Vgl. auch Kapitel 7.

173 Vgl. Sen 2007 [2006] mit Beispielen aus Indien; Wiredu 1996 und 2015 für Afrika.

174 Vgl. dazu Hobsbawm 2007, aber auch Davidson 1992.

175 Vgl. Chabal 2009.

176 N'Dour 1992: *Country Boy*.

177 Engel 2019: 29.

178 Engel 2019: 29. Vgl. ebd.: 29–32.

179 Ellis 2011: 159. Vgl. Mbembe 2000 und, als ein Beispiel früher Kritik, Davidson 1974. Schon in den Aufbaujahren der US-amerikanischen Arealwissenschaften hat der Pionier der Afrikastudien in den USA, Melville Herskovits, versucht, die Forschungsgeldgeber davon zu überzeugen, vorrangig in Forschungen zu Kulturen und Gesellschaften Afrikas – ihren Traditionen und ihrer Geschichte – zu investieren. Leider blieben seine diesbezüglichen Bemühungen vergeblich, der Primat herrschaftstauglichen »Wissens« wurde auch hier implementiert. Vgl. Gershenhorn 2004: 169 ff., 201 ff.

180 Vgl. Hobsbawm 2003 [1994]; Judt 2010 [2005]; Cooper 2019; Ellis 2011.

181 Vgl. Burgis 2017 [2015].

182 Vgl. Hauck 2001; Tetzlaff 2018.

183 Vgl. Worger/Clark/Alpers 2010: 236; Sonderegger/Grau/Englert 2011: 10–11.

184 Vgl. Amin 2011, der beispielhaft vor allem die landwirtschaftliche Entwicklung im Sahel-Raum behandelt.

185 Vgl. Nugent 2012: 330 ff.

186 Vgl. Fage/Tordoff 2002: 535; Cooper 2019: 166 f. Aufgrund der (aufgenötigten) Ausgaben für Covid-Maßnahmen standen in Afrika 2020 weniger finanzielle Mittel zur Bekämpfung von HIV (und anderen endemischen Krankheiten wie Malaria und Tuberkulose) zur Verfügung, und viele Infizierte konnten sich aufgrund der eingeschränkten Mobilität nicht mit den benötigten antiretroviralen Medikamenten versorgen. Es ist daher mit einem deutlichen Anstieg infizierter Menschen zu rechnen. Vgl. UNAIDS 2020.

187 Vgl. Schicho 2009: 100; Easterley 2006; Mboyo 2009; Ellis 2011.

188 Fage/Tordoff 2002: 533.

189 Vgl. Cooper 2014a: 22–25, 27 f.

190 Mit mehr Gewinn als Fukuyama 1992 liest man in diesem Kontext Hobsbawm 2007 oder Anderson 1992: 279 ff., 331 ff.

191 Tetzlaff 2018: 183. (Tetzlaff folgt hierbei seiner eigenen Aussage nach Matthias Basedau 2003; dessen Text findet sich jedoch nicht im Literaturverzeichnis.)
192 Matthias Basedau streut in *Africa Spectrum* noch Ende 2020 die gegenteilige Fehlinformation. Dabei nimmt er weder zur Kenntnis, dass nach etwas mehr als einer Dekade des relativen Wirtschaftswachstums die Indikatoren seit 2015 wieder nach unten weisen (vgl. Cooper 2019: xiv, 291 ff.), noch scheint ihm deren generell geringe Aussagekraft hinsichtlich von Wohlstandsverteilung oder gar politischer Mitbestimmung bewusst zu sein.
193 BTI 2020: o. S.
194 Vgl. die Literaturdiskussionen in Lundberg 2019: 135 und Pickel 2019: 125 ff.
195 Vgl. Schicho 2010: 165 ff.; Nugent 2012: 376 ff.; Cooper 2019: 240 ff., 277 ff.
196 Vgl. Schmidt 2013 und 2018; Ellis 2011: 133–145, 162 f.
197 Vgl. Mamdani 2009: 48–71.
198 Vgl. zu den jüngeren Aktivitäten in Westafrika den Band von Heß/Lutz/Konopka 2021 in der aufschlussreichen Buchreihe *Wegweiser zur Geschichte* des ZMSBw.
199 Burgis 2017 [2015]: 19 f.
200 Rodney 2009 [1973]: 246 f. So der Titel seines Buches *How Europe Underdeveloped Africa.* Die Unterentwicklung vollzog sich im Rahmen eines »Systems«, das durch »Ausbeutung und Unterdrückung« und wie »ein einarmiger Bandit« vorzugsweise »im Interesse der [kolonialen/kapitalistischen] Metropole gut funktionierte«. Zu Walter Rodney vgl. Harisch 2018b und 2020.
201 Burgis 2017 [2015]: 292.
202 Cooper 2014a: 91.
203 BzwwU 2018: 5.
204 Vgl. BPB 2017: o. S. Dass nach den Weltbank-Daten von 2012 der Anteil Afrikas an der weltweiten Verteilung »extremer Armut« 43,4 % ausmachte, sei nebenher auch bemerkt. In einer »Armutsrangliste« auf Basis kombinierter Weltbank-Daten finden sich bezeichnenderweise auf den ersten 25 Plätzen ausschließlich afrikanische Länder, unter den ersten 40 gelisteten scheinen nur 5 nicht-afrikanische Länder auf. Vgl. https://de.wikipedia.org/wiki/Liste_der_L%C3%A4nder_nach_Armutsquote [31.12.2020].
205 *World Poverty Clock*, https://worldpoverty.io/map [31.12.2020]. Man beachte, dass die hier (wie anderswo) gebrauchten Zahlen reine Schätzungen sind. (Die auf den einzelnen Menschen genaue Zählung, die hier suggeriert wird, hat also nichts mit der Realität zu tun, sondern soll eine Genauigkeit vorspiegeln und ein unkritisches Vertrauen in das Bemessungswerkzeug stiften. Operierte man mit anderen Schätzungen, anderen Zahlen, würden sich auch die prozentualen wie absoluten Ergebnisse unterscheiden.) Darüber, dass die afrikanische Bevölkerungszahl Anfang des 21. Jahrhunderts erstmals die Marke von einer Milliarde überschritten hat, besteht allerdings ein breiter Konsens.
206 Vgl. BzwwU 2018: 6. Es wird durch Afrika südlich der Sahara, den Nahen Osten und Brasilien repräsentiert.
207 Vgl. Cooper 2019: xiii f., 132–135. Burgis 2017 [2015] schildert an vielen rezenten Fällen (in Angola, Kongo, Nigeria, Guinea, Niger, Tschad, Ghana, Südafrika und Simbabwe) beispielhaft und plastisch die schädliche Dynamik rohstoffbasierter Ökonomien.
208 David Newbury 2011, zit. nach Sonderegger/Grau/Englert 2011: 13. Wie in der klassischen Kolonialzeit werden Menschen zwangsweise ab- und umgesiedelt, ihre agrarische Lebensgrundlage wird ihnen entzogen und sie müssen sich in die Billiglohnabhängigkeit begeben; außerdem werden Lebensmittelimporte nötig, weil auf den fruchtbaren Böden für den Export produziert wird anstatt sie – wie zuvor – für die Deckung der Grundnahrungsbedürfnisse und der nationalen Märkte zu verwenden. Vgl. Englert/Gärber 2014.
209 Vgl. BzwwU 2018: 9.

210 Ferguson 2006: 50 ff. Vgl. Schicho 2005; Glasman 2020a zu weiteren Kontexten des Humanitarismus.
211 Vgl. Cooper 2002: 196 ff.; Cooper 2019: 7 f., 234 ff.
212 Soyinka 2012: 45.
213 Vgl. Davidson 1992.
214 Cooper 2014a: 30–31.
215 Vgl. Kropotkin 2019: 100, 112 ff., 121 f.
216 Achebe 2012: 58.
217 Ellis/Ter Haar 2004: 148.
218 Ebd. Vgl. auch Kapitel 7, in dem diese und andere Afrikadiskurse kritisch reflektiert werden.
219 Ellis/Ter Haar 2004: 148.
220 Sarr/Bloch 2019: o. S.
221 Said 2005 [2001]: 420–421.
222 Vgl. Sonderegger 2020; Adi 2018. Zwei individuelle Beispiele werden in den Kapiteln 4 und 6 diskutiert, das Kapitel 5 behandelt den Kontextrahmen ausführlicher. Zu globalen afrikanischen Diasporas vgl. Zeleza 2010.
223 Ndibe 2019: 75.
224 N'Dour 1992: *New Africa*.
225 Soyinka 2014: 9.
226 Vgl. Curtin 1998: 29, 42 ff.; Bloch 2002 [1949]: 177.
227 Rousseau 1998 [1755]: 31.
228 Lovejoy 1983: 19; vgl. Eckert 2021.
229 Patterson 1982.
230 Vgl. Lovejoy 1983: 1 ff.; Meillassoux 1989: 11 ff.
231 Aristoteles 1989: 76–77.
232 Locke 2003 [1690]: 133.
233 Vgl. Lovejoy 1983: 18 ff.; Manning 1990; Iliffe 1995: 130 ff.; Curtin 1998: 121.
234 Vgl. Sonderegger 2008a: 147 ff., 205 ff.
235 Davidson 1994: 43, 57 ff.; vgl. Curtin 1998: 29 ff.
236 Vgl. Lovejoy 1983: 283; Sonderegger 2008b.
237 Ferguson 2004: 118.
238 Vgl. Küster 1994: 35 ff.
239 Vgl. Inikori 2004: 571 ff.
240 Herder 1997 [1774]: 74–75, Hervorh. im Orig.; vgl. Sonderegger 2002a: 122 ff.
241 Osterhammel/Petersson 2003: 47.
242 Vgl. Wirz 1984: 186 ff. und Kapitel 3.
243 Afigbo 1986: 49; vgl. Ferguson 2004: 117.
244 Vgl. Everill 2020: 5 f.
245 Wirz 1984: 195.
246 Vgl. Kleinschmidt 1998; Osterhammel/Petersson 2003.
247 Vgl. Boahen 1966: 103 ff.; Fage 1969: 65 ff.; Iliffe 1995: 131 f.; Wolf 1997: 196 ff.; Fage/Tordoff 2002: 244 ff.
248 Fage/Tordoff 2002: 334.
249 Mann/Bay 2001; vgl. Everill 2020.
250 Lovejoy 1983: 19; Fage/Tordoff 2002: 254 ff. Seit Philip D. Curtins Pionierstudie aus dem Jahr 1969 ist die Frage nach der quantitativen Dimension des Transatlantischen Sklavenhandels zum Gegenstand einer ganzen historischen Subdisziplin geworden. Curtins Schätzmarken haben sich über die Zeit hinweg als überraschend haltbar erwiesen; über den aktuellen Forschungsstand informiert die *Trans-Atlantic Slave Trade Database* von David Eltis, die unter https://www.slavevoyages.org/ [13.07.2021] zugänglich ist.
251 Lovejoy 1983: 18 f.; Iliffe 1995: 130 ff.

252 Wirz 2000: 77.
253 Lovejoy 1983: 248.
254 Wirz 2000: 77.
255 Grau 2000: 140–141.
256 Vgl. Wirz 1984: 189 f.; Sonderegger 2008b; sowie Kapitel 3.
257 Curtin 1998: 177.
258 Vgl. Wirz 1984. Freilich waren ökonomische Beweggründe nicht der einzige bedeutsame Faktor: »Die britische Wiederkehr des evangelikalen Christentums, die im späten 18. und frühen 19. Jahrhundert einsetzte, brachte«, so Richard Evans (2017 [2016]: 267), »radikale Missionare in die Gebiete, wo Sklaven gehalten wurden, und jene begannen bald, sich für die Rechte der Sklaven einzusetzen.« Widerstand gegen die Ausbeutung und Unterdrückung auf den Plantagen gab es bereits früher, auch waren lokale Revolten immer wieder ausgebrochen, doch nun wurden sie häufiger und traten anders in Erscheinung: Anstelle lokaler Begrenzung trat ein universeller Horizont. Zum einen wurde er durch die universalistischen Ideen des Christentums bereitgestellt, zum anderen jedoch auch durch jene des Islam. Zeugnis für den letzteren Einfluss ist etwa die Male-Revolte im brasilianischen Bahia 1835; vgl. Lovejoy 2016: 35, 39–48.
259 Vgl. Wirz 2000: 80; Sonderegger 2008a: 233–256; Davidson 1978: 63 f.
260 Webster/Boahen 1980: 56, Hervorh. im Orig.
261 Vgl. die Beiträge in Wilson 2004.
262 Afigbo 1986: 48.
263 *Evangelical Magazine* 1776, zit. nach Ferguson 2004: 120; vgl. Boahen 1966: 120 ff.
264 Vgl. Crowder 1968: 24 ff.; Stern 2004; Sonderegger 2008a: 237 ff.
265 Ferguson 2004: 139.
266 Vgl. Wirz 1984: 186; Sonderegger 2008b, 2010a.
267 Wirz 1984: 194; vgl. Everill 2020.
268 Vgl. die schöne Studie von Febvre 1988 [1930]: 39 ff.
269 So zum Beispiel bei Frossard 1789: I.188; M'Leod 1820: 126 f.; für eine Diskussion vgl. Sonderegger 2008a: 244 ff., 398 ff.
270 Norris 1789: v f., x ff.; kritisch diskutiert in Sonderegger 2018a.
271 Etwa in Buxton 1841; vgl. Curtin 1964: 255.
272 Frossard 1789: Bd. I, 188 f.
273 Law 2001: 31.
274 Curtin 1964: 253. Vgl. dazu Kapitel 3.
275 Vgl. Porter/Teich 1998: 7 ff., 33 ff.; Adas 2014.
276 Vgl. Kleinschmidt 1998.
277 Vgl. Osterhammel 1995a: 37 f.; Wilson 2004.
278 Vgl. Inikori 1982: 38–45; Lovejoy 1983: 159 ff.; Grau 2000: 140 f.; Law 2001.
279 Vgl. Geiss 1968: 35 ff.; Curtin 1964: 123 ff.
280 Vgl. Harding 1999: 16; Afigbo 1986: 51.
281 Vgl. Webster/Boahen 1980: 55; Boahen 1987: 1 ff.; Wirz 2000: 78 ff.; Law 2001; Sonderegger 2008b.
282 Harding 1999: 15.
283 Boahen 1989: 62.
284 Vgl. Cooper 2014a und die Darstellungen in Kapitel 1.
285 Vgl. Wirz 2000: 81 ff.; Inikori 1982: 45 ff.
286 Vgl. Curtin 1998: 189 ff.; Lovejoy 2016.
287 Isichei 1977: 150.
288 Lovejoy 1983: 159, 161 ff.; Lovejoy 2016.
289 Wirz 2000: 78.
290 Kipling 2009 [1899].
291 Cooper 2001: 23.

292 Vgl. Miers 2003: 415 ff., xi ff.
293 Walvin 2006: 11. Vgl. Kopytoff/Miers 1977; Patterson 1982; Rodriguez 1997; Eckert 2021.
294 Franklin/Moss, Jr. 1999: 205. Vgl. Walvin 2006: 115 ff.
295 Vgl. Wirz 1984: 158 ff.
296 Vgl. Drescher 1986: 2 f.
297 Es findet sich abgedruckt in Davidson 1991: 223–226.
298 Rodriguez 1997: xxi.
299 Hobsbawm 1999 [1987]: 18 und 2003 [1994]: 23.
300 Vgl. Stoler/Cooper 1997: 2, 30 f.; Trouillot 2002.
301 Cooper 2001: 29. Vgl. Cooper 2001: 27 ff. und 2005.
302 Vgl. Eckert 2006: 120.
303 Vgl. Haggman 1997: 8 f.
304 Drescher 1986: 51.
305 Miller 2001: 166.
306 Vgl. Drescher 1986: 61 ff.
307 Reiman 1997: 9.
308 Vgl. Franklin/Moss, Jr. 1999: 264 ff.
309 Reiman 1997: 9. Vgl. Grandner 2015.
310 Reiman 1997: 9.
311 Franklin/Moss, Jr. 1999: 244–245.
312 Vgl. Skinner 1999: 64 ff.
313 Vgl. Franklin/Moss, Jr. 1999: 242 ff., 252 ff., 259 ff.
314 Vgl. Wirz 1984: 182 f.
315 Franklin/Moss, Jr. 1999: 256.
316 Kekk/Sikkink 1998: 44.
317 Miller 2001: 172.
318 Vgl. Drescher 1986: 59 f.; Miers 2003: 1 ff.
319 Clarkson 1778: vi.
320 Vgl. Equiano 1789 und, zur Interpretation, Wirz 1984: 11 f. Equianos Herkunft ist nicht restlos geklärt. Tauf- und Marinedokumente von 1773 geben seine Geburt im nordamerikanischen South Carolina an, er selbst schrieb 1789, in Afrika geboren und von dort als Kind in die Sklaverei entführt worden zu sein. Der Afrikahistoriker Lovejoy 2006 hält seine Eigenangaben für akkurat, deuten seine Darstellungen doch auf eine intime Kenntnis mancher Igbo-Gebräuche hin, und vermutet seine Gefangennahme um das Jahr 1754. Zur Gegenposition vgl. Carretta 2007.
321 Vgl. Drescher 1986: 64 ff.; Miers 2003: 1 ff.; Ansprenger 2004: 48 f.
322 *Abolition Act*, zit. nach Wirz 1984: 186.
323 Vgl. Sonderegger 2008a: 309 ff.
324 Vgl. Webster/Boahen 1980: 56; Afigbo 1986: 48; Law 2001; Sonderegger 2008a: 253 f.
325 Wirz 1984: 190; vgl. sehr ähnlich Miers 2003: 5 f.
326 Vgl. Lovejoy 1983; Wirz 1984: 220, 2000.
327 Vgl. http://www.historicum.net/themen/franzoesische-revolution/biographien [08.01.2021]; Gainot 2002.
328 Kielstra 2000: 20.
329 Drescher 1986: 55.
330 Vgl. Kielstra 2000: 20 f.
331 Geggus 1985: 117.
332 Vgl. Drescher 1986: 58.
333 Drescher 1992: 367.
334 Ebd. Vgl. ähnlich Miller 2001: 166 f.
335 Vgl. Ansprenger 2004: 49 f.

336 Vgl. Gainot 2002.
337 Vgl. dazu Drescher 1986: 55 ff.
338 Vgl. dazu Sonderegger 2009a und 2010a.
339 Vgl. Miers 1999.
340 Vgl. ebd. und 2003.
341 Vgl. zu Herder und Hegel Sonderegger 2002a: 123 ff., 160 ff.
342 Vgl. Miers 2003: 9, 13 / En. 48.
343 Miers 2003: 7.
344 Vgl. dazu Wirz 1984: 196.
345 Vgl. Sonderegger 2009b: 48 ff.; Driver 2001.
346 David Livingstone, zit. nach *Minutes of Evidence* 1865: 229. Zuvor Richard Burton, zit. nach Sonderegger 2009b: 49.
347 General-Akte 1890/92.
348 Vgl. dazu besonders Cooper 2004: 268 ff.
349 Miers 2003: 1.
350 Vgl. Hobsbawm 2002 [1962], 1996 [1975] und 1999 [1987]; sowie Evans 2017 [2016]: 626–716.
351 Vgl. Mintz 1985.
352 Cooper 2001: 28. Und kein Zweifel besteht daran, dass die Plantagen-Sklaven und -Sklavinnen ihre Leistungen *früher* erbrachten.
353 Wirz 1984: 178.
354 Vgl. Geggus 1985: 116.
355 Ebd.: 115.
356 Wirz 1984: 179.
357 Trouillot 2002: 103.
358 Wirz 1984: 180.
359 Vgl. Geggus 1985: 114 f.
360 Geggus 1985: 137.
361 Vgl. Miers 2003: xii.
362 Zu Dahomey beispielhaft vgl. Sonderegger 2008a: 268–283, 398–434; zu Asante und der Goldküste Sonderegger 2008a: 283–398 und Runkel 2019; zu Sierra Leone und Liberia Fyfe 1993 [1962] und Everill 2020.
363 Vgl. dazu Curtin 1964: 123–197; Sonderegger 2008a: 249 ff.; Grau 2008: 68–74.
364 Wallerstein 2006.
365 Cooper 2001: 33.
366 *A Committe* 1824: 36 f.
367 Fox 1851: 156.
368 Sir James Marshall, zit. nach Brownlow 1890: 71.
369 Ebd.: 95.
370 Edward Wilmot Blyden, zit. nach Lynch 1971: 317 f.
371 Vgl. Sonderegger 2008a: 174 ff.
372 Osterhammel 1995a: 112 ff.
373 Vgl. etwa Bitterli 1991 [1976]; Sonderegger 2002a: 102 ff., 164 ff. und 2008a: 95–212.
374 Vgl. Herskovits 1964; Lévi-Strauss 1992 [1952]; Sapir 1999 [1924 und 1925].
375 Osterhammel 1995a: 112 ff.
376 Weber 1992 [1916]: 403, Hervorh. im Orig.
377 Vgl. Foucault 2003 [1966].
378 Vgl. Lovejoy 1993 [1936]; Wallerstein 1996 und 2006; Weiler 2006.
379 Vgl. Hund 1999 und 2006: 23 ff.; Stocking 1987.
380 So der Titel der schönen Studie von Hund 1999.
381 *A Commitee* 1824: 36.
382 Leonard 1833: 91.

383 Fox 1851: 613, Hervorh. im Orig.
384 Vgl. Curtin 1964: 363–387; Stocking 1987 und 1995; Herskovits 1953: 25–45; Gould 1999 [1981].
385 Adams 1823: 210.
386 Vgl. Norris 1789: 156 ff., 172 f. und Dalzel 1793: xxv.
387 So Hegel 1989: 158. Vgl. dazu Sonderegger 2018a.
388 Law 2001: 31. Eine Ausnahme stellte etwa Frossard 1789: I/188 f. dar.
389 Curtin 1964: 385–386.
390 Vgl. Curtin 1964: 388–413.
391 Vgl. Sonderegger 2008a: 154–194.
392 Vgl. die Beiträge in Glass / Temkin / Straus Jr. 1959; Weiler 2006.
393 Vgl. die erhellenden Gedanken dazu in Wallerstein 2006.
394 So die Termini, die Meredith 1812: 206–215 gebrauchte.
395 Meredith 1812: 215.
396 Cruickshank 1853: I/6–7.
397 Governor Stephen J. Hill, zit. nach *British Parliamentary Papers* 1971: 64.
398 Governor Pine, zit. nach *British Parliamentary Papers* 1971: 258.
399 Crummell 1862: 18.
400 Ebd.: 107.
401 Ebd.: 109 ff.
402 Brown 1892: 67.
403 Ebd.: 2.
404 Vgl. dazu Pakenham 1992; Boahen 1987; die Beiträge in Oliver/Sanderson 1985 und in Boahen 1985.
405 Cooper 2001: 46.
406 Ebd.
407 Vgl. Goody 2007; Cooper 2005.
408 Middell 2019: 14.
409 Vgl. Beckert/Sachsenmaier 2018.
410 Eckert 2015: 17.
411 Vgl. Geertz 1995: 136 f.
412 Beide Zitate stammen von Eckert 2015: 24.
413 Der Ausdruck ist durch Paul Gilroy 1993 populär geworden.
414 Vgl. die Beiträge in Schmieder/Nolte 2010.
415 Bayly 2004.
416 Vgl. Sonderegger 2016b: 13–17.
417 Hobsbawm 1999 [1987]: 18.
418 Wallerstein 2011.
419 So der Titel seines monumental anmutenden Werks; Osterhammel 2009.
420 Vgl. Middell 2019: 11; Armitage/Subrahmanyam 2010.
421 Vgl. Lovejoy 2016.
422 Vgl. dazu den konzisen Überblick bei Boahen 1987.
423 Vgl. Burbank/Cooper 2010.
424 Vgl. Cooper 2014a; Beckert/Sachsenmaier 2018; sowie Kapitel 1.
425 Vgl. dazu im Überblick Hund 2006 und Koller 2009. Vgl. auch Kapitel 3.
426 Vgl. Fyfe 1993.
427 Vgl. Fyfe 1992: 22–33; Ayandele 1970: 7 f.
428 Vgl. Fyfe 1992: 49 f.
429 Vgl. ebd.: 124 f. und 2004: o. S.; Nicol 1969: 5.
430 Vgl. Mahoney 2017 zum Gambia-Bezug; Runkel 2019 zur Goldküste.
431 Vgl. Fyfe 1992: 140–149; Davidson 2010.
432 Diese sind Horton 1859, 1867, 1868, 1871 [1862] und 1874. Zu ihrer Rezeption vgl. Fyfe 1992: 89; Adeloye 1974, 1992; Howell 2014.

433 Diese Schriften sind die folgenden: Horton 1865a, 1969 [1868], 1970 [1870].
434 Horton 1970 [1870]: viii.
435 Horton 1865b.
436 Vgl. Fyfe 1992: 79 f.
437 Driver 2001. Vgl. Curtin 1964; Pratt 1992.
438 Vgl. Sonderegger 2008d, 2009b und 2009c; Táíwò 2018.
439 Vgl. dazu Fyfe 1992, 1988; Shepperson 1969.
440 Ayandele 1970: 14.
441 Vgl. dazu Sonderegger 2009c.
442 Vgl. Ayandele 1970: 17 f.; Fyfe 1992: 57–64.
443 Horton 1969 [1868]: ix und 65.
444 Nämlich Horton 1865a, 1969 [1868] und 1970 [1870].
445 Táíwò 2010: 119.
446 Shepperson 1969: vii.
447 Horton 1969 [1868]: v–x. In weiterer Folge weise ich die zitierten bzw. referenzierten Textstellen aus diesem Buch in Klammern im Text aus.
448 Vgl. dazu Wirz 1984.
449 Zur Geschichte des Sozialdarwinismus vgl. Gondermann 2007.
450 So die schöne Formulierung von Dikötter 2008.
451 In Bezug auf Afrikas imperialistische Aufteilung vgl. Pakenham 1992 und Brunschwig 1971; sowie Kapitel 1. Zum weltumspannenden Imperialismus vgl. die Beiträge in Grandner/Sonderegger 2015 und Burbank/Cooper 2010.
452 Vgl. Horton 1969 [1868]: 68 f.
453 Vgl. Sonderegger 2002b: 67–76.
454 Horton 1969 [1868]: 1–61.
455 Vgl. Fyfe 1992: 67–74, 1988: 176, 1990; Sonderegger 2002b, 2008d: 160–165, 2009c: 207–211; Táíwò 2010: 117–119, 2018: 189–198.
456 Fyfe 1988: 174.
457 Vgl. Koselleck 1989.
458 Vgl. July 1968; Geiss 1969; Mährdel 1994; Eckert 2006; Martin 2012.
459 Die neuen Herausgaben sind Nicol 1969; sowie Horton 1969 und 1970; die Wiederentdeckung geht zurück auf Shepperson 1962; Gwam 1964; July 1966.
460 Diese leisteten July 1968; Geiss 1969; Shepperson 1969; Ayandele 1970; Fyfe 1992 [1972].
461 Ein sprechendes Beispiel für dieses Missverständnis gibt Ayandele 1971. Die Problematik der afrikanischen Rezeption Hortons hat Táíwò 2018 sehr gut reflektiert.
462 Etwa bei Ayandele 1972; Vanderploeg 1978; Adick 1989a, 1989b, 2020; Nwauwa 1999.
463 So bei Adeloye 1974 und 1992; sowie Howell 2014.
464 Vgl. Fyfe 1992 [1972] und 1990; Sonderegger 2002b, 2008d und 2009c; Táíwò 2018.
465 Etwa bei July 1966; Grohs 1967; Geiss 1969; Wilson 1969.
466 Zuerst Fyfe 1988 und Mährdel 1994; später Sonderegger 2010b und 2020; Nwachukwu 2019 und Goerg 2020.
467 So zunächst bei Goodwin 1967; July 1968 und Ayandele 1971, dann erst wieder bei Boele van Hensbroek 1999 und Táíwò 2010 und 2018.
468 Táíwò 2018: 178. Vgl. auch Táíwò 2010.
469 Vgl. dazu Mosse 1990 [1985]; Sonderegger 2002a: 25 f., 30 ff. Für ein deutsches Lesepublikum ist diesbezüglich Hund 2017 sehr aufschlussreich.
470 Dikötter 2008a. Vgl. dazu auch Kapitel 3 und 4.
471 Vgl. dazu Mährdel 1994. Zu Africanus Horton speziell vgl. Kapitel 4.
472 Vgl. Adeleke 1998; Sonderegger 2009b.
473 Adeleke 1998: 50.
474 Vgl. Sonderegger 2009b: 72 ff.

475 July 1987: 8.
476 Vgl. Heerten 2008; Eckert 2006: 237 f.
477 Senghor 1970: 179, Hervorh. im Orig.
478 Césaire 1965 [1956]: 149.
479 Mudimbe 1988.
480 Vgl. Eckert 1995: 189 ff.; Sonderegger 2008a: 565 ff.
481 Decraene 1964: 18 ff.
482 Nkrumah 1957: 45.
483 Ebd.: 53–54, Hervorh. im Orig.
484 Casely Hayford 1969 [1911]: 161 ff.
485 Vgl. Casely Hayford 1969 [1911]: 160.
486 Vgl. Mährdel 1994: 185 ff.
487 Casely Hayford 1969 [1911]: 172–173, Hervorh. im Orig.
488 Césaire 1965 [1956]: 149.
489 Vgl. zu der Debatte und dem Aufruhr July 1987: 27 ff.
490 Vgl. Geiss 1968: 139, 143 f.
491 DuBois 1963: 20–21.
492 Vgl. Biddis 1971: 37, 41.
493 *Resolution* 1919: 151.
494 Ebd.: 151–152.
495 Vgl. July 1968: 405 ff.
496 Vgl. Geiss 1968: 188 ff., 205 ff.
497 Vgl. Kohn/Sokolsky 1965: 26 f.
498 Young 2001: 225.
499 Vgl. Geiss 1968: 272 ff.; Martin 2008: 267 ff. und Kapitel 6.
500 Padmore 1936: 15.
501 Padmore 1938b: o. S.
502 Vgl. Kohn/Sokolsky 1965: 30.
503 Vgl. Davidson 1978 und 1984; Oloruntimehin 1985; Grau 1989: 10 ff.; Cooper 1996 und 2002.
504 Spitzer/Denzer 1973: 420.
505 Vgl. ebd.: 416 ff.
506 Vgl. Grohs 1967: 163 ff.
507 Azikiwe 1968 [1937]: 32, Hervorh. im Orig.
508 Ebd.: 8.
509 Ebd.: 8 ff., Hervorheb. im Orig.
510 Azikiwe 1938, zit. nach Grohs 1967: 165.
511 Vgl. Asante 1972: 219 ff.
512 Padmore 1938a: o. S.; ähnlich auch Padmore 1938b.
513 Vgl. Legum 1965: 31 f.; Geiss 1968: 300 ff., 309 ff.
514 Declaration 1945: 153.
515 Declaration 1945: 155.
516 Nkrumah 1957: 62.
517 Vgl. Cooper 2002: 50 ff.
518 Nkrumah 1957: 109.
519 Mährdel 1983: 173.
520 Touré 1960: 115. Zu den Solidaritätsbemühungen dieser Jahre – panafrikanisch, panarabisch, afroasiatisch – sowie deren Verwicklungen und Ambivalenzen vgl. Burton 2021a.
521 Vgl. Nkrumah 1979 [1962]: x f., 33.
522 Sékou Touré 1959, zit. nach Decraene 1964: 106.
523 Schicho 2010: 118.
524 Vgl. Kohn/Sokolsky 1965: 84 ff., 94 ff., 99 ff.; Cooper 2002: 183 f. Dem gingen freilich intensive Debatten und auch ideologische Auseinandersetzungen voraus, zum

Beispiel rund um die beiden panafrikanischen Konferenzen, die im Jahr 1958 in der ghanaischen Hauptstadt Accra ausgetragen wurden; vgl. Hoppel 2021.
525 Kohn/Sokolsky 1965: 104.
526 Vgl. Spielbüchler 2011.
527 Davidson 1992. Vgl. hierzu auch Kapitel 1.
528 Cooper 2002: 156.
529 Osterhammel 1995a: 64–65, Hervorh. im Orig.
530 Cooper 2002: 156.
531 Kößler 2011: 85.
532 Vgl. Kraler/Sonderegger 2009 und die Diskussion des Problems in Kapitel 1.
533 Vgl. Cooper 2002; Schicho 2010.
534 Vgl. OUA 1963; OAU 1963a und 1963b.
535 Martin 1987: 105, 118. Der Organisator des Putsches und der Ermordung Sankaras, Blaise Compaoré, regierte Burkina Faso als Präsident bis 2014. Vgl. auch Kapitel 1.
536 Vgl. Martin 1987; Young 2001. Zu einem kritischen Blick auf die Fanon-Rezeption vgl. Nosbers 2021.
537 Fanon 1960: 121.
538 Loth 1975: 183.
539 Musambachine 1987: 75 (von ihm stammen beide vorangegangenen Zitate).
540 Vgl. Musambachine 1987: 69 ff.
541 Vgl. Englert 2001.
542 Birmingham 1993: 169.
543 Vgl. Davidson 1974, 1981, 1992.
544 Davidson 1999: o. S.
545 Cabral 1982 [1972]: 157.
546 So der Titel seiner Autobiografie, Mandela 1994. Im Jahr 1965 wurden seine frühen Schriften in England veröffentlicht, bezeichnenderweise unter dem Titel *No Easy Walk to Freedom*; Mandela 1990 [1965].
547 Biko 1987 [1973]: 87.
548 Vgl. dazu auch Keese 2015: 100 f. und zur Geschichte des Afrozentrismus Reinhardt 2007.
549 Vgl. dazu auch Sonderegger 2016b. Zu neueren panafrikanischen Entwicklungen generell vgl. Adi 2018.
550 Padmore 1956: iv = Padmore 1972 [1956]: v. In der zweiten Auflage des Buches von 1972 waren das Fragezeichen im Titel und der Untertitel gestrichen. Offenbar galt der angesprochene Konflikt zu Beginn der 1970er-Jahre bereits als entschieden.
551 James 1982; James 2015: 164–190.
552 Bereits in den 1930er-Jahren veröffentlichte er drei Bücher – eins zur »schwarzen« Arbeiterschaft und ihrem weltweiten Kampf (Padmore 1931), eins zur Situation in den britischen afrikanischen Kolonien (Padmore 1969 [1936] = Padmore 1936) und eines zu Afrikas Position in der Welt überhaupt (Padmore 1972 [1937]). Daneben schrieb er unermüdlich für Zeitschriften in den USA und Großbritannien, sowie in den verschiedenen britischen Kolonien; eine nahezu vollständige Auflistung seiner Artikel, die in die letztgenannte Kategorie fallen, findet sich in James 2012: 263–313.
553 Geiss 1968: 437 / En. 69.
554 James 2015: 10. Zu Padmores früher, kommunistischer Organisationsarbeit vgl. Weiss 2014. Die umfänglichsten biografischen Darstellungen seines Lebens bieten James 2012 und Hooker 1967.
555 James 2015: 11.
556 Vgl. dazu Gopal 2020: 279–318, 319–394; Pennybacker 2009.
557 Zu diesem Verhältnis vgl. Sonderegger 2016a: 23–28; James 2012; Hooker 1967; Davidson 2007 [1973]; Baptiste/Lewis 2009; Derrick 2008.

558 Vgl. Pennybacker 2009; Derrick 2008; James 2012; Hooker 1967; Sonderegger 2010b; Gopal 2020.
559 Vgl. dazu besonders James 2015.
560 Cunard/Padmore 2002 [1943], ein Buchpamphlet, in denen Nancy Cunard und er die Implikationen der Atlantic Charta vom 14. August 1941, der gemeinsamen Erklärung des US-amerikanischen Präsidenten Franklin D. Roosevelt und des britischen Premierministers Winston Churchill über »die Grundsätze internationaler Politik« in einer »besseren Zukunft«, herausarbeiteten und sie für die Kolonien und koloniale Bevölkerung beanspruchten. Des Weiteren folgten Bücher, die den »farbigen Arbeitern« eine »Stimme« gaben (Padmore 1945), die Geschichte Russlands aufrollten, um aus ihr Lehren für den antikolonialen Kampf zu ziehen (Padmore/Pizer 1946), oder die Geschichte des Panafrikanismus dokumentierten (Padmore 1963 [1947]). Zudem untersuchte er die neueren politischen Entwicklungen in den britischen Kolonien Afrikas in detaillierter Weise flächendeckend (Padmore 1969 [1949]), und jenen an der Goldküste widmete er ein spezifisches eigenes Buch (Padmore 1953). Schließlich erarbeitete er noch *Pan-Africanism or Communism?* (Padmore 1956).
561 Padmore 1972 [1956]: 1–53 (Teil 1), 54–82 (Teil 2), 83–163 (Teil 3).
562 Padmore 1972 [1956]: 164–204 (Teil 4).
563 Ebd.: 205–243 (Teil 5, Abschnitte zu Kenia), 244–267 (Abschnitt zu Nigeria).
564 Chomsky 2013: 56.
565 Vgl. Westad 2017; Hobsbawm 1995 [1994]: 225–256; Judt 2010 [2005]: 129–133, 140–158 und 2016 [1997]: 77.
566 Judt 2010 [2005]: 281. Vgl. Anderson 2017 [2015].
567 Cooper 2013: 6 f. Vgl. Birmingham 1995; Hobsbawm 1995 [1994]: 199–222; Judt 2010 [2005]: 278–301; sowie Cooper 2002 und 2019.
568 Cooper 2013: 5 f.
569 So der Titel der deutschen Übersetzung von *How Britain Rules Africa* (Padmore 1969 [1936]) – *Afrika unter dem Joch der Weissen* (Padmore 1936).
570 Padmore 1972 [1956]: 244–267.
571 So Untertitel und Titel des Buches von Davidson 1992.
572 Davidson 1992: 10. Leider lässt sich die »Statik«, die im englischen Original erkennbar mitschwingt und damit das grundlegende Problem der afrikanischen Nationalstaatlichkeit treffend bezeichnet, auf Deutsch vergleichsweise nur unzureichend mitteilen.
573 Padmore 1972 [1937]: 268–356. Vgl. auch Padmore 1953: 1–9 (am Beispiel der Goldküste/Ghana).
574 Padmore 1972 [1937]: 6.
575 Padmore 1972 [1937]: 3 f.
576 Vgl. dazu Gopal 2020: 355–394; Shohat 2019.
577 Padmore 1972 [1956]: 269–283; vgl. Lenin 1987 [1916/17]: 164–257.
578 Vgl. Braudel 1997 [1985]; Wallerstein 2011 [1983].
579 Padmore 1972 [1956]: xviii.
580 Der Begriff des »Historischen Kapitalismus« stammt aus Wallerstein 2011 [1983], der die Anfänge seiner Ausformung ins lange 16. Jahrhundert datiert. Vgl. auch Kapitel 1.
581 Anderson 2016 [1983]. Sein Buch wurde unter dem Titel *Die Erfindung der Nation* ins Deutsche übertragen, *imagined community* wird darin meist mit »vorgestellte Gemeinschaft« übersetzt. Ich halte »eingebildete Gemeinschaft« für eine mindestens ebenso gute, eher noch zutreffendere Übersetzung.
582 Kershaw 2016 [2015]: 346.
583 Vgl. Judt 2010 [2005]; Hobsbawm 1995 [1994].
584 Padmore 1972 [1956]: 307.
585 Davidson 1957: 71. Vgl. Gellner 1983; Anderson 2016 [1983]; Hobsbawm 1992.
586 Cooper 2014a: 99.

587 Vgl. dazu Chabal 2009; Nugent 2012; Cooper 2019.
588 Padmore 1972 [1956]: 281; vgl. Lenin 1974 [1913 und 1914].
589 Padmore/Pizer 1946.
590 Padmore 1972 [1956]: xvi.
591 Ebd.: 348.
592 Vgl. Hooker 1967: 27 ff., 32 f.; James 2012; Derrick 2008; Pennybacker 2009; Gopal 2020.
593 Vgl. Sonderegger 2020: 25 f.
594 Padmore 1972 [1956]: 317 und xvi.
595 Ebd.: 322 f.
596 Ebd.: xvi.
597 Ebd.
598 Vgl. ebd.: 310–340.
599 Vgl. Ellis 2012; Sonderegger 2018b: 179 f.
600 Padmore 1972 [1956]: xiii.
601 Ebd.: 355.
602 Ebd.: xv.
603 Zum Kalten Krieg in welthistorischer Perspektive vgl. Westad 2018.
604 Padmore 1972 [1956]: 317.
605 Ebd.
606 Ebd.: 353. Vgl. Sonderegger 2016a: 28–35.
607 Padmore 1972 [1956]: 323.
608 Ebd.: 355 f.
609 Senghor 1971 [1956]; vgl. Cooper 2014a: 100; Cooper 2019: 103 ff.
610 Meine Benennung von Kaundas politischer Philosophie geht auf zwei seiner frühen Bücher zurück: *Zambia Shall Be Free* und *A Humanist in Africa*; Kaunda 1971 [1962] und 1969 [1966]. Die anderen, die erwähnt werden, sind in Kapitel 5 behandelt.
611 Said 2005: 178.
612 So in Anspielung auf das schöne Buch *Das wilde Denken* von Lévi-Strauss 1997 [1962].
613 Darum hat ein deutscher Journalist Afrika einmal den »K-Kontinent« genannt; Grill 2005 [2003]: 12.
614 Einen Einblick in das schier unerschöpfliche Inventar der Afrika-Klischees vermittelt Wainaina 2005. Zu den Bemühungen afrikanischer Medienmacher, diesen entgegenzuarbeiten, vgl. den informativen Text von Manji 2016, einem der Begründer von *Pambazuka News (Voices for Freedom and Justice)* und *Pambazuka Press*; https://www.pambazuka.org/ [20.07.2021]. Eine andere interessante kritische Plattform ist die selbstironisch betitelte Seite *Africa is a Country*, https://africasacountry.com/ [20.07.2021].
615 Einen interessanten Versuch, dem aus afrikahistorischer Perspektive entgegenzusteuern, stellt Rüther 2017 dar.
616 Unzählige Untersuchungen zu Afrikabildern in Medien, Institutionen, Schulbüchern, in staatlichen, kirchlichen, privaten Organisationszusammenhängen, die seit den 1970er-Jahren betrieben wurden, belegen das. Konsens besteht freilich auch innerhalb der Afrikawissenschaften keiner über die spezifischen Ursachen bzw. darüber, wie jene zu erklären sind. Die augenblicklich beliebte sozialpsychologisierende Perspektive halte ich für wenig überzeugend, wie sie u. a. Achille Mbembe 2000 vertritt, wenn er die Aushandlung des »Afrikanischen« als zugleich politische und psychische wie auch als sexuelle Aktivität ansehen möchte, die sich zwischen Afrika und der Welt abspiele. Das liegt nicht nur an der fragwürdigen Übertragung psychoanalytischer Kategorien, die für die therapeutische Arbeit mit Individuen entwickelt wurden, auf Kollektive, sondern auch an der damit einhergehenden Platzierung – und Reaktivierung – rassistischer Termini im öffentlichen Diskurs. Mbembe 2014 [2013] nennt ein

späteres Buch dann auch konfrontativ *Critique de la raison nègre*, nicht *noire*; die deutsche Übersetzung setzt im Titel dann zwar *Kritik der schwarzen Vernunft*, lässt es aber im Buch selbst – Achille Mbembes intendierter Provokation gemäß, wie im Original – dann munter »negern«. Der Sache selbst, um die es ihm ja auch geht, nämlich Rassismen abzubauen, tut er damit schwerlich einen guten Dienst.

617 Kapuściński 2009 [1998]: 5.

618 Bauer 2018: 12.

619 Vgl. Hobsbawm 1995 [1994] zum kurzen 20. Jahrhundert bis 1991 und Hobsbawm 2007 für die Zeit danach.

620 In diesem Zusammenhang empfiehlt es sich, neuerlich Karl Poppers 1992 [1945] *Die offene Gesellschaft und ihre Feinde* oder Betrand Russel 1999 [1950] zu lesen, die Spuren des totalitären Denkens bis ins griechische Altertum zurückverfolgen. Auch Stephen Jay Gould 1999 [1981] hat den modernen »wissenschaftlichen Rassismus« des 19. und 20. Jahrhunderts – die Obsession von der Vermessung menschlicher Körper, ihres Intellekts und ihrer inneren Eigenschaften – auf die Verirrungen im platonischen Denken zurückgeführt. Vgl. zur Problematik des Moderne-Begriffs auch Kapitel 4.

621 Vgl. Adichie 2009. Ihre Rede stand unter dem Titel *The Danger of a Single Story*.

622 Vgl. Sonderegger 2008c: 45 ff.

623 Wallerstein 1999: 169.

624 Ausnahmen bestätigen diese Regel; so finden sich in den Humanwissenschaften selbstverständlich auch tatsächlich weltoffene, anderen kulturellen Welten gegenüber verständige Zugänge institutionell verankert – in Form oft despektierlich »Orchideenfächer« genannter Fachbereiche, die aus der eurozentrisch dominanten Perspektive (in der schönen Formulierung Wallersteins 2003) als »dubiose Disziplinen« erscheinen. Und neugierige, weltoffene Forscher und Forscherinnen gibt es tatsächlich auch gar nicht mal selten in den Nischen der Mainstream-Institutionen und -Disziplinen, auch wenn sie dort sehr klar in der Minderheit sind.

625 Urs Bitterli 1991 [1976]: 81–179 hat mit Blick auf Formen des »Kulturkontakts« typologisch zwischen »Kulturberührung«, »Kulturzusammenstoß«, »Kulturbeziehung« und »Kulturverflechtung« unterschieden. Das hat ihm erlaubt, unterschiedlich geartete Begegnungen zwischen Menschen aus verschiedenen Erdteilen über die 500 Jahre der Neuzeit hinweg zu schildern und in einer »kolonialgeschichtlichen« Erzählung zu bündeln. Um Bitterlis Typologie zu dynamisieren und neue historische Forschungsmöglichkeiten anzuregen, hat Jürgen Osterhammel 1995b: 137 vorgeschlagen, die Aufmerksamkeit auf »Abgrenzungspraktiken«, »Kontaktsituationen« und »Reflexionsformen kultureller Abgrenzung« zu legen; Christoph Marx 1997 hat das früh für Afrika aufgegriffen, allerdings ist mit dieser Zuspitzung auch eine Verengung des historischen Blicks auf das 19. und 20. Jahrhundert einhergegangen.

626 Vgl. die Beiträge in Zeleza 2006 und 2007b, die über verschiedene »nationale« Traditionen der Afrikaforschung in vielen Teilen der Welt informieren. Zur Geschichte der Afrikanistik in Österreich, die dort nicht abgedeckt wird, vgl. Sommerauer 1993; Schicho 1999; Sonderegger 2011a; Gütl 2015; sowie verschiedene Beiträge in der Nummer 18 der Zeitschrift *Stichproben* aus dem Jahr 2010; außerdem Clemens Gütls Internetprojekt *Die Geschichte der Afrikanistik in Österreich*: http://www.afrikanistik.at [20.07.2021].

627 Zeleza 2016: vi.

628 Olukoshi 2006: 8 f., 12 ff.

629 Ebd.: 18. Er macht an dieser Stelle innerakademische Ursachen aus, wenn er an zitierter Stelle folgendermaßen fortsetzt: »– angesichts der Zwänge, die aufgrund von Karriereerwägungen wirken; angesichts des Veröffentlich-oder-Stirb-Syndroms und einer Forschungskultur, in der alle in der Tretmühle des ständigen Konkurrenzkampfes stecken.« Daneben wirken aber, wie Zeleza 1997 und 2016 demonstriert, eine ganze Reihe gesamtgesellschaftlicher und globaler Faktoren hieran ursächlich mit.

630 Olukoshi 2006: 19.
631 Zeleza 1997: ii–iii schreibt wörtlich *»otherness and pathology«*.
632 Olukoshi 2007: 20.
633 Melber 2009: 191 / Fn. 11.
634 Vgl. Zeleza 2007: 1 ff. und Olukoshi 2007: 8 ff.; sowie Táíwò 2012: 966 ff., der von unterschiedlichen »MOKPs« spricht – *»modes of knowledge production«*, »Wissensproduktionsweisen« – die zeitgleich an verschiedenen Orten des Planeten praktiziert werden, allerdings der Kontingenz globaler Wissenshegemonien unterliegen, also im Rahmen (durchaus sich verschiebender) Hierarchien des Wissens verschiedene Positionen bekleiden.
635 Krüger 2020: o. S.
636 Zu Hegel vgl. Sonderegger 2002a: 156 ff., 2004, 2008a: 214–229. Manchen Rezensenten ist die bittere Ironie entgangen, mit der Eric Wolf 1997 [1982] im Titel seiner ungebrochen lesenswerten antieurozentrischen Globalgeschichte *Europe and the People without History* auf diese prekäre Tradition des »kolonialen Denkens« anspielt. Konkretes über die fragwürdigen Afrikabilder, die vor allem ab dem 19. Jahrhundert aufkamen und verbreitet wurden – was heute oft unter der Rubrik »koloniale Bibliothek« bzw. »koloniales Archiv« abgelegt wird –, ist bei Mudimbe 1988 und 1994 sowie Appiah 1993 zu erfahren; auch Curtin 1964 ist dafür nach wie vor mit großem Gewinn zu lesen.
637 Vgl. Sonderegger 2011a: 128 ff. Einen guten Überblick über die Literatur zum Rassismus (nicht nur) der Aufklärung gibt Hund 2016. Vgl. dazu auch die Kapitel 2 und 3.
638 Krüger 2020: o. S. Zur Kritik von Beschreibungen im Zeichen des Mangels vgl. Sonderegger 2009d. Unübertroffen, wenn es darum geht, allzu häufig für bare Münze genommene Afrikabilder als stereotype, falsche und irreführende Klischees sichtbar zu machen, ist die satirische Gebrauchsanweisung des kenianischen Schriftstellers Binyavanga Wainaina 2005, wie man über Afrika (nicht) schreiben solle.
639 Vgl. Koselleck 1989 [1979].
640 Das Äquivalent für die »Eingeborenen« im deutschen Kolonialismus sind im britischen Fall die *natives*, in den französischen, belgischen und portugiesischen Fällen wurden die Einheimischen als *indigènes* klassifiziert und abgewertet. Vor dem Hintergrund dieser Geschichte stimmt die rezente, naiv und unbedarft anmutende Ausrufung einer »Internationalen Dekade der Indigenen Sprachen 2022–2032« durch die UNESCO bedenklich. Die Geschichtsvergessenheit, die sich darin ausdrückt, von »Eingeborenensprachen« zu sprechen, ohne, wie es scheint, den kolonialen Zusammenhang auch nur zu bemerken, ist äußerst bedauerlich. Schlimmer ist freilich noch, dass auch die Bezeichnung »Indigene Sprachen« als asymmetrischer Gegenbegriff funktioniert, bestimmte Sprachen erhöht (die sogenannten »Weltsprachen«, viele davon ehemalige »Kolonialsprachen«), jene Sprachen hingegen, die hier eigentlich gestärkt werden sollten, ein weiteres Mal als unterlegen ausweist.
641 Die drei genannten Aspekte entsprechen den Elementen, mit denen Jürgen Osterhammel 1995a: 112 ff. das »kolonialistische Denken« gekennzeichnet hat: »Sendungsideologie und Vormundschaftspflicht«, »Konstruktion inferiorer Andersartigkeit«, »Utopie der Nicht-Politik« sind seine Formulierungen. Vom »europäischen Universalismus« in Abgrenzung zu einem echten, wahrhaft universellen Universalismus (den es definitiv – noch – nicht gibt, vielleicht auch gar nicht geben kann), spricht Immanuel Wallerstein 2006 in seinem schmalen, aber erhellenden Bändchen über die »Rhetorik der Macht«.
642 Kapuściński 2011 [2004]: 350.
643 Chakrabarty 2000.
644 Vgl. Appiah 2007 [2006]. Das schmale Bändchen von Bauer 2018: 20 zur »Ambiguitätsintoleranz« der Moderne ist in diesem Zusammenhang ebenfalls lesenswert.

645 Geertz 2001 [1984]: 46.
646 Vgl. Brattain 2007.
647 Beides erscheint sachlich absurd. Dass Wettbewerb und Konflikt zwingend wären, erschließt sich logisch nur unter der Prämisse, dass kein anderes Handeln und keine anderen Formen der interkulturellen Interaktion und des Austausches möglich sind als der sozialdarwinistische Kampf ums Dasein, in dem das Gesetz gilt: *The winner takes it all.* Das ist offenkundig nicht die einzige Möglichkeit, zwischengesellschaftliche (oder auch innergesellschaftliche) Beziehungen zu gestalten; und sicher keine besonders wünschenswerte Option. Es ist aber auch eine falsche Grundannahme, die weltwirtschaftlichen Interessen ließen sich sinnvoll im Rahmen länderspezifischer, »nationaler« Interessen erfassen und beschreiben. Seit dem Zweiten Weltkrieg sind multi- und transnationale Unternehmen die Norm geworden, und es sind sie, die die produktive Weltwirtschaft bespielen; die internationale Finanzwirtschaft, an deren Gängelband alle geführt werden – die Multis ebenso wie die Regierungen einzelner Staaten und die Internationalen Organisationen –, ist ebenfalls transnational organisiert und entzieht sich weitgehend jedem nationalen Kontrollzugriff. Ein Denken in nationalen Containern hilft darum kein bisschen dabei, die Welt zu verbessern, im Gegenteil, es stabilisiert die gegenwärtig herrschende Situation.
648 Vgl. Arendt 1963. Ihre Kritik zielte im Grunde darauf ab, dass Rechtfertigungen des eigenen Handelns (oder der unterlassenen, aber ethisch gebotenen Handlungen) à la »Man hat ja nur seine Pflicht erfüllt, Befehle ausgeführt, die aufgetragene Arbeit getan.« unethisch sind und daher – in einer Gesellschaft, die den Anspruch stellt, integer, gerecht und menschlich zu sein – als moralisch inakzeptabel gelten sollten. Die Aufregung, die ihr Bericht über den Eichmann-Prozess, an dem sie die These von der Banalität des Bösen entwickelt hat, damals ausgelöst hat (mitsamt empörter Zurückweisung) und die seitdem nie wirklich abgerissen ist, belegt meines Erachtens klar, wie wenig integer, gerecht und menschlich die westliche Gesellschaftsordnung tatsächlich ist. Die offene Gesellschaft ist nach wie vor – oder heute wieder – mehr Utopie als Realität.
649 Armah 1979 [1973]: 203.
650 Kapuściński 2011 [2004]: 348.
651 Einblicke in diese internationalen Sphären der machtkonformen Gespräche, Dialogforen und Diplomatie, die zentrale Orte der hegemonialen Ideologieproduktion sind, bieten zum Beispiel die Memoiren des (spät) »empörten« Stephane Hessel 2011 [1997], dessen Arbeitsleben im französischen diplomatischen Dienst sowie in der UNO systemkonform verlief, oder die Darstellung der französischen Afrikapolitik aus den Hinterzimmern der Macht von Jean-Pierre Bat 2012. Vom Rand her geschaut eröffnen auch Samir Amins autobiografische Schriften, die einen alternativen, systemkritischen Lebensweg nachzeichnen, beispielhaft sowohl aufregende wie erschütternde Einsichten. Seine Perspektive ist die eines zunächst enttäuschten Politberaters im frühen unabhängigen Mali und eines kämpferischen Kritikers des globalen Kapitalismus im Rahmen von CODESRIA *(Council for the Development of Social Science Research in Africa)* und dem *Third World Forum*, beide mit Sitz in Dakar, gegründet 1973 respektive 1975; vgl. Amin 1994 und 2006.
652 Sarr 2020 [2016]: 25, Hervorh. im Orig. Diese Kritik an westlichen Entwicklungsvorstellungen und -diktaten haben auch unzählige andere Fachleute in weniger blumiger Weise vorgetragen. Wer sich an Sarrs Ausdrucksweise stößt oder ausführlichere Argumente und Belege erfahren möchte, sei darum verwiesen auf Easterley 2006; Ferguson 2006; Schicho 2009 und 2012; Hodge/Hödl/Kopf 2014; Mkandawire 2014 und 2015a [2013]: 216 ff.; Amin 2011 und 2015 [2010]: 68 ff.
653 Sarr 2020 [2016]: 18. Zu Wertigkeit und Ökonomie vgl. Graeber 2012 [2001]; Sahlins 1994 [1976] und Herskovits 1952. Zur Kritik an der Neopatrimonialismus-Denkschule, die in internationalen Entwicklungsinstitutionen und Policy-Bereichen promi-

nent vertreten ist, vgl. Mkandawire 2015b, der überzeugend zeigt, dass sie keine Erklärungskraft besitzt.

654 Hauck 2012: 187 f. Weshalb diese »Nebenwirkungen« nicht unerwünscht sind, dazu vgl. Kapitel 1 und 6.

655 Das Erbe dieser Disziplinen, so problematisch es in Teilen auch ist, ist extrem reichhaltig. Vgl. Appiah 1993; Mudimbe 1988, 1994; Stocking 1987, 1995; Goody 1995; Sonderegger 2009d, 2011a.

656 Zu diesen afrikanischen Pionierhistorikern zählen zum Beispiel Carl Christian Reindorf von der Goldküste und Samuel Johnson aus Südwestnigeria; vgl. zu den beiden die Beiträge in Jenkins 2000.

657 So der Titel des Buches von Johnston 1913 [1899].

658 Perham 1963 [1961]: 20.

659 Suret-Canale 1988: 179.

660 Vgl. die autobiografischen Schriften dieser Personengruppe, die inzwischen vorliegen: Vansina 1994; Oliver 1997; Fage 2002; Curtin 2005; außerdem Kirk-Greene 1995.

661 Vgl. Eckert 1999.

662 Barry 1996: 189.

663 Boahen 1987. Vgl. auch Ranger 1985.

664 Vgl. dazu Harisch 2018b und 2020.

665 Insbesondere durch Cooper 1994: 1516 ff.

666 So formuliert es die französische Afrikahistorikerin Catherine Coquery-Vidrovitch 2006: 110 f.

667 Vgl. dazu kritisch Eckert 2008: 356. Analoges gilt auch für andere außereuropäische Weltgegenden und deren Erforschung. Auch dort ist es in den vergangenen dreieinhalb Jahrzehnten zu vergleichbaren Verschiebungen auf dem Feld der Wissenschaftsproduktion gekommen.

668 Coquery-Vidrovitch 2006: 111. Dazu kommt die Tatsache, dass sich die weltpolitische Dominanz der USA seit dem Zweiten Weltkrieg auch in eine Hegemonie der »wissenschaftlichen« Wissensproduktion übersetzt hat, wodurch alternative Formen und Traditionen der Wissenschaft stark abgedrängt wurden. Die US-dominierte Afrikaforschung der letzten zwei, drei Dekaden hat sich dadurch auch von existenten Wissensbeständen abgeschnitten. Die falsche Gleichsetzung von »Internationalität« mit »Englischsprachigkeit« hat sich in akademischen Milieus fast weltweit durchgesetzt, und dementsprechend eng begrenzt sieht nun auch der Erfahrungs-, Wahrnehmungs- und Deutungshorizont aus, in dem afrikanische bzw. globale Themen diskutiert werden. Eine neue Provinzialität herrscht vor.

669 Lonsdale 1981: 143. Zwei Dekaden später würdigte er sie hingegen auf sehr viel ernsthaftere Weise, als er die gegenwärtige große Kluft zwischen afrikawissenschaftlicher Expertise und allgemein verbreiteten Vorstellungen über Afrika beklagte. Er bedauerte auch als ein Versagen seiner Generation an Afrika-Historikern, den öffentlichen Afrikadiskurs nicht stärker positiv beeinflusst zu haben; Lonsdale 2005. In beiderlei Hinsicht hat er m. E. recht. Es ist darum höchste Zeit, hier gegenzusteuern, sich einzumischen und das Wort zu ergreifen.

670 Vgl. zu erkenntnistheoretischen Überlegungen wie diesen, die auf ihre gesellschaftliche Relevanz abzielen, gerade auch in interkulturellen Settings, Geertz 2001 [2000] und 1995; Sahlins 1994 [1976] und 2008; Sonderegger 2002a und 2009d; im Allgemeinen vgl. Wallerstein 2003 und Popper 2003 [1994].

671 Von »komplizierten Orten« anstelle postkolonialer Staaten schreibt, in ironischer Brechung, Geertz 2004 in einem fulminanten Aufsatz. Zur Kritik am methodologischen Nationalismus vgl. die lesenswerten, kenntnisreichen, ideologiekritischen, wissenschaftsgeschichtlichen Studien von Hauck 2003 und 2006.

672 Sembène/Gadjigo 2010 [2004]: 25 f.

673 Die Geistes- und Kulturwissenschaften haben sich dieser Entwicklung noch am ehesten deswegen etwas entziehen können, weil sie, anders als die Naturwissenschaft, wenig technisch-profitables Wissen produzieren und, anders als die Sozialwissenschaften, auch weniger gut für die einträgliche, herrschaftsdienliche Beratungsarbeit in Politik und Wirtschaft taugen bzw. in Anspruch genommen werden. Doch in ihnen hat sich der Neoliberalismus ebenfalls negativ niedergeschlagen – besonders in den identitätspolitischen Grabenkämpfen, die ab den späten 1970er-Jahren von den USA ausgehend (aber mit starkem *»french dressing«* serviert) in die »globale Akademie« exportiert worden sind. Gegenwärtig scheint der mit viel Geld verbundene Hype um die *»Digital Humanities«* an den europäischen Universitäten der jüngste Versuch kommerzieller Interessen zu sein, die Geistes- und Kulturwissenschaften neoliberal zu kolonisieren. (Der Wechsel der Bezeichnung von *»Humanities Computing«*, wie das Feld bis vor 20 Jahren genannt wurde, in dem sich Forscher bemühten zu erkunden, welche Möglichkeiten die digitalen Werkzeuge als ergänzende Hilfsmittel zum Verständnis beisteuern können, zu *»Digital Humanities«* markiert in bezeichnender Weise, wie ich finde, diesen verschobenen und überzogenen Anspruch.) Eine Reihe launig geschriebener kritischer Einlassungen zur um sich greifenden »Unbildung« hat Liessmann 2009 [2006], 2016 [2014] und 2019 [2017] vorgelegt; zwar teile ich nicht die Orientierung dieses österreichischen Philosophen am etablierten (westlichen) Kanon der klassisch humanistischen Bildung, doch seine Kritik an der heutigen »Desinformationsgesellschaft« halte ich für stichhaltig.

674 Vgl. Zeleza 2010: 4. Von den mehr als 160 Millionen Menschen, aus denen sich die atlantische afrikanische Diaspora zusammensetzt, leben nur 40 Millionen in Nordamerika. Mehr als 100 Millionen leben in Südamerika, etwa 22 Millionen in der Karibik. Was Zeleza das »Afro-Atlantische Modell« nennt, bezieht sich tatsächlich auf die USA; und mit »Afroamerikanisierung« ist (schwarze) US-Amerikanisierung gemeint. Zeleza 2010: 5 fordert in Anerkennung dieser Tatsachen ein Bemühen um »De-Atlantisierung und De-Amerikanisierung der Geschichten der afrikanischen Diasporen«, also Dezentrierung, Pluralisierung, Infragestellung herrschender Hegemonien. Dementsprechend positioniert er sich auch kritisch gegenüber »der paradigmatischen Trope in den Afro-Atlantischen Diasporastudien«: dem rassischen Marker »black«; ebd.: 7, 9 ff.

675 Trojanow 2010 [2008]: 60.

676 Zum systemischen *»Maldevelopment«* mit regionaler Konzentration auf die Entwicklungen im Sahel in den vergangenen 60 Jahren vgl. Amin 2011. Frederick Cooper 2019: xiii f. sieht im 21. Jahrhundert in der globalen Entwicklungsarbeit eine Rückkehr zu den Entwicklungsmodellen des Spätkolonialismus und der frühen Unabhängigkeiten vonstattengehen. Die hatten ihr Versagen freilich bereits in den 1970er-Jahren schlagend unter Beweis gestellt. Doch der Entwicklungsdiskurs, wie er in den Beratungsstuben der internationalen Institutionen und Foren gepflegt wird, ist unhistorisch – also auch vergesslich – und darüber hinaus primär mit sich selbst beschäftigt – solipsistisch, eurozentrisch, elitär und insular. Davon abzugrenzen sind allerdings verschiedene Versuche aus dem Feld der kritischen Entwicklungsforschung, die sich bemühen, der dominierenden Praxis entgegenzuwirken bzw. eine Historisierung der Entwicklungshilfe zu betreiben; vgl. Ziai 2008; Cooper 2010; Hodge/Hödl/Kopf 2014; Schicho 2009, 2012 und 2014; Mkandawire 2014.

677 Bloch 2002 [1949]: 37.

678 Unter der Überschrift »Antisemitismusdebatte 2020« finden daran Interessierte auf der deutschsprachigen Wikipediaseite eine Zusammenfassung über den Debattenverlauf sowie Links zu zahlreichen journalistischen Texten, in denen das Thema prominent behandelt wurde, und zu Wortspenden von Akteuren aus der (deutschen) politischen Arena: https://de.wikipedia.org/wiki/Achille_Mbembe#Antisemitismusdebatte_2020 [24.02.2021]. Die meiner Meinung nach konsistentesten und sinnvollsten Beiträge, die im Zug dieser Debatte geliefert wurden, weil sie zu Differenzierung aufriefen und

sie zum Anlass nehmen wollten, offen und sachlich über Kolonialismus, über verschiedene koloniale Vergangenheiten und unterschiedliche historische Erfahrungen zu diskutieren, stammen von Bax 2020, Eckert 2020a und Wiedemann 2020. (Keiner davon hat es übrigens in die Literaturverweisliste des besagten Wikipedia-Eintrags geschafft.) Mbembe selbst hat zunächst in einem Interview dazu Stellung genommen – Aguigah 2020 –, dann auch in einem pathetisch überschriebenen »Brief an die Deutschen« – Mbembe 2020.

679 Graeber 2020: 217.

680 Eine Verlagerung der Debatte aus dem Feuilleton in fachlich kundigere Bahnen hat, so lässt sich konstatieren, seitdem stattgefunden; vgl. Eckert 2020b: 530 ff.

681 Eckert 2020b: 531. In Mbembes Text (2008), auf den Eckert verweist, kann ich wenig Distanzierung zum Postkolonialismus erkennen, wie ihn Mbembe in diesem Interview (auf interessante Weise, wie ich finde) absteckt.

682 Vgl. Said 2005: 219 ff., 238 ff., 260 f. für Belegstellen, wo er besagte Distanz herstellt und Distanzierung vornimmt. Sein Buch *Orientalism* erschien erstmals im Jahr 1978.

683 Said 2005: 240.

684 Mudimbe 1988 und 1990.

685 Zur sympathisierenden, aber kritischen Diskussion in den Afrikawissenschaften vgl. etwa Vansina 1994 für die afrikanische Geschichte und Appiah 1993 hinsichtlich Philosophie, Literaturwissenschaft und Kulturwissenschaften.

686 Signer 2017: 7.

687 Ebd.: 4.

688 Armah 1979 [1973]: 206.

689 Armah 1979 [1973]: 205.

690 So der berühmte Titel von Frantz Fanon 1981 [1961].

691 Zeleza 2010: 4; vgl. ebd.: 6 ff., 9 ff.

692 Zeleza 2010: 11. Der nigerianische Historiker Toyin Falola hat jüngst ein höchst informatives lebensgeschichtliches Interview mit Zeleza veröffentlicht, aus dem einmal mehr klar wird, wie wenig akkurat die so gern gebrauchten Identitätsmarkierungen »rassischer«, aber auch »nationaler« Art sind, und wie sehr sie in ihrer reduktiven Grobschlächtigkeit soziologische Einsichten erschweren; vgl. Falola/ Zeleza 2021. Vgl. auch Appiahs 2018 wichtige Intervention, »Identität neu zu denken«.

693 Bayart 2009: 98.

694 Ebd.: 89 f.

695 Tatsächlich hatten diese namhaften afrikanischen Autoren ihre Vorgänger zur Zeit der formal etablierten Kolonialherrschaft und davor in unzähligen engagierten Afrikanern, die Kritik an Fremdbestimmung und an der herrschenden kolonialen Situation übten. Vgl. Kapitel 4 und 6 für zwei besonders beeindruckende Beispiele. Darüber hinaus sei an jene zumindest erinnert, die ihre Kritik nie in schriftliche Form brachten, aber durchaus in Worte fassten und praktisch ausüben. Ich denke da an die alltäglichen Urheber und Meister des *»radio trottoire«*, von denen Ngũgĩ wa Thiong'o 2011 [2006]: 203 f. in seinem satirischen Roman *Wizard of the Crow* ein wunderbar plastisch überzogenes Bild zeichnete: »Er wurde zum Gegenstand hitziger Debatten unter den Wartenden, und sie meinten, er müsste von jenen Dämonen besessen sein, die normalerweise die Politiker dazu zwingen, Wörter auszuspucken, nur um sich selbst reden zu hören, unabhängig davon, ob das, was sie sagten, einen Sinn ergab oder nicht. Sie verpassten ihm den Spitznamen Motorisierter Schwachkopf, was bald zum Synonym für alle Verkehrspolizisten wurde.«

696 Kourouma 1992: 31.

697 Chinweizu 1975. Zu ihm hat Tegnerowicz 2015 einen aufschlussreichen Beitrag geliefert.

698 Vgl. zu Fanon im Kontext der postkolonialen Rezeption Nosbers 2021; allgemein Sonderegger 2020. Beiläufig interessant ist, dass nur selten vonseiten der »Postkolo-

nialisten« ein Bezug zu Léon-Gontran Damas (1912–1978) aus Französisch-Guyana hergestellt wird, der mit Senghor und Césaire tatsächlich das historische Dreigestirn der Négritude-Begründer bildet; vgl. Mudimbe 2016b [1976]. Womöglich ist er zu früh verstorben? Hinzuzufügen ist freilich auch, dass in der postkolonialistischen Literatur häufig ohnehin ein ritualisierter Akt vollzogen wird (in einer an und für sich interessanten Mischung aus *name dropping*, wie es im akademischen Milieu zum guten Ton gehört, und »Geister-/Ahnenbeschwörung«, für die die afrikanische Religionsgeschichte und gelebte soziale Praxen reiche Formen zur Verfügung stellen) – ein Ritus, der wenig historisch validen Bezug aufweist. Man sieht dies auch in anderen Zusammenhängen. So ist Edward Said (1935–2003) seit Mitte der 1980er-Jahre nie müde geworden, sich von den »Postmodernen« und »Postkolonialen« in Literaturwissenschaft und Philosophie zu distanzieren, die in ihm dank seines Bucherfolgs *Orientalism* ihren theoretischen Ahnvater sehen wollten; vgl. Said 2005. Ähnliche Kindereien haben sich in den 1980er-Jahren auf dem Feld der Kulturanthropologie in Bezug auf Clifford Geertz (1926–2006) abgespielt; wie Said hat auch er sich dagegen verwahrt, mit den Bannerträgern des Postkolonialismus in einen Topf geworfen zu werden; vgl. Geertz 1995.

699 So etwa Mbembe 2008.

700 Zu den frühen und exponierten afrikanischen Kritikern gehören Ezekiel Mphalele und Wole Soyinka 1967; vgl. Thompson 2002.

701 Geertz 1993 [1988]: 115.

702 So der Titel einer kleinen aber feinen semiotischen Studie zu Afrikabildern in Österreich von Pichlhöfer 1999.

703 Zur Metapher vom kolonialen Archiv bzw. von der kolonialen Bibliothek vgl. Mudimbe 1988, 1994 und Appiah 1993.

704 Soyinka 2012: viii.

705 Ebd.: ix.

706 Zu den historischen Vorläufern dieser Perspektiven vgl. besonders Kapitel 1 und 3.

707 Signer 2019: 1 f.

708 Ebd.

709 Zum »Afropolitanismus« vgl. Mbembe 2015 [2006]. Von »Afrotopia« spricht Sarr 2020 [2016]: 15 und im Titel seines Buches, sonst wiederholt vom »Afrotopos«; vgl. ebd.: 14, 131 ff.

710 Vgl. Zeleza 2006 und 2010.

711 Vgl. Bayart 2009: 40 ff.

712 Bayart 2009: 97, Hervorhebung A. S.

713 Bloch 2002 [1949]: 30 und 54. Bloch verknüpft diesen Gedanken zugleich mit einer Warnung vor jener Gefahr für das historische Verständnis, die in der (Über-)Spezialisierung liegt: »Wenn sie [die Spezialisten egal welcher Fachrichtung] sich voneinander isolieren, werden sie alles, auch das eigene Forschungsgebiet, nur halb verstehen; die einzig wahre Geschichte ist Weltgeschichte, und sie ist auf gegenseitige Hilfe angewiesen.«

714 Die Literatur zu Religion in Afrika ist extrem reichhaltig; einen nützlichen Überblick geben Ellis / Ter Haar 2004; Soyinka 2012 enthält interessante Ideen und ethisch-moralische Ableitungen aus der Yoruba-Kosmologie.

715 Ouédraogo/Kourouma 2000: 1347.

716 Ebd.

717 Kourouma, zit. nach Hamm 2005: o. S.

718 Vgl. Vansina 2016. Im Bereich der interkulturellen Philosophie gibt es seit Langem vergleichbare Bemühungen zu Dialog und »Polylog«; vgl. Kimmerle 2002; Wimmer 2004; sowie die Zeitschrift *Polylog: Zeitschrift für interkulturelles Philosophieren*: http://www.polylog.net/start/ [27.07.2021].

719 Achebe 2011 [1998]: 157.

720 Der Begriff ist von Louis Althusser im Jahr 1970 eingeführt worden, dem berühmten und aufgrund des Mordes an seiner Frau auch berüchtigten französischen Philosophen, dem Aushängeschild eines westlichen Marxismus in den 1960er-Jahren; vgl. Althusser 2010.
721 Vgl. Ellis 2011; Manji 2016.
722 Hund 2006; Appiah 2018.
723 Sarr 2020 [2016]: 156, Hervorh. im Orig.
724 Sarr 2020 [2016]: 77 f., Hervorh. im Orig. An anderer Stelle kommt dann noch »die vitalistische Ontologie« dazu; vgl. ebd.: 114 f. Die Vorstellung vom *homo oeconomicus* scheint unausrottbar. Bloch 2002 [1949]: 211 etwa sprach schon vom »Irrtum der *alten* Wirtschaftstheorie«, hielt ihn Anfang der 1940er-Jahre also für überwunden: »Ihr *homo oeconomicus* war nicht nur deshalb ein ungreifbares Phantom, weil davon ausgegangen wurde, er sei ausschließlich mit seinen Interessen beschäftigt; die größte Illusion bestand darin zu glauben, er habe eine klare Vorstellung von ihnen.« Blochs Optimismus hinsichtlich der Fortschrittlichkeit der Wirtschaftswissenschaften war ganz offensichtlich unangebracht. Schlechte Denkgewohnheiten, die einen gewissen soziologischen Nutzen haben, kehren bei Unachtsamkeit immer wieder in wissenschaftliche Felder zurück.
725 Zum einen im Rahmen der sogenannten »Ethnophilosophie«, für die anthropologische Arbeiten und besonders »die Bantu-Philosophie« des belgischen Missionars im Kongo, Placide Tempels, Pate standen, die dann aber von zahlreichen afrikanischen Gelehrten praktiziert wurde; der berühmteste unter ihnen war wohl Alexis Kagame aus Ruanda. Zum anderen haben intellektuelle politische Akteure der frühen Unabhängigkeit, die Antikolonialismus mit Nationalismus verbanden, vergleichbare (wenn auch anders motivierte und anders begrenzte) Ontologien entworfen; dazu zählen etwa Kwame Nkrumahs *»Conscientism«* oder Julius Nyereres *»Ujamaa«*. Einen guten ersten Einblick in die Geschichte des Feldes der »Afrikanischen Philosophie« vermittelt Masolo 2004, eine akkurate Behandlung der neueren politischen afrikanischen Philosophien findet sich bei Táíwò 2015 [2004].
726 Vgl. den aufschlussreichen Aufsatz des nigerianischen Philosophen Táíwò 2016.
727 wa Thiong'o 2009b: 17, Hervorh. im Orig.
728 Ebd.: 17 f., Hervorh. im Orig. Dieser Text entstand im Zusammenhang mit einem US-amerikanischen *public education* Programm, das durch die Carnegie Corporation und die Ford Foundation finanziert wurde. An ihm wirkten afrikanische und amerikanische Autoren und Autorinnen mit.
729 Vgl. dazu die Studien von Stocking 1987 und 1995; Kuper 1988; Weiler 2006.
730 Lowe/Brimah/Marsh/Minter/Muyangwa 1997: 1 ff.
731 Zur besten dynamischen Bestimmung des Ethnizität-Begriffs vgl. Brubaker 2002.
732 Die vielleicht kürzestmögliche und anthropologisch evidenzbasierte Definition von »Verwandtschaft« *(kinship)* hat Sahlins 2013: ix in die Form *»mutuality of being«* gebracht – »wechselseitiges Sein«.
733 Vgl. Ranger 1993, der die Formel von der kolonialen »Erfindung der Stämme« verbreitet, später aber lieber von der »Imagination der Stämme« gesprochen hat. Der entscheidende allgemeine Punkt ist, egal wie groß oder gering die Beiträge afrikanischer Akteure in der Herausbildung »tribaler Identitäten« auch gewesen sind, wie viel oder wie wenig hier auf lokal überlieferte Vorstellungen von »Ethnizität« zurückgegriffen worden ist, die Festschreibung und Kodifizierung geschah auf externen Druck hin und folgte westlichen Leitvorstellungen von Abstammung und Immobilität. Vgl. auch Kapitel 1.
734 Vgl. wa Thiong'o 2009b: 20, 21 f, sowie Kapitel 1.
735 Oltmer 2020: 225.
736 Glasman 2018: o. S. Vgl. auch den anregenden Aufsatz von Glasman 2020b, entstanden anlässlich der Corona-Krisenmaßnahmenpolitik ab Winter/Frühling 2020.

737 Meier-Braun 2018: 163.
738 Oltmer 2020: 260.
739 Vgl. Oltmer 2020: 217–220; Glasman 2020a.
740 So die schnörkellose Formulierung von Meier-Braun 2018: 133. Vgl. dazu auch Kraler 2010: 128 f.
741 Meier-Braun 2018: 134.
742 Vgl. Oltmer 2020: 227 f.; Meier-Braun 2018: 129–152, 154 ff.
743 Said 2005: 178 f.
744 Noch einmal zur Erinnerung die drei Kennzeichnungen des »kolonialistischen Denkens« nach Osterhammel 1995a: 112 ff. Mit diesen ist dem deutschen Historiker ein Glücksfall gelungen. Leider neigt er dazu, sie als kennzeichnend nur für die kolonial-*herrschaftliche* Zeitphase wahrzunehmen, die formal mit den Unabhängigkeiten geendet hat. Da diese abgeschlossenen ist, übersieht er ihre fortgesetzte Wirksamkeit für andere, spätere, heutige Zusammenhänge allzu geflissentlich; vgl. meine Kritik in Sonderegger 2013.
745 Wa Thiong'o 2009b: 23.
746 Soyinka 2012: 8 f. So richtig ich seine Problemdiagnose finde, so fragwürdig erscheint mir Soyinkas Lösungsentwurf. Der nigerianische Nobelpreisträger für Literatur zögert nämlich nicht, dem »afrikanischen Kontinent« eine herausragende »antiimperialistische« Rolle zuzuschreiben und ihn der Welt insgesamt als ein Beispiel und Modell vorzustellen: »eine humanistische Charta: Nicht-doktrinär, nicht-exklusiv, nicht-diskriminierend und nicht-unterwürfig. […] – ein politisches Modell für ein menschliches Zusammenleben, das wahrhaftig ohne Reiche auskommt.« (Soyinka 2015 [2009]: 25 f.).
747 Zeleza 1997: v.

Weitere Bände dieser Reihe:

Achim Bühl

Die Shoah

Verfolgung und Ermordung der europäischen Juden

ISBN: 978-3-7374-1164-6

Die Verantwortung der Deutschen soll nicht relativiert werden. Aber gibt es darüber hinaus noch europäische Mitäter? Das Buch zeigt das Gesamtbild der Tragödie und des Völkermords.

Hermann Hiery

Deutschland als Kaiserreich

Der Staat Bismarcks.
Ein Überblick

ISBN: 978-3-7374-1167-7

Vieles, was uns heute in Deutschland umtreibt, hat seine Wurzeln im ersten deutschen Nationalstaat.
Ein faszinierendes und erhellendes Gesamtbild der deutschen Gesellschaft vor 150 Jahren.

Barbara Sichtermann

Weltenretterinnen

Es geht ums Ganze

ISBN: 978-3-7374-1178-3

Mutig und selbstbewusst engagieren sich junge Frauen für Menschenrechte und Umweltschutz. 25 eindrückliche und lesenswerte Porträts.

Christoph Schulze

Rechtsextremismus

Gestalt und Geschichte

ISBN: 978-3-7374-1180-6

Woraus speist sich Rechtsterrorismus? Was sind die dahinterliegenden Organisationen, Parteien, die Ideologie, die rechte Jugendkultur? Wie sind sie entstanden? Ein umfassender Überblick zur Bedrohung von rechts in Deutschland.

Bibliografische Information der Deutschen Nationalbibliothek
Die Deutsche Nationalbibliothek verzeichnet diese Publikation in der Deutschen Nationalbibliografie; detaillierte bibliografische Daten sind im Internet über http://dnb.d-nb.de abrufbar.

Es ist nicht gestattet, Texte dieses Buches zu scannen, in PCs oder auf CDs zu speichern oder mit Computern zu verändern oder einzeln oder zusammen mit anderen Bildvorlagen zu manipulieren, es sei denn mit schriftlicher Genehmigung des Verlages.

Alle Rechte vorbehalten

© by marixverlag in der Verlagshaus Römerweg GmbH, Wiesbaden 2021
Lektorat: Stefan Gücklhorn, Lena Pape
Umschlaggestaltung: Anja Carrà und Karina Bertagnolli
Bildnachweis: Beerdigung der südafrikanischen Menschenrechtsaktivistin Victoria Mxenge, Foto 1985; © akg-images / Africa Media Online / Paul Weinberg / South Photos
Kartengestaltung im Buchinnern: Carl-Philipp Bodenstein, Wien
Vor- und Nachsatzkarten: Peter Palm, Berlin
Satz und Bearbeitung: SATZstudio Josef Pieper, Bedburg-Hau
Der Titel wurde in der Times New Roman gesetzt.
Gesamtherstellung: CPI books GmbH, Leck – Germany

ISBN: 978-3-7374-1179-0

Mehr über Ideen, Autoren und Programm des Verlags finden Sie auf www.verlagshausroemerweg.de und in Ihrer Buchhandlung.